세계기독교고전 10

성 어거스틴

신국론 요약
신앙핸드북

심이석 옮김

크리스챤
다이제스트

───── 본서의 대본
- *ST. AUGUSTINE'S TREATISE ON THE CITY OF GOD* by
  F. R. Montgomery Hitchcock (New York : The Macmillian Company, 1943)
- *THE ENCHIRIDION* by St. Augustine, *BASIC WRITINGS OF SAINT AUGUSTINE* ed. by Whitney J. Oates (New York : Random House, 1948)

세계 기독교 고전 전집을 발행하면서

한국에 기독교가 전해진지 벌써 100년이 되었읍니다. 그동안 수많은 기독교 서적들이 간행되어 한국의 교회와 성도들에게 많은 공헌을 해왔읍니다. 그러나 기독교 역사 100년을 넘어선 우리의 교회와 성도들에게 보다 큰 영적 성숙과 진실한 신앙을 심어주기 위해서는 가치있는 기독교서적들이 더 많이 나와야 한다고 생각합니다. 그리하여 영혼의 양식이 될 수 있는 훌륭한 기독교서적들이 모든 성도들의 가정 뿐만 아니라 믿지 아니하는 일반 가정에도 흘러 넘쳐야만 합니다.

믿는 성도들은 신앙의 성장과 영적 유익을 위해서 끊임없이 좋은 신앙서적들을 읽고 명상해야 하며 친구와 이웃사람들의 구원을 위하여 신앙서적 선물하기를 즐기고 읽도록 권해야 할 것입니다. 이것은 하나님의 백성으로서 살기 원하는 사람은 누구나 마땅히 해야 할 의무라고도 하겠읍니다.

존 웨슬리는 "성도들이 책을 읽지 않는다면 은총의 사업은 한 세대도 못가서 사라져 버릴 것이다. 책을 읽는 그리스도인 만이 진리를 아는 그리스도인이다" 라고 말했읍니다. 우리는 이제 한국에서 최초로 세계의 기독교 고전들을 총망라하여 한국의 교회와 성도들에게 소개하고자 합니다. 전세계의 기독교 고전은 모든 기독교인들에게 영원한 보물이며 신앙의 성숙과 영혼의 구원을 위하여 이 보다 더 귀한 것은 없을 것입니다.

이러한 취지로 어언 2천여년의 세월이 지나는 동안 세계 각국에서 쓰여진 가장 뛰어난 신앙의 글과 영속적 가치가 있는 위대한 신앙의 글만을 모아서 **세계 기독교 고전 전집**으로 편찬하고자 합니다.

우리는 이 **세계 기독교 고전 전집**을 알차고, 품위있고, 값싸게 제작하여 오늘날 한국의 교회와 성도들에게 제공하고 후손들에게도 물려줄 기획을 하고 있읍니다. 우리는 다시 한번 다니엘 웹스터가 한 말을 깊이 생각해보아야 할것입니다.

"만약 신앙서적들이 우리 나라의 대중들에게 광범위하게 유포되지 않고, 사람들이 신앙적이 되지 않는다면, 우리 나라가 어떤 나라가 될 것인지 걱정스럽다. ……만약 진리가 확산되지 않는다면, 오류가 지배할 것이요, 하나님과 그의 말씀이 전파되고 인정받지 못한다면, 마귀와 그의 궤계가 우세를 점할 것이요, 복음의 서적들이 모든 집에 들어가지 못한다면, 타락하고 음란한 서적들이 거기에 있을 것이요, 우리 나라에서 복음의 능력이 나타나지 못한다면, 혼란과 무질서와 부패와 어둠이 끝없이 지배할 것이다."

독자의 성원과 지도 편달을 바라마지 않습니다.

크리스챤 다이제스트사
편집·발행인 박 명 곤

신국론 요약

제 1 권	이교 사상에 대한 교회의 답변	11
제 2 권	이교 사상에 대한 교회의 고발	20
제 3 권	이방신들을 폭로함	21
제 4 권	이교도들 사이에 있는 영적 종교의 흔적들	23
제 5 권	그리스도인의 자유와 이방 로마의 자유 – 대조	25
제 6 권	영생을 주지도 못하고 경배받기에도 합당치 못한 로마의 신들	30
제 7 권	자연신학의 불충분성	35
제 8 권	플라톤주의 – 이방 세계 최고의 철학, 그러나 기독교에 못미침	36
제 9 권	이교의 귀신과 기독교의 천사	43
제 10 권	삼위일체 하나님께 대한 예배, 그리고 성육신 교리	45
제 11 권	천지창조 – 그 의의, 목적, 그리고 선함	59
제 12 권	인간의 창조와 악의 기원	68
제 13 권	인간의 타락과 그 결과	73
제 14 권	두 나라	77
제 15 권	두 나라의 역사에 대한 성경적 해설	80
제 16 권	동일 주제 계속	81
제 17 권	두 나라에 대한 예언적 언급	82

제 18 권	점술과 예언	…………………………………… *83*
제 19 권	인생의 이상과 존재의 목적	………………… *88*
제 20 권	장래의 삶	…………………………………………… *90*
제 21 권	죄 - 그 벌과 용서	………………………………… *91*
제 22 권	의 - 그 안식과 자유	……………………………… *96*

*   *   *

- 신국론의 개요 / 존 N. 휘기스 …………………………… *105*
- 신국론의 이해 / 에드워드 하디 ………………………… *137*
- 신국론 서론 / 에티엔느 질송 …………………………… *164*
- 신국론에 관하여 / 피터 브라운 ………………………… *184*
- 신국론의 두 도성 이해 / 김명혁 ………………………… *197*

*   *   *

신앙 핸드북 / 성 어거스틴 ……………………………………… *231*
신앙 핸드북의 분석과 역사적 평가 /
   아돌프 폰 하르낙 ……………………………………………… *337*

신국론 요약

제 1 권

이교 사상에 대한 교회의 답변

[첫장에서 어거스틴은 세상의 여왕이요 자기 야심의 노예인 지상국의 변화무쌍한 운명을 포괄적으로 검토함으로 신국의 영광스러운 주제를 소개한다. 지난 세기들에 있어 로마의 성공은 로마가 숭배했던 거짓 신들 덕분이 아니라 고대 로마의 미덕들 때문이었다고 그는 주장한다. 그들의 현재의 재난도 기독교 때문이 아니며, 옛날의 이방신들을 소홀히 대했기 때문은 더군다나 아니라는 것이다[1].]

　서론.-영광스러운 신국은, 사악한 자들과 믿음으로 사는 자들 사이에서 순례자의 길을 가는 이 땅 위에서든지 혹은 이제 참으로 기다리는 저 영원한 처소에 세워진 것이든지……. 내 사랑하는 아들 마르셀리누스(Marcellinus)여, 나는 옛날의 약속에 따라 자기들의 신들을 그것의 창조주보다 더 좋아하는 자들에 대항해서 싸우는 일에 착수했다. 이 거대하고 벅찬 작업에 하나님이 나의 도움이시다…….
　1장. 바로 로마에서 적들이 일어났는데, 이 로마인들로부터 신국은 보호되지 않으면 안 되었다. 실로 로마 사람들이 많이 회심하여 이 나라에 합당한 시민들이 되었다. 그러나 다수는 이 도성에 대한 적개심에 사로잡혀 그들의 구속주의 명백한 은택에 대해 배은망덕한 태도를 보였다. 왜냐

---

1. 이 요약판의 한계 내에서 신국론을 완간하기는 어려울 것이기 때문에 편자는 번역을 위해 가장 중요한 구절들을 선택해서 그것들을 [　] 안에 있는 해설을 통해 연결시키기로 한다.

하면 그들은 자기들이 그토록 자랑하는 그 생명을 받지 않았더라면 원수의 칼날을 피해 달아났던 그 성소에서 오늘 이 나라에 대해 자기들의 목청을 돋울 수 없었을 것이기 때문이다. 야만인들이 그리스도를 위해 살려 두었던 로마인들이야말로 그 이름의 원수가 아닌가?……

2장. 그들로 하여금 로마 건국 이전이나 그 이후에 있었던 모든 전쟁의 역사를 읽게 하라. 그리고 다른 나라 사람들에게 자기 신들의 성소에 숨어 있는 자들을 적이 발견하고 살려 둔 유례가 있었는지 찾아보게 하라. 혹은 어떤 외국 장군이 지시를 내려 성을 함락하거든 사원에서 발견되는 자들에게는 손을 대지 말라 한 적이 있었는지 찾아보게 하라. 아이네아스는 프리암이 제단들 사이에서

"그의 피로 자기가 축복한 불들을 더럽히고 있는"

것을 목격하지 않았던가? 디오메데스와 울릭세스는,

"사원을 지키던 경비원들을 살해하면서,
거룩한 조각들을 잡아채고,
피묻은 손바닥으로 여사제의 이마를 더럽히지"

않았던가? 그럼에도 불구하고

"다나안의 소망이 시들어가는 징조는"

없었다. 왜냐하면 뒤에 그들이 승리했고 불과 칼로 트로이를 약탈했으며, 프리암이 제단으로 도망쳤을 때 그들은 그를 죽였기 때문이었다. 트로이는 미네르바(Minerva)를 잃었기 때문에 멸망한 것이 아니었다. 어째서 미네르바는 그전에 치명적으로 길을 잃어버렸던가? 트로이가 그녀 자신의 보호자가 아니었던가?

정복당한 신들은 불길한 징조이다

3장. 로마인들이 자기들 도시를 맡겼다고 자랑하던 신들은 누구였는가?…… 아이네아스 자신이 어째서 종종 경건한 자로 불렸는가? 그는 이렇게 말하지 않았던가?

> "오쓰리스의 아들, 페부스의 제사장이 여기 끌고 나온다.
> 그와 그의 자녀가 경배했던 정복당한 신들을,
> 사원으로부터 나의 집으로, 미친 듯이 서두르면서"

그는 신들에 대해 말하고 있지 않는가? 그는 그들을, 정복당했다고 서슴없이 묘사한다. 그가 그들에게 의탁한 것이 아니라 그들이 그에게 의탁했다는 말이다. 게다가 만일 버질이 그런 신들을 정복되고 인간의 관리하에 의탁된 것으로 말하고 있다면, 비록 정복되었을지라도 어떻게든지 그 신들이 벗어날 수 있도록 하기 위해 로마가 그 신들에게 의탁하고 있었던 것이 좋았으며, 로마가 그들을 안전하게 하는 동안은 멸망당하지 않을 것이라 생각하는 것은 얼마나 미친 짓인가?

그래, 정복당한 신들을 자기의 수호 천사로 섬기는 것은 좋은 신들이 아니라 흉조의 신들을 맡고 있는 것이 아니고 무엇이겠는가? 진작 그것들을 버리지 않았더라면 로마가 그런 재난을 입지 않았을 것이라고 생각하는 것보다는 로마가 그것들을 그토록 오래 붙들고 있지 않았더라면 그것들은 벌써 오래 전에 없어졌을 것이라 생각하는 편이 얼마나 훨씬 더 현명한가?…… 그러나 이제, 계획했던 대로, 나는 잠시 저 배은망덕한 자들을 다루어 보겠다. 그들은 참람하게도 자기들의 패역이 초래했던 재난을 그리스도 탓으로 돌렸다. 그들은 자신들이 목숨을 건진 것조차 그리스도 덕분임을 기억치 않고 있는 것이다. 이제 그들은 참람하고 불경하게도 자신들의 은신처에서 나와 - 그들은 거기서 그의 거룩한 이름 때문에 생명을 건질 수 있었다 - 위험이 닥쳤을 때 큰 소리로 믿노라 고백했던, 혹은 조용히 찬양하는 척했던 그 이름에 대해 온갖 입에 담지 못할 말들을 퍼붓고 있는 것이다.

이방인의 성소들과 기독교의 성소를 비교함

4장. 이제 그 성소(피난처) - 어떤 평범한 신이나 잡다한 신들 중 어느 하나의 성소가 아니라 주피터 자신의 자매요 아내인 신, 모든 신들의 여왕인 신의 성소 - 를 우리 사도들의 교회와 비교해 보라. 이제 사원들은 불타 버리고, 신들에게서 훔친 약탈물들은 가져가 버린 바 되었다. 정복당한 자들에게 되돌려 주기 위해서가 아니라 승리자들이 나누어 가지기 위해서인 것이다. 반면에 여기서는 그러한 장소에 관계된 것은 무엇이든 지 최대의 경의와 존경을 받으며 제자리로 환원되었다. 거기서는 자유가 상실되었으나 여기서는 자유가 보존되었다. 거기서는 엄격한 감금이 실시되었으나 여기서는 그것이 금지되었다. 마지막으로, 쥬노의 사원을 선택한 것은 변덕스러운 그리이스인들의 자만과 탐욕이었으나 그리스도의 교회들을 남겨 둔 것은 거친 야만인들의 자비와 겸손이었다.……

5장. 심지어 카토까지 "처녀들과 소년들이 폭행당했으며, 자녀들은 부모들 팔에서 잡아 채 빼앗아 갔으며, 유부녀들은 욕을 당했으며, 성소들과 집들은 약탈당했다"는 것을 빠뜨리지 않고 기록했다고 진실한 역사가 살루스트(Sallust)는 기록하고 있다. 그런데 로마 신전들은 그런 일이 있을까봐 두려워했다. 이방 원수들이 그렇게 할까봐 두려워한 것이 아니라 로마 시민이요 원로원의 지도자인 카틸린(Catiline)과 그의 일당이 그렇게 할까봐 두려워했던 것이었다.

6장. 로마인들을 보자. 로마인들이라고 나는 말한다. 그들은

"겸비한 자들을 살려 주고 교만한 자들을 굴복시키는 것"

이 항상 자기들의 원칙이라고 특별히 자랑해 왔다.

고상한 로마인 마르쿠스 마르셀루스가 아름답게 지어진 도시 시라큐즈(Syracuse)를 정복했을 때 그것의 멸망을 생각하고 울었다고 전해진다. 타렌티움(Tarentium)의 정복자 파비우스(Fabius)는 조각들을 파괴하지 않고 남겨둔 일로 칭송받고 있다… 그는 이렇게 말했다. "타렌틴 사람들에게 그들의 성난 신들을 남겨 주자."……만일 그들이 그 신들을 존중해서 어떤 사람들을 살려 주었다면, 그리고 어느 한 사원에서라도 살육이나 노예 삼는 일을 금지했다면, 그 사실이 기록에 남지 않았겠는가?

7장. 방화와 살인 등 가장 최근의 로마의 참화에서는 끔찍한 범죄 행위들이 꼬리를 문 전쟁의 와중에서 잇달아 발생했다. 그러나 새로운 일들도 있었는데, 그것은 미개한 야만인들이 이상한 자비로 가장 넓은 교회들을 구별하고 선택한 일이었다. 거기서 사람들은 피난처를 얻었고, 아무도 상처나 해를 입지 않았으며, 그들 체포자의 동정으로 많은 사람들이 자유를 회복했으며, 따라서 적의 잔인성 때문에 노예가 된 사람은 아무도 없었

다. 그것은 오직 그리스도의 이름과 기독교 시대의 덕분이었다. 다른 식으로 생각하는 자들은 모두 눈이 먼 자들이다. ……

어거스틴은 번영과 역경의 상대적 이용에 관한 논의를 시작한다
8장. 어떤 사람은 이렇게 물을지 모른다. "그렇다면 왜 하나님의 자비가 불경건하고 은혜를 모르는 자들에게까지 미치는가?" 왜냐고? 그것은 다름이 아니라 하나님이 "그 해를 악인과 선인에게 비춰게 하시며 비를 의로운 자와 불의한 자에게 내리우시는" 분이기 때문이다……하나님은 오래 참으시면서 악인들이 회개하기를 기다리신다. 그리고 그는 오래 참으시면서 선한 자들을 교육시키신다. 그는 좋은 일과 악한 일이 의인에게나 불의한 자에게나 공통적으로 일어나게 하심으로써 선인들 뿐 아니라 악인들도 즐기는 좋은 것들을 우리가 탐하지 않게 하셨고, 또 선인들도 종종 당하는 불행한 일들 앞에 움츠러들지 않게 하셨다. …… 선인이나 악인이나 이 세상에서 고통을 당한다. 그러나 당하는 고통은 같으나 그 고통을 당하는 자들은 같지 않다. …… 그 때문에 악인들이 저주하고 욕하는 바로 그 불행 속에서 선인들은 기도하고 찬송하는 것이다. 그러므로 차이는 고통에 있는 것이 아니라 그것을 받아들이는 방법에 있다.

그러나 하나님의 역사는 선과 악을 분배하시는 현재의 일 속에서도 분명히 발견될 수 있다. 왜냐하면, 만일 모든 죄가 지금 분명히 처벌된다면, 최후의 심판을 위해서는 아무 것도 남아있지 않을 것이기 때문이다. 그러나 한편 이 땅에서는 어떤 죄도 명백하게 처벌되지 않는다면, 하나님의 섭리가 부인될 것이다. 이 세상의 좋은 일에 대해서도 동일한 설명이 가능하다. 만일 하나님께서 풍성한 친절로 어떤 요청에 응답하시지 않으면, 사람들은 하나님께서 그런 것들을 마음대로 처분하실 수 없다고 말할지 모른다. 그러나 만일 모든 청을 다 들어주면, 사람들은 그러한 세상적인 것들을 위해 그를 섬기는 것이 옳다고 생각할지 모른다. ……

육신의 정욕과 세상의 길을 충분히 끊지 못하고 자신들이 범하지 않을 죄를 탓하기에 너무 느리며 사회의 풍습과 너무 쉽게 타협하는 의인들에게 임하는 시험들의 유익에 관한 여러 가지 묵상들

9장. 선한 자들은 사악한 자들의 삶에 의해 마음이 상한다. 그리하여 그러한 자들을 위해 사후에 마련된 정죄에 빠지지 않게 된다. 그러나 그들은 다른 사람들의 커다란 죄를 그들 자신의 조그마한 죄에 대한 보복이 두려워 관대히 다루기 때문에 사악한 자들의 일시적인 응징을 당연히 공유하게 된다. 비록 그들이 영원히 처벌받지는 않는다 하더라도 말이다. 나머지 사람들과 함께 하나님이 주시는 고통을 받기 때문에 그들은 이생의 쓰라림을 적절히 느끼게 되는 것이다. 그들은 이생의 달콤함에 위안받음으로써 죄인들에게 가혹해지는 것을 지극히 싫어하는 것이다. …… 마지막으로, 선한 사람들이 욥처럼 고난을 당하는 또 하나의 중요한 이유는 이를 통해 사람의 마음이 증명될 수 있고, 하나님에 대한 그의 사랑의 분량이 알려질 수 있다는 것이다.

10장. 이러한 것들을 자세히 고찰하고 검토했으므로 이제 선하고 신실한 자들에게 결국 복으로 변하게 되지 않는 불행이 일어날 수 있는가 하는 것을 살펴보자. …… 그들은 가진 모든 것을 잃어버렸다. 그러나 믿음도 잃어버렸는가? 자기의 경건도 잃어버렸는가? 마음의 보배들도 잃어버렸는가? 이것은 그리스도인의 부이다. …… 그래서 우리의 사랑하는 친구 파울리누스(Paulinus), 놀라(Nola)의 감독이요 많은 재산을 가진 사람이었던 그는 마음이 부요한 중에 지극히 가난하게 되었으나 거룩하게 되었다. 야만인들이 국토를 유린한 후 그가 감옥에서 사슬에 매여 있을 때, 그는 마음으로 기도하곤 했다. 그 기도를 나는 후에 그에게서 배웠는데, 그 내용은 이러하다. "주님, 제가 금과 은 때문에 노심초사하지 않게 해주소서. 이는 당신께서 나의 보화가 어디 있는지를 아심이니이다."……

어거스틴은 이제 다른 주제로 넘어간다. 그것은 인생의 길이, 장례식, 그리고 자살의 불명예스러움이다.

11장. 인생이 기냐 짧으냐 하는 것은 숫자의 문제가 아니다. 왜냐하면 존재가 전혀 없는 곳에서는 어느 경우든지 더 낫거나 못한 것도, 더 길거나 짧은 것이 있을 수 없기 때문이다. 그러나 인간이 어떻게 죽는가 하는 것이 어떤 차이를 낳는가? 그가 두 번 죽지는 않는다는 것을 생각할 때 말이다. …… 인간들은 단번에 죽어 죽음의 공포로부터 단번에 자유를 얻는 것보다 그처럼 많은 형태의 죽음의 그늘 아래에서 오래 살기를 원한다는 것을 내가 알지 못하는 바가 아니다. …… 죽음은 선한 삶 뒤에 오는 재앙으로 생각될 성질의 것이 아니다…….

12장. 연속되는 불의의 사고로 인해 장례식을 치르지 못했다고 해서 경건한 사람들은 괴로워하지 말아야 한다. …… 많은 기독교인들의 육신이 흙으로 덮히우지 못했다. 그러나 자기가 창조한 것을 어디에서 다시 살려낼 것인가를 아시는 그분의 임재로 가득 차 있는 하늘과 땅으로부터 그들을 분리시킬 수 있는 자는 하나도 없다.

13장. 토비아스는 죽은 자들을 묻어주는 일로 하나님을 섬겼다고 천사의 칭찬을 듣는다. …… 주님도 비록 제 삼일에 다시 살아나실 것이었지만, 그 경건한 여인이 그의 장례를 위해 행했던 그 선행을 칭찬하셨고, 그 일이 온 세상에 전파되기를 원하셨다. 그리고 예수님의 시체를 십자가에서 끌어내려 잘 덮고 장사 지낸 사람들에 대해 복음서는 아주 좋게 언급하고 있다. 그러나 그렇다고 해서 그 죽은 시체들에 무슨 감각이 있었다는 것이 증명되는 것은 아니고, 단지 그 경건한 행실들이 하나님을 기쁘시게 해드렸다는 것이다. 그것은 그들이 부활에 대한 신앙을 간직했기 때문이며, 하나님의 섭리가 산 자들 뿐 아니라 죽은 자들도 포함하기 때문이다. 따라서 저 위대한 도시나 혹 다른 도시들의 약탈 중에 살육당한 그리스도인들의 시체가 장사 지낸 바 되지 않은 채 버려져 있을 때, 그것은 어쩔 수 없었던 산 자들의 잘못도 아니요, 또 장례식이 없었다는 것을 느끼지도 못하는 죽은 자들에게 고통이 되는 것도 아니다.

어거스틴은 전쟁 중에 있었던 다른 개탄스러운 사고들을 언급하고 루크레티아(Lucretia)와 카토(Cato)의 방식을 좇아 폭력과 불명예를 피하는 것은 한 가지 악으로 다른 한 가지 악을 제거하는 것이라고 선언한다.

17장. 자기 자신을 죽이는 자는 살인에 조금도 못지 않은 짓을 하는 자이다. …… 그러나 아무 잘못도 저지르지 않은 사람이 왜 다른 사람의 폭력의 희생제물이 되지 않기 위해 자기 자신을 해쳐 죽음에 이르게 해야 할 것인가? 왜 다른 사람이 죄를 범하지 못하게 하려고 자기 자신에게 중

죄를 범해야 한단 말인가?

18장. 그러나 어떤 사람은, 다른 사람의 정욕이 자신을 더럽힐 수도 있다는 것을 두려워하는 것은 있을 법한 일이라고 말한다. 그러나 만일 그것이 다른 사람의 정욕이라면 자신을 더럽힐 수 없다. 그리고 만일 더럽힐 수 있다면, 그것은 다른 사람의 정욕이 아니다. …… 왜냐하면 만일 정조가 그런 식으로 상실될 수 있다면, 그것은 분명히 마음의 덕(virtue)이 될 수 없다. 그리고 선한 삶에 필수적인 것으로 간주될 수도 없고, 외모나 아름다움이나 건강이나 힘, 혹은 그런 종류의 어떤 것처럼 개인적 이점으로 간주되어야 한다. …… 그러한 망상을 던져버리라. 비록 몸은 건드림을 당하지 않았을지라도 마음이 더러워지면 개인의 성결이 상실되며, 마찬가지로 몸이 침해되었을 때라도 마음이 깨끗하면 개인의 성결이 건드려지지 않은 것임을 확신하자.

29장. 따라서 지극히 존귀하시고 진실하신 하나님의 온 가족은 그 자신의 위로를 가지고 있다. 그것은 없어지지 않는 것이며 흔들리고 불안정한 운명에 근거한 것도 아니다. 그러므로 사람이 영생을 위해 연단을 받는 이 죽을 생명조차도 결코 후회할 성질의 것은 아니다. 왜냐하면 순례자들은 자신의 이점들을 즐기나 그것에 마음을 빼앗기지는 않으며, 그의 성품이 그 슬픔에 의해 시험을 받아 형성되기 때문이다. 그리고 하나님의 권속이 불행한 일을 당했을 때 그들의 고결함을 조롱하면서 "네 하나님이 어디 있느냐?"고 말하는 자들은 그들 자신이 재앙을 만날 때 그들을 구원해 주기로 되어 있는 그들의 신들이 어디 있는지 말해 보라. 왜냐하면 하나님의 권속들은 이렇게 말하기 때문이다. "나의 하나님은 어디에나 계신다. 어떤 특정한 장소에 국한되지 않고 편재하신다. 보이지 않게 임재하실 수 있으며, 동작도 없이 떠나실 수 있는 분이다. 그가 나를 고난에 처하게 하시는 것은 나의 믿음을 시험하고 나의 잘못들을 책망하며 영원한 상급을 위해 엄격한 역경의 학교에서 내 영혼을 준비시키시기 위함이다."

35장. 그런 의미에서, 혹은 아마 더 충분하고 적절하게, 우리 주님의 구속받은 권속들, 왕이신 그리스도의 순례자의 도성은 그들의 대적들에게 대답할 것이다……. 그 두 나라들은 최후의 심판에 의해 분리될 때까지 이생에서 서로 밀접히 연관되어 있고, 되는 대로 뒤섞여 있기 때문에 나는 하나님의 도우심으로 그 각각의 흥기와 진행과 종국적 결말에 대해 할 수 있는 전부를 제시해 보기로 하겠다. 왜냐하면 하나님 나라의 영광은 대조에 의해 더욱 더 탁월하게 드러나기 때문이다.

제 2 권

이교 사상에 대한 교회의 고발

[무지로 인해 "비가 오지 않으면 그 이유는 그리스도인들 때문이다"라는 말을 유행시킨 이교도들에 의한 공격에 답변한 후, 이제 어거스틴은 공격하는 입장을 취한다. 그는 제국 로마시에 임한 모든 재앙들 중에서도 최악의 것, 즉 사회적 타락, 부도덕한 방탕의 원인을 순수성을 잃어버린 그 국가의 종교와 경건을 무시한 그 철학에서 찾는다(5-7장). 로마의 명예는 녹슬었고 로마 공화국은 로마의 타락에 의해 버려졌으며, 그것은 외설적인 공중 오락들에 의해 예시되었고, 그리스도께서 오시기 오래 전 실라스(Syllas)와 마리(Marii) 속에서 형상화되었다(8-20장). 그러한 청산유수의 진술들은 키케로의 저술, 「공화국」(De Republica)에서의 긴 인용으로 뒷받침된다. 그것에 대한 열변이 이제 토해질 것이다.]

21장. "······엔니우스가 로마의 수호자라고 묘사한 저 고대의 도덕성 중에 지금 잔존하고 있는 것이 어디 있는가? 그것은 너무나 케케묵고 희미해져서 실천되기는 커녕 완전히 망각되어 버렸다. 사람들에 대해서는 어떻게 말해야 할까? 선한 사람들이 희귀해짐으로 도덕이 사라져버렸다. 그러므로 이제 우리 공화국이 전통과 이름만 남게 된 것은 우리의 불운 때문이 아니라 우리의 잘못 때문이다."······

제 3 권

이방 신들을 폭로함

[어거스틴은 계속해서 도덕적 육체적 생존이 위험할 때에 있어 로마의 신들의 무력함을 사정없이 폭로한다. 그리고 그 이방 도시의 흥기와 멸망에 관한 흥미진진한 이야기 가운데 있는 재난에 관한 일화들을 회고한다. 그것들은 레무스(Remus)가 자기 동생 손에 죽은 때로부터 아우구스투스(Augustus)의 시대 – 그의 통치 중에 그리스도께서 탄생하셨다 – 까지의 저

"홍수와 들판 옆의 감동적인 사건들"

에 관한 것들이다. 그 중에는 사빈의 약탈과 라틴전쟁과 포에니전쟁의 승리와 파르티아족(Parthian)의 학살과 갈리아 승전 등 내란들의 자멸적 학살에 의해 절정에 달한 비참한 사건들이 있다. 17장에서 저자는 최고로 유창한 문제를 과시하면서 힘있게 자기의 논지를 제시한다.]

17장. 로마인들이 – 이들은 거짓에 한없이 속아 저들의 신들을 섬기는데 – 그러한 역경 속에서 허우적거리고 있을 때 저 신들 – 이생의 일시적이고 사소한 행복은 그들을 섬기는 데 달려있다고 생각된 – 은 어디에 있었는가? 집정관 발레리우스(Valerius)가 추방자들과 노예들에 의해 침노당하고 있던 주피터 신전을 방어하다가 살해당할 때 그들은 어디에 있었단 말인가?……

30장. 그들은 무슨 염치, 무슨 얼굴로, 어떤 뻔뻔스러움과 철면피함으로

그 불행들을 그들의 신들 탓으로 생각하지 않고 도리어 그리스도에게 책임을 전가하고 있는가?……

31장. 우리가 견디어내어야 하고 어쩔 수 없이 대꾸해 주어야 하는 그들의 어리석음은 그토록 심한 것이다.…… 만일 그것이 기독교 시대에 발생했다면, 그 재앙들 중 어느 것을 기독교인들은 기독교 탓으로 돌리지 않겠는가? 그럼에도 불구하고 그들은 그 재앙들을 그들의 신들 탓으로 돌리지 않는다. 그리고 현재의 경미한 악들로부터의 수호자로 그 신들에게 다시 제사를 드리자고 요구한다. 그 신들은 과거의 커다란 재앙들로부터 그들의 열렬한 숭배자들을 전혀 구해내지 못했는데도 말이다.

제 4 권

이교도들 사이에 있는 영적 종교의 흔적들

[어거스틴은 나아가서 로마의 힘의 영광과 확장은 전적으로 무능력한 이런저런 신들 덕분이 아니라 "인간의 행복과 권위의 창조자이신 유일하신 참 하나님" 덕분임을 보여 준다(33장). 11장에서 그는 신화적 신들에 대한 재미있는 내력을 제공한다. 이교도 박사들은 그들을 주피터와 동일시했다. 2장에서 그는 확장된 제국은 번영이나 지혜의 증거라는 견해를 반박한다.

4장에서 그는 이렇게 묻는다. "정의 없는 왕국은 조직된 강도떼(*latrocinia*) 외에 무엇이겠는가?" 로마의 확장은 그 신들 탓으로 돌릴 수 없다고 그는 주장한다. 키케로가 말한 것처럼. "호머는 인간의 성질들을 그 신들에게 주입시켰다. 만일 그가 그런 식으로 신적 성질들을 우리에게 주입시킨다면"(26-28장). 그는 바로(Varro)와 키케로에게서 신성을 통일시키려는 경향을 추적한다(31장). 전자는 주피터가 유일신을 경배하고 싶어하는 자들에 의해 받들어 모셔졌다고 말한다(9장). 비록 형상은 없으나 다른 이름을 가진 신 말이다.]

31장. 지극히 날카롭고 박식한 권위자(Varro) 마저 그들만이 신에 대한 진정한 관념을 가진 것으로 생각된다고 선언했다. 그들은 신을 행동과 이성으로써 세상을 지배하는 영혼으로 믿는다는 것이다. 따라서, 비록 그가 아직 진리 전체를 파악하지는 못했으나(참 하나님은 영혼이 아니라 영혼의 창조자이시므로), 그럼에도 불구하고 사람들은 한 분 하나님을 경배해야 한다고 고백하고 주장할 만큼 관습의 편견을 극복할 수 있기에 그에 대한 우리의 유일한 질문은, 그가 왜 그분을 영혼의 창조자라 부르지 않고 영혼(Soul)이라 불렀는가 하는 것이다. 그것은 고대 로마인들이 170년 동안을 형상 없는 신들을 섬겼기 때문이라고 그는 주장한다. 또 그는 이렇게 말한다. "만일 그들이 그 관습을 고수했더라면, 그들의 예배는 오늘날 보다 순수해졌을 것이다." 이 말을 확정하기 위해 그는 유대 나라에 호소한다. 그리고는 자기 나라를 위해 처음으로 우상들을 만들었던 자들은 자기 나라에서 그 우상들과 그 우상들에 대한 두려움을 제거했다고 말함으로써 지체없이 자기 말을 결론짓는다. 그것은 생명이 없는 우상 형태의 신들이 쉽게 경멸받으리라는 것을 그가 정확히 예상했기 때문이다.

33장. 그러므로 주님은 행복의 창조자요 수여자이시다. 왜냐하면 그는 유일한 참 하나님이시기 때문이다. 선인에게나 악인에게 꼭같이 나라들을 맡겨주시는 분은 그분이시다. 아무 생각없이 되는 대로 주시는 것이 아니라, 우리 눈에는 안 보이지만 그분은 잘 알고 있는 어떤 계획을 따라 주시는 것이다. 그는 그 계획의 수종자가 아니고 주관자이다. 그러나 오직 그분만이 선인들에게 행복을 주신다.

제 5 권

그리스도인의 자유와 이방 로마의 자유 - 대조

[여기서 어거스틴은 하나님의 예지와 인간의 의지와의 관계에 대한 곤혹스러운 문제를 논한다. 그러나 곧 본론으로 돌아와 신국과 지상국을 대조한다. 그리고는 고대 로마인들의 덕성들을 적절히 인정한다. 조국에 대한 사랑과 인간들의 칭송에 고무되어 그들이 감당할 수 있었던 자기 희생과 영웅주의의 고상한 행위들을 지적하는 것이다.]

8장. 운명이라는 말을 별들이 생성, 출생, 혹은 시작되는 경향이라는 뜻으로가 아니라 창조의 역사에 있어서의 원인들의 모든 관계와 질서라는 뜻으로 사용하는 자들과는 길게 힘들여 논쟁할 필요가 없다. 왜냐하면 바로 그 원인들의 관계와 질서는 지존하신 하나님의 의지와 능력에 기인하는 것이기 때문이다. 하나님은 만물이 만들어지기 전에 모든 것을 아시며 어떤 것도 무계획하게 버려두지 않으신다. 비록 모든 사람들의 의지가 그에게서 나오는 것은 아니라 하더라도 모든 권세는 그에게서 나온다. 어떤 이들은 운명의 이름하에, 그 권세로 만물을 지배하시는 하나님의 의지까지도 다음과 같은 구절들에 의해 증명될 수 있다고 묘사하는 데 익숙해 있다. 내가 알기로 이것은 안나이우스 세네카(Annaeus Seneca)의 작품이다.

"지존하신 아버지여! 하늘 위에 계신 주여,
당신이 기뻐하시는 곳으로 인도하여 주소서, 제가 여기 있나이다.
마지못해서가 아니라 기꺼이. 그렇지 않다면

나는 울며 따라야 할 것이고
선한 자들이 악한 자들을 괴롭히도록 참아야 하나이다.
운명은 꺼리는 자들은 억지로 데려가나
자원하는 마음들은 인도하는도다."

9장. 이들(스토아 학자들)에 대항해서 키케로는 이 문제를 벗어나기 위해 주사위를 던져 자기 입장을 세우려고 노력한다. 그리고 그는 혼신의 힘을 다해 하나님이나 사람에게 미래에 대한 지식은 없으며, 예언 같은 것은 있을 수 없다고 주장함으로써 그 일을 했다. 따라서 그는 하나님의 예지(foreknowledge)를 부인한다. 그리고 바보스러운 논증들로써 대낮의 빛처럼 명백한 모든 예언들을 무시하려고 애를 쓰는 것이다. 그럼에도 불구하고 그는 그 일을 할 수 없다.…… 미래에 대한 예지를 부인하는 그보다는 숙명에 대한 별의 영향력을 주장하는 사람들이 훨씬 덜 도발적이다. 왜냐하면 하나님이 계신다고 고백하면서 그가 그러한 예지(prescience)를 가지고 있음을 부인하는 것은 분명히 제정신이 아니기 때문이다……. 그렇다면 그 이유가 무엇인가? 키케로는 왜 미래에 대한 지식에 그토록 반대해서 아주 사악한 형태의 논증으로써 그것을 깎아 뭉개려 했을까? 만일 미래에 대한 모든 일들이 미리 알려진다면 그것들은 일어나리라고 미리 알려진 순서대로 발생할 것이기 때문이다. 또한 만일 그것들이 그 순서대로 발생한다면, 미리 알고 계신 하나님에게 확정된 일의 순서가 있을 것이기 때문이다. 충분한 이유 없이는 어떤 일도 일어날 수 없기 때문이다. 그러나 만일 생의 과정을 지배하는 확정된 순서의 원인들이 있다면, 일어나는 모든 일은 운명적으로 일어나야만 할 것이다. 만일 그렇다면, 우리 힘으로 할 수 있는 것은 아무것도 없을 것이며, 의지의 자유가 존재하지 않을 것이다. 그것은 인간의 삶이 파멸되고 법률·비방·칭찬과 꾸중 등이 헛되고 소용없이 된다는 것을 의미한다. 또 악을 행하는 자들에게 어떤 정의로 처벌을 부과할 수도 없을 것이며, 의인들에게 상을 줄 수는 더욱 없을 것이다.

그가 예지 교리를 그처럼 반대하여 종교를 가진 사람을 인간의 자유 의지나 예지 중 양자택일의 딜레마에 몰아 넣는 이유는 그처럼 끔찍하고 재난스러운 결과를 피하기 위해서이다. 우리가 그 두 가지 중 어느 하나를 택하면 나머지 하나는 제거되는 것이며, 이것을 취하면 저것은 남게 되는 것을 주장하는 것이다.…… 그러나 경건한 마음의 사람은 그 경건과 신앙에 의해 양쪽 다를 고백하며 선택하며 주장한다.* 또한 키케로는 만일 우리 능력 안에 어떤 것이 있다 하더라도 다음과 같은 식으로 예지는 있을 수 없다는 것이다. 즉, 만일 의지의 자유가 있다면, 모든 것이 운명에 의해 좌우되지는 않는다. 만일 모든 것이 운명에 의해 좌우되지 않는다면, 고정된 순서의 원인들이란 존재하지 않는다. 만일 모든 원인들의 고정된 순서가 존재하지 않는다면, 미리 아시는 하나님의 마음 속에 고정된 일의 순서가 존재할 수 없다. 그러한 순서가 없다면, 하나님의 마음 속에 모든 일에 대한 예지가 있을 수 없다.……

이제 키케로가 인정하는 바, 일어나는 모든 일에는 원인이 선행해야만 한다는 것이 그의 입장을 흔들어 놓기에 충분한 것이다. 모든 원인은 숙명적인 것이 아니며, 우연한 원인, 자연적 원인, 의지적 원인이 있다는 것을 그가 인정하면서 어떤 것도 이유 없이는 발생할 수 없다고 말하는 것이 그에게 무슨 이득이 되는가? 일어나는 일은 어떤 것이든지 선행하는 이유가 있음을 그가 인정하는 것으로 우리의 목적은 충분히 달성될 수 있다.…… 왜냐하면 우연이라 불리는 그러한 원인들도 원인임에 분명함을 우리는 부인하지 않기 때문이다. 그것들은 단지 잠복하고 있는 것일 뿐이며, 우리는 그것들을 참 하나님이나 어떤 영에 전가한다. 자연적 이유들이란 것은 자연의 하나님의 의지와 분리시킬 수 없으며, 의지적 원인들이란 하나님의 의지이든지 혹은 천사나 사람이나 동물의 의지이다(만일, 참으로, 이성이 없는 혼돈 속에 추구하거나 회피하려는 자연적 본능들이 그런 이름으로 불릴 수 있다면).…… 그리하여 우리는 세상에 있는 유일한 효과적인 원인들은 의지적인 것이며, 그것들은 영의 지배에 속한다고 추측한다. 그러므로 생명의 영은…… 하나님 자신이며 최소한 피조되지 않은 영이다. 그의 의지 안에 최고의 권능이 있다.…… 그가 모든 자연의 창조자이시기 때문에 그는 모든 능력의 수여자이시지만, 의지의 수여자는 아니시다. 악한 의지는 그분이 주신 본성에 반대되므로 그분에게서 나오지 않기 때문이다.…… 그러나 모든 것이 최고의 원인, 즉 하나님의 의지에 복종해야 한다. 또한 모든 의지들도 그것에 따라야 하는데, 그 이유는 그것들은 그분이 인정하시는 것 외의 능력은 없기 때문이다.…… 그러므로 하나님은 만물의 원인이시며 피조되지 않은 창조자이시다.……

그렇다면 하나님의 예지를 위해 고정된 원인들의 순서가 어떻게 우리의 의지의 자유를 손상시킬 수 있겠는가? 바로 그 원인들의 순서 속에 우리 자신의 의지가 자리를 차지하고 있는데 말이다. 그렇다면 키케로로 하여금 이 질서를 운명이라 부르는 자들과 논쟁하게 하라. 그 말은 종종 오해되는 단어인데, 우리가 그 이름 때문에 싫어하는 단어이다. 그러나 참으로 우리는 스토아 학자들보다 더 격렬히 그를 반대한다. 왜냐하면 그는 인과관계의 질서의 확실성과 하나님이 그 질서를 인식하신다는 것을 부인하기 때문이다. 그가 하나님의 존재를 부인하든지,…… 혹은 하나님이 계심을 인정하더라도 미래 일에 대해서는 무지한 분으로서만 인정한다면, 그는 잠언에 있는 "하나님이 없다"고 말하는 바보와 똑같은 일을 하고 있기 때문이다. 장차 될 일에 대한 예지를 갖지 못한 자는 어쨌든 하나님은 아니기 때문이다. 그러므로 우리의 의지는 하나님이 의도하시고 내다보신 만큼의 능력, 범위, 그리고 기능을 가질 것이다.

10장. 그렇다고 해서 우리 의지의 능력 속에는 아무것도 없다는 말은 아니다. 그 안에 무엇이 있는지 하나님이 아시기 때문이다. 미리 아는 분은 없는 것을 예지하는 것이 아니라, 무엇인가 존재하는 것을 예지하기 때문이다. 그러므로 우리는 하나님의 예지와 인간의 자유의지 둘 다를 붙잡아도 좋다.…… 우리 의지의 자유를 확립하느라고 그분의 예지를 부인하지 않기를! 우리의 현재와 미래 자유는 그분에게 달려 있다. 인간이 죄를 지으리라는 것을 하나님이 미리 아셨기 때문에 그가 죄를 짓는 것은 아니다. 오히려 범죄할 때 죄를 짓는 것은 인간 자신이다. 죄를 짓거나 짓지 않으리라는 것을 하나님이 미리 아신 것은 운명이나 필연이 아니라 인간의 의지이기 때문이다.

[인간의 의지와 하나님의 예지에 의한 전지전능이 양립할 수 있음을

✳ 이 논증의 요지는 인간 의지의 자유가 하나님의 예지와 양립할 수 있는 반면, 그 자유는 맹목적 운명과 나란히 존재할 수 없다는 것이다.

인간의 제한된 능력이 미치는 데까지 증명하고 신앙의 이 이율배반(antinomy)을 설명한 후 어거스틴은 이제 다시 주제로 돌아가서 두 도성, 신국과 지상국의 차이를 계속 논한다.]

18장. ……로마인들로 하여금 고상한 행위를 하게 했던 것은 이 두 개의 동기들, 즉 자유와 인간의 칭찬에 대한 욕망이었다. 그렇다면 죽을 인간의 자유와 없어질 명성을 위해 어떤 사람(이를테면, 브루터스 같은 사람)이 자기 아들들을 죽음에 내던질 수 있다면, 우리가 우리 자녀들을 희생시키지 않고 그리스도의 가난한 자녀들로 인정받는 것이 위대한 일인가? 그것은 헛된 자유를 위해서가 아니고 우리를 죄와 사망과 마귀의 노예 상태에서 자유케 하기 위한 것이다. 또 인간의 칭찬을 얻기 위해서가 아니라 인간을 타르퀸왕(로마 마지막 황제-역자주)이 아닌 귀신들과 귀신들의 왕으로부터 구조하는 것을 사랑하기 때문인 것이다.

24장. 또 우리는 어떤 그리스도인 황제들이 오래 통치했거나……그들의 적을 진압하고 그들의 사적 원수들을 쳐부수는 데 성공했다고 해서 그들이 운이 좋다고 말하지 않는다. 그러나 우리는 만일 그들이 정의롭게 통치한다면, 궁중의 아첨과 비굴한 사람들의 와중에서 오만해지지 않고 자신들이 인간일 뿐임을 기억한다면, 그들이 하나님을 경외하고 사랑하고 경배한다면……그리고 죄를 범할 때 그들이 겸손과 기도의 제사 드리기를 등한히 하지 않는다면, 우리는 그들이 행복하다고 간주할 것이다.……

제 6 권

영생을 주지도 못하고
경배받기에도 합당치 못한 로마의 신들

서론. 처음 다섯 권에서 나는 그리스도인들에 의해 무가치한 형상들이요, 더러운 영들이며 사악한 귀신들이고 피조물들로 증명된 이방신들을 지상의 덧없는 번영을 위해 경배해야 한다고 주장하는 자들에게 충분히 답변했다고 생각한다.……

1장. 그래서 이제 나는 계획대로, 그리스도인들이 격퇴해 버린 이방신들이 인간들의 영원한 복락을 좌우한다는 자들의 주장을 반박해야겠다. …… 그러나 그들이 영생을 부여할 수 있다는 그러한 주장을 누가 참을 수 있었겠는가? 자신들의 특별한 영토를 구분해 두는 따위의 시시한 관심을 가진 그들을 말이다. 그리고 학식 있고 덕망 있는 학자들이 (익살극에서 희화화되는 그런 부질없는 짓들을 피하기 위해) 리베르(후에 바커스와 동일시됨-역자주)에게서 물을, 물의 요정에게서 술을 찾지 않도록 신들에게 간구해야 하는 이유와 각각의 신들에게 무엇을 구해야 할 것인가에 관한 교훈을 가르친 바 있노라고 자랑하면서, 누군가가 물의 요정에게 술을 구할 때 그들은 "우리에겐 물밖에 없으니 술은 리베르에게 구하라"고 대답한다는 것인데, 여기에 대해서 누군가가 "당신들에게 술이 없으면 최소한 영생이라도 주시오"라고 대답해야 한다고 그들은 가르치고 있는가? 이보다 더 이치에 맞지 않는 것이 있을까? 심지어 스스로 장기라 여기고 있는 일, 즉 이생의 일시적이고 덧없는 이익을 주는 일도 도무지 감당치 못할 신들이 영생을 줄 수 있다고 생각할 만큼 인간의 마음은 그토록 어리석단 말인가?……

바로(Varro)가 자기 백성을 치는 증거대 앞으로 불려 나온다

2장. 이 문제들을 마르쿠스 바로(Marcus Varro)보다 더 철저히 연구하고, 수고스럽게 달아보고 충분하고도 정확하게 기록한 사람이 누구인가? 비록 말씨는 전혀 품위가 없지만, 누가 사고와 논증에 있어 그처럼 치밀해서 우리가 세속적이라 부르고 그들은 자유롭다고 부르는 학문 영역에서, 키케로가 작문 학도를 기뻐하는 것만큼이나 사실들에 큰 흥미를 가진 사람을 가르치겠는가?

간단히 말해서, 심지어 툴리우스 자신마저 아카데미에 관한 그의 저서에서 그 사람에 대해 말하고 있다. 거기에 이 사람이 소개되어 있다. 즉, 그는 모든 다른 사람의 추종을 불허할 만큼 영리하고 지극히 박식한 사람, 마르쿠스 바로와 토론을 나누었다는 것이다.

3장. 그는 고대의 풍습, 제도에 관한 41권의 책을 썼다. 거기서 그는 인간과 신의 일들을 다루고 있는데, 그 중 25권은 인간에 관한 것이고, 16권은 신에 관한 것이다.……

바로의 「상고사」(Antiquities)를 어거스틴이 검토한다

4장. 바로는 신들의 일들보다 인간의 일들을 먼저 다룬 이유를 스스로 제시하면서 그것은 국가들이 그들의 제도들 앞에 수립되었기 때문이라 한다. 그러나 진정한 종교는 국가가 수립한 것이 아니다. 그것은 참으로 하늘의 국가가 수립된 기초이다. 하나님의 참된 종들을 가르치고 그들에게 영감을 주시는 분은 참 하나님이시다. 그런데 이 순서를 따라 종교를 국가의 일로 간주했던 바로는 이렇게 주장했다. "화가가 그림 앞에 있는 것처럼 국가들이 국가들에 의해 제정된 것들 앞에 있다."…… 그러므로 그는 인간의 관심사들을 신적 문제들보다 앞세우려 하지 않았었다. 그러나 그는 진실을 거짓보다 앞세우기로 결정했다.

5장. 그는 신들에 관한 지식인 신학을 신비적인 것, 자연적인 것, 그리고 시민적인 것, 세 분야로 구분하여 이렇게 말하고 있다. "시인들이 사용하는 것은 신화적인 것이고, 자연적인 것은 철학자들의 주제이며, 시민적인 것은 보통 사람들의 것이다. 내가 제일 먼저 언급한 신화적 종교에는 한 신이 머리로부터 출생했고, 다른 신은 넓적다리에서, 또 다른 신은 핏방울에서 났다고 하는 등의 불멸의 존재들의 위엄과 특성에 반대되는 많은 허구들이 있다. 한마디로 인간에게도 어울리지 않을, 아니 최악의 인간에게도 있을 수 없는 음탕하고 부정한 것들이다."…… 그는 계속해서 말한다. "내가 지적한 두번째 부류는 신들에 대한 글을 썼던 철학자들의 많은 책들에서 논의되었다. 그들이 누구며 무엇이며 어디에 있는지, 그들이 정해진 시간 동안 있었는지 혹은 영원 전부터 있었는지, 헤라클리투스처럼 불에서 나왔는지 혹은 피타고라스가 주장한 것처럼 숫자에서 나왔는지, 혹은 에피큐로스가 가르친 것처럼 원자에서 나왔는지, 거리보다는 학교에 더 적합한 그런 여러 주제들 말이다."…… "세번째 종류는 도시에 있는 시민들, 그리고 무엇보다도 사제들이 알고 시행해야 하는 것이다. 이 부류의 일은 어떤 신들이 공적으로 예배를 받아야 하며, 그 예배 때에 어떤 희생과 제사를 드려야 할 것인가를 정하는 것이다. 첫번째 종류의 신학은 특별히 무대를 위한 것이고, 두번째는 세계를 위한 것이며, 세번째는 도시를 위한 것이다.……"

9장. 마지막으로, 바로 자신은 인간에 대한 개념으로부터 신들을 묘사하고 열거하면서…… 각 신들의 특별한 기능과 재주가 무엇인가를 보여준다. 그러나 그 모든 것들 중에 우리가 영생을 간구해야 하는 신이라고 그가 지적하거나 거론한 신은 하나도 없다. 그 사실 하나 때문만으로도 우리는 진정으로 그리스도인들인 것이다. 그렇다면 누가, 대중의 종교에 대한 작가로서의 역량을 가진 그 사람이 황당 무계하고 점잖지 못하며 불순한 종교와 그것의 유사성을 자세히 폭로함으로써 그리고 후자는 단지 그것의 한 종류임을 보여줌으로써 인간의 마음에 자연적인 것 외에 어떤 종교를 위한 여지를 남기지 않았다는 것을 감지할 수 없을 만큼 우둔할 수 있겠는가? 그는 자연적인 것은 철학자들의 영역이라고 말했었다. 그리고 그는 그 일을 너무나 교묘하게 해내었기 때문에 대중의 종교를 감히 나쁘게 말하지 않으면서 소위 신화적 종교를 비난하는 중에 그것을 폭로하고 자연 종교를 당대의 지성인들과 교양인들에게 추천할 수 있었던 것이다.

한 로마의 철학자가 어떻게 단순한 사람들의 전설들과 민속을 해쳤는지를 보인 다음, 어거스틴은 이제 또 다른 철학자, 세네카로 하여금 그 도시의 보다 정교하나 마찬가지로 혼미케 하는 미신에 반대하는 자로 나타나게 한다.

10장. 극장의 그것과 대단히 유사했던 국가의 종교를 비판하는 자유는, 비록 바로에게서는 억제되어 있지만, 안나이우스 세네카에 의해서는 어느 정도 향유되고 있었다. 그는 여러 정황으로 미루어 볼 때 사도들 시대에 활약하고 있었던 것 같다. 형상의 문제를 논할 때 이 철학자는 감히 다음과 같이 쓰고 있다. "그들은 신성 불가침의 불멸의 형상들을 가장 시시하고 생명 없는 물질에 바치고 있다. 이것들은 사람들, 야수들, 그리고 물고기들, 혼합된 성(性)들 및 이질적(heterogeneous)인 몸뚱이들의 형상을 따른 것이다. 그러한 것들이 신들이라 불리고 있다. 하지만 만일 그들이 생명을 받아서 길에서 만나 얼굴을 맞대어 보게 된다면, 그들은 괴물이라고 생각할 것이다." …… 바로는 그렇게 용감하지 못했다. 그는 단지 시인들의 신학만을 비판했을 뿐이고 세네카가 혹평했던 대중의 신학은 건드리지 않았다. …… 그러나 우리가 사실을 있는 그대로 본다면, 이러한 제사들이 드려지고 있는 사원들은 그 신화들을 상연하고 있는 극장들보다 사실 더 악한 것들이다. 또한 세네카가 신성한 문제들을 취급하고 있었을 때도 그는 철학자의 주의를 국가 종교의 그러한 면으로 유도하면서 그것이 종교의 원리들을 구체화한 것이 아니라 그것의 대중적 형태를 반영한 것이라 보았다. 그는 이렇게 말했다. "왜냐하면 철학자는 이 모든 것들을 신들이 지시하는 대로가 아니라 법률이 명하는 대로 보고 행할 것이기 때문이다."

12장. 따라서, 희랍어로는 신화적, 물리적, 정치적이라 불리고, 라틴어에서는 전설적, 자연적, 시민적이라 불리는 세 가지의 신학으로부터는 영생을 기대할 수 없다. 그 미신의 온갖 전통들과 관습들 속에서 양육된 사람들에 의해 지독한 혹평을 받은 신화로부터나 시민적 신학으로부터나 그보다 더 열등한 나머지 하나로부터나 마찬가지이다. 그러므로 그들은 예배하는 것이 그러한 불명예로 특징지어지는 이 신들 중 어느 하나가 행복을 줄 수 있다는 생각은 꿈에라도 하지 말아야 한다. 하물며 행복도 주지 못하는 것이 어떻게 영생을 줄 수 있겠는가? 끝없는 행복이 있는 곳을 우리는 영생이라 부르기 때문이다. 그러나 만일 영혼이 영원한 형벌 속에서 산다면 – 깨끗지 못한 영들이 그것에 의해 고통을 당한다 – 그것이야말로 생명이라기보다는 영원한 죽음이다. 왜냐하면 놓임받을 수 없는 죽음보다 더 악하거나 끔찍한 것은 전혀 없기 때문이다. 그러나 영혼의 본성이 불멸이기 때문에 어떤 생명 없이는 존재할 수가 없다. 최고의 죽음은 영원한 형벌 속에서 하나님의 생명으로부터 분리되는 것이다. 그러므로 영원한 생명, 즉 끝없는 생명은 진정한 행복을 줄 수 있는 그분만이 주실 수 있다.……

유대인에 대한 세네카의 견해

11장. 그(세네카)는 또한 대중 종교의 여러 미신적 관습들 가운데 유대인들의 성례, 특히 안식일 제도를 비판한다. 일주일의 칠분의 일을 빈둥거림으로 허비하여 계속적인 감독을 요하는 많은 일들을 그르치는 것은 완전히 어리석은 일이라는 것이다. 그런데도 그는 당시에 벌써 유대인들에게 적대적이던 그리스도인들에 대해서는 이렇다저렇다 가부간에 일체 말이 없다. 자기 나라 관습과 반대로 그들을 칭찬하지도 않고 자기가 정죄하지 않는 것을 비난하지도 않고 있는 것이다. 그러나 유대인들에 대해서는 이렇게 말하고 있다. "그러는 중에 저 지극히 저주받을 나라의 관습이 너무나 뿌리를 굳게 내려서 이제 어느 나라에서나 용인되고 있으며, 피정복자들이 정복자들에게 율법을 제공하고 있다."

제 7 권

자연신학의 불충분성

"하나님은 세계의 영혼"이라는 바로의 명제에 대한 비평

[이 책에서 어거스틴은 그의 논제 – 이방 미신의 무가치성 – 를 계속 이어가면서, 야누스, 주피터, 새턴, 세레스, 리베르, 마터 마그나 등 "상급" 신들의 예배에 관련된 수치스러운 의식들을 밝혀주고 있다. 여기서 어거스틴은 "하나님은 세계(그리스도인들이 코스모스라 부르는)의 영혼"이라는 바로의 견해를 제시하고, 이것이 비록 조잡한 미신의 초보 단계를 넘어 유신론의 방향으로 큰 진보를 이룬 것이긴 하지만, "이 세상 자체가 하나님"이라는 대체 명제 때문에 다시 망가지고 있음을 보여 준다. 23장에서 어거스틴은 이 물질적 범신론을 비판하면서, 이런 주장은 창조자를 그의 손으로 지은 자연과 혼동하는 것이며, "세상의 돌과 흙을 신의 뼈와 손톱으로" 간주하는 것이라고 말한다.]

29장. 그들의 신학이 자기들의 문제를 설명하기 위해, 불경건하다는 이유로 조그만큼의 주저도 없이, 이 세상을 주목하도록 가르치고, 바로 그 세상을 만드시고 또 모든 영과 모든 육을 지으신 참 하나님을 바라보지 않는 이 모든 문제들에 직면해서 우리가 주장해야 할 것은, 우리는 하나님을 섬기는 것이지, 하늘과 땅 곧 이 세상의 두 구성 요소인 그것들을 섬기는 것이 아니며, 또한 어떤 영혼이나 모든 살아있는 것 속에 두루 흩어져 있는 영혼들을 섬기는 것이 아니라는 점이다. 우리가 섬기는 하나님은 천지와 그 가운데 있는 만물을 지으셨고, 모든 영혼을 창조하셨는데, 그것이 어떤 방식으로 존재하든지, 혹 감각과 이성이 결핍되어 있든지, 아니면 감각이 있고 지성이 있든지 상관없이 모든 영혼을 창조하신 분이다.

제 8 권

플라톤주의―이방세계 최고의
철학, 그러나 기독교에 못 미침

[7권 마지막 부분의 결론적 논조는 8권에서 다루려고 하는 공들인 논의를 준비시켜 준다. 8권에서 어거스틴은 바로가 언급하는 신학의 제 3단계 곧 자연신학을 취급하고 있다. 이 자연신학의 신들이 저 대중적이고 전설적인 신들이 주지 못했던 영원한 복락을 줄 수 있을 것인지의 문제를 논의하고 있는 것이다. 이 책에서 어거스틴은 가장 훌륭한 논법과 가장 호방한 개념으로 플라톤주의자들과 논쟁을 벌이고 있다. 그들은 당대에 논리와 철학에서 최고의 지위를 지키고 있었으며, 다른 어떤 학파들보다도 그들의 과녁이 기독교의 교리에 더 접근해 있었다. 사실상 이 8권은 희랍 철학에 대한 기독교적 관점에서의 요약적 논문으로 간주될 수도 있을 것이다. 그는 신플라톤주의자들의 신조를 기독교의 신조와 비교함으로써 결론을 맺고 있다.]

어거스틴과 플라톤주의자들

1장. 다음의 논의는 앞의 책에서 다룬 문제들과 주제들보다도 더 주목을 요한다. 왜냐하면 우리는 자연신학의 핵심들을 일반 대중이 아니라 철학자들, 곧 그 이름 뜻 그대로 해석하자면, 지혜의 경모자들과 견주어 보려고 하기 때문이다. 한걸음 더 나아가, 하나님을 그 지혜로 만물을 만드신 지혜라고 할 때,······참된 철학자는 곧 하나님을 사랑하는 자이다. 그러나 그 이름에 합당한 영광을 받을 만한 일이 잘 발견되어지지 않으므로 우리의 논의는 우리의 창을 받을 만한 적에게 한정되어야만 하겠다. 나는 또한 저 철학자들의 모든 잘못된 주장들을 반박하지는 않겠고 다만 신학의 문제에 국한해서 다루되, 특별히 어떤 신적 본질이 있음을 믿고, 이 신적 본질이 세상과 또 인간사와 연관이 있다는 것을 믿으면서도, 여전히 한 분 참 하나님께 대한 예배가 영원한 복락을 충분히 보장해 준다는 사실은 부인함으로써 중간 단계쯤 되는 보다 못한 신적 존재들을 많이 고안해 낸 저 과학자들의 견해를 반박하는 데 한정해야만 하겠다. 이들의 사상은 바로에 비해서는 훨씬 진리에 가깝다. 바로가 이 세상과 영혼을 하나님의 신성의 확장으로 본 데 반해서, 저들은 영혼의 모든 본성을 초월하여 뛰어나신 한 하나님을 믿었다. 이 하나님은 하늘과 땅이라는 가시적 세계를 초월해 계실 뿐만 아니라, 또한 모든 영혼을 지으시기까지 하시고, 인간의 합리적이요 지성적 영혼이 하나님 자신의 비육신적 복과 불변적 빛에 참여하도록 해주신 것으로 믿었다.……

2장. 희랍 문헌에 보면, 가장 탁월한 두 철학 학파로서 이탈리아 학파와 이오니아 학파가 있는데,…… 전자는 사모스의 피타고라스(Pythagoras of Samos)에 의해 창설되었고……후자의 태두는 밀레투스의 탈레스(Thales of Miletus)로 그는 7현인의 한 사람이다. [어거스틴은 이 두 학파의 형이상학적이며 자연과학적 사상을 간략히 요약해 주고 있다.]

3장. 따라서, 소크라테스는 모든 철학자들의 관심을 도덕적 질문과 원칙에 돌린 최초의 사람이라 하겠으며, 그의 이전 사람들은 주로 물리학과 자연 탐구에 몰두했다.…… 소크라테스는 그의 삶과 죽음이 모두 특별한 사람으로서, 그의 뒤를 이은 제자들이 서로 앞다투어 최고의 선(summum bonum) 곧 인간의 행복을 형성하는 이것에 대해 열정을 갖고서 토의했다. 그러나 이 문제가 그들의 선생의 서술적 방법으로 인해 모호해짐으로 해서, 그들은 이 체계로부터 자기 좋은 대로 취사 선택하고 자기들 눈에 좋게 보이는 것을 삶의 목적으로 간주했다. 그런데 이 주제에 대해서도 의견이 많이 갈려서 아리스티푸스(Aristippus) 같은 사람은 쾌락을, 안티스테네스(Antisthenes) 등은 덕을 최종적 선이라고 주장했다.

여타 이방 철학자들에 비한 플라톤주의의 우월성

4장. 플라톤은 이 위대한 스승의 다른 문하생들을 능가하는 사람이었다.……소크라테스는 실용적 철학의 면에서 탁월함을 보였고, 피타고라스는 명상에 그의 온 에너지를 쏟았던 것으로 보인다. 그런데 플라톤은 전자의 지혜를 후자의 연구와 결합시키고, 또한 이를 삼중으로 구분함으로써 — 첫째는, 도덕적 영역으로 행위에 관계되고, 둘째는, 자연적 영역으로 탐구에 치중하며, 셋째는 이성적 영역으로 참과 거짓의 판별에 관계된다 — 철학을 최고의 완성 단계로 끌어올렸다고 평가된다.……이 세 부분, 곧 모든 행위의 목표, 모든 자연의 원인, 모든 지성의 빛, 이 각각에 관하여 플라톤이 어떤 믿음을 가지고 있었는지는 말하기가 어렵다.……그러나 가장 가능성이 있는 것은 플라톤의 가장 가깝고 또 인정받는 제자들이 하나님이야말로 존재의 원인이요, 인간 지식의 이성적 기초이며, 또한 인간의 삶이 그에 따라 조정을 받는 표준임을 믿는다는 사실이다.……이는 인간이 창조되기를 스스로의 속에서 능가하는 능력으로 인해 모든 만물을 초월하시는 자에게로 이르도록 지어졌기 때문이다. 이는 곧 한 분 참되시고 선하신 하나님이신데, 그가 없이는 어떤 자연도 존재할 수 없고, 어떤 교리도 성립될 수 없으며, 어떤 행실도 쓸모가 없게 된다. 그러므로 모든 것들이 우리에게 설득력 있는 곳에서 하나님을 찾게 하고, 모든 것들이 우리에게 확실한 곳에서 그분을 인식하게 하고, 모든 것들이 우리에게 정당한 곳에서 하나님을 사랑하게 하라.

5장. 그러면, 플라톤 같은 사람이 선언하기를, 이 하나님을 본받고, 사랑하고, 알며, 또 그의 복되심을 나누는 자가 곧 현명한 사람이라고 하였다면, 나머지 다른 사람들에게 더 물어볼 필요가 어디 있겠는가? 이는 기독교 교리에 가장 근접한 것이다. …… 신화적인 민간종교의 교리는 확실하게 이 플라톤 철학자들의 가르침보다 열등하다. 후자의 가르침은 곧 참 하나님이 만물의 창시자요, 진리의 조명자이며 행복의 수여자라는 것이다. 그리고 다른 교사들 즉 물질주의에 몰두해서 사물의 물질적 요소들을 상상해 낼 뿐인 이들도, 위대하신 한 분 하나님의 추종자들인 이 철학자들에게 수위를 양보할 수밖에 없다.

6장. 그들에게 있어서 물질적 몸은 하나님이 아니다. 그들은 가변적인 것은 최고의 신이 될 수 없다고 보았다. 그러므로 그들은 최고의 하나님을 찾고자 모든 변화하는 영과 정신을 초월해 갔다.…… 그러나 몸과 영혼에 동시에 속한 모든 것은 그들의 관점에서는 다소간 외관적이기 때문에, 이 외관을 제거하고 나면 남는 것은 아무것도 없게 된다. 그러므로 그들은 최초 형상이 불변적이며, 그러므로 비교를 초월해 있는 어떤 것이 틀림없이 있었을 것이라고 생각하게 되었으며, 사물의 원리가 만물의 조성자이면서 그 누구에 의해서도 지어지지 않은 어떤 것 속에 있는 것이라고 올바로 주장하게 되었다. …… 그래서 하나님은 그들에게 자신에 대해 알려진 모든 것을 밝혀주셨는데, 이는 이 보이지 않는 것들이 지어진 것들을 통해 이해되고 알려지기 때문이다(참조. 롬 1:19, 20).

8장. 철학의 나머지 분야 즉 윤리적 분야는 주된 선이 무엇인지, 행위의 표준이 무엇인지의 주제를 다루며, 우리가 그것을 찾되 그 자체를 위해, 그보다 낮은 그 어떤 것을 위해서도 아니며, 또 우리가 다른 모든 것들을 찾는 이유도 이 때문이며, 오직 그 자체의 목적만을 위해 찾는 최고선에 관한 것인데……이 분야에 있어서도 이 학파는 다른 모든 학파를 능가한다. 그들이 가르치는 것은 육신이나 정신이 아니라 하나님을 향유하는 자가 곧 행복한 사람이라는 것이다. …… 플라톤이 정의하는 최종적 선은 하나님에 대한 지식을 가지고, 그를 본받으며, 오직 그 때문에만 행복한 그런 사람이 소유하고 있는 덕에 따르는 삶이라는 것을 이것으로 충분히 밝혔다. 그러므로 플라톤은 철학자가 되기 위해서는 하나님 곧 그 본성이 변화를 초월해 있는 그를 사랑하는 자가 되어야 한다고 주저없이 말하고 있는 것이다.

[플라톤주의자들이 이론상 얼마나 기독교에 근접해 있는지를 밝힌 후에, 어거스틴은 이제 그들과 그들의 후계자인 신플라톤주의자들이 아직도 순수한 기독교의 교리에 얼마나 미치지 못하고 있는지를 보여주고 있다. 그 이유는 그들이 많은 신들을 예배하기 위해 의식을 행하고 있으며, 또한 신과 인간 사이의 중개자들로서 귀신들을 믿고 있기 때문이다.]

신플라톤주의자들과 중개자로서의 귀신들에 대한 그들의 믿음

14장. 그들은 말하기를 이성적 영혼이 있는 모든 존재들은 세 가지 부류로 구분된다고 한다. 곧, 신들과 인간과 귀신들이다. 신들은 최고의 위치를, 인간은 최하의 위치를, 그리고 귀신들은 중간 위치를 차지하고 있다. 이 귀신들은 신들과의 공통점으로 형체의 불멸성이 있고, 인간과의 공통점으로 동물적 정욕이 있다.……그러나 아푸레이우스(Apuleius) 자신도 이 귀신들에게서 그 몸의 정교함과 견고함 그리고 그들의 주거지의 우수함 외에 달리 무엇을 칭찬거리로 찾을 수 있었던가? 그가 다른 무엇보다 그들의 도덕에 대해 기록하면서 좋은 것은 아무것도 말하지 않고 나쁜 것에 대해서만 많이 말하고 있는 것이다.……

16장. 그가 밝히기를, 귀신들은 인간과 똑같은 감정에 따라 동요를 받고 있다. 비난을 받으면 화를 내고, 아첨과 알랑거림에 따라 좋아하고, 자기 제사를 지켜주면 기뻐하지만 그것을 빠뜨리면 불쾌해 한다. 간략하게 그들을 정의하자면, 귀신들은 동물적 속성을 가지며, 그 영혼은 수동적이요, 그 정신은 이성적이며, 그 육신은 공기와 같고, 시간상으로는 영원하다는 것이다.……

이 다섯 가지 중에서 앞의 세 가지는 그들과 우리가 공통적이고, 네번째는 그들에게만 고유한 것이고, 다섯번째는 그들과 신들과 공통적이다.……그렇다면 이렇게 이성적이어서 불행해질 수도 있고, 수동적이어서 실제로 비참해져 버릴 수도 있고, 또 영원하여서 자기들의 사악함을 끝낼 수도 없는 이런 존재들에게는 얼마나 무가치한 예배를 드려야 좋단 말인가?

17장. 그렇다면, 그들의 생활을 본받지 않고 그들과는 다른 자기의 생활을 살려고 하는 자가 자신을 낮추고 그들을 공경한다는 것은, 그리고 섬기는 자를 따르는 것이 최고의 종교인 줄 알기에, 순종하지도 않을 자를 예배한다는 것은 어리석고도 불행한 실수가 아니겠는가?……

18장. 아푸레이우스와 그를 따르는 자들이 이러한 영예를 귀신들에게 돌리는 것은 어리석은 일이다. 또한 그들을 하늘과 땅의 가운데 두어서 사람의 기도를 하나님께 전하게 하고, 하나님의 응답을 사람에게 전하게 하는 것도(플라톤의 원칙에 따르자면, 하나님과 인간 사이에 직접적인 교제가 있을 수 없기 때문에 귀신들에게 이 역할을 하게 하는 것이겠지만)

역시 어리석은 일이다.……

어거스틴은 영계의 조직에 대해 공격한다. 신플라톤주의자들은 이것으로 저 세상과 교통한다고 기만한다.
20장. 참으로 이상한 것은 저 신존재의 신성이다. 기도를 드리는 인간과는 교통하지 않고 오히려 방자한 귀신과 교통하는 점, 회개하는 영혼과는 교제가 없고 속이기 잘하는 귀신과 교제를 가진다는 점 등이 놀라울 뿐이다.……
22장. 따라서 우리는 이러한 귀신들이 신들과 인간의 중개자라는 것을 믿을 수 없다. 오히려 그들은 악과 대적의 영이요, 의로부터는 거리가 멀고, 교만으로 차 있고, 시기 질투하고, 못되게 잔인하며, 용서받지 못할 죄로 인해 하늘 높은 곳에서 추방되어 공중에 거하며 이곳에서 감옥 생활을 하고 있는 것이다.

[어거스틴은 귀신에 대한 주제를 뒤로 미루어 제 9권에 가서 다루고 있으며, 여기서는 주제를 달리하여 세상을 떠난 자들에 대해 기독교에서는 경의를, 이교에서는 예배를 드리는 것 사이에 차이가 무엇인지를 밝히고 있다.]

죽은 자들에 대한 의식에 관하여

26장. 아푸레이우스에게서 참으로 특기할 만한 점은, 참 종교로부터 멀리 떨어져 길을 잃어버린 믿지 않는 사람들에 의해 만들어진 이 제도들이 이집트에서 옮겨질 날이 오게 될 것이라고 탄식하면서 하는 말이다. "그 때에는 그 땅이, 성소와 사원들의 거룩한 처소였던 그 땅이 죽은 자들의 무덤으로 뒤덮이게 될 것이다."……아마도 그가 우려했던 것은 우리 순교자들의 사당(memoriae)이 자기 나라의 성지를 다 차지하지 않을까 하는 생각이었다. 그러나 그의 말을 우리에게 좋지 않은 편견을 가지고 읽는 사람이라면 이런 결론을 내리게 될 것이다. 이교도들은 사원에서 신들을 예배하는 반면 우리들은 공동 묘지에서 죽은 자들에게 의식을 행하고 있다는 것이다. 사람들은 너무나 불경심으로 눈이 가리워서 산들 앞에서도 엎드리고 그들의 눈 앞에 놓여있는 것을 있는 그대로 보려 하지 않기 때문에 이교 세계의 모든 문헌 가운데 빠짐없이 나타나는 것처럼 사후에 신적 영예로 추대를 받는 자 중에 사람이 아니었던 신들이 아무도 없다는 사실을 인정하려 들지를 않는 것이다. 나는 저 바로의 언급을 간단하게 들추어보고자 한다. 그는 말하기를 사람들은 모든 죽은 자들을 망자(亡者)의 혼령(manes dii)으로 보았다는 것인데, 그 증거로 거의 모든 죽은 자들에게 베풀어진 종교적 의식들을 들고 있다. ……

27장. 우리는 이 순교자들을 위해 성전을 지어서도 안 되며 사제들을 두거나 의식이나 제사를 드려서도 안 된다. 왜냐하면 그들이 우리의 신이 아니며, 다만 그들의 하나님이 우리의 하나님이기 때문이다. 우리가 그들의 사당에 경의를 표하는 것은, 진리를 위해 죽음에 이르기까지 정진하였던 거룩한 사람들의 사당으로서인 것이다. 어느 누구라도 신실한 사제들이 하나님께 영광과 예배를 드리기 위해 세워진 제단 곁에 서서 기도를 드리면서 "오 베드로여, 오 바울이여, 오 키프리안이여, 당신께 제사를 바치나이다!" 하고 말하는 것을 들어보지 못했을 것이다.

이는 그들의 무덤에서 드려지는 제사는 그들을 사람이요 또한 순교자로 만들어 주신 참되신 하나님께 드려지는 것이기 때문이다. 그리하여 그들의 승리를 인해 참 하나님께 감사하고, 또한 그들이 불렀던, 같은 하나님께 우리도 도움을 구하며 불러서 그들의 아름다운 덕의 면류관을 본받게 되도록 우리도 자극을 받고자 하는 것이다. 우리의 종교는 순교자들의 마지막 안장지를 그들을 기억하기에 적합한 장식품들로 꾸며 기념하는 것이지, 이 죽은 사람들에게 마치 그들이 신들이거나 한 것처럼 거룩한 예식이나 제사를 바치는 것이 결코 아니다.

제 9 권

이교의 귀신과 기독교의 천사

[이 책에서 어거스틴이 답하고 있는 것은, 귀신들 사이에 구분을 두고 어떤 것들은 선하고 어떤 것들은 악하다고 말하는 사람들에게 대해서 이다. 이런 구분은 어거스틴에 따르면, 인간에게 영원한 복을 부여하는 능력이 어떤 마귀에게 있는 것이 아니라 오직 그리스도께만 있는 것인 만큼 이 주제에 대하여 아무런 빛을 던져 주지 못한다. 귀신들의 정감에 대해 말하면서 어거스틴은 마음의 동요라는 주제에 대해 스토아학파와 소요학파(Peripatetics) 간의 견해 차이를 여담으로 다루면서(4장), 스토아인의 정신이 어떤 두렵고 놀라운 존재에 의해 감동을 받을지언정 요동되지는 않을 것임을 증명해 보이기 위해 겔리우스(A. Gellius)의 *Noctes Atticae*로부터 긴 구절을 인용하고 있다. 이는 버질의 표현대로 하자면 —

"그의 마음은 얼어 붙었고, 그녀의 눈물은 덧없이 흐르도다."

어거스틴은 앞에서 이미 플라톤의 명제인 "신과 인간 사이의 교통은 없다"는 주제를 다루었고, 다른 곳에서 그리스도에 대한 명상을 언급할 것이기 때문에, 우리는 이 9권에서 아래 부분만 대강 훑어보고 넘어가도록 하겠다.]

17장. 내가 매우 의아스럽게 생각하는 것은 그토록 학식이 풍부한 사람들이, 감각적이고 육적인 모든 것이 영적이고 지성적인 것에 비해 열등하다고 선언하고서, 인생의 행복이란 문제에 대해서는 어떻게 감촉의 쾌락에 대해 말할 수 있는가 하는 점이다. 플로티누스의 표현은 어디로 갔는가? "우리는 우리의 아버지가 계신, 그리고 우리의 모든 것이 있는 그 복된 고향으로 피해 가야만 한다." 그는 또 이렇게 외친다. "어떤 함대나 날 것이 우리를 신의 형상으로 데려가 줄 수 있을까?" 그러므로 만일 하나님을 더 닮을수록 하나님께 더 가까워지는 것을 의미한다면 하나님으로부터 멀어진다는 것은 곧 닮음의 부족 때문이라고 해야만 하지 않겠는가?

23장. 이제 사물이 이토록 명백해진 이상 명칭에 대해 더 논할 필요가 없다. 그런데 우리의 주장 곧 천사들이란 인간에게 하나님의 뜻을 알리기 위해 저 행복한 불멸의 존재들 중에서 보내어진다는 주장이 그 사람들에게는 달갑지 못한 모양이다. 왜냐하면 그들은 이런 사역이 자기들이 신들이라 칭하는 – 행복한 불멸의 존재라 하나 행복하지 못한 – 이들에 의해 수행될 리가 없다고 주장하기 때문이다.……명칭상의 논쟁인 듯하지만, 마귀라는 이름은 너무나 혐오스러워서 우리는 그 이름을 거룩한 천사들로부터 모조리 제해버려야 하겠다.

제 10 권

삼위일체 하나님께 대한 예배, 그리고 성육신 교리

[이 책에서는 하나님께 대한 참된 예배를 다룬다. 오직 그분께만 선한 천사들이 거룩한 공경을 제사로 드리기 원하며, 이를 라트레이아($\lambda\alpha\tau\rho\varepsilon\iota'\alpha$:성경에서는 예배를 항상 이 단어로 표현한다)라고 부른다.]

어거스틴은 하나님께 대한 참된 예배가 무엇으로 이루어지는지에 대해 말한다.

1장. 이제 우리 앞에 놓인 질문은, 천사들이 우리에게 바라는 것이 무엇이냐, 즉 우리가 예배와 제사들을 자기들에게 드리고, 또 종교적 의식을 통해 우리의 소유와 우리 자신을 그들에게 바치기를 원하는가 아니면 그들의 하나님이요 또한 우리의 하나님이신 하나님께만 예배하기를 원하는가라는 문제이다.…… 사도가 하나님의 종들에게, 주인에게 하듯 순복하라고 권면하는 의미에서의 예배는 헬라어로 다른 이름이 있다(디아코니아, $\delta\iota\alpha\kappa o\nu\iota\alpha$). 그러나 성문서에서 사용되어지고 있는 라트레이아라는 말은 항상 혹은 거의 전적으로 하나님께만 합당한 예배(servitus)를 의미한다. '의식'(cult)이란 말도 하나님께만 제한되는 것이 아니다. 왜냐하면 그 말은 사람에게 칭송이나 지속적인 수종을 듦으로써 경의를 표하는 의미도 포함하고 있기 때문이다.……

2장. 그러나 우리는 매사에 이들 가장 고상한 철학자들과 논쟁을 일삼지는 않는다. 왜냐하면 그들도 우리와 같이 동일한 근원 곧 그들에게 신성한 것이면서 또 그들과는 구별되는 어떤 이성의 조명으로부터 그들의 행복을 얻고 있으며, 그리하여 그들도 그 빛에 참여함으로써 빛과 행복과 거룩함을 얻는다는 사실을 그들이 자각하고 있고, 그들의 문헌 가운데 많은 뛰어난 문장으로 이를 기록하고 있기 때문이다.

3장. 따라서 플라톤주의자나 다른 어떤 자라도 이를 인지하고 하나님을 하나님으로 알고서 그를 영화롭게 하고 또 그에게 감사드리며, 잡다한 의심 가운데 방황한다든지 많은 무리들로 말미암아 오류에 빠져들지 않는다면, 그들도 틀림없이 신들 중에서 한 하나님이 계심을 인정하게 될 것이다. 그 하나님은 그들의 하나님이며 동시에 우리의 하나님이고, 저 행복한 불멸자들에 의해서와 또 그들과 같이 되기를 바라는 우리 가련한 죽을 인생들에 의해서 예배를 받으시는 하나님이시다. 그분께 우리는 희랍어로 라트레이아라고 부르는 예배를 우리의 성례전과 또 생활을 통해 바쳐드려야 한다. 우리의 마음이 그분께 들리워질 때('sursum') 그것이 그의 제단이요, 그의 독생자가 우리의 제사장으로 희생 제사를 드린다. 우리가 죽기까지 신앙을 변호할 때 그분께 피흘리는 제물을 바치는 것이 된다. 우리가 그분 앞에서 거룩한 사랑과 열정에 불탈 때, 그것은 바로 달콤한 향을 바치는 것이다. 우리는 우리 안에 주신 그의 은사와 우리 자신을 그에게 바치고 되돌려 드린다. 우리는 절기와 거룩한 날을 구별하여 우리에게 향하신 그의 인자하심을 기억하여 우리의 망각과 배은망덕함이 우리를 엄습치 못하도록 하는 것이다. 그리고 우리는 겸손의 떡(hostia)을 제사로 드리고, 마음의 제단 위에 타오르는 순결의 불길로 그를 찬양한다. …… 그분은 우리 복의 샘이요 우리 열망의 대상이시다. 그를 선택하고 다시금 그를 택하고(우리가 그를 무시함으로써 그를 잃어 버렸기에) 그를 또 다시 찾는 이것이 곧 종교의 의미이다. 이렇게 하여 우리는 그를 향해 달려 나아가 그의 안에서 우리 영혼에 안식과 복락을 누릴 수 있게 된다.

5장. 어떤 재물을 헌납하거나 의를 드림으로써 하나님이 이득을 보게 되리라고 생각하는 사람처럼 어리석은 사람은 없다. 샘은 우리가 그 샘에서 물을 마시기 때문에 이익을 얻는다는 법이 없다. 옛적 조상들은 하나님께 짐승을 제사로 드렸다. 하나님의 백성들이 오늘날 이 기록을 읽기는 하지만, 더 이상 시행하지는 않는다. 왜냐하면 그 제사는 우리 내면 속에서 이루어지는 일을 우리가 하나님께 가까이 나아가고자 하는 목적에서, 또 우리 이웃이 우리와 같이 행하도록 설득하기 위한 목적에서 상징으로 나타낼 따름이기 때문이다. 그러므로 제사란 보이지 않는 제사의 보이는 성례전 또는 거룩한 상징인 것이다. 이 때문에 선지자와 함께 한 참회자, 아니 그 자신이 바로 선지자였던 사람이 자기 죄를 하나님께서 긍휼히 여겨주시기를 구하면서 이렇게 말했다. "주가 제사를 원하셨다면 내가 드렸을 것이라 주는 번제를 기뻐 아니하시나이다. 하나님의 제사는 상한 심령이라. 상하고 통회하는 마음을 하나님이 멸시치 아니하시리이다(시 51:16-18, 70인역에 따름).

우리가 이제 볼 것은, 하나님께서 한 종류의 제사를 요구하시지 않는 반면 다른 종류의 제사를 원하고 계시다는 점이다. 그는 죽은 짐승의 제사를 요구하지 않고 통회하는 마음의 제사를 원하신다. 그러므로 하나님이 원치 않는 제사 곧 죽은 짐승은, 하나님이 원하시는 제사 곧 통회하는 마음의 상징물일 따름이다. 하나님은 어떤 어리석은 자들이 생각하는 것처럼 하나님 자신의 기쁨을 만족시키기 위해 제사를 요구하는 것이 아니다. 그가 짐승의 제사를 통해 통회하는 마음의 제사를 상징하게 하실 뜻이 없었더라면, 그 짐승의 제사를 율법에 명하시지도 않았을 것이다. 또한 옛 언약 제사의 과도적이요 임시적 성격은 그 상징적 성격을 대변해 주는 것이면서 동시에 우리로 하여금 제사 그 자체가 그것을 통해 상징하고자 하는 내용보다 하나님께 더 열납될 만한 것이라는 생각을 갖지 못하도록 하는 경고이기도 하다. 시편 다른 곳에서도 말하듯이, "내가 가령 주려도 네게 이르지 않을 것이다. 세계와 거기 충만한 것이 다 내 것이기 때문이다. 내가 수소의 고기를 먹으며 염소의 피를 마시겠느냐? 하나님께 찬양의 제사를 드리고 지극히 높으신 자에게 네 서원을 갚으며 환난 날에 나를 부르라. 내가 너를 건지리니 네가 나를 영화롭게 하리로다"(시 50:12-15).

그리고 다른 선지서에서도 읽을 수 있다. "내가 무엇을 가지고 여호와 앞에 나아가며 높으신 하나님께 경배할까 내가 번제물 일년 된 송아지를 가지고 그 앞에 나아갈까 여호와께서 천천의 수양이나 만만의 강수 같은 기름을 기뻐하실까. 내 허물을 위하여 내 맏아들을, 내 영혼의 죄를 인하여 내 몸의 열매를 드릴까. 사람아 주께서 선한 것이 무엇임을 네게 보이셨나니 여호와께서 네게 구하시는 것이 오직 공의를 행하며 인자를 사랑하며 겸손히 네 하나님과 함께 행하는 것이 아니냐"(미 6:6-8).

이 선지자의 말에서 분명히 천명된 사실은 하나님께서 제사를 그 자체로서 요구하지 않고 오히려 거기에 담긴 뜻을 따라 드리는 제사를 원하신다는 사실이다.

그리고 "내가 제사보다 자비를 더 좋아한다"(호 6:6, 70인역)는 기록을 통해서도 한 제사가 다른 제사보다 더 낫다는 것을 말해주는데, 우리가 일반적인 말로 제사라고 부르는 것은 진정한 제사의 상징에 지나지 않음을 잘 이해해야만 하겠다. 자비가 참된 제사이다. 이것이 곧 내가 앞서도 인용한 것처럼, "그같은 제사를 하나님이 기뻐하신다"는 말씀의 뜻이다.

장막이나 성전의 예배에서 읽혀지던 이렇게 많은 하나님의 교훈들이 한결같이 하나님과 또 우리 이웃에 대한 사랑을 언급하고 있으며, 이 사랑 속에 그 교훈의 참 뜻이 있고, 또한 이 사랑이 "모든 율법과 선지자를 매는" 끈이다.

다음으로 어거스틴은 제사의 장엄한 의미를 제시하는데, 다수의 물질적 개념과 소수의 환상적 이론을 극복하고 있다. 이 개념은 모든 종류의 제사 곧 물질적인 것과 비물질적인 것, 문자적인 것과 영적인 것, 피흘리는 것과 피없는 것, 이교적 전통의 것과 족장적 전통의 것, 모세 율법적인 것과 복음적인 것 등을 망라한다.

6장. 따라서 참된 제사는 우리가 하나님과 거룩한 친교를 맺도록 해주는 모든 활동이다. 곧, 그것에 의해서만 우리가 진정으로 복을 받을 수 있는 지고의 선이요 목표와 관련된 작업이다. 그러므로 타인을 돕는 자비라도 하나님을 위해 행한 것이 아니라면, 그것은 제사가 아니다. 왜냐하면 제사란 비록 사람이 드리는 것이긴 하나 라틴어 본래의 의미처럼 그것은 거룩한 행위이기 때문이다. 그러므로 하나님의 이름으로 성별되고 그에게 바쳐진 사람은 하나님께 대해 살기 위해 세상에 대해서는 죽은 것이므로 그 자체가 바로 제사이다. 마찬가지로 우리의 몸도, 우리가 마땅히 그

렇게 하여야 할 것처럼, 절제를 통해 순결케 한다면, 그것이 바로 하나님
께 대한 제사인 것이다. …… 그리고 육체보다 한결 고귀한 영혼도 하나
님께 드려질 때 제사가 되는 것이다. 하나님의 사랑의 불길로 그 영혼이
타오름으로써 하나님의 아름다움을 얻게 되고, 하나님을 기쁘시게 하며,
세속적 욕망을 버리고 지속적인 사랑의 형상으로 재창조되는 것이다. 이
것이 바로 사도가 말하는 의미이다. "너희는 이 세대를 본받지 말고 오직
마음을 새롭게 함으로 변화를 받아 하나님의 선하시고 기뻐하시고 온전
하신 뜻이 무엇인지 분별하도록 하라"(롬 12:2).

　제사란 바로 자신에게나 타인에게 하나님의 이름으로 행해진 자비의
행위이다. 또한 우리가 단순히 불행을 피하기 위하여, 혹은 행복(기록된
것처럼, "하나님을 의지함이 나의 기쁨"이라고 말한 그 복된 사람과 같
이)을 얻기 위하여 행하는 자비의 행위이기도 하다. 나아가서 구속받은
온 백성, 성도들의 회집 혹은 공동체가, 우리를 위해 수난당함으로 자기
를 바친 그 대제사장을 통하여 드리는 우주적 제사이다. 우리는 그 영광
스러운 머리의 지체들이다. 그가 드린 제사는 종의 형상으로 드린 것이
다. 그 안에서 그는 중보자요, 제사장이요, 또한 희생제물이다.

　그러므로 사도가 권면하기를, 우리 몸을 우리가 드릴 합당한 예배로써
하나님이 기뻐하시는 거룩한 산 제사로 드리고, 이 세대를 본받지 말며
우리 마음의 새로움으로 변화를 받아 하나님의 선하시고 기뻐하시고 온
전하신 뜻이 무엇인지를 입증하라고 말한 것은 바로 우리들 자신이 전적
인 제사이기 때문이다. 이것이 그리스도인의 제사이다. 곧, 많은 사람들이
그리스도 안에서 한 몸이 되는 그것이다. 이 제사를 교회는 신실한 자들
의 제단에서 시행하는 성례전 속에서 계속적으로 드리며, 이를 통해 교회
는 하나님께 드리는 제사 속에서 바로 그 자신을 바치고 있음을 가르치는
것이다.

어거스틴은 포르피리(Porphyry)의 삼위일체 개념을 비판한다.

　[이 제 10권의 결론부에서 어거스틴은 삼위일체론과 성육신론, 속죄론
등의 중요한 교리에 대해 몇 가지 빛을 던져주는 언급을 하고 있다. 우선
그는 포르피리의 잘못을 지적해 낸다. 플라톤주의자인 포르피리는 영혼

이 세 가지 구별된 원리 또는 실재에 의해 정화된다고 가르쳤다. "이들 가운데 하나를 그는 성부라 불렀고, 다른 하나를 아버지의 마음이라 그가 명명한 성자라 하였고, 이들 둘 사이에 그는 성령 하나님을 위치시켰는데, 이에 대해서는 그가 아무것도 분명하게 쓴 것이 없다."(23장)]

24장. 우리가 삼위일체 하나님의 각각의 신격에 대하여 그는 하나님이다라고 말할 수는 있겠지만, 하나님을 둘 혹은 세 인격이라 말한다고 해서 두 하나님이 계신다거나 세 하나님이 계신다고 말할 수는 없다. 또한 우리는 이단인 사벨리안주의자들처럼 성부는 성자와 동일하고, 또 성령은 성부·성자와 동일하며, 성령이 성부·성자와 일치한다고 말하지도 않는다. 성부는 성자의 아버지요, 성자는 성부의 아들이며, 성부와 성자의 성령은 성부 자신도 아니며 성자 자신도 아니다. 그러므로 사람이 삼위의 한 인격에 의해 변화되었다고 말하는 것은 옳게 한 말이지만, 인격들 사이에 이런 관계로 말하는 것은 잘못이다.

[더 나아가서 포르피리는 그리스도가 그의 성육신에 의해 우리를 정결케 하는 한 인격이라는 사실을 부인했다.]

24장. 하지만 포르피리는 그가 부끄럽게 생각하며 또 두려워하기도 하는 시기심에 이끌려서, 우리 주 그리스도가 그의 성육신으로 말미암아 우리를 정결케 하는 원리(*Principium cujus incarnatione purgamur*)라는 사실을 이해하려 하지 않았다. 정말이지 그는 우리를 정결케 하는 희생 제물이 되고자 육신을 입으신 그리스도를 경멸한 것이다. 그는 저 인간의 교만 때문에 이 위대한 성례를 깨닫지 못했다. 참되고 자비로운 중보자께서는 겸손히 낮아지셨고, 저 기만적이고 사악한 중보자들이 감히 스스로 큰 소리치지만 불멸이라는, 그들의 성격상 가련한 인간들에게 도움을 약속만 하고서 한번도 주지 못한 것을, 그분은 친히 죽을 몸이 되어 죽을 자들에게 그 자신을 나타내셨다. 따라서 저 선하고 참된 중보자께서는 악한 것은 죄이지 육신의 본질이나 성격이 악한 것이 아님을 보여주었다. 육신은 인간의 영혼과 함께 죄없이 보존될 수도 있으며, 죽음에 내려갔다가 부활로 인해 더 좋은 형체로 변화될 수 있다. 더군다나 죄의 형벌인 죽음 자체가, 그는 우리를 위하여 죄가 없이 당하셨지만, 우리에게 어떤 방법으로도 피할 수 없는 것이며, 죽음의 기회가 올 때면 의를 위하여 그것을 당하여야만 함을 나타내셨다. 그리하여 그는 죽으심으로 우리를 우리의 죄로부터 풀어주실 수 있었다. 이는 그가 죽으시되 자신의 죄 때문에가 아닌 이유이다.

그런데 저 플라톤주의자(포르피리)는 그리스도를 원리로 인정하지 않았기 때문에 그를 또한 깨끗하게 하는 분으로 인식하지 못했던 것이다. 그 원리는 인간의 육체나 영혼이 아니었고, 만물이 그로 말미암아 지은 바 된 말씀이었다. 그러므로 육체가 그 자신의 능력으로 깨끗하게 하는 것이 아니라, 말씀으로 인하여, 곧 육신을 입은 말씀으로 하는 것이다. "말씀이 육신이 되어 우리 가운데 거하셨다." 예수께서 신비적 언어로 자기의 살을 먹는 것에 대해 말했을 때 그를 이해하지 못한 사람들은 "이는 어려운 말씀이라 누가 들을 수 있느냐?" 하면서 물러갔다. 그는 남은 사람들에게 대답했다. "살리는 것은 영이니 육은 무익하니라"(요 6:63). 그러므로 저 원리*가 육신과 영을 입으심으로써 육신과 영을 정결케 하는 것이다. 따라서 유대인들이 그에게 너가 누구냐고 물었을 때, 그는 자신이 그 원리라고 대답하셨다(요 8:25-역자주). 그러나 이것은, 죄에 빠지기 쉽고 무지의 어두움에 묻히기 쉬운 우리 육적이고 연약한 인간으로서는, 한편에서는 우리와 같기도 하고 한편에서는 우리와 같지 아니한 그를 통해 깨끗함과 치유함을 받지 않고서는 결코 이해할 수가 없는 것이다. 우리는 인간으로 의롭지 못하나 그는 그의 성육신을 통해 인간의 본성을 가지시면서도 의로우셨다. 이러한 중재의 손길이 저는 자와 낙담한 자들에게 펼쳐진 것이다. 이것이 천사들로 말미암아 제정된 씨이다. 그들로 말미암아 율법이 주어졌고, 그들을 통해 한분 하나님에 대한 예배가 드려

✻ 어거스틴이 사용하는 원리(Principle)라는 말은 인격으로부터 나오는 비인격적 영향력이란 의미가 아니라-이는 그가 반대한 사벨리안주의의 오류이다-인격적 능력이란 의미이다. 인간의 삶을 통해 그리고 그 속에서 행동하는 인격이요, 그의 성육신을 통해 갱생의 원리이면서 동시에 삶의 원리인 인격이다.

지며 중보자의 재림이 약속되었다.

25장. 이 신비의 믿음으로 경건하게 삶으로써 율법 아래의 성도들과 그 이전 시대의 모든 과거의 성도들이 의롭게 되었다. 당시에 선지자들이 있었으며, 천사와 같은 그들에 의해 동일한 약속이 선포되었고, 그 무리들 가운데 숭고하고 거룩한 감정으로 인간의 목적과 지고의 선에 관해 내가 앞서 인용했던 것처럼, "하나님께 가까이 함이 내게 복이라"고 말한 이가 있었다.

[여기에 이어 시편 73편에 대한 탁월한 해설이 따라나온다. 여기에서 저자는 악인의 형통함이라는 난제를 다루고 있으며, 성전에서 공식 예배 참석중에 하나님의 의와 선의 최종적 승리가 그의 마음속에 되새겨짐으로써 마음의 평안이 회복되었음을 이야기한다. 이 시의 클라이막스를 어거스틴은 "하나님께 가까이 함이 내게 복이라"(28절)는 구절로 보고 있다. 하나님과의 이 연합은 구속함을 받도록 된 자들이 모두 구속되는 그 때에 최종적으로 완성될 것이다. 그러나 현재에는 우리의 희망을 하나님께 둘 수 밖에 없다. "내가 주를 의뢰하는 것이 복이라." 시편 기자는 이어서 말한다. "주의 모든 칭송을 시온의 딸의 문에서 전파하리이다."* 26, 27장에서 어거스틴은 성육신에 대한 고백과 마귀숭배 사이에 머뭇거리고 있는 포르피리의 불경과 결함을 밝히고 있다.]

28장. 무지와 또 그로부터 오는 많은 악은 어떤 씻는 의식으로도 정결케 될 수가 없고, 다만 '아버지께로서 온 마음'($\pi\alpha\tau\rho\iota\kappa\grave{o}s\ \nu ovs$)으로만 될 수 있는데, 이는 아버지의 뜻을 알고 있는 아버지의 마음이요 지성이다. 하지만 그리스도가 바로 이 마음이란 사실을 사람들이 보지 못하는 까닭은 여인으로부터 난 그의 출생과 그의 십자가의 수치 때문에 그를 경멸하기 때문이다. …… "그들 중의 지혜자의 지혜가 없어지고 명철자의 총명이 가리워지리라"('reprobabo' 70인역에는 $\kappa\rho\acute{v}\psi\omega$)(사 29:14)고 한 거

---

* 시 73:28, 이 구절은 원문에서는 '칭송' 또는 '행사'로 끝나고 있다. '시온의 딸의 문에서'라는 어구는 70인역에서 삽입된 어구이며 제롬의 불가타역에도 그대로 옮겨졌다.

룩한 선지자의 말씀의 성취로 이 모든 일들이 일어났음을 깨닫지 못하기 때문이다.

[참조. 고전 1;19 이하에 이 말씀이 좀더 확대되어 있다.]

29장. ······그러나 불변하시는 하나님의 아들의 성육신, 이로 말미암아 우리가 구원받는데(qua salvamur), ······당신은 이를 인정하지 않을 것이다. 하지만 당신이 소수자들에게 그들의 지성을 통해 하나님께 도달할 수 있도록 허락되었다(concessum)고 인정하는 것으로 보아 당신은 은혜를 믿고 있다. 허락되었다는 말을 쓰는 것은 인간의 충족성이 아니라 하나님의 은총을 당신이 인정하고 있다는 표시임에 틀림없다. ······ 그런데 당신이 우리 주 예수 그리스도를 통한 하나님의 은혜를, 그리고 그분이 성육신함으로써 인간의 영과 육을 입으신 사실을 알기만 하였더라면, 당신은 그곳에 가장 지고한 하나님의 은혜의 표현이 나타난 줄 알았을 것이다. ······ 하나님의 은혜는 하나님의 유일하신(unicus)* 아들이 그 자신으로 변함없이 계시면서 인간됨을 입으신 이 일에서보다 더 강력하게 우리에게 제시될 수는 없다. 그의 사람됨의 중재를 통해 그의 사랑에 대한 소망을 사람들에게 주셨으며, 또한 그의 불멸성으로 인해 불의한 자들로부터, 그의 복되심으로 인해 가련한 존재들로부터 너무나 멀리 계신 그분에게로 사람들이 나아갈 수 있도록 하셨다. 그리고 그는 우리에게 영복과 불멸에 대한 자연적 열망을 주셨다. 그는 우리 마음의 소원을 이루어주시기 위해 그 자신이 복된 존재로 계시면서 불멸성을 입으셨다. 그는 자신의 인내를 통해 우리가 두려워하는 것을 멸시하도록 가르쳤다. ······ 이 진리를 알고 그 안에 안식하기 위해서는 겸손이 필요하다. 이 덕목은 쉽게 얻을 수 있는 것이 아니다. 특히 많은 학문적 준비를 이미 갖추고 있는 당신에게 있어서는 이를 받아들이는 데 당신으로 하여금 믿지 못하게 만

---

* 'unicus'는 'only'보다 더 깊은 것을 의미한다. 이 말은 아버지와 아들과의 관계에 있어서의 특유함과 일치됨을 의미하는 것으로 'only'라는 말로서는 전달할 수 없는 것이며, 또 여기에는 다른 아들들과의 차이도 포함되어 있다.

드는 것이 무엇이 있는가?

어거스틴은 상대를 앞에 두고 있는 방식으로 이 논의를 펼쳐 나간다.
　하나님이 인간의 영과 육을 입으셨다는 표현에서 믿지 못할 것이 무엇이 있는가?* 적어도 당신은 인간의 영혼일 뿐인 지성적 영혼에 그토록 큰 존엄을 돌리고 있으며, 그것이 당신이 하나님의 아들이라 고백하는 아버지의 마음과 동질적이 될 수 있다고 말하고 있지 않은가. 그렇다면 그가 많은 사람을 구원하기 위해서 형용할 수 없이 독특한 방법으로 하나의 어떤 지성적 영혼을 취하셨다는 것을 왜 믿지 못하겠다는 것인가? 영과 육의 연합이 우리 본성을 이루는 데 있어서 본질적이라는 것은 자연 그 자체도 우리에게 가르치고 있다. 하지만 이것이 가장 평범한 것이 아니었더라면 매우 믿기 어려운 일이었을 것이다. 왜냐하면 영과 영의 연합 즉 당신 자신의 표현을 빌리자면, "비물질적인 것과 비물질적인 것의 연합", 비록 한쪽이 인간적이며 다른 한쪽이 변화를 초월하는 것이라 할지라도, 이를 믿는 것이 육신과 영혼의 연합을 믿는 것보다 더 쉬울지도 모르기 때문이다. 당신은 처녀의 태에서 미증유의 방법으로 났다고 해서 그 때문에 불쾌한가? 오묘하신 분이 오묘하신 방법으로 나셨다는 사실을 아는 것은 오히려 당신을 우리의 믿음으로 인도하여 줄 것이다. 아니면 당신은 우리 주님께서 죽은 자 가운데서 다시 살아나시고, 그의 육신이 부패하지 않고 불멸의 몸으로 변화되어 하늘로 오르셨다는 사실 때문에 어려움에 봉착하게 되는가? 포르피리는 그의 책에서 영혼의 복귀에 대해 당신에게 가르치기를, 온갖 종류의 육신은 다 버려지고 영혼만이 하나님과 함께 영복 가운데 거한다고 가르치고 있다. 하지만 그러한 그의 견해는 비난을 받아 마땅하다.
　그리고 당신도 그와 함께 세상의 영혼에 대해 그러한 이상한 인식을 가지고 있다면, 당신도 똑같이 비난받아야 한다. 플라톤은 가르치기를 세상은 동물과 같고 또 매우 행복한 존재라 했다. 그것은 육신으로부터 해방

＊ 모든 육신을 회피해야 한다(omne corpus est fugiendum)는 포르피리의 신조는 니르바나 교리와는 비슷한 점이 있으나 성육신 교리와는 반대된다.

되어 있지 않지만, 그런데도 결코 그 행복을 잃어버리지 않는다는 것이다. 그렇다면 어떻게 당신은 영혼이 행복해지기 위해서는 모든 육신을 피해야 한다고 말하는 것인가? 그리스도에 대한 믿음이 당신에게 제시되는 순간, 당신 자신이 논하고 가르치던 이 모든 것들까지도 잊어버리고 모른 척하는 것이다. 당신 자신이 믿고 있는 바로 그것을 기독교 교리에 대해서는 방해물로 만들어 버리고 있지 않은가. 낮아지신 그리스도에게 나아가지 못하도록 가로막는 것은 바로 당신의 교만인 것이다. …… 성도들의 부활한 몸이 정확히 어떤 성질의 것인지 우리는 알지 못한다. 그러나 우리가 확실히 주장하는 것은 그 몸이 영존하리라는 것과, 그리스도의 부활체를 닮으리라는 것이다. ……그리고 그 몸은 영혼이 하나님을 자유로이 묵상하는 데 아무런 방해도 주지 않을 것이다. 그렇다면 당신은 왜 행복을 확보하기 위해서는 모든 육신을 버려야 한다고 주장하는가?……당신은 시정하는 것이 부끄럽게 여겨지는가? 어쩌면 플라톤의 교훈으로부터, 영으로써 한 어부를 다음과 같이 가르친 그리스도의 교훈에로 옮겨 온다는 것은 커다란 치욕인지도 모른다. "태초에 말씀이 계시니라. 이 말씀이 하나님과 함께 계셨으니 이 말씀은 곧 하나님이시니라. 그가 태초에 하나님과 함께 계셨고 만물이 그로 말미암아 지은 바 되었으니 지은 것이 하나도 그가 없이는 된 것이 없느니라. 그 안에 생명이 있었으니 이 생명은 사람들의 빛이라. 빛이 어두움에 비취되 어두움이 깨닫지 못하더라." 이것은 요한복음서의 서언인데, 이 본문은 후에 밀라노 교회의 감독 '심플리시안'(Simplician)이 말하곤 했던 것처럼, 이 말씀은 모든 교회의 가장 눈에 띄는 장소에 금글자로 새겨야 한다고 어느 플라톤 철학자가 선언하였다는 것이다. 하지만 저 교만한 사람들은 "말씀이 육신이 되어 우리 가운데 거하셨다"는 것 때문에 저 위대한 선생을 경멸했다. 그들은 병들어 있을 뿐만 아니라 그들의 질병을 즐기고 있으며, 치료받기를 부끄러워하고 있다. 그들의 마지막은 더 높은 상승이 아니라 더 큰 추락이 될 것이다.

어거스틴은 포르피리가 용감하게도 플라톤보다 진리를 더 좋아했음을 지적한다. 그러므로 우리가 포르피리보다도 진리를 더 좋아해야 한다는

것이 이 논의를 통해 얻게 되는 결론이다.

30장. 플라톤의 교리 중 어떤 것이라도 변형시키는 것이 주제넘는 일로 생각된다면, 어찌하여 포르피리는 그 철학자의 조금 덜 중요한 견해를 감히 정정하고 있는가? 플라톤은 사람의 영혼이 사후에는 짐승의 신체 속으로 되돌아간다고 믿었다. 그러나 포르피리는 그 자신의 스승(플로티누스)에 의해서도 똑같이 주장된 이 견해를 부인하고, 인간의 영혼은 그것이 떠나온 육신은 제외하고 다른 인간의 신체 속으로 되돌아간다고 가르쳤다. 그렇다면 그는 어머니의 영혼이 노새로 바뀌어 자기 아들을 태운다는 것은 믿을 수 없어 하겠지만, 소녀로 변한 그 어머니가 자기 아들과 결혼하는 것은 가능한 일이라고 주장하는 것이 아닌가! 이런 것에 비해 볼 때, 하나님의 거룩하고 진실된 천사들에 의해 가르쳐지고, 하나님의 영으로 감동받아 말한 선지자들에 의해 전수되고, 그 선지자들이 구세주로 오리라고 예언했으며, 또 그의 제자들에 의해 선포된 바로 그 분 자신에 의해 전파된 이 믿음의 교훈이야말로 얼마나 더 고상하고 신뢰할 만한가! 영혼들이 거듭거듭 다른 몸 속에 들어간다기보다, 바로 자신의 몸 속으로 영단번 되돌아간다는 이 믿음이야말로 얼마나 더 명예로운 것인가! …… 이 점에서 우리는 더 나은 방향으로 그의 스승과 다르며, 그 스승이 보지 못하였던 것을 보며, 단순한 인간의 권위보다 진리를 더 선호하였던 한 플라톤 철학자를 접하고 있는 것이다.

31장. 그러면 우리는 인간의 지혜가 잴 수 없는 저 주제들에 대해 선언하는 것을 들을 때, 그리고 영혼은 하나님과 영원 공존하는 것이 아니라 없던 상태에서 창조된 것이라는 선포를 들을 때, 왜 그 신적 권위를 믿지 못하는가? 플라톤주의자들이 이것을 믿지 못하고, 시작이 있는 것은 그 무엇도 영원할 수 없다는 한에서, 영혼은 결코 창조된 것이 아니라 하나님과 영원히 함께 있었다고 주장하고 있지만, 그러나 플라톤 자신은 세상에 대해서와 또 지고한 하나님에 의해 만들어진 세상의 신들에 대해 쓰면서 명백히 밝혀 말하기를, 그것들은 다 시작이 있지만 끝은 없고, 창조자의 주권적 승인에 따라 영원히 존속할 것이라고 말한다. 그런데 그들은 플라톤이 의미하는 것은 시간적 시작이 아니라 원인적 시작을 뜻하는 것이라고 주장하고 있다.

만일 영혼이 영원부터 있었다면, 그 불행은 어찌된 것인가? 그것도 항상 있었는가? 만일 영혼 속에, 영원부터 있었던 것이 아니라 시간 속에서 생겨난 어떤 것이 포함되어 있다면, 영혼이 시간 속에서 존재하기 시작했다는 것은 어찌하여 불가능한가?……우리는 그 복됨이 시간 속에서 시작되었으며, 끝은 없는 것임을 발견한다.……그러므로 이런 점에서 인간의 무능함이 신적 권위에 굴복해야 할 것이며, 모든 신임은 저 복된 사람들에게 돌려야 할 것이다. 그들은 자기들에게 제사를 요구하지 않고, 자신을 죽음에 내어 주신 그 제사장을 통해 바쳐지는 제사, 그가 취하신 인간됨 가운데서 우리를 위해 제사를 드리고, 또한 바로 그 조건을 따라서 우리의 희생제사장(sacerdos)이 되기를 원하셨던 그분께 우리와 그들이 함께 제물이 되어 드리는 제사를 명하고 있다.

32장. 이것이 영혼의 구원을 위하여 보편적 길을 가지고 있는 종교이다. 영원한 기초 위에 세워진 그 왕국으로 나아가는 왕도가 바로 이것이다. 포르피리가 「영혼의 회귀」(*On the Return of the Soul*)라는 자기 책의 말미에서 밝히듯이, 철학의 우수함이나 도덕성의 체계(인도인들의 경우에서처럼) 때문에나, 혹은 계산성(갈대아인들의 경우와 같이) 때문에나 다른 어떤 방법으로든지 해방에 이르는 보편적 길을 주장하는 그 어떤 종파에도 자신은 여지껏 가입해 본 적이 없으며, 그의 모든 역사적 연구를 통해서도 그것을 발견하지 못했다고 말할 때, 그는 어디엔가 그런 길이 있음을 인정하고 있기는 하지만, 그것이 아직 그의 지식 속에 들어오지 아니하였음을 보여 주고 있는 것이다. 따라서 그는 자기가 배워 온 것에 대해서, 또 다른 사람들 앞에서는 영혼의 구속에 대해 알고 있는 것처럼 보여지는 것에 대해 자기로서는 만족하지 못하고 있는 것이다. 왜냐하면 이 주제에 대하여 그가 최고의 권위의 자리에 도달하지 못했다고 느끼기 때문이다.

그러면 그토록 영민한 사람이 어딘가에 틀림없이 있으리라고 말한 우주적 구속의 계획은 대체 무엇인가? 그가 살았던 시대에 그랬던 것처럼, 구속에 이르는 보편적 길 곧 다름아닌 기독교 진리가 우상숭배자들과 세상 폭군들에 의해 핍박을 받을 때, 순교자들의 행렬이 그 종교의 증인들로 봉헌됨으로써 그들을 통해 사람들은 어떤 종류의 육체적 고통도 믿음과 진리 수호를 위해서는 다 참고 견딜 수 있음을 배우게 되었는데, 이런 핍박의 시대에 살던 그는 이렇게 해서 급속히 쇠퇴해 가는 것처럼 보인 종교 속에서 영혼의 구원을 위한 우주적 길을 발견할 수 없었던 것이다. 모든 사람이 구원을 찾게 되는 방법은 바로 이런 것이며, 그 구원의 지식은 오늘은 이 사람에게, 또 얼마 지나지 않아 다른 사람에게 임한다. 그러나 "왜 그렇게 빨리?" 또는 "왜 그렇게 늦게?"라고 묻지는 말아야 한다. 왜냐하면 이것은 하나님의 측량할 수 없는 작정에 속하는 것이기 때문이다. 선지자들이 우주적 길이라고 말하는 분이 계신다.······그의 탄생은 동정녀 탄생의 성례를 이루었고, 그의 부활은 우리 몸의 변모를 예고했으며, 지금 그는 전인을 정결케 하고, 가멸적 존재로 하여금 모든 면에서 불멸을 준비하게 하신다.

결론적 요약

이상 10권의 책 중에서 처음 다섯권은 이생의 복을 위해서는 이방신들을 예배해야 한다고 주장하는 자들에게 대답하기 위하여 썼으며, 뒤의 다섯권은 장차 올 내생을 위해서는 이교의 신들의 노를 달래야 한다고 믿는 자들을 반박하기 위하여 썼다.

제 11 권

천지 창조 – 그 의의, 목적, 그리고 선함

[어거스틴은 이제 그의 약속대로 두 국가, 곧 이 지상국과 신국 사이의 상호관계에 대해 고찰하고 있다.]

1장. 신국에 대해서는, 모든 나라의 모든 기록을 능가하며 그 신적 인침을 통해 모든 종류의 인간의 마음에 영향을 끼쳐 온 성경이, 결코 우연이 아니라 섭리적 배열에 따라 증거해 주고 있다. 거기 기록된 대로 보면, "신국이여, 그대의 영광스러운 일들이 이야기되고 있도다." "하나님이 그 가운데 계시고 그 나라가 결코 요동치 않으리.…" 그러므로 우리는 그 나라의 시민이 되고자 영감된 열정으로 사모하는 신국이 있다는 것을 성경으로부터 배우게 되는 것이다. 지상국의 시민들은 그들의 무지 가운데서, 그들 자신의 신들을 거룩한 나라의 창설자보다도 더 좋아하는 것이다. 나는 이제, 내게 걸린 기대를 기억하며, 또 나의 약속을 마음에 두고서, 모든 과정에 우리의 주(主)요 왕이신 분의 도움에 의지하여, 한평생을 사는 동안 너무나 밀접히 관련되어 있는 하나님의 정부와 세상 정부라는 이 두 나라의 관계에 대해 고찰해 보고자 한다. 또한 이 두 나라가 마침내는 지옥과 천국으로 나누어질 때까지 그 각각의 기원과 과정과 산물들을 대비시켜 보고자 한다. 나는 무엇보다 먼저 그 두 나라가 다른 천사들로 말미암아 기원했다는 것을 설명해야 하겠다.

[어거스틴은 이 위대한 논증의 시초에 의무감에 매여서 그의 작업에

필요한 지식 곧 하나님에 대한 지식은 하나님과 인간 사이의 중재자-인간이신 예수 그리스도를 통해서만 얻을 수 있다는 사실을 말하고자 잠시 멈추고 있다.]

2장. 대단히 예외적인 일로서, 인간은 영적이요 물질적인 온 변화하는 우주를 그 생각 속에서 고찰해 본 후에 그것을 넘어 변하지 않는 하나님을 찾아가고, 또한 그분 자신으로부터 그가 모든 것을 창조하셨음을 배운다. 하지만 하나님은 어떤 물리적 수단을 통해 인간에게 전달하시는 것이 아니다. 육신의 귀에 말씀하시는 것도 아니요, 또한 그와 우리 사이에는 우리가 다른 사람들 사이에 하듯 공기의 진동을 통해 서로 연락되는 것도 아니며, 육체적 대상의 표상인 형상을 통해 전달되는 것도 아니다.……반면에 그분은 인간의 마음에 말씀하시고 진리는 그의 말씀인 것이다.……그러나 인간의 이성과 지성은 어둡고 고질적인 악으로 말미암아 너무나 망가져 있기 때문에 그 변함없는 빛을 품을 수도, 더군다나 그 안에 머무를 수도 없는 것이며, 그렇게 되기까지는 믿음의 정화 작용을 통해 그런 능력이 생길 수 있도록 매일매일 새로워져 가야만 한다.……진리에 보다 담대히 나아가게 하기 위하여 진리 자체이신 하나님의 아들이 자기의 신성을 버리지 않으면서도 인간성을 취하셔서('Homine assumpto, non deo consumpto') 이 진리를 확립하였는데, 이는 사람이 신인(神人)을 통해 하나님께로 나아가는 길을 열어 주기 위함이다. 그는 하나님과 인간 사이의 중보자요 사람이신 그리스도 예수시다. 그가 인간임으로 해서 동시에 중보자요 길이 되는 것이다. 왜냐하면 길을 가는 자와 그가 향하는 목표 사이에 길이 있다는 것은 그가 도달할 수 있는 희망이 있음을 말해 주기 때문이다. 그 길이 없다면, 또는 그 길이 알려져 있지 않다면, 목표를 안들 무슨 소용이 있겠는가? 모든 실패를 대비하여 가장 안전한 유일한 방도는 한 동일한 인물이 하나님이요 동시에 사람이 되는 것이다. 하나님으로서 그 길의 목표요, 또한 사람으로서 그 길 자체인 것이다('Deus quo itur : homo quâ itur').

[다음 장에서 어거스틴은 성경의 권위를 중보자의 말씀 위에다 기초를

세우면서, 나아가서 "태초에 하나님이 천지를 창조하시니라"는 성경 말씀처럼, 세상이 시간 속에서 시작되었다는 사실을 강조하고 있다.]

창조에 대한 어거스틴의 묘사

4장. 그런데 하나님은 왜 천지를 창조하시되 그 이전도 아니고 하필 그 때에 하기로 작정하셨는가? 이같은 질문을 하는 자들이 세상은 영원하며 시작도 없고, 그러므로 하나님이 만드신 것도 아니라고 말하는 것이라면 그들은 극단적 오류에 빠진 것이며 지극히 독신적이다. 예언의 목소리가 잠잠할지라도 세상 자체가 그 규칙적 변화와 운동을 통해 창조의 사실을 증거하고 있으며, 불가시적이며 이루 말할 수 없이 위대하며 또한 표현할 수 없이 영적으로 아름다우신 하나님에 의해서가 아니고는 달리 그 누구에 의해서도 창조될 수 없다는 사실을 증거해 준다. 이 세상이 참으로 하나님의 작품이라고 주장하는 자들 중에서도, 하나님이 단지 원인적 시초를 주었을 따름이지 시간적 시초를 준 것은 아니라고 말하는 자들도, 목적의 불안정성과 불확실성이라는 비난으로부터 신성을 변호하기 위한 형식적인 근심거리를 표출하고 있는 것에 지나지 않는다.……나는 이 논리가 어떻게 선한 것이 될 수 있을지를 도무지 모르겠다. 특히 영혼의 경우에서는 그들은 이것이 하나님과 영원 공존한다고 말한다. 만일 그것이 시작이 없다면, 불행이 그 새로운 부분이 된다는 것이 어떻게 가능한가? 그들도 영혼의 불행은 시간 가운데 그 시작이 있다는 사실을 인정해야 할 것이다. 또한 영혼은 그 끝은 없을지라도 그 시작은 경험한다. 만일 그들이, 마치 숫자가 그 시작은 있으나 끝은 없는 것처럼, 시작 속에서 소멸되지는 않는다는 것을 인정한다면, 그들은 영원하신 하나님의 작정에 의해 이것이 생겨났음을 주저없이 믿을 수 있을 것이다. 그리고 마찬가지 방식으로 세상도 시간 속에서 창조되었으며 전능자의 계획 속에서 아무 변경 없이 지어졌음을 믿게 될 것이다.

5장. [어거스틴은 우리에게 가없는 공간의 광활함과 창조의 시작 이전의 무한한 시간 속을 들여다보지 말도록 권하고 있다. "이는 세상이 만들어지기 전에는 시간이란 것이 없었기 때문이다."]

6장. 시간과 영원을 구별하고, 시간을 변화 없이는 존재할 수 없는 것으로, 영원을 변화가 개입될 수 없는 것으로 본다면, 어떤 피조물의 창조로 말미암은 변화라는 것이 없이는 시간도 있을 수 없음을 알게 될 것이다. 그러므로 우리는 "태초에"라고 말하는 것이 올바름을 안다. 왜냐하면 피조물의 운동으로 인해 시간이 측정될 수 있는 것이므로, 그 어떤 피조물도 없는 상황에서는 과거라는 것도 있을 수 없기 때문이다.

빛

[어거스틴은 이제 빛의 시작과 창조 질서에 대해 언급한다. 그가 빠뜨리지 않고 지적하고 있는 점은, 창세기 기사에 따르면 태양은 넷째 날에 가서야 창조되었으며 반면에 빛은 "빛이 있으라"고 하나님께서 말씀하신 그 순간부터 있었다는 점이다.]

7장. 빛의 본질이 무엇이었으며, 또 어떤 작용을 통해 저녁과 아침을 이루었는지는 인간의 능력으로 파악하거나 상상할 수가 없다. 그러나 우리가 믿는 것은 빛이란 것이 있었다는 사실이다. 혹은 그것이 세상의 상층부로부터나 태양이 작열하는 곳으로부터 오는 물질적 빛일 수도 있고, 혹은 영적 빛으로서 하나님이 거룩한 천사들과 복된 영혼들과 함께 거하시는 거룩한 도성으로부터 오는 것일 수도 있다. 이에 대해서는 사도가 "위에 있는 예루살렘으로, 하늘에 있는 우리의 영원한 어머니라"(갈 4:26)라고 말하며, 또 다른 곳에서는 "너희는 다 빛의 아들이요 낮의 아들이라 우리가 밤이나 어두움의 자녀들이 아니라"(살전 5:5)고 말한다. …… 피조물에 대한 지식은 창조자에 대한 지식과 비교해 볼 때는 마치 저녁의 어스름과 낮의 밝음과의 차이와 같다. 피조물이 찬양과 사랑을 그 창조자에게 돌려 드릴 때 낮이 밝아오는 것이며, 사람이 그 창조자를 쉼 없이 사랑하는 한 어둠은 결코 찾아들지 못한다.……

안식일

8장. 하나님이 일곱째 날에 그의 모든 일을 마치고 안식하시고 또 그날을 거룩하게 하셨다는 말씀을 우리는 어린 아이 같은 방식으로, 마치 그가 피곤한 노동의 과정을 마친 후에 휴식하셨다는 식으로 이해해서는 안 된다. "말씀하시니 그대로 되었다"고 증거하는 분의 경우에 있어서는 이 것이 생각할 수 조차 없는 일이다. 하나님의 안식이 의미하는 바는 그 안 에서 안식하는 모든 사람들의 안식을 의미한다. 이는 마치 집안의 기쁨이 라 할 때, 그 말은 비록 그 즐거움을 만드는 것이 그 집안 자체가 아니라 여타의 일이라 할지라도 그 집안을 구성하는 이들의 즐거움을 대표하는 것과 같다. 성경에서 하나님이 안식하셨다고 말하는 의미도 그분 안에 안 식을 찾고, 또 그분이 안식을 주시는 그의 백성의 안식을 의미한다. 그러 므로 안식일의 쉼이란 곧 천국 안식의 한 모형인 것이다.

천사의 창조

9장. 성경에는 세상의 조성에 대한 묘사는 나타나 있지만, 천사의 창조 와 그 창조의 순서에 대해서는 명확한 언급이 없다. 만일 그것이 생략되 어 있지 않다면, 그 창조의 순서는 하늘의 창조 속에나 혹은 앞서 내가 말 한 대로의 빛의 창조 속에 포함되어야 마땅할 것이다. 그들에 대한 것이 생략된 이유가, 하나님이 일곱째 날에 자기 일을 다 쉬었기 때문이라고 믿을 수는 없다.…… 천사들도 역시 하나님이 지으신 것이 아닌가?…… 따라서 하나님이 "빛이 있으라"고 말씀하시니 빛이 있게 된 것처럼 천사 의 창조도 이 빛의 창조 속에 포함된 것이라면, 그들 역시 영원한 빛의 참 여자들로 지어졌음에 틀림없다. 이 빛은 하나님의 불변하는 지혜로, 그에 의해 만물이 지은 바 된 "하나님의 독생자"이다. "참 빛 곧 세상에 와서 각 사람에게 비취는 빛이 있나니"(요 1:9)라고 한 것처럼, 이 빛이 또한 모든 천군을 비추어, 그들이 그 자체로서 빛이 아니라 하나님 안에서 빛 이 되게 하였다. 따라서 천사가 빛으로부터 돌아서면, 그는 부정한 영물 들과 마찬가지로 더 이상 빛이 아니라 어두움이 되어 부정하게 되며, 영 원한 빛에 참여하지 못하게 된다. 악의 본성이 따로 있는 것이 아니라 선 의 결핍을 악이라 칭하기 때문이다.

[어거스틴은 이제 분리할 수 없고 불변적 삼위일체인 성부, 성자, 성령 에 대해(한 하나님, 한 본질과 자질이신 분에 대해) 기록하고 있다. 또한

그 본질의 단순성과 그 존재의 복합성 및 신성의 지혜에 대해 밝혀 주고 있다.]

10장. 단일한 선에서 취해진 것도 그 선 자체와 같고 또한 그 자체로서 단일하다. 이 둘은 아버지와 아들이며, 양자는 그들의 영과 함께 한 하나님이다. 그리고 그(성령)는 아버지와 그리고 아들과 다르며, 다른 인격(alius)이지 다른 사물(aliud)이 아니다. 그는 다른 분들과 똑같이 단일한(simplex) 선이요 불변적이며 영원하다. 그리고 이 삼위는 한 하나님이요 삼위일체인 까닭에 단일하다. 하지만 단일하다는 것은 성부, 성자, 성령의 한 인격만이 있다는 이유 때문에만도 아니요, 또 사벨리안들처럼 위격의 본질은 없이 명목상의 삼위일 뿐이라는 주장도 아니라, "그 가진 바대로 존재하기 때문에 단일하다"(이는 물론 위격들의 상호관계를 고려하지 않은 때의 경우이다)는 뜻이다. 아버지는 아들을 가지며 그러면서도 그는 아들이 아니다. 또 아들은 아버지를 가지며, 그 자신이 아버지는 아니다.……하지만 그 자신에 대해서 볼 때, 각자는 상대에 대해서는 독자적으로(non ad alterum) 그가 가진 바로 그것이다(hoc est quod habet). 그가 그 자신 안에서 살아있다고 말하는 것은 그가 생명을 가지고 있다는 이유 때문이며, 또한 그가 가진 생명이 있다는 이유 때문이다.……많은 지혜들이 있는 것이 아니라 한 지혜가 있으며 그 안에는 오묘한 일들의 일찍이 듣지 못한 보화들이 들어 있고, 또한 그 안에는 가시적이요 가변적 사물들의 모든 불가시적이요 불변적 이성(reasons)이 들어 있다.

[어거스틴은 이제 천사들의 상태에 관한 문제로 되돌아가서 그 타락한 천사들이 본래 누린 복의 질과 양을 논하고, 또 그들의 창조에 대해서 논했다. 그는 이것과 관련하여 마귀의 타락에 대한 우리 주님의 설명을 적절히 인용하고 있다: "저는 처음부터 살인자요 진리가 그 속에 없으므로 진리에 서지 못하고"(요 8:44)(14장).]

15장. 욥기에서 마귀에 대해 말하는 구절, "이것은 하나님의 창조물 중의 시작이라. 그가 천사들의 조롱거리가 되게 만드셨도다."(70인역에는 욥 40:14, 흠정역에서는 욥 40:19, 번역도 다르게 되었음.) 그리고 시편에서의 유사 구절 "이것이 주께서 희롱을 삼기 위해 만드신 용이라"(시 103:26, 70인역에 따름) 등의 구절들이 마귀가 처음부터 마귀로 지어졌다든지 또는 그가 천사들의 조롱거리가 되기 위해 지어졌다는 것을 뜻하지도 않는다. 반면에 그의 죄로 인해 이같은 벌을 받게 되었다는 의미이다. 그의 시작은 다른 모든 천군 천사들의 시작과 마찬가지로 하나님의 창조에서 시작되었다.……

16장. 지성적 존재의 서열로 볼 때 천사들은 인간보다 우월하며 인간은 자연보다 우수하다.……천사들이 그 본래적 순서에서는 인간보다 우월하나 의의 법으로 말미암아 선하게 된 인간은 나쁜 천사들보다는 우월한 것이다.

17장. "이것은 하나님의 창조물 중의 시작이라"는 말씀이 마귀의 사악함이 아니라 그 근본을 언급하는 말씀으로 우리는 이해한다. 왜냐하면 사악함은 그 기원이 창조자에게 있지 않고, 악한 의지로부터 솟아 나와서 본성에 위배되는 것이기 때문이다. 하나님은 선한 본성의 창조자이다. 그러므로 그는 악한 의지들에 대한 가장 의로운 통제자이다. 비록 악한 의지가 선한 본성들을 그릇되게 사용할 때라도 그분은 친히 이 악한 의지조차 선하게 사용하신다. …… 그래서 하나님이 그를 지으실 때 그의 장래의 타락을 잘 아셨기 때문에 이와 함께 그분은 그의 악도 유익되게 하시고자 계획하셨던 것이다.

18장. 하나님은 천사뿐만 아니라 인간까지도 그 미래의 악함을 미리 아신 존재들을, 그 악을 선하게 활용하실 것 또한 동시에 알지 아니하셨더라면, 그 어떤 것도 짓지 아니하셨을 것이다. 그래서 그는 역사의 진전을 마치 아름다운 시처럼 선과 악의 대조를 통해 대구로 수놓아지게 하셨다. 언어에 있어서도 대조되는 것들의 병치가 미와 요점을 잘 전달해 주는 것처럼, 대립되는 것들이 대치되어 있음으로 해서 사물들의 수사력을 통해 세상의 대칭 구조가 더 빛나게 돋보이는 것이다. "악의 반대편에는 선이 있고, 죽음의 반대편에는 생명이 있듯이 죄인의 반대편에는 경건한 사람들이 있다. 지극히 높으신 분의 업적을 살펴보아라. 모든 것은 서로 반대되는 것끼리 짝을 이루고 있다"(집회서 33:14, 15).

대비를 통한 효과

12장. [이 장에서 어거스틴은 천국에서의 인간 상태와 현실적 조건을 대조시킴으로서 이 대비의 양상을 효과적으로 보여 주고 있다.]

현재의 행복이라는 관점에서 보면, 낙원에서의 인간은 타락한 조건하에서의 그 어떤 의로운 사람보다도 더 행복하다. 그러나 미래의 희망이란 관점에서 보면, 천사들의 성회에서 지고하신 하나님의 영원한 기쁨을 확신하는 사람이, 그가 겪어야 할 고난이 그 어떤 것이든, 현재 누리는 희열과는 상관없이 그의 운명에 대해 불확실한 사람보다는 한결 더 복된 사람이다.

창조의 선하심

21장. "하나님이 보시기에 좋았더라." 이 말씀을 통해 우리는 자기의 지으신 것들에 대한 하나님의 승인을 발견한다. 하나님이 일을 다 마쳐 놓은 후 그의 작품을 보니 좋음을 발견하게 되었다는 말이 아니라, 그것이 좋음을 우리에게 지적하고 있는 것이다. 플라톤은 보다 대담하게, 하나님은 우주의 완성을 심히 기뻐했다고 말한다. 하나님이 자기가 새로 지은 것을 보니 더 행복해졌다고 상상할 정도로 그가 어리석은 것은 아니고, 오히려 그가 나타내고자 했던 것은, 창조자의 창안이 만족할 만큼 충분히 실현되었다는 생각이다.……그렇다면 "세상은 누가 만들었느냐?"고 어느 누가 묻더라도 그 대답은 하나님이다. "무엇으로?"라고 묻는다면, 하나님이 말씀으로 "있으라" 하시니 "그대로 만들어졌다"는 것이 대답이다. "무엇을 위해?"라고 묻는다면, 그것이 좋기 때문이라는 것이 대답이다. 하나님보다 더 나은 창조자는 없으며, 그의 말씀보다 더 효과적인 도구도 없으며, 그리고 그의 창조물이 좋다는 것보다 더 뛰어난 이유도 없는 것이다. 플라톤도 하나님이 세상을 창조한 이유에 대해서 선하신 하나님에 의해 선한 창조물들이 만들어지게 마련이라는 이야기를 하고 있다.

[마니교도들에 대한 어거스틴의 논박을 따라가는 것은 미궁속을 헤매듯 매우 지루한 일이겠기에, 그리고 물질이 악하다는 그들의 교리는 어거스틴이 이미 초기에 재고의 여지없이 버린 것이기에, 이제 우리는 오리겐(Origen)의 오류를 지적하고 있는 23장으로 넘어가 보도록 하자. 오리겐은 육체의 창조가 불순종하는 영혼에 대한 형벌로 이루어졌다고 가르쳤다.]

창조에 대한 오리겐의 견해

23장. 우리와 마찬가지로 모든 사물들에는 한 원리가 있다고 주장하며, 또 하나님 자신이 아닌 어떤 것이든지 창조자이신 하나님께로부터 있을 수밖에 없다고 주장하는 어떤 자가 창조의 원인에 대해서는 그것이 선하고 단순하다는 사실을, 즉 선하신 하나님이 선한 것들을 창조하시며 또한 그 자신이 아닌 모든 것들이 다 그를 따라 난 선하신 하나님의 선한 피조물이라는 사실을 인정하지 않으려고 하는 것은 매우 이상한 일이다. 그들이 주장하는 것은, 하나님의 부분이 아니라 그가 지은 작품에 속하는 영혼들이 여러 다른 단계로 창조자로부터와 또 하늘로부터 떠나 땅으로 도피하는 죄를 지음으로 해서, 다양한 육체들의 짐을 지게 되었다는 것이며, 또한 그들은 창조의 동기가 선의 생산이 아니라 악의 감금이라고 주장한다('non ut conderentur bona sed mala cohiberentur.').

34장. 우리가 다루는 주제에 대하여 모든 세세한 부분까지 부지런히 다 고찰을 하자면 긴 논의가 이어지게 될 것이고, 또 이미 두 상반되는 천사들의 공동체와 또 그로부터 비롯되는 두 종류의 인간 집단에 대해 충분한 지면을 할애하여 다루었다고 보기 때문에 여기서 이 책을 마무리 짓는 것이 좋겠다.

제 12 권

인간의 창조와 악의 기원

[다음 10권의 책은 두 나라 곧 신국과 지상국의 기원, 발전, 내용의 역사를 전적으로 다루고 있다.]

인간과 천사들의 불순종하는 의지는 나쁜 것이다. 그러나 하나님에 의해 창조된 대로의 그들의 본성은 선하다.

1장. 이 나라들은 천사들과 사람들로 구성되어 있으며, 그 제도적 차이는 선한 천사들과 악한 천사들 사이에 존재하는 본질적 이질성에 기인한다. 동일하게 창조되었지만, 의지와 욕망에 있어 천사들 사이에 차이가 나타났다. 어떤 천사들은 하나님께 의뢰하는 것을 최고의 행복으로 본 반면에 또 다른 천사들은 자기들의 이기적 욕망을 따르기를 좋아했다. 전자는 불변하는 선이요 참되고 복되신 한 분 하나님 안에서 즐거워한 반면 후자는 그를 떠나서 마침내는 불행하게 되었다.……

2장. 하나님은 최고의 본질 존재이기 때문에, 다시 말해서 그는 최상으로 존재하시며 그러므로 불변적으로 계시기 때문에 어떤 다른 본질도 최고의 본질이며 모든 다른 본질의 창시자인 그 분을 거스를 수 없다.……

3장. 하나님의 원수들은 죄로 말미암아 그렇게 된 것이지 본래부터 그러한 것은 아니다. 그들은 하나님을 해할 능력이 없고, 다만 그들 스스로를 해할 뿐이다. 그리고 그들의 해할 능력 때문에가 아니라 반항하려는 의지 때문에 더 주목을 받는다. …… 악한 의지로 인해 원래부터 비뚤어진 저 존재들은 그들이 비뚤어져 있는 한 나쁘지만 본성상으로는 선하다.

그들이 벌을 받는다면, 그것은 자신들을 위해서도 좋은 일이다. 왜냐하면 벌을 감수하는 것보다 그것을 회피하는 것이 더 악하기 때문이다. 누군가 벌을 받는 것은 본성적 결함 때문이 아니라 의지적 과오 때문인 것이다.

인간 아래 생물계의 적자생존 현상에 대해

4장. 지성과 감성과 혹은 생명까지도 결한 짐승이나 나무, 가변적이고 가멸적인 다른 만물들의 결함을 찾는 것은 어리석은 일이다. 이들은 창조의 부분으로서 창조주께서 그것들에게 상호 위치를 세워 주심으로 생명의 질서 속에 각자의 역할을 수행하도록 의도하신 목적대로 현재의 모양을 입고 있는 것이다. 이 세상의 사물들은 비록 천상의 모형에 비할 때는 졸렬하지만, 그래도 제각기 미를 가지고 있다. 생존 경쟁에서 어떤 것들은 멸절하기도 하고 어떤 것들은 존속하기도 한다. 작은 것들이 더 큰 것들에게 길을 내어 주고 지배형적 양상으로 모든 것이 바뀌게 된다. 그런데 이 만물의 우주적 질서의 장엄한 아름다움은, 그 자신이 창조의 한 부분에 속한 인간에게는 보여지지 않는다. 우리는 다만 하나님의 계획의 부분들만을 볼 수 있을 따름이고, 그 전체의 효과는 판단할 수 없다. 우리에게 결함으로 보이는 것이라도 전체로 볼 때에는 그 아름다움을 더해 주는 것일 수도 있다. …… 그러므로 자연은 인간의 이익이나 손해를 떠나서 그 자체로 두고 볼 때에는 그 위대한 예술가에게 영광을 돌리고 있는 것이다.……

5장. 만물은 각각 그 독특한 형태와 미와 조화를 이루고 있기 때문에 선한 것임에 틀림없다.……

천사의 교만

6장. 악한 천사들의 불행은 그들이 지고하신 하나님을 버리고 그들의 온갖 애정을 자신들에게 집중시킴으로 해서 생겨났다. 이 잘못은 바로 교만인 것이다. 교만은 모든 죄의 시작이다. 그들은 하나님 안에 머물러 거기서 보다 광대한 삶을 누리려 하지 않고 오히려 하나님보다 자아를 더 좋아함으로써 비천한 삶으로 떨어지게 되었다. 그러면 그들의 악한 의지의 동인(動因)은 무엇이었는가? 우리는 대답할 수가 없다. 이 질문은 다르게 물을 수 있다. 악의 기원은 무엇인가? 악한 의지의 동인은 무엇인가? 의지에 의한 것이라면, 그것은 악한 의지일 수밖에 없다. 왜냐하면 선한 의지가 죄의 기원이 될 수는 없기 때문이다. 그러면 악한 의지에 의한 것이라고 할 때, 그 의지를 악하게 만든 것은 무엇인가?

악의 기원

이런 질문을 계속해 가자면, 질문들이 끝없이 연이어 나와서 영원히 계속될 것이다. 다른 대안이 남는다. 천사의 본성까지도 타락시키고 최초의 죄로 이끈 것은 의지가 없는 무엇이었으며 그보다 열등한 것이었다. 모든 것들은 본성과 본질로 존재하며 또 각기 그 종류대로 각자의 질서 안에서 그 양식(mode)과 아름다움을 가짐으로써 틀림없이 전적으로 선하다.

그러면 선한 것이 어떻게 악한 의지를 일으킬 수 있는가? 다시 말해서 어떻게 선이 악의 원인이 되는가? 그 대답은 이것이다. 의지가 두 가지 가능한 선택 중에서 더 나은 것을 버리고 더 나쁜 것을 택할 때, 이것이 악이 된다. 그 택한 것이 악해서가 아니라 그리로 돌아서는 그 일 자체가 악한 것이다(non quia malum est quo se convertit sed quia perversa est conversio). 그러므로 의지를 타락시키는 것은 보다 열등한 것 그 자체가 아니라, 이성의 지시를 거슬러 그 열등한 것을 탐하는 마음이 의지를 타락시켰다. 두 사람의 경우를 생각해 보자. 한 사람은 어떤 일에 유혹을 받아 그에 굴복하고 만다. 다른 사람은 똑같이 유혹을 받지만, 그의 의지의 노력으로 자신을 다스리게 된다. 그로 하여금 죄에 굴복하도록 만든 것은 무엇인가?……그가 마귀의 제안에 유혹을 받았기 때문인가? 마치 그 자신의 의지는 이 제안에 전혀 동의하지 않는 것처럼 말이다. 그렇지 않다면 죄에 대한 동의는 무엇이 일으키는가? 이것은 어려운 난제이지만, 두 사람이 동시에 똑같은 유혹을 받고 한 사람은 굴복하며 한 사람은 이긴다면, 이를 하게 하는 것은 유혹을 거부하는 한 사람의 의지와 또 거기에 동의하게 하는 다른 사람의 의지인 것이다. 이 의지 이면까지 우리가 파고 들어 갈 수는 없다.……

7장. 그러므로 악한 의지라는 것은 동인으로 볼 것이 아니다. 오히려 결함으로 보아야 할 것이며, 결국 결함적 의지의 결과인 것이다. 그것은 우리의 도덕 역사에서 긍정적 요인이기보다 부정적 요인이요, 보다 높은 표준으로부터 더 저급한 처지로 처음 떨어져 나간 때부터 시간 속에 그 기원을 두고 있다고 할 수 있을 것이다.

악한 의지의 원인인 고집

8장. 악한 의지의 악함은, 악하기 때문에 악을 선택하는 데 있기보다는, 그것이 더 나쁜 것임에도 불구하고 두 가지 대안 가운데서 더 나쁜 것을 선택하는 데 있다. 곧 도덕적인 외고집의 결과인 것이다. 하물며 사물 자체에 악이 있다는 것은 더 있을 수 없는 일이다. 비유컨대, 금에 대한 탐심이, 그것을 의로움도 무시한 채 과도하게 욕심내는 인간의 마음에 있는 것이 아니라 금 속에 있다고 말하는 것이 어리석은 말임과 같다. 또한 사치가, 분수에 넘치게 생활의 편리를 추구하는 마음에 있는 것이 아니라 생활의 편리 자체의 과오에 있다는 말이 어리석은 것과 같다. 의지가 악하게 될 수 있는 것은 다만 그 고집을 통해서이다.

9장. 악한 의지의 자연적, 인과적, 본질적 원인이란 것은 없기 때문에……악한 천사들이 선하게 창조되었지만, 자발적으로 선으로부터 이탈함으로 인해 악하게 되었으며, 이로 볼 때 악의 원인은 선이 아니라 선으로부터의 이탈이다. 반면에 선한 천사들은 의지가 항상 선하였으며, 하나님의 사랑이 그들의 마음속에 널리 뿌려졌다.

[전자의 이탈은 인간에게도 번져 갔고] 후자의 선 또한, 하나님을 의지하며, 신성한 사회, 하나님의 나라, 하나님의 산 성전과 산 제사를 그들 가운데 이루어 가는 사람들에게 동일하게 분여되었다.……아무리 선하다 하지만, 의지라는 것은 그 자체가 그 스스로의 소원을 수행할 만한 효력이 없다. 그러할지라도 선한 본성을 무에서 만드사 당신을 수용할 수 있도록 하신 그분의 도움을 인해, 그리고 그분의 감동과 능력을 인해 그 의지는 승화되고 강화될 수 있으며, 그분과의 교제로 인해 사람은 보다 나은 행복한 삶을 살 수 있다.……

[10장에서 23장까지에서 어거스틴은 세상의 기원과 역사에 대해 그의 당대에 유행하고 있던 매우 많은 이상한 이론들을 논하고 있다. 그 중에

특히 아푸레이우스(Apuleius)의 "개인은 죽지만 전체로서의 종족은 영원히 존속한다"는 이론을 다루고 있으며, 또한 그의 온 힘을 다해서 인간이 하나님보다 낮은 다른 어떤 존재에 의해 창조되었다는 사상을 반박하면서 오직 하나님만이 "그의, 모든 곳을 꿰뚫는 범할 수 없는 임재의 비밀스러운 능력으로 존재하는 모든 것들에 그 존재를 부여하셨다"고 밝힌다. (26장)]

인간의 창조

24장. 하나님은 그의 형상을 따라 사람을 만드셨다. 하나님은 그의 안에 영혼을 창조하셨기 때문에 사람은 이성과 지성을 통해 땅위의 만물을 지배하게 되었다. 하나님이 사람을 땅의 흙으로부터 만드셨을 때 그를 동반자로 삼으신 것이다. 그런데 이같은 창조의 이야기를 마치 보통의 예술가가 물질적 작품을 빚어내는 것처럼 감각적으로 해석해서는 안된다. 왜냐하면 하나님의 손이 보이지 않게 일함으로써 보이는 산물을 만들어 내기 때문이다.……

남자와 여자

28장. 남자의 갈비뼈로 여자를 만드신 것은, 남편과 아내의 관계가 그만큼 부드러운 관계가 되어야 할 것을 의미한다.……이 첫사람 속에 이미 무수한 전인류의 씨가 들어 있어서, 이로부터 하나님의 예지 가운데 시간의 진전에 따라 나타나게 될 두 나라가 파생되었다.……

제 13 권

인간의 타락과 그 결과

[이 13권에서는 첫사람의 타락과 그로 인한 인간의 죄와 죽음의 기원 및 그 파급에 대해 논하고 있다.]

1장. 하나님은 인간을 만드실 때 천사들처럼 죽음을 면제해 주지 않으셨다. 그러나 그들이 지속적으로 신실함을 지킬 때 하나님은 천사의 불멸이, 죽음밖에 기다릴 것이 없는 인간의 것이 되게 하셨다.

2장. 영혼의 죽음은 하나님이 그를 버리는 것인데, 이는 마치 영혼이 떠나는 것을 육체의 죽음이라 하는 것과 같다. 그러므로 양자 모두의 죽음은, 하나님의 버림을 받은 영혼이 육신을 버리는 경우이다. 이것이 죽음이요, 하나님과 연합된 상태인 생명의 반대이다. 이 죽음은 몸과 영혼의 연합체가 살아 있는 동안에라도 하나님의 존전을 떠나 있는 존재 상태에 적용된다.……

3장. 첫조상의 죄가 그들 위에 불러들인 이 죽음은 그들을 지나 모든 인류에게 이어졌다. 그리하여 조상에게는 법적 선례인 것이 후손에게는 자연적 결과가 되었으며, 그의 타락의 상처가 모든 그의 후손에게 이어져서 죄에 대한 판결이 중한 것과 비례하여 사람들의 본성이 더 악화되었다. 사람이 사람에게서 나는 것은 사람이 흙에서 나는 것과 같지 않다. 부모가 어떠한 것과 마찬가지로, 그 자녀도 그러한 것이다. 첫사람 속에는 여인에 의해 후대에 이어질 전인류가 존재했다. 그러므로 사람이 그의 범죄 후에 된 바대로의 그 성격을 죄의 기원과 죽음의 문제에 관한 한 그의 후손들에게 물려주었다. 인간 본성은 아담의 인격 안에서 너무나 더럽혀져서, 그가 비록 어린 아이 모양으로 약해진 것은 아니지만, 그의 육체 가운데서 탐욕의 반역을 겪어야 했고, 또한 죽음의 법에 매이게 되었다. 그가 이렇게 매인 것처럼 그의 후손들도 역시 매였다. 하지만 중보자 그리스도의 은혜로 이 유약한 자들이 죄의 차꼬에서 풀려났다.

[어거스틴은 여기서 죽음이란 주제에 대해 흥미 있는 사실을 밝혀 줌으로써 죽음이란 사건에 대한 사람들의 견해를 기독교가 어떻게 바꾸어 놓았는지를 보여 주고 있다.]

죽음에 대하여

4장. 만일 은혜가 죄책을 사한다면, 왜 사람들은 아직도 죽음을 겪어야 하나? 이 문제는 유아세례에 대한 다른 책에서 이미 다룬 바 있다. 거기에서 나는 이렇게 지적했다. 만일 육체적 불멸이 중생의 성례에 곧이어 온다면, 믿음의 연단같은 것은 없게 될 것이다.……그러나 구세주의 보다 위대하고 놀라운 은혜에 의해 죄의 형벌이었던 것이 의를 위한 유익으로 변했다. 태초에 인간에게 내린 말씀은 "죄를 범하면 정녕 죽으리라"는 것이었으나, 지금은 "죄 짓지 말도록 죽으라"고 말씀하신다. 하나님의 이루 말할 수 없는 자비 덕분에 죽음은 더 이상 죄의 형벌로 간주되지 않고, 오히려 세상의 악과 이방의 핍박을 피하는 길로 간주되고 있다. 죽음은 더 이상 무능이 아니라 봉사이다. 그것은 더 이상 불신앙에 얽혀 오지 않고 오히려 믿음으로 그것을 수용한다. 그리하여 죽음은 하나님을 신뢰하는 자들에게는 생명의 수단이 된다(instrumentum per quod transiretur ad vitam).……

5장. 이런 방식으로 선한 사람들은 악한 죽음까지도 선용할 수 있는 반면에 악한 자들은 선한 율법까지도 악용한다.……"사망의 쏘는 것은 죄요, 죄의 권능은 율법이라." 금지가 금지된 일에 대한 열망을 가중시키듯이, 죄의 욕망이 의에 대한 사랑보다 더 강한 것이다.……

6장. 죽음의 형벌은 첫사람의 후손으로 태어났기 때문에 받는 벌이다. 하지만 이것이 경건과 의의 이름으로 지불되고 난 후에는 그 벌도 새로운 탄생의 특권이 되고 만다.……

10장. 전반적으로 죽을 존재들의 생명이란 것은 생명이라기보다 죽음이라는 이름이 더 어울린다. 왜냐하면 살기 시작하자마자 죽음을 향해 가기 때문이다.……

영원한 죽음

11장. 모든 화 중에서도 가장 잔인하고 쓰라린 것은 영혼과 육체의 분리에 있는 것이 아니라, 그 둘이 합한 상태로 영벌을 받는 데 있다. 그렇게 되면 여기에는 죽음 전이나 후라는 시간이 없고, 항상 죽음 속에 있는 것이며, 사는 것도 아니요 죽는 것도 아니요 항상 죽고 있을 뿐이다. 이것이 인간에게 일어날 수 있는 최악의 죽음 곧 죽음이 없는 죽음이다.……

13장. 첫사람의 범죄 후에 하나님의 은혜가 그를 떠나고, 그의 눈은 그의 수치에 대해 열렸다. 그런 후에 그들은 불순종하는 육체의 새로운 꿈틀거림을 느꼈다. 그의 자유의지를 고집대로 사용한 까닭에 영에 대한 육의 적대감이 생겨나서 사람은 자아 통제력을 잃어버리게 되었다. …… 이런 내부적 갈등을 안고 우리는 태어나며, 육체적 죽음과 망가진 본성의 기원도 저 첫번째 기만에서부터 나온다.

아담의 죄

14장. 아담 안에서 우리 모두는 그때에 하나님의 생각 가운데, 그리고 인간의 씨 속에 있었기 때문에, 그의 고장나고 손상된 본성이 우리에게 유전되었다. 잘못 사용된 그의 의지로 인하여 재앙의 고리가 이어져 갔으며, 썩은 뿌리에서 나듯 타락한 인류가 생겨났다.

20장. 영이 육체의 지배를 받을 때 이를 육신적이라 부르듯, 육이 영에 복속할 때 이를 영적이라 부르는 것이 적합하다. 하지만 이는 "육의(psychic) 몸으로 심고, 신령한 몸으로 다시 살리니"(고전 15:44)라는 말씀에서 암시하는 것처럼 완전히 영으로 변화되는 것을 말하는 것이 아니라, 육체가 영에 대하여 아무런 적대감이 없고, 의지가 행하는 일에 육체의 방해가 전혀 없으며, 또한 부패가 하나님의 형상을 일그러뜨리는 일이 없는 상태를 말한다.……

낙원

21장. 이러한 삶이 바로 낙원일 것이며, 네 가지 덕목 – 분별, 용기, 절제, 의 – 으로 촉촉히 축인 복된 삶이다. 그리고 선한 도덕을 그 열매로 맺는 지식과 생명과 연단의 나무들로 유지되는 곳이다.……

제 14 권

두 나라

[어거스틴은 이 책에서 인간의 첫범죄와 그로부터 발생한 탐욕 및 육욕적 삶의 극악함에 대해 다루고 있다.]

1장. 육체를 따라 사는 자들은 인간 사회의 한 계급에 속하고, 영을 따라 사는 자들은 다른 한 계급에 속한다.

3장. 버질이 생각하는 것처럼, 육체가 모든 악과 죄의 기원인 것은 아니다. 그는 육체에 네 가지 영혼의 주요 감정들을 부여하고 있다. 오히려 육체는 감정들의 좌소요 악령이 그 의지를 실현하는 공간이다. 육체의 부패는 그러므로 죄가 아니라 죄의 결과이다. 모든 실족함의 요체(caput atque origo : 머리와 이마)는 마귀의 속에서 그를 육체 없이 다스리는 교만이기 때문이다.……

10장. 마음에 아무 걱정거리도 없고 육체를 괴롭히는 아무 고통도 없는 (낙원에서의) 그들은 얼마나 행복할까. 사람도 만일 그 자손들에게 악을 물려주지 않고 죄 가운데 씨를 뿌려 그 결과를 거두는 일만 없었더라면, 온 인간 사회가 이렇게 행복했을 것이다.

11장. 낙원에서 사람은 하나님의 뜻을 따르면서 육체적이요 동시에 영적인 삶을 살았다.……그러나 "천국에서 섬기기보다는 지옥에서 다스리기를" 더 좋아한 저 야심 많은 천사가 영적 낙원에서 떨어져 나간 후에, 악의의 충동을 받아 뱀의 간계를 통해 여자의 환심을 사고 그 시기심을 부추겨 그때까지도 순진 무구하였던 인간을 타락시키고자 했다.

인간의 의지가 어떻게 비뚤어지게 되었는가

13장. 그들이 불순종을 하게 된 것은 이미 자기도 모르는 사이에 악으로 점점 빠져든 결과였다. 악한 의지가 그들을 준비시키지 않았더라면, 그들은 죄의 공공연한 행위를 범하지 않았을 것이기 때문이다. 인간은 이미 교만으로 부풀어 있었고, 마음이 부패되어 있었다. 그렇지 않았더라면, 그가 사탄의 부추김을 듣지도 않았을 것이다. "교만은 모든 죄의 시초이다"(initium omnis peccati superbia est). 교만이란 분에 넘치게 높임을 받고자 하는 욕망이 아니고 무엇이겠는가? 이 욕망은 인간의 마음이 그의 목적이 되어야 할 하나님께 의지하는 대신 그 스스로를 목적으로 삼을 때 생겨난다. 이렇게 인간의 이탈은 자발적인 것이다. 그의 의지가 지선하신 그분을 계속 바라보았더라면, 그 자신의 쾌락을 찾아 등돌리고 나가지는 않았을 것이며, 여자도 뱀의 말을 믿지 않았을 것이고, 남자도 여자의 설득에 빠지지 않았을 것이다.

따라서 금단의 열매는 이미 악해져 있는 인간이 따먹었다. 인간이 처음에 무에서 만들어졌기 때문에 악으로 인해 소멸되어 버릴 수도 있었다. 그러나 인간은 완전히 아무것도 아닌 정도로 타락하지는 않고, 다만 자기중심적이 되어서, 그의 존재가 지존하신 하나님을 의지하던 때보다 더욱 수축되어 버린 것이다. 마음을 들어('sursum habere cor') 자신에게 향하지 않고 - 이것은 교만이다 - 하나님께 향하게 - 이것이 순종이다 - 하는 것이 좋다. "교만은 패망의 선봉이다." 그러므로 그들이 "너희가 하나님과 같이 되리라"는 약속을 즐거워했던 것이다. 그러나 그들이 진리의 최고 원리이신 분을 순종하는 마음으로 의지했더라면, 그들이 원하던 것을 얻을 수 있는 더 좋은 기회가 있었을 것이다. 왜냐하면 그들은 스스로의 권리로 하나님이 되도록 창조되지 않았고, 참되신 하나님께 참여함으로써 신이 된다.

15장. 불순종하는 자들에게 그에 상응한 벌을 주었다. -

"하나의 속박으로 인하여, 세상의 군주들이 옆에 있다."

당연히 그래야 한다. 이는 처벌은 너무 무겁고 명령은 너무 지키기 쉬우면 불순종을 제대로 가늠할 수가 없기 때문이다. 죄가 바로 그 자체의 형벌인 것처럼 불순종이 바로 불순종의 벌이다. 그리하여 인간은 그가 할 수 있을 그때 하려고 하지 않기 때문에 이제 그가 하고자 하는 것을 할 수가 없다(ut quoniam noluit quod noluit quod potuit, quod non potest velit). …… 그러므로 하나님의 방법은 정당하다. 그는 우리의 봉사를 우리가 우리 몸의 봉사를 필요로 하듯 그렇게 긴요해 하시지는 않는다. 그러므로 그것은 우리의 소행으로 인하여 우리가 받는 우리의 벌이지 그분의 벌이 아니다.……

[이 책의 결론부에서 어거스틴은 도식적인 방법으로 지상과 천상의 두 나라의 본질을 대조시켜 주고 있다.]

두 나라 사이의 대조

28장. 이 두 나라는 두 종류의 애정의 차이로 인해 만들어졌다. 지상 나라는 하나님을 경멸하면서 자아를 사랑함으로, 천상의 나라는 자아를 경멸하면서 하나님을 사랑함으로 생겨났다. 전자는 자신에게 영광을 돌리고, 후자는 하나님께 영광을 돌린다. 전자는 사람에게서 영광을 구하고, 후자의 최대의 영광은 양심의 증인이신 하나님이다. 전자는 교만 속에 자신의 머리를 쳐들지만, 후자는 하나님께 이같이 말한다. "당신이 나의 자랑이시요 내 머리를 드시는 자입니다." 지상국에서는 그 군주들이 지배욕으로 광분하지만, 신국에서는 그 군주들과 신민이 사랑 가운데서 서로를 섬긴다. 군주들은 돌봄으로, 신민들은 순종으로 섬기는 것이다. 전자는 그 자신의 힘을 사랑하지만, 후자는 하나님께 "나의 힘이 되신 주여 내가 주를 사랑하나이다"라고 외친다. 지상의 도성에서는 현자들이 사람을 따라 살면서 자신의 육신과 영혼을 위한 유익을 추구하며, 하나님을 알 만한 자들도 그분을 하나님으로 공경하지 않는다. 그러나 천상의 도성에서는 인간의 유일한 지혜는 경건이요, 이로 말미암아 하나님께 참된 예배를 드릴 수 있고, 또한 "하나님이 만유의 전부가 되시도록" 인간들과 천사들로 동시에 이루어진 성도들의 교제에 들어감을 그 보답으로 기대하게 되는 것이다.

제 15 권

두 나라의 역사에 대한 성경적 해설

[이 책에서 어거스틴은 사라와 하갈이 그 모형이요, 가인과 아벨이 그 모범이 되는 두 나라의 진전에 대해 묘사하고 있다. 노아 홍수 이전 사람들(Antediluvians)에 대한 다소 지루한 글에서 그는 므두셀라의 나이를 967세로 볼 때, 홍수시대까지 그가 살았으며 그 사건 이후로도 15년을 더 산 셈이 된다고 밝힌다(11장). 이 숫자에 관한 한 우리는 70인역보다는 히브리어 성경의 권위를 따라야 할 것이라고 말한다(13장). 창세기 초반부의 난해한 많은 구절들의 의미를 논의한 후에 어거스틴은 이 책의 종결부에서 대홍수와 방주의 제작과 같은 사건들에 대한 풍유적 해석은 그 기록의 역사적 가치를 손상시키는 것은 아니라고 주장한다. "이는 고대의 기록들이 일정한 목적을 위하여 집성되었기 때문인데, 이들은 비유적 의미를 지닌 사건들을 제시하고 있으며, 또한 그리스도의 교회에 대한 영적 예언을 담고 있다"(27장). 따라서 방주는 "의심할 바 없이 이생의 순례길을 가는 과정에 처한 하나님의 도성에 대한 비유이며, 또한 나무를 통해 곧 하나님과 인간의 중보자이신 인간 그리스도 예수께서 달린 나무로써 구원함을 받은 교회에 대한 비유이다"(26장).]

제 16 권

동일 주제 계속

[이 책에서는 홍수 이후에 일어난 사건들을 통해 두 나라의 역사를 추적하고 있다. 천상의 나라는 하나님을 따라 살며 지상의 나라는 사람을 따라 산다. 이 이야기는 왕들에 대한 언급에서 멈추고 있다. 성경 독자들에게 이 부분은 매우 친숙하기 때문에 다음 책으로 넘어가도록 하자.]

제 17 권

두 나라에 대한 예언적 언급

[어거스틴은 이제 왕들의 역사라는 관점에서 두 나라에 대한 그의 주제를 전개해 가고 있다. 이 과정에서 그는 예언의 삼중적 의미에 대해 지적한다. 곧 지상적 의미와, 천상의 예루살렘에 관한 의미와, 둘에 다 걸리는 의미이다(3장). 그는 교회를 나타낸다고 보는 한나의 예를 들어서 설명하고 있다. 한나는 이스라엘 나라와 제사장직의 변화를 예고했다(4장). 이 책은 그리스도 시대 전까지를 다루고 있다.]

제 18 권

점술과 예언

[이 책에서 어거스틴은 양면 대조의 방식으로 천상과 지상 두 나라의 역사를 아브라함 이래로부터 우리 앞에 제시해 주고 있다. 이는 우리가 곱씹어 볼 만한 가치가 있는 뛰어난 대조이다. 또한 이 책에는 유대인과 이방인, 성경적인 것과 주술적인 것을 불문하고 그리스도의 오심에 대해 언급하는, 또는 언급한다고 생각되는 모든 예언들에 대한 긴 논술이 포함되어 있다. 어거스틴은 에리트레아의 무녀(Erythraean Sibyl)에 의한 긴 라틴 아크로스틱시(acrostic : 단어를 구성하는 음절을 첫글자로 하여 지은 시 - 역주)를 인용하고 있다.]

주술적 아크로스틱(The Sibylline Acrostic)

23장. 바로의 말에 의하면, 한 사람만이 아니라 더 많은 무녀들이 있었다. 그런데 이 에리트레아의 무녀는 명백히 그리스도를 지적하는 내용을 기록했다.······저명한 인사요 지방 총독인 플라키아누스(Flaccianus)가 그 무녀가 지은 것이라 하면서 나에게 희랍어 원고를 보여 주었는데, 각 절의 첫글자를 따서 맞추어 보니 희랍어로 $Iησοῦς\ Χρείστὸς\ θεοῦ\ υἱὸς\ σωτήρ$라는 말이 되었다. 이 말은 라틴어로 Jesus Christus Dei filius salvator, 즉 '예수 그리스도 하나님의 아들 구세주'라는 말이다. 아래에 이 시의 번역이 있다(어거스틴은 희랍어의 첫글자를 살려서 라틴어로 번역했으나 여기서는 그 뜻만을 옮길 수밖에 없음 - 역자 주).

심판의 자리에서 땅은 땀을 흘리리라.
영원한 왕이 위로부터 이 땅으로
판결을 내리고자 육신으로 오시도다.
오 하나님! 의로운 자와 불의한 자가 그대를 대하리니
시간이 끝나는 때 성도와 함께 들려
당신 보좌 앞에 벌거벗고 두려움으로 떨며 서리라

땅은 헐벗은 채 누워 찔레의 사막이 되고,
신들과 황금의 보화들은 버려져 있도다.
땅과 바다와 하늘이 화염 속에 타며,
점점 지옥의 문들을 부수어 가고 있도다.
성도들은 육신과 영혼이 날듯이 가벼우나
화염은 죄인들을 영원히 삼킨다.
은밀한 행위도 다 드러나며,
비밀들도 빛 앞에 남김없이 폭로되도다.

후회와 탄식으로 사람들은 이를 갈고,
태양은 빛을 잃고 별들도 길을 잃도다.
달은 그 얼굴이 어두워지며, 하늘이 말리고,
골짜기가 높아지며 모든 언덕이 낮아지도다.

사람의 삶에서 위대함은 아주 사라지고,
산과 바다가 평야 속에 뒤섞이도다.
모든 것이 지나가되 땅이 소멸되기 시작하고
샘들과 강물은 화염 속에 불타오르도다.

하늘 높이에서 나팔이 울려 퍼지도다.
사람들의 가련한 소행과 시련들 위로
지옥의 혼란이 이제 두드러지게 드러나고,
군주들은 각자 그의 하나님 앞에 서야 하며,
유황의 강물이 그들 위에 쏟아져 내리도다.

성경 예언의 고대성

[어거스틴은 이같은 이교의 예언을 언급한 후에, 24-43장에 걸쳐서는 소선지자들과 또 대선지자들의 다양한 예언들을 소개하며, 이 가운데 어떤 기록들은 희랍 철학의 그 어떤 원천보다 더 오래된 것임을 보여 주고 있으며, 또한 그 모두가 한 이야기를 말해 주고, 하나의 체계를 이루고 있음을 보여 준다. 반면에 희랍 신화의 기록들은 모순과 차이로 가득 차 있다. 이 논의를 전개해 가는 과정에서 그는 잘 알려진 학개의 예언을 지적하고 있는데, "이 전(성전)의 나중 영광이 이전 영광보다 크리라" 한 말씀은 솔로몬 성전의 재건을 통해 성취된 것이 아니라 그리스도의 교회의 설립으로 이루어졌다고 지적한다(48장). 43장에서는 그의 성경 인용과 관련해서 그저 넘어가기에는 너무나 중요한 70인역에 대한 그의 견해가 제시되고 있다.]

70인역과 제롬의 불가타역에 대한 어거스틴의 견해

43장. 성경을 히브리어에서 헬라어로 번역한 사람들이 또 많이 있는데, 그중에 아퀼라(Aquila), 심마쿠스(Symmachus), 테오도숀(Theodotion), 그리고 알려지지 않은 저자에 의한 소위 제 5판본 등이 있다. 하지만 이 70인역(Septuagint)은 교회의 유일한 역본으로 공인을 받았기에 많은 그리스도인들이 다른 번역이 있는지조차도 모르는 경우가 많다. 라틴 교회들에서는 이 70인역(헬라어)을 번역한 라틴어 번역 성경들이 많이 사용되고 있지만, 우리 시대에 와서는, 박식한 사람이요 세 언어에 능통한 장로 제롬(Jerome)이 히브리어에서 직접 라틴어로 옮겼다. 그러나 저 박학한 역작이 잘 되었노라고 유대인들이 인정을 하고, 또 70인이 때로는 실수도 하지만, 그렇다 할지라도 그리스도 교회는 저 위대한 과업을 위하여 선출된 다수의 사람들에게 최고의 권위를 돌리고 있다. 비록 그들 사이에 일치하는 거룩한 정신은 없었다고 치더라도 70인의 학식 많은 사람들이 학문적인 방식으로 번역의 단어들을 의논하고, 모두가 동의하는 독법을 택했다는 것은, 어느 한 사람의 번역자가 감히 앞지르지 못할 일이다.……

선지자들의 언어를 지시해 주신 그 동일한 성령께서 70인역의 번역을 지도하였다. 성령은 그의 신적 권위로 다른 것을 말할 수도 있고, 또 같은 것을 다른 방식으로 말할 수도 있으며, 혹은 자구적 번역가가 그러듯이 원어에 맹종적, 인간적으로 집착하는 것이, 번역자의 마음을 채우고 지배하는 신적 능력의 증거가 요구되는 이 작업에서는 그다지 바람직한 것이 아님을 보여 주기 위해 성령은 어떤 것을 더하거나 뺄 수도 있다. 또 어떤 사람들의 의견에 따르면, 70인역의 헬라어 본문이 히브리어 본문에 맞추어 수정되어야 한다고 말하는데, 그러면서도 그들은 히브리어 본문에는 없고 70인역 헬라어 본문에는 나오는 어떤 부분을 감히 제거하지는 못했다. 다만 히브리어 본문에는 있지만, 헬라어에는 없는 것을 첨가시키되 그런 구절들을 표시하기 위해 별표(*) 표시를 그 구절들 앞에 붙여 두었으며, 또 70인역에는 있지만 히브리어 본문에는 없는 구절들을 표시하기 위해서는 역시 같은 자리에 단검표(†)를 붙여 두었다. 많은 라틴어 본문들에 이런 표시들이 사용되고 있다.……

만일 우리가 이 성경이 성령께서 사람들을 통해 말씀하신 것임을 인정한다면(사실이 그러하다), 히브리어 본문에는 나오되 헬라어 본문에는 없는 것에 대해서는 성령께서 전자를 통해 말씀하고자 하셨고, 후자로는 말씀하고자 하지 않으셨다는 뜻으로 이해되어야 한다. 반면에 히브리어에는 없고 70인역에는 나오는 것에 대해서는, 동일한 성령께서 하나로 말씀하시기를 더 좋아하시고 다른 하나는 사용치 않으신 것으로 보아야겠다. 그리하여 성령께서는 두 부류가 다 선지자들임을 보여 주셨다.……

핍박에 대해

[이 책의 51-53장까지에서는 교회에 임한 박해를 열거하면서, 이단과 고난이 어떻게 교회를 강화시키는 데 기여했는지를 보여 준다(52장). 그리고 결론에서는(53장) 기독교가 기껏해야 365년 동안 존속하다 끝날 것이라는 이교도들의 어리석은 예언이 역사에 의해 이미 부정되었다는 사실에 독자들의 주의를 환기시키고 있다.]

베드로의 이름을 빌린 신탁

54장. 세계 다른 지역에서 무슨 일이 일어났는지를 일일이 살펴보는 것이 우리에게 필요한 일은 아니겠지만, 우리가 알게 된 일에 대해 잠시 말해 보기로 하자. 우리에게 잘 알려진 유명한 아프리카의 카르타고에서는 호노리우스의 사무관들인 가우덴티우스와 요비우스가 4월 초하룻날(the Kalends of April) 열 닷새 전에 거짓 신들의 신전을 부수고 신상들을 박살을 내었다. 이 일이 일어난 해가 바로 집정관 제미니 때로부터 말리우스 테오도루스 때까지를 계산해서, 기독교가 끝을 보리라고 예언했던 그 해이다. 그때 이후로 30년이 지난 지금 기독교는 날로 번창해 가고 있다.

베드로에 대한 어거스틴의 견해

[어거스틴은 여기서 이 전설의 권위적 원천으로 내세우는 베드로에 대해 언급하며, 교리적인 면에 있어서 베드로의 무오류설에 대해 그가 전적으로 반대하고 있음을 보여 준다.]

명목상으로 뿐만 아니라 실질상으로도 그리스도인인 우리는, 우리의 믿음의 중심을 베드로에게 두지 않고, 베드로가 믿었던 바로 그분에게 둔다. 우리가 그리스도에 대한 베드로의 설교로 감화를 받기는 하지만, 그의 예언들로 인해 요술에 걸리지는 않는다(non venenati carminibus). 그리고 우리는 그의 선한 행실들을 통해 도움을 받기는 하지만, 그의 악한 행동에 현혹을 받지는 않는다. 영생에 이르는 교리에 대해 베드로의 스승이었던 그리스도는 바로 우리의 스승이기도 하다.

제 19 권

인생의 이상과 존재의 목적

["De Finibus Bonorum et Malorum"(최고선과 최고악에 관하여)라고 제목을 붙일 수 있는 이 19권은, 고대 윤리학과 여러 가지 헬라 철학파 곧 스토아학파, 에피큐로스학파, 견유학파, 키레네학파, 초기 및 후기 아카데미 등에 대한 탁월한 논문이다. 1-3장에서 어거스틴은 최고선에 대해 많은 사람들이 저마다의 이론을 내세우고 있음을 보여 준다. 어떤 사람들은 육체에 집중하며, 또 다른 사람들은 정신에, 혹은 둘다에 집중하기도 한다. 더러는 그것을 쾌락과 일치시키기도 하고 더러는 덕과, 또 둘다와 일치시키는 사람도 있다. 그러면서 어거스틴은 이생에서 행복을 확보하고자 하는 자연인의 모든 노력은 절대적으로 열매 없는 일일 뿐임을 논증한다. 그는 철학자 바로를 다시 증언석에 세워서 자기 자신의 철학을 논박하게 만든다. "철학에 대한 바로의 책에 따르면, 인생의 최고선 (summum bonum)이란 주제에 관해 회자되고 있는 각이한 의견들을 집성해 볼 때 288가지 분파를 가려볼 수 있다"(1장). 어거스틴은 이 모든 것들이 보편적으로 자아를 중심으로 삼고 있음을 보여 주고 있다. 4장에서 어거스틴은 기독교인의 선은 그런 관점에서 평가되어서는 안된다고 지적한다. 기독교인의 최고선은 자아가 아니라 하나님이다. 그의 행복은 이 세상에 있지 않고 내생의 소망에 두고 있다. 그리고 그의 목표는 평화이다.]

신국의 평화

11장. 우리가 도달하기를 바라는 목표는 평화라고 말할 수 있다. 이는 그 나라의 신비적 이름이 예루살렘이라는 데서도 나타나는데, 그 말은 평화의 비전이란 뜻이다.……

12장. 모든 사람들은 이 평화를 얻고 싶어한다. 전쟁의 참상도 이를 확보하기 위한 하나의 노력이며, 심지어 가장 사나운 야수들조차도 자기 새끼들을 평화로이 돌본다.……

13장. 자연은 이 평화를 그 모든 소동 가운데서도 지켜 나가고 있다.……
……그리고 이 평화는 어느 정도는 모든 사람이 누리고 있다. 선한 것이 조금도 없는 자연은 없다. 마귀의 본성조차도, 그것이 본성에 국한하는 한은 악하지 않으며, 악하게 된 것은 고집 때문이다. 이렇게 모든 자연이 평화를 추구하는 까닭에, 생명이 없으면 고통도 있을 수 없는 것과 마찬가지로, 조금의 평화도 없는 전쟁이란 있을 수 없는 것이다.……

14장. 우리 주님은 두 가지 계명을 주셨는데, 우리는 그 가운데서 세 가지 사랑을 발견한다. 곧 하나님, 자신, 그리고 이웃 사랑이다. 하나님을 사랑하는 자는 자신을 지나치게 사랑하지 않을 것이기 때문이다.……

27장. 완전하고 영원한 참 평화는 오직 그리스도인만이 지금은 소망으로, 그때에는 소유로 누리게 될 하늘의 완전한 평화이다.……

28장. 이 세상 나라의 시민들에게 현재는 불완전한 안식이나마 있지만, 장차는 영원한 불안과 계속적인 소란이 있을 것이다.……

정의에 대해서(제5권에 나오는 아리스토텔레스의 윤리학과 비교)
[어거스틴은 정의를 영혼과 몸의 관계에서, 인간과 하나님과의 관계에서, 그리고 국가 구성원들의 상호관계에서 평화를 이루는 원리라고 말한다.
비교. 플라톤은 「공화국」(*Republic*)에서 정의는 각각의 사람이나 세력이 그 자신의 일을 할 때 이루어지는 일종의 조화라고 규정하고 있다.]

제 20 권

장래의 삶

[20권에서 어거스틴은 부활과 최후심판에 대해 묘사하면서, 이 주제에 관계된 신구약의 성경 구절들을 해설하고 있다. 그는 또 천년왕국설(chiliasm)을 비판한다.]

최후 심판

1장. 참되신 하나님의 교회는 산 자와 죽은 자를 심판하기 위해 그리스도께서 오시기로 약정된 그때를 가리켜서 하나님의 마지막 심판의 날이라고 부른다. 그러므로 우리가 하나님의 심판의 날을 부를 때 특별히 '마지막' 또는 '최후'라는 말을 덧붙이는데, 이는 하나님이 지금도 심판하고 계시며, 또 인류의 시초 이래로 계속 심판해 오고 계시는 것과 구분하기 위해서다.……

16장. 바다도 더 이상 있지 아니할 것이다. 왜냐하면 거기에는 사람이 이 세상에 사는 동안 당하는 온갖 거친 풍파가 더 이상 없을 것이기 때문이다. 이 세상의 삶이 바다라는 말로 비유적으로 표현되었다.

20장. 우리는 여기서 또 하나의 난점을 만나게 되는데, 이는 사도가 고린도인들에게 몸의 부활에 대해 기록하면서 "우리는 모두 다시 일어날 것이다" 혹은 다른 사본에 나오는 대로 "우리는 모두 잠잘 것이다"고 말하고 있기 때문이다(고전 15:51). 죽음이 없이는 부활이 있을 수 없는 것이라면, 그리고 여기서 잠이란 죽음을 의미하는 것이라면, 그리스도께서 오실 때 육체가 살아 있는 가운데 그를 만나 자지도 않고 다시 일어날 기회도 없는 많은 사람들이 있는데, 어떻게 모든 자들이 다 잠자든지 다시 일어나든지 할 것이란 말인가?

제 21 권

죄 - 그 벌과 용서

[어거스틴의 종말론은 간단히 설명하고, 다음 권으로 넘어가서 이 세상 나라의 마지막 일들에 대한 어거스틴의 논의를 살펴보도록 하자. 우리는 여기에서 영원한 형벌을 반대하는 믿음없는 자들의 두 가지 변명을 보게 된다. 현재 사상과는 달리 어거스틴은 미래의 형벌에 대하여 그 신체적 성질을 믿었다. 즉, 실제로 사람의 몸이 영원히 불탄다고 말한다(2장). 그는 자연에서 몇 가지 예를 들고 있다(2-4장. 예를 들어 백악(白堊), 다이아몬드, 불도마뱀 등). 몸이 소실되지 않고 불속에서도 살아 있다. 저주받은 자들의 몸은 "하나님의 경이로운 능력으로 인해, 타 없어지지도 않고 계속 불타며, 죽지도 않고 계속 고통 중에 있다"(7장). 9장에서는 지옥(Gehenna)의 성질과, 영벌의 성질에 대해 논하고 있다. "거기는 벌레도 죽지 않으며 그 불도 꺼지지 않는다" 저주받은 자들이 "인간의 굳은 몸과, 마귀의 공기 같은 몸을 능히 괴롭히기에 충분한 물질적 불못 속에서 불타며 신체적 고뇌를 토하고 있다."

어거스틴은 벌의 무한성이라는 자기 견해를 보완하기 위해, 이생에 있어서조차도 벌이 죄보다 더 오래 간다는 사실을 지적하고 있다.]

11장. 큰 죄를 지어 죽음의 벌을 받은 사람의 경우에 법은 그 집행의 순간을 그 선고로 보는가? 오히려 그가 산 자들의 사회로부터 영원히 제거되었다는 사실이 더 중요한 것이 아니겠는가? 이 멸망할 세상으로부터 그를 제거하는 것은 첫째 죽음의 벌이요, 불멸하는 나라로부터 제거하는 것은 둘째 죽음의 선고이다. 전자의 경우에, 사형 집행을 당한 사람을 다시 법이 되돌려 놓을 수 없는 것과 마찬가지로, 후자의 법도 둘째 죽음의 선고를 받은 자를 영생으로 복귀시킬 수는 없다. 사람들은 묻는다. 만일 시간 안에서의 죄가 영원의 선고를 동반한다면, 당신의 그리스도가 "너희의 헤아리는 그 헤아림으로 너희가 헤아림을 받을 것이니라"고 선포한 것이 어떻게 참되다고 할 수 있는가? 하지만 그들이 관찰하지 못하고 있는 것은, 그 헤아림이 시간의 지속에 해당하는 것이 아니라, 보응의 법칙에 해당하는 것으로, 악을 행한 자는 악한 일을 당하게 되리라는 사실이다.

13장. [미래의 벌은 결코 변제되어질 수 없다.] 플라톤주의자들은 어떤 죄든 벌 없이 넘어가는 것을 허용치 않으려고 하면서도, 인간의 법에 의해서나 신의 법에 의해 부과된 모든 벌칙은 이생에서든 내생에서든 구제될 수 있다고(emendationi adhiberi) 가르친다. 그래서 버질은 세상 육신과 인간의 연약한 수족에 대해 묘사한 후에 영혼에 대해서도 언급하고 있다.

"이로부터 슬픔과 기쁨, 욕망과 두려움이 솟아나고,
그들의 눈은 저 빛을 결코 바라보지 못하도다.
어둠으로 감기고 침울 속에 갇혀 있기에."

이어서 몇마디 더 덧붙이고 있다.

"아니야, 죽어가는 눈에서 빛이 사라질 때
그 가련한 이들은 자유를 얻지 못하였어.
재앙은 결코 떠나지 않았어.
오랫동안 계약된 오점이 깊고 낮설게 각인되도다.
이렇게 악에 시달리며
그들은 옛죄의 대가를 지불하고 있도다.
바람에 날려가기도 하네. 깊이 착색된 죄책으로부터
광대한 협곡 속에 씻기며, 불속에 타기도 하면서."

그들은 이렇게 모든 벌이 다 변제될 수 있다고 생각한다. 어떤 벌들은 이런 목적이 있음을 우리도 인정한다. 그 벌을 통해 더 나은 삶을 살 수 있는 사람들의 경우에는 말이다. 임시적인 것이든 영원한 것이든 모든 다른 벌은 과거와 현재의 죄로 인해 주어진 것이며, 혹은 사람과 천사들 가운데서 삶의 훈련과 경건한 모범을 증진시키기 위한 목적으로 주어진 것이기도 하다.*

마귀의 회심에 대한 오리겐의 이론

17장. [이 장에서 어거스틴은 오리겐의 이단 교리를 언급하고 있다. 그는 마귀와 악한 천사들이 궁극적으로 회개할 것이라고 믿었다. 이 교리는 제 5차 에큐메니칼 공의회에서 이단으로 정죄되었다.]

자비심이 지나친 어떤 사람들은 미래의 재앙에도 한계가 있다고 믿는다. 그 중에서도 오리겐은 더욱 심해서 마귀와 그의 천사들이 길고도 무거운 벌을 받은 후에는 그들의 고통에서 풀려나 거룩한 천사들과 합하게 될 것이라고 한다.……무엇보다 그는 자신을 하나님보다 더 친절한 사람으로 보고 있는 한에서 그의 하나님께 대한 태도가 더욱 나쁘고 완고하다.

반율법주의적 이단

18장. 내가 이야기를 나누어 본 사람들 중에는 성경에 대해서는 경외심을 가진 것 같은데, 그들의 도덕은 비난받아 마땅한 사람들이 있다. 변명을 위하여 그들은 위에 말한 이단보다 더 큰 자비를 부르짖고 있다. 그들은 악하고 믿음없는 자들에 대한 영감된 예언이 참되다고 인정한다. 그러나 막상 심판의 날이 오면, 자비가 그 날을 넘겨 줄 것이라고 말한다.

19장. [이 장에서 어거스틴은 이단자들이 그리스도의 몸에 참여한 후 구원받을 수 있다는 어떤 사람들의 이상한 의견을 다루고 있다. 이 주장은 "나는 하늘로서 내려온 생명의 떡이라", "사람이 이 떡을 먹으면 영원히 살리라"는 예수님의 말씀을 문자적인 의미로 이해하는 사람들에 의한

---

* 벌을 교정적 수단으로만 볼 때, 보응이라는 그 윤리적 성격을 잃어버리게 되므로 이것은 올바른 언급이다.

매우 재미있는 견해이다.]

또 어떤 사람들은 영벌로부터의 해방의 희망을 전하되 모든 사람에게 가 아니라 그리스도의 세례로 씻음을 받은 자들, 그의 몸에 참여한 자들에게만 전하는데 이전까지 그들의 삶이 어떠했든지 상관없이, 또 어떤 이단에 속하였든지 상관없이, "이는 하늘로서 내려오는 떡이니 사람으로 하여금 먹고 죽지 아니하게 하는 것이니라", "나는 하늘에서 내린 생명의 떡이라" 하신 예수님의 말씀만 의지하면 된다는 것이다.

25장. [어거스틴은 이 장에서 "누구든지 내 살을 먹고 내 피를 마시는 자는"이란 말씀의 의미를 풀어 주고 있다. 이 과정에서 그는 카톨릭 신자들 - 즉, 이단교도들이 아닌 정통 그리스도인들 - 은, "비도덕적인 삶에도 불구하고 세례와 그리스도의 몸의 성례를 받음으로 구원을 얻을 것이다"라는 그들의 의견이 아무런 근거 없는 것임을 알아야 한다고 논증하고 있다.]

그리스도의 지체란 무엇을 의미하는가?

그 몸과 연합한 사람 곧 그리스도인 공동체의 일원인 사람은, 신실한 참여자들이 제단에서 함께 나누는 연합된 몸의 성례를 통해 진정으로 그리스도의 몸을 먹는 것이며 그의 피를 마시는 것이라 말할 수 있다. 그러므로 그 몸의 연합으로부터 떨어져 나간 이단들과 분리주의자들은 똑같은 성례에 참여하더라도 그것이 그들에게 무익할 뿐만 아니라 해롭기까지 한 것이다. 왜냐하면 그들은 그 성례가 표현하는 평화의 띠 속에 들어 있지 않기 때문이다. 그들은 자기 죄로 인하여 생명의 의 곧 예수 그리스도를 버렸다. 그들은 그리스도 안에 거한다고 말할 수 없다. 왜냐하면 그리스도 안에 거하는 것은 곧 그의 믿음 안에 거하는 것이며, "믿음은 사랑으로 역사하고, 사랑은 악을 행하지 않기" 때문이다. 뿐만 아니라 그런 사람들은 그리스도의 몸을 먹는다고 할 수도 없는데, 이는 그들이 그의 지체 중에 들어 있지 않기 때문이다. 한 사람이, 그리스도의 지체이면서 동시에 창기의 지체일 수는 없는 것이다. 그리고 마지막으로 우리 주님께서 친히 말씀하신 바 "누구든지 내 살을 먹고 내 피를 마시는 자는 내 안에 거하고 나도 그의 안에 거한다"는 이 말씀은, 우리가 성례 속에서만 아니라, 실제로도 그리스도의 몸을 먹고 그의 피를 마시는 것이 필요하다는 것을 보여 준다. 이것이 바로 그리스도 안에 거하는 것이요, 그럼으로써 그리스도가 우리 안에 거하시게 되는 것이다.

27장. [이 장에서는 구제와 자선 행위를 통해 자기들의 죄를 면죄받을 수 있을 것으로 상상하는 사람들의 어리석음을 보여 주고 있다.]

이들은 자기들의 전제에 대한 논리적 귀결로서 이런 주장을 받아들일 수밖에 없을 것이다. 곧, 부자는 자기가 저지르는 모든 종류의 극악한 범죄, 살인, 간음 등에 대해서도 매일 지불하는 얼마 되지도 않는 돈으로 면죄권을 살 수도 있겠다는 것이다. 도대체 얼마만한 구제를 해야 죄를 속할 수 있을 것인지, 이런 질문을 해볼 때 그들의 생각은 대단히 어리석고 비논리적이다. 선구자 세례 요한도 "회개에 합당한 행동을 하라"고 하였는데, 매일의 죄의 대가로 자기 삶을 죽음 속에 묻는 그런 사람을 저들도 찾아보지 못할 것이다. …… 그들이 자기 모든 재산을 가난한 그리스도의 지체들에게 나누어 준다 할지라도 그들이 의를 사랑하는 그런 자비심으로 그같은 행위를 하지 않는다면, 그 모든 것이 아무 유익도 없을 것이다. …… 가장 작은 범죄를 속하기 위해, 그리고 여전히 그런 일을 계속하고 있다면, 아무리 큰 구제를 할지라도 그것은 아무런 소용도 없다. 그러나 예수께서 친히 가르치신, 주의 기도라 불리는 이 매일의 기도를 통해 매일의 죄가 멸해진다. "우리가 우리에게 죄지은 자를 사하여 준 것같이 우리 죄를 사하여 주옵시고." 매일 드리는 이 말씀이 말로만 된 것이 아니라 이미 이루어졌기 때문이다. …… "너희 죄"라는 뜻이 무엇인가. "아무리 너희가 의롭게 되고 성화된 자라 하여도 죄가 없이는 너희가 있을 수 없다"는 뜻이 아니고 무엇이겠는가.*

---

* 어거스틴은 완전 교리를 믿지 않았다.

제 22 권

의 - 그 안식과 자유

[이 마지막 권에서 밝히고자 하는 것은 신국의 영원한 복락과 안식에 대한 것이다. 8장에서 기적이라는 주제를 간단히 논한 후에 그는 믿음과 기도의 응답으로 당대에 일어났던 몇 가지 기사를 묘사하고 있다. 특히 프로타시우스와 겔바시우스의 유해를 기적적으로 발견한 일을 언급하고 있는데, 그 안치 장소를 밀라노의 대주교 암브로시우스가 꿈에 보고 알아냈다고 한다. 또 어거스틴은 제 10권에서 충분히 발전시킨 주제 곧 "교회는 그리스도의 몸을 순교자들에게 제사로 바치는 것이 아니다. 그들도 그 몸에 속하기 때문이다"라는 사상을 되새기면서 그의 논의를 최종적으로 완성시키고 있다. 23장에서 약간은 비관적인 언급을 하고 있지만, 그럼에도 불구하고 그의 주변에 펼쳐져 있는 대로 자연 은총들의 유용함과 아름다움에 나타난 하나님의 선하심을 찬양하고 있다. 자연의 놀라운 조화, 창조자의 말할 수 없는 섭리 등의 주제를 루크레티우스(Lucretius) 식의 달콤한 언어와 섬세한 감정으로 표현하고 있다(29장).]

22장. 우리의 주제를 시작하는 초반부터 우리가 말하고자 하는 것은, 우리의 이 인생은 - 그것도 인생이라 부를 수 있다면 - 여러 가지 크고도 많은 악으로 짜여 있어서, 온 인류 전체가 저주 아래 있음을 증거해 준다. 인생은 깊고 깊은 무지에 빠져 있어서 이로부터 아담의 모든 죄를 그 어두운 가슴속에 가져다 준 온갖 실수가 일어나며 고통과 슬픔과 두려움으로밖에는 그 마음의 응어리를 풀 길이 없게 되었다. …… 이런 지옥과 같은 인생의 불행으로부터 오직 우리 구주 그리스도의 은혜만이 보다 나은 영원의 삶에 대한 소망을 주심으로써 우리를 해방시켜 주실 수 있다.

23장. 이생에서 선한 자나 악한 자가 다 같이 겪는 이런 불행들 외에도 의로운 자들은 그들 자신만의 어려운 곤란이 있다. 곧, 악과 싸우며 거기에서 오는 고통과 위험을 감당해야 된다는 것이다.

24장. 이제 우리는 그의 피조물을 다스리시는 하나님의 선하심으로 말미암아 찬양받을 만한 심판으로 아주 비참한 존재가 된 우리에게 부어 주신 많은 복들에 대해 생각해 보자. 첫번째로는 범죄 이전에 선포되고 그 후에도 취소되지 않은 번식의 복이 있다. 그러나 인류의 강줄기 속에는 두 가지 흐름이 동시에 흘러 내리고 있으니, 곧 부모로부터 물려받은 악의 흐름과 하나님으로부터 오는 선의 흐름이다. 원죄에는 죄와 벌의 두 가지 사항이 포함된다. 원선(original goodness)에도 두 가지가 있는데, 곧 번식과 종족의 적응이다. …… 나의 목적은 하나님이 우리 저주받은 존재 위에 내려 주신, 또 지금도 주고 계시는 복에 대해 이야기하는 것이다. 하나님은 인간을 정죄하실 때, 그가 주신 모든 것을 다 취하여 가시지는 않았다. 또한 하나님은 마귀를 정죄할 때에도 그를 그의 능력 밖으로 제거해 버린 것이 아니다. 그는 마귀를 그의 통제로부터 완전히 벗어나게 하지 않으셨다. 왜냐하면 그는 지고하신 분이며, 존재하는 모든 것을 만드셨으며, 마귀에게도 원래의 본질을 주신 분이기 때문이다. 위에 말한 두 가지 은사 중에 번식의 복은 이 세상의 처음 지으신 것들에게 그의 복 주심을 통해 주신 것이요, 적응의 복은 그가 친히 관계하시는 것 위에 주시는데, 이것이 없이는 번식이 그 형체와 변형을 유지해 갈 수 없을 것이다. …… 우리는 지금 이 죽을 인생이 장식품으로 간직하고 있는 마음의 본질에 대해 이야기하고 있다. 참되고 지고하신 하나님이 이 놀라운 것을 만드신 분인 줄 알기에, 마음은 그분의 준엄한 명령에 따라서 지금까지 이룬 모든 것을 그의 인도와 지도를 받아 이루어 왔다.

인간 신체의 균형에 대하여

인간의 몸을 볼 때에도, 짐승과 마찬가지로 사멸되고, 혹은 그것들보다 더 약하기조차 하지만, 여기에 하나님의 선하심과 창조자의 섭리가 얼마나 찬란하게 빛나고 있는가! 감각들의 위치('loca sensuum')라든지, 사지의 배열, 그리고 몸 전체의 외양과 자태 등은 마음을 수종들기에 가장 적절하게 조정되어 있지 않은가? 인간은 땅에 엎드려지는 짐승처럼 조형된 것이 아니라, 하늘을 향하여 똑바로 서서 그의 사상을 위로 향하도록 지어졌다. 놀라울 정도로 민첩한 머리와 혀, 쓰고 말하고 기타 온갖 종류의 일을 할 수 있도록 적절히 조화된 점 - 이는 이러한 신체가 봉사해야 할 마음의 위엄을 나타내 주는 것이 아닌가? 이런 필요를 위한 기능 외에도, 모든 부분의 균형 또한 완벽하다. 그래서 그 설계의 목적이 아름다움을 위함인지 실용성을 위함인지 분간하기 어려울 정도이다. 단순히 작업을 위해 고안된 것까지도 은혜를 결하고 있는 것이 아무것도 없다. 이는 특히 내부 기관의 정확한 비율과 측정 등을 알 때 더욱 그러함을 증거할 수 있다. 해부학자들이라 불리는 의료인들이 잔인할 정도의 근면함을 가지고 죽은 자들과 죽어가는 자들의 신체를 그들의 칼로 가르고, 또 갈라서 인간의 몸의 비밀을 파고들고는 있지만, 아직도 발견되어야 할 것이 남아 있다. 신체의 내부와 외부 기관이 악기의 현을 맞추듯이 서로 맞추어져서, 희랍어로 하르모니아($αρμονία$)라 불리는 상태를 어떻게 이루어 내는지 아무도 발견할 수가 없다. 신체의 어떤 부분은 단지 매력을 위해 만들어진 것도 있는 것으로 보아 그것을 만드신 분의 첫번째 생각에 인간의 존엄이 고려되어 있지 않았는가 하고 쉽게 추정해 볼 수 있다. 그 쓰임새는 곧 지나갈 것이요, 아름다움이 그 자체의 목적을 위해 사랑받을 때가 올 것이다. ……

자연의 아름다움

피조물의 전반적인 아름다움과 가치에 대해서는 고해의 바다에 빠진 인간도 그것을 보고 즐길 수 있는 은혜를 허락받았다. 바다와 육지의 변화 무쌍한 아름다움을 묘사하자면, 어떤 필설도 부족할 따름이다. 태양과 달과 별들, 빛의 놀라운 찬란함과 차고 넘치는 충만함, 꽃의 빛깔과 향기, 숲의 짙은 그늘, 다양한 새들의 깃털과 노래, 수도 셀 수 없이 크고도 많은 동물들, 벌꿀과 개미같이 작은 곤충들도 고래처럼 큰 덩치에 못지않게 놀랍기만 하며, 수시로 그 색조를 바꾸는 바다의 장관, 때로는 초록색으로, 때로는 한꺼번에 여러 가지 빛깔로, 또 때로는 자주색과 푸른색으로 그 자태를 바꾼다. 그 바다의 성난 모습도 우리의 눈에는 즐겁다. 그 거친 파도와 치솟는 갈기를 바라보며 마음에 위무를 받을 때 그 매력은 얼마나 더 큰가!

그밖에 자연이 풍부하게 공급해 주는, 재주로가 아니라 수고를 통해 얻는 갖가지 음식과 향료에 대해서는 또 무엇을 말해야 할지? 건강을 유지시키고 회복시키는 데 도움을 주는 것들도 수없이 많다. 낮과 밤의 변화, 산들바람의 달콤한 숨결, 이 또한 얼마나 감사한지! 이 모든 것들을 누가 다 헤아릴 수 있겠는가? 이 모두가 선한 자들을 위한 보상품이 아니라, 악한 자들을 위한 위로물이다. 죽도록 예정된 자들에게 이러한 선물들을 주신 그분이라면 생명을 예정해 주신 자들에게는 무엇을 주시겠는가? 그의 독생자가 위하여 죽어 주신 자들에게는 어떤 복을 내려 주실까? "그와 함께 모든 것을 우리에게 은사로 주지 아니하시겠는가?" 이 약속이 다 성취될 때, 우리의 삶과 본성은 어떻게 될까! 인간의 영혼이 우리를 굴복케 하는 모든 악을 벗어 버리고, 전쟁이 없는 완전한 평화를 누리며 …… 하나님의 지혜를 그 원천으로부터 자유로이 공급받을 때, 그 모습이 어떤 것일까? 또 그의 육체가 음식을 필요로 하지도 않으면서 영에게 전적으로 다스림을 받을 때, 그 모습이 어떠할까? 그때에 육신은 더 이상 짐승의 몸이 아니라 영적 몸이 될 것이며, 육체의 본질은 가지되 그 부패는 없을 것이다.

29장. [이 장에서 어거스틴은 복된 환상의 본질을 묘사한다.]

성도들이 불멸하는 영적 몸을 입고 무슨 일을 할 것인지, 아니 어떤 휴식을 가질 것인지 나는 알지 못한다. 내가 할 말은 단지 그 영광에 비할 것이 아무것도 없다는 것뿐이다. 거기에는 "모든 이해를 초월하는 하나님의 평화"가 있기 때문이다. 믿음의 보상이 주어지고 사도 요한이 환상을 보고 기록한 대로 '얼굴'로 상징되는 하나님의 영광이 완전히 나타나서 …… 우리는 물질적 영적 만물을 다스리시는, 어디에나 임재해 계신 하나님을 대할 수 있을 것이다. 그때에 하나님은 우리에게 알려진 바 되고, 우리는 어디에서나 곧 우리 속에서나, 서로의 가운데서나, 하나님 자신 안에서나, 새 하늘과 새 땅에서 성령으로 그를 바라보게 될 것이다.……

하나님의 평화

30장. [이 장에서 다루고 있는 것은, 시간 속에서의 불화가 영원의 화합으로 해소됨으로써 이루어지는 평화의 노래, 사멸의 슬픔이 불멸하는 사랑의 존전에서 녹아 없어지는 사실, 세상의 물질들이 하나님 나라의 소망으로 타오르는 빛 앞에서 사라져 가는 사실 등이다.]

어떤 악도 남지 않고 어떤 선도 망각되지 않는 그때, 삶이 하나의 긴 평화의 안식이요 만유 가운데 만유의 전부가 되시는 하나님을 찬양하는 그때의 그 복락이 얼마나 큰 것일까. 피로로 지치지도 않고 무엇이 부족하여 수고하지 않아도 되는 삶이 아닌가. 우리의 부패하지 않는 몸의 온 지체가 하나님을 찬양하는 데 집중하고, 마음은 사물들 가운데 놀라운 조화를 발견하게 될 것이다. 영이 원하는 곳이면 어디든지 육이 갈 수 있고, 영은 그 자체를 위해서나 그 몸을 위해 무엇을 욕망하지는 않을 것이다. 거기에는 참다운 명예와 참다운 평화가 있고, 외부의 위험과 내부의 갈등으로부터의 안식이 있을 것이다. 영광의 차등은 있겠지만, 시기는 없고, 각자는 자신의 몫으로 만족할 뿐 달리 욕심내지 않고, 그러면서도 다른 몫을 취하는 다른 사람과 사랑으로 맺어져 있다.

그 나라의 복된 백성의 자유의지

죄가 더 이상 유혹하지 않을지라도 그들은 의지의 자유를 가질 것이다. 악의 끄는 힘으로부터 의지가 완전히 자유로워졌고, 불변하는 의의 즐거움을 취하였기 때문이다. 사람이 처음 창조되었을 때 그에게 주어진 첫번째 자유의지는 죄 지을 능력도 있었고 죄 짓지 않을 능력도 있었다. 그러나 이 마지막 자유의지는 죄 지을 수 없는 것이기 때문에 더 강력하다. 이는 하나님의 은사로 주어진 능력이지 인간 본질에서 실현된 능력이 아니다. 하나님이 되는 것과 하나님께 참여하는 자가 되는 것은 전혀 별개의 일이다. 하나님은 그의 본성 때문에 죄 지을 수 없다. 그의 생명을 나누어 받는 자 또한 죄 짓지 아니하는 능력을 그로부터 받았다. 그러나 인간이 죄 지을 수 있었을 때 죄를 지었기 때문에 하나님은 더 크신 은혜로 그를 구속하여 죄 지을 수 없는 자유에로 인도하셨다. 아담이 죄로 인해 상실한 첫번째의 불멸성은 죽음을 피하는 능력이었고, 마지막의 것은 죽음의 능력이 미치지 못하는 것이다. 따라서 첫번째 자유의지는 죄 짓지 않는 능력이었으나, 마지막 자유의지는 죄 지을 능력이 없는 것이다. 경건과 의는 행복과 마찬가지로 소멸되지 않는 것이기 때문이다. 그러므로 그 나라에서는 모두에게, 그리고 각자에게 하나의 의지만이 있어서, 모든 악으로부터 자유로우며, 모든 선으로 충만하고, 영원한 기쁨의 달콤함을 누리며, 과오와 벌은 잊어버리되 그 구속은 잊지 않아서 자유를 주신 분께 감사를 잊지 않을 것이다. 지식에 관한 한, 과거의 불운을 유념하지만, 경험에 관한 한 그것을 전혀 의식하지 못할 것이다. 이는 마치 의사가 알려진 바 있는 모든 처방을 다 숙지할지라도, 그가 겪어 본 질병에 대해서만 개인적 경험을 가지고 있는 것과 같다. …… 그리스도가 다시 오시기까지 지나갈 모든 시대를 일일이 다 생각해 보니 너무 길게만 보인다. 하지만 일곱째 날은 우리의 안식일이 될 것이다. 이 날은 저녁으로 끝나는 것이 아니라……그리스도의 부활로 말미암아 성별된 주의 날이 동터옴으로 이어질 것이다. 그때에 우리는 끝을 모르는 그 나라에서 이상과 사랑과 평화와 찬양을 누릴 것이다.……

결 론

하나님의 도우심으로 나의 과업을 이제 다 마친 것 같다. 여기에 만족하지 못하는 이들은 그 결함과 과오를 용서해 주기 바란다. 그러나 만족하는 이들은 내가 하듯 영광을 하나님께 돌리기를 바란다.

- 신국론의 개요
- 신국론의 이해
- 신국론 서론
- 신국론에 관하여
- 신국론의 두 도성 이해

신국론의 개요

존 N. 휘기스(John N. Figgis)

"피조물들 가운데 인간이, 인간들 가운데 교회가, 교회 가운데 교부들이 그리고 교부들 가운데 성 어거스틴이 그런 것처럼, 그의 엄청나게 방대한 저작과 가득한 작품의 보고(寶庫) 가운데서 이 「신국론」이라는 책은 특유의 탁월성을 지니고 있다."

이 같은 말로 1620년에 크레쇼(W. Crashawe)는 힐리(J. Healey)가 본문을 번역하고 비브즈(J. L. Vives)가 주석을 붙인 영역본 제2판 권두언의 헌사를 시작하고 있다. 비브즈는 자신의 주석을 헨리 8세에게 헌정했었는데, 루벵에서 1522년 6월 7일이라는 날짜표시가 되어있다.

이 크레쇼의 말과 비슷한 표현을 거의 모든 시대의 저술가들로부터 찾아볼 수 있을 것이다. 개중에는 전연 다르게 보는 사람도 있다. 프레데릭 바바로사(Frederic Barbarossa)의 삼촌이며 역사가인 프라이싱의 오토 주교(Bishop Otto of Freising)는 17세기 고문서 수집가인 니케론(Niceron)과 동조하고 있다.

「신국론」(De Civitate Dei)의 위대성은 논쟁의 여지가 없다. 5세기에 대해 연구하는 사람은 이 책을 간과할 수가 없다. 이 책을 참작하지 않고서는 아무도 중세를 이해할 수 없다. 이 말은 역사가들에게 해당될뿐 아니라 이에 못지않게 교회정치가들과 개혁자들 심지어 솜머래드(Sommerlad)와 같은 근대 사회주의 운동의 지도자들에게도 해당된다.

일찍이 헐팅 백작(Count Herting)은 이에 대한 책을 썼고, 최초의 연설에서 그 원리에 대해 언급했다. 이 책은 「참회록」(Confessions)을 제외하고 어거스틴의 어떤 작품보다도 더 널리 읽혀졌다.

코쿠아이우스(Coquaeus)에서 숄츠(Scholz)에 이르기까지 그것의 주석가들이 계속 내려왔다. 이런 까닭에 '프링글 – 스튜아트'(Pringle-Stewart) 강의의 주제로는 거의 적당하지 않다고 보일는지 모르겠다. 이 강의를 듣는 가운데 한 역사학자는 나에게 "이야기할 만한 새로운 게 있느냐"고 말했다. 그러나 다른 학자는 자신이 중세의 정신을 파악하려는 가운데 성 어거스틴을 이해하는 것이 필요하다는 것을 더욱 절실히 느낀다고 말했다.

어거스틴을 이해하기란 쉽지 않다. 성 어거스틴을 머리끝부터 발끝까지 그 멋지고 화려한 상상력과 변증적인 수사의 재간과 비합리적인 미신을 지닌 중세적인 기질의 전형적인 표본으로 여기는 것을 찬성하는 사람들이 있다. 성 어거스틴을 본질적으로 고대세계에 속한 사람으로 보는 사람들도 있다. 이들은 그가 후대에 끼친 영향을 사실 부정한다. 어떻게 그럴 수가 있는가? 그러나 그들은 적어도 사회적이고 정치적인 중요성을 지닌 문제에 있어서 이것을 극소화하는 경향이 있다.

전자는 도르너(Dorner)와 특히 포이어라인(Feuerlein)의 견해다. 이것은 기에르케(Gierke)와 리츨(Ritschl)과 같은 학자들과, 또 정도의 차는 있으나 하르낙(Harnack)과 공통점이 되었다. 아메리카에서 발행되어 한때 유명했던 고 A. V. G. 알렌(Allen) 박사의 「기독교 사상의 연속성」(Continuity of Christian Thought) 같은 책에서 이 견해가 극단적인 형태로 드러난다. 헤르만 로이터(Hermann Reuter)는 그의 책 「어거스틴 연구」(Augustinische Studien)에서 반격을 가했다. 이 책은 어거스틴을 파악하기 원하는 사람들에게는 무한정한 가치가 있다. 이 반격은 트뢸취(Troeltsch)에 의해 대전 중에 출판된 「고대 기독교와 중세」(Die Christliche Antike und die Mittelalter)라는 책에서 그 한계에 도달했다. 이 견해의 전조는, 그가 말한 것보다는 말하지 않는 것을 통해 제자의 견해를 더 많이 얻어내기는 하지만, 카알라일(Carlyle) 박사의 귀중한 저서인 「서구의 정치 이론」(Political Theory in the West)에서 찾아야 한다.

더닝(Dunning) 교수의 저서인「정치 사상의 역사」(History of Political Thought)는 그 생략이 더 의미심장하다.

정치 사상과 그에 대한 성 어거스틴의 영향을 본 강의의 주제로 삼으려 한다. 여기에는 교회와 국가라는 주제 전체가 포함된다. 따라서 어떻게든 신학을 다루게 된다.「신국론」은 정치학 논문이 아니다. '상황에서 나온 책'(livre de circonstance)으로서 변증에 그 관심이 있다. 신학과 철학 공히 성 어거스틴의 사상 대부분이 그 속에 들어있다.「참회록」의 확대판으로 간주해도 좋다.

참된 철학과 회의주의의 관계, 창조의 개념, 시간의 문제, 플라톤주의 특히 신플라톤주의의 공헌, 기적과 자연의 의미, 하나님의 겸손을 표현하는 성육신, 구속의 전체계획, 은총에 의한 구원, 비교신화학에로의 오랜 탈선과 같은 것들이「신국론」에 대한 강의의 주제가 될 수 있을 것이다. 물론 본인이 채택한 영역을 떠나지 않고서도 말이다. 내가 논의하기를 희망하는 점들을 언급하지 않고서도「신국론」이 제기하는 철학적이고 신학적인 문제들에 관해서 더 실력있는 강사라면 여섯번이 아니라 열두번이라도 강의를 할 수 있을 것이다. 이것을 기대하셨다면 나를 선택해서 이 작품에 대해 강의하도록 하는 영광을 주지 않았을 것이다.

첫번째로 훌륭한 어거스틴 학자인 캐논 T. A. 래이시(Canon T. A. Lacey)는 '프링글-스튜아트' 강의의 첫 시간에 이 책에 대한 특별한 언급은 없었지만 이 문제에 대해 더 중요한 몇 가지 사실을 논의했다. 래이시 씨만큼 성 어거스틴에 대해서 익히 알지 못하고 또 엄정하게 비판적인 판단을 내릴 수 없는 사람이 다시 그 문제를 논의한다는 것은 원치않을 것이다. 따라서 나로서는 그 책의 정치적인 측면에만 국한하겠다.

정치 사상을 연구하는 사람에게 제기하는 문제가 적지 않고, 또 중요하지 않은 것이 아니다. 이 책은 헤겔의 역사철학보다 더 명쾌한 역사철학으로 여겨져 왔다. 게다가 비코(Vico)의 '신학문'(Scienza Nova)에서 의미심장하게 나타나는 모든 것들의 선구자로 여겨져 왔다. 이러한 견해를 내세울 수 있을까? 아니면 성 어거스틴은 역사철학이라는 개념을 가지지 못하였고, 그의 견해는 자기 모순적이며, 역사철학에 대해 조금이라도 암시해주는 구절은 몇 개 되지 않는다는 것이 사실일까? 이 문제는 둘째 강의의 주제가 될 것이다.

성 어거스틴은 국가가 죄의 조직체라고 가르쳤는가 아니면 국가의 천부적인 성격을 믿고 그 발전을 원했을까? 교직체계의 정치적 지상권과 그것이 함축하는 교황과 종교재판의 정치적 지상권을 가르쳤는가? 아니면 그가 생각하고 있었던 것은 성도의 교제(Communio Sanctorum)로서의 교회에 대한 것이었는가? 그의 개인선택의 교리는 모든 교회론의 붕괴에 빠지지 않았는가? 이 주제들은 세번째와 네번째 강의에서 다루어질 것이다.

중세의 삶에 미친 성 어거스틴의 영향은 무엇이었는가? 뒤에 르네상스에 가서 거부되었지만, 어거스틴주의의 '수용' 비슷한 것이 있었는가? 아니면 그가 중세의 정치 이상에 끼친 영향은 대수롭지 않았는가? 교황과 군주들 사이의 논쟁 전체가 「신국론」에 암시되어 있다고 보는 사람도 있다. 이와 달리 그 원인들을 전혀 다른 데서 찾아내는 사람도 있을 것이다. 종교개혁시에 정말 달라진 것은 무엇이었는가? 은총의 신학을 빼놓고서 성 어거스틴의 사회적인 교리는 영향력을 모두 잃어버리고 말았는가? 아니면 신국(하나님의 도성)이라는 생각을 전개되어있는 그대로 손상없이 간직하였는가? 이 문제들은 마지막 두 강의에서 다루어질 것이다.

오늘은 예비적으로 몇 가지 점을 명확하게 하려고 한다. 이 책의 본질과 그 목적이 무엇인지 분명히 하도록 하자. 학생들에게는 진부하게 생각될 것도 장황하게 늘어놓아야 할 필요가 있다. 여러분의 양해를 바란다. 이것들은 앞으로 말할 것들의 증거로서 필요가 있다. 이와 함께 당연하게 인정되는 것들은 너무 깊이 다루지 않고 쉽게 넘어가는 것도 잘못이 되지는 않는다.

거의 모든 성 어거스틴의 작품들처럼 신국론도 논쟁의 여지가 많다. 그것은 방대한 규모의 문서다. 사도 바울처럼, 그러나 성 토마스와는 달리, 어거스틴은 긴급한 필요성이 생겨서 어쩔 수 없는 경우에만 붓을 들었다. 그의 모든 저작들은 변증적인 성격을 지니고 있다. 거의 모두가 그의 아주 풍부한 개성의 색조를 띠고 있다. 수사학에 숙달한 어거스틴은 결코 추상적이거나 비인격적이 아니다. 때로 이 점과, 대화술로 나타나는 그 길이가 유감스럽다.

성 어거스틴의 저작에는 이론이 풍부하지만, 마지막으로 그의 사람됨 자체는 순수하고 단순한 이론가라는 것이다. 그가 철학자가 된 것도 실제적인 필요가 생겨서 그렇게 된 것처럼 어거스틴이 신학자가 된 것도 마찬가지이다. 루터가 자기 자신의 내면 생활을 보편화시켜 이신칭의의 교리로 만든 것처럼, 반대자들은 어거스틴이 은총의 외적인, 주어진 성격에 강조를 둔 것은 모든 그 자신의 체험에 기인한다고 논박할지 모른다.

신국론에 포함된 이 논쟁들이 성 어거스틴의 생애에서 차지하는 위치를 알아야 한다. 회심 후 그는 우선 자신이 추종해 온 사상을 공박하는데 시간을 보냈다. 「아카데미파 논박」(Contra Academicos), 「독백록」(Soliloquy), 기타 마니교에 반대하는 저작들이 있다. 여기서 그는 주로 사변적인 문제들인 악의 본성과 기원, 신앙의 본질, 확신의 가능성, 오류의 중요성 등 적어도 오류 가운데 있는 인간의 인간성의 증거가 되는 것들에 관심을 기울이고 있다.

이 논쟁에 뒤이어 도나투스주의자들(the Donatists)과의 큰 논쟁이 시작되었다. 그가 회심했을 때 어거스틴은 단순히 지성적인 기독교의 옹호자가 된 것은 아니었다. 그는 가시적이고 활동적이며 전세계에 걸친 교회의 지체가 되었다. 그것도 격동하는 시기에 말이다. 모친을 사별하고 고향인 아프리카로 돌아와서, 그는 도나투스주의자들이 거의 국가적인 규모를 주장하고 있고 카톨릭은 무기력한 일부분으로 드러나면서, 분파에 의해 찢긴 교회를 세웠다. 어거스틴은 카톨릭 교회의 선봉에 설 수밖에 없었다. 결과적으로 이단보다는 분파에 대하여, 교회의 유일성과 보편성의 개념을 발전시켰다. 따라서 오리겐과 같은 희랍교부와는 차이를 보였다.

그후 알라릭(Alaric)에 의한 로마의 약탈이 자행되었다. 그 세계적인 대파국의 충격이 사람들의 상상력과 사상에 미친 영향은 오늘날에 와서야 비견할 만한 예를 찾아볼 수 있을 뿐이다. 로마의 영원성은 일반인의 의식의 전제가 되어 있었다. 그러나 이제 세계, 즉 상상력과 정신적 위로의 세계는 폐허가 된 것처럼 생각되었다. 어거스틴은 로마의 함락이 '군사적으로 큰 의미'가 없다고 보았다.

한 설교 가운데서 그는 로마가 사실은 로마사람들을 의미하며 로마의 이름은 사라지지 않았다는 것을 조용히 회상해보라고 권하고 있다. 그 참변은 사라져가고 있던 이교에 마지막 기회를 주었다. 로마는 고대 종교의식의 본거지였고, 아직도 주된 분위기는 이교적이었다. 따라서 그 반격노선도 분명했다. "옛날 방식대로 남아 있었다면 이런 끔찍한 일은 없었을 것이다. 신들에 대한 제사를 금지하는 황제들의 광신적인 정책이 필연적인 인과응보를 불러온 것이다. 로마의 함락은 쥬피터의 심판이다."

이것이 어거스틴이 놓여있었던 상황이었는데, 전쟁을 막지 못했기 때문에 기독교는 파산되었다고 비난을 받고있는 현대 기독교인들의 상황과 유사한 것이다. 이 비난에 대처하기 위해 어거스틴은 신국론을 썼다. 그러나 전체를 한꺼번에 쓴 것이 아니다. 「재고(再考)록」(Retractations)에서 그는 펠라기우스 논쟁에 의해 중단되었다고 술회하고 있다. 이것도 역시 해박한 그의 정신에 그 흔적을 남기고 있다. 이 책의 많은 부분은 어거스틴의 은총론을 세계사적인 규모로 확대 적용한 것일 뿐이다. 이것은 이 책이 아주 난해하다는 또 다른 이유가 된다.

어거스틴은 광범위하게 사고하는 정신의 소유자였는데, 그가 수사학의 훈련을 받은 것이 이 경향을 더욱 증대시켰다. 그에게 체계화하는 뛰어난 능력은 없었다. 참회록의 체제조차도 많은 아쉬움을 남겨 놓고 있는데, 이것은 많은 사람들이 이 책을 읽지 않기 때문에 아주 뚜렷한데도 별로 드러나지 않는 사실이다. 논쟁을 벌인 작품들 속에서 그는 어디서 그쳐야 할지 알지 못하고 있다.

관련성에 대해서도 크게 고심하지 않는다. 만약 우리가 어거스틴을 체계를 세운 사람으로 생각하다면 결코 그를 이해할 수 없다. 그에게서 체계를 끄집어낼 수는 있겠으나, 무엇보다도 그는 독특한 개성의 소유자다. 그는 두 세계가 만나는 곳이다. 그 당시 서방에서 교육받을 수 있는 모든 것을 그는 가지고 있었다. 그는 희랍어를 거의 알지 못했다. 그의 정신은 세계의 문화를 쏟아부은 주형이었다. 그는 이것을 기독교에 동화시키든지 아니면 자신으로부터 제거하든지 해야 했다.

때로 그가 후자를 택하는 경향이 있다. 따라서 그의 불일치가 생기고, 이 결과로 많은 사람들이 제각기 그의 저작들로부터 자신을 정당화할 수 있었다. 어떤 사람들이 생각하는 것처럼 어거스틴은 인간의 생활에 흥미가 없고 학문의 유익에도 무관심한 순수한 수도사가 아니지만, 때로는 그렇게 생각되기도 한다. 그는 풍부하고 피가 뜨거우며 아주 복잡하고 내성적인 개성의 소유자요, 열정적인 그리스도인이지만, 절묘하고 미묘하게 인간적이고 예민하고 용감하며 로마를 숭모하고 버질과 키케로와 함께 권위와 법에 대한 로마인의 사랑을 간직하고 아프리카의 토착성을 소유했으며 그 위에 무한자에 대한 향수(nostalgia of the infinite)를 가지고 있다.

어거스틴 내부에는 두 가지 개성이 갈등을 일으키고 있는데, 외부적인 장치뿐만 아니라 내부적인 장치를 가진 모든 형식을 버릴 수 있었던 신비주의자, 즉 '유일자를 향한 단독자'와, 교회의 권리를 단호하게 수호하는 교회질서의 옹호자요 앞뒤를 살피는 정치가다.

어느 분야에서나 사상사가를 계속해서 따라다니며 괴롭히는 유혹이 있다. 자기가 세운 주제가 사실보다 더 조리가 있다고 쉽사리 가정하거나, 산만하고 때로 상반된 암시를 논리적인 체계로 만들어버린다. 그리고 때로는 동일한 저자의 다른 저작들과 조화시키기가 어려운 저작을 빼놓고서는 다른 반증이 없는 저작들은 신빙성이 없다고 배제해 버리기 쉽다. 성 어거스틴의 경우에 이것보다 더 나쁜 오류는 없을 것이다.

그리고 그의 어떤 저작보다도 신국론에 있어 이보다 더 나쁜 오류는 없을 것이다. 어떤 학자는, "이것은 저서가 아니라 잡지책이다. 어거스틴이 달리 할 일이 없을 때마다 앉아서 조금씩 썼다"고 말했다. 물론 이것은 터무니없는 말이다. 그러나 일말의 진리를 전달하는 기발한 방법이기도 하다. 그러면 이 작품을 쭉 살펴보고 그에 대해 설명해 보기로 하자. 그 논리적 일관성이나 주요 사상에 대한 각 부분의 타당성에 관한 염려는 접어두고 말이다.

「재고록」에서 어거스틴 자신이 아주 짧기는 하지만 이 작품에 대해 분석을 가하고 있다. 처음 다섯 권은 지상의 안전과 평화를 위해 이방 신들을 예배해야 한다고 말하는 자들에 대한 대답이다. 그 다음 다섯권은 옛 로마신들에 대한 예배가 실제적인 유익과 영원한 생명을 가져온다는 철학적 변증론자들의 주장에 대한 대답이다. 이교도들을 물리친 후에 어거스틴은 작업에 착수했다. 이것은 세 부분으로 구분된다. 제 11권에서 14권까지에서는 신국(Civitas Dei)과 지상국(Civitas Terrena)이라는 두 나라의 기원을 다루고 있다. 다음 네권에서는 시간 속에서 이들의 과정을 추적하며, 마지막 네권에서는 영원 속에서 그들의 완성을 다루고 있다.

이 작품을 보다 상세하게 살펴보기로 하자. 제1권에서 어거스틴은 그의 저술 목적이 기독교가 로마를 파멸시켰다는 비난에 대해 반박하기 위한 것이라고 진술하고 있다. 그는 현세적인 번영이 로마라는 도시의 변치않는 상황이 아니었음을 보여준다. 이와 함께 동일한 신들이 트로이를 보호하지 못했으며, 그렇지 않았다면 아이네아스(Aeneas)가 결코 이탈리아까지 들어오지 않았을 것이다.

저술하던 당시에도, 그가 주장하기를, 기독교는 그 효력을 가지고 있어서, 사라지고 있는 것들에 대해 보다 나은 취급을 하게 하였다. 교회를 공격하는 바로 그 사람들, 즉 이방인들도 피신처를 구하기 위해 교회로 달려왔다. 거기서 그들은 안전을 얻었다. 어거스틴은 기독교의 완전한 수용이 한 국가의 운명을 보장한다고 주장하지는 않는다. 무너지는 질서에 대한 비탄을, 기독교 국가가 지금 아니면 장차 언젠가는 견고하게 되리라고 말함으로써 해소시키려 하지 않는다. 이 책의 특징을 이루는 것은 개인이나 국가나 할 것없이 현세적인 번영은 참 하나님에 대한 예배에 따라온다는 이방적인 동시에 유대적인 고대의 견해에 대한 최종적 거부이다.

악한 자들도 사람이건 국가이건 월계수나무처럼 번영할 수 있고, 때로 번영할 것이라고 어거스틴은 말한다. 이 번영은 이생의 밖에 있는 종말에 가서는 악한 자들에게 유익이 되지 않을 것이다. 그러나 선한 사람에게는 겸손과 영원한 가치에 합당한 의뢰를 가르쳐줄 것이다. 세상이 구원받을 수도 있다. 그러나 내생의 차원에서 구원될 것이다. 전세계가 이생의 동기와 내생의 동기 사이의 대조에 달려있다는 헤르만 로이터(Hermann Reuter)의 말은 옳다.

어거스틴은, 현세적 번영이라는 화제를 무관하게 만드는 종교의 본질에 관한 교리를 가지고 기독교를 반대하는 비난에 대해 대답한다. 이 방법은 하나의 혁명이었다. 대부분의 성 어거스틴의 사상들과 일부 기독교의 가르침과 같이 이것은 전혀 새로운 것도 아니고 전적으로 기독교적인 것도 아니었다. 오히려 지고선(summum bonum)이라는 철학적 신 개념에 근거하고 있다. "인간의 주된 목적은 무엇인가? 하나님을 영화롭게 하고 영원토록 그분을 즐거워하는 것이다." 이 말은 기독교적 이상의 요약이 될 수 있으나, 그 안에 신플라톤주의는 물론 기타 여러 가지를 포함하고 있다. 어거스틴은 이것을 알고 있었으며, 제2부에서 영원한 선이 이교의 신들에 대한 예배에 의해 얻어져야 한다는 논증에 대처해서 반박하려 한다.

한편 그는 기독교에 의해 자행된 악에 대해 불평하는 사람들과 접한다. 이들에 대해서 그는 로마의 사치와 부패, 카르타고는 멸망당해야 한다고 할 때 스키피오(Scipio)에 의해 예견된 모든 병리들과 세상의 다른 모든 죄 가운데서 로마인들에게 가장 특유했던 권세욕으로 비대해진 여수룬(Jeshurun)의 밀랍을 지적한다. 그는 권력에 대한 욕망에 의해 야기된 비극을 묘사하고, 모든 고트족의 멸망에도 불구하고, 극장과 아직 버리지 못한 일단의 예배에서 자행되던 은밀한 성행위에 대해 기술한다. 그는 (1) 로마 초기에 일어났던 악과 (2) 여기서 드러나듯이 옛 신들이 현세적인 목표를 위해서도 무용지물이라는 것, 그리고 (3) 영원한 축복을 위해서는 더더욱 무용지물이라는 것을 지적하겠다는 계획을 약술함으로써 결론을 맺는다.

제2권은 주로 이교와 기독교 사이의 현격한 도덕적 차이를 다루고 있다. 여기서 어거스틴은 키케로(Cicero)의 「공화정」(*De Republica*)을 아낌없이 사용한다. 공화정 말기 로마의 풍속의 쇠퇴를 자세하게 기술하면서, 황제 지배를 이끌어들이고 야기시켰던 도덕적 정치적 격정을 살펴본다. 2권은 현재 잘 알려진, 이교의 소산인 도덕적 정치적 타락이라는 지론을 정립하기 위한 의도이며, 로마인들에게 이교를 포기하라는 권고로 결론짓고 있다.

제3권은 로마의 승리를 선도하고 동반했던 불행을 기술하고 있다. 이것과 누마 왕 치하의 황금의 평화기와 알바 롱가(Alba Longa)에 대한 사악한 공격이 대조되고 있다. 따라서 이교적 윤리와 종교의 표현으로서 이교 국가에 내재된 불행에 강조가 주어진다.

제4권에서 어거스틴은 공의는 개인뿐 아니라 국가에 있어서도 권력 앞에 수립되어야 한다고 주장한다. 앞으로도 많은 이야기가 필요한, '통치가 위대한 봉사가 되지 못하기 때문에 정의가 멀다'(Remota justitia, quid regna nisi magna latrocinia.)는 격언을 보게 된다. 전체적으로 그는 로마제국은, 한편에서는 로마의 미덕의 공정한 상급으로서, 다른 한편에서는 불의한 침략에 대한 보상으로 보는 견해를 가지고 있는 것 같다. 그러나 항상 일관적이지는 않다. 그는 니누스(Ninus)와 앗시리아 제국의 권력욕에 대해 이야기한다. 여기서 우리는 3장과 15장에 있는 강한 반제국주의적 구절에서 보게 된다.

더 나아가(11장) 어거스틴은 보다 세련된 형태의 이교, 즉 종종 범신론적으로 해석되던 하나의 지고의 신의 성품에 대한 호칭으로 각각의 신들을 받아들이던 이교를 고찰한다. 그의 판단에 의하면, 조브(Jove)는 적어도 그의 자녀들을 위한 승리의 결정적인 창시자가 아니었다.

그는 주목할 만한 그 구절들을(4권 15장) 제국의 집합체에 반하여 '규모가 작고 이웃간에 사이좋게 평화로운' 작은 국가 사회를 지지하여 논증한다.

다시 한번 그는 다신론의 유치함을 가볍게 놀려대고, 그 추잡한 축제를 비난한다. 여기서 나아가 보다 진지한 바로(Varro)의 사상으로 넘어가는데, 그에 대하여 어거스틴은 최대의 경의를 품고 있다. 영민하고 유식하며 비범한 기억을 가진 바로는 신화에 대한 어거스틴의 주요한 전거가 되고 있는데, 이것은 후일에 신국론을 통해 주로 바로를 알게 된 비코(Vico)가 곳곳마다 바로에게 호소하게 되는 것과 같다.

바로는 유신론자 혹은 일종의 범신론자였으며, 어거스틴과 같이 장난감을 주는 부모처럼 선인들뿐만 아니라 악인들에게도 그 은택을 입히시는 나라들의 수여자 즉 섭리자를 경배했다. 4권은 유대나라로부터 끄집어 낸 예증과 함께 하나님께서 모든 나라들의 수여자이시며 그들의 종말의 결정자시라는 주장으로 결론을 내린다.

제5권은 자유와 필연의 문제에 들어간다. 강력한 예정론에도 불구하고 어거스틴은, 칼빈보다도 더, 맹목적인 숙명을 믿지 않았다. 그의 주장에 의하면 어떤 지상적 미덕의 상급으로서 제국은 로마인들에게 주어졌다. 용기와 자기희생의 위대한 자질이 로마의 애국자들에게 속했고 속해 있다. 어떤 이교도도 그 장엄함에 있어 더 이상 웅변적일 수 없을 것이다. 그는 그들을 천상의 나라의 시민들의 표본으로까지 들려고 한다.

'이상향의 모험자들'(The argonauts of the ideal)에게 그토록 저열한 목적을 위해 로마인들이 보여준 열심과 희생에 겨루어보라고 명한다. 제6 아이네이드(Aeneid: Aeneas의 유랑을 읊은 버질의 서사시)에서 인용한 유명한 구절이 로마의 제국주의를 예증하는데 사용된다(5권 12장). 어거스틴은 야망이 하나의 악덕이 될 수도 있으나 더 악한 악덕과 비겁과 나태를 억제하는데 작용한다고 논증한다.

여기서도 기독교 순교자는 탁월하다. 순교자는 세상적인 영예를 경멸하고 지독한 고통을 견뎌냈다. 로마인들은 하나님의 뜻을 행하는 참된 목표를 가지지 못했다. 따라서 그들은 영원한 소망을 가질 수 없었다. 지상적 절대권이 그들의 포상이 아니었다면 그들의 상대적 선은 보상없이 지나갔을 것이고, 따라서 하나님의 공의는 영원히 취약해졌을 것이다. 그러한 유의 권력은 하나님의 자녀들의 기쁨과는 종류가 다르다.

그렇지만 다시 한번 어거스틴은 로마에 그 제국을 주시고 모든 전쟁의 기원과 쟁점을 관장하시는 분은 참 하나님이심을 주장한다. 여기서 그는 단테의 논증을 앞지르고 있다. 그들이 모두 알고있는 고트족 왕 라다가이수스(Rhadagaisus)의 돌연하고 예상못했던 패망은 신적 감독을 밝히 보여주는 실례가 된다.

이 구절에 이어서 그 유명한 군주학(Fürsten-spiegel), 즉 한 경건한 군주에 대한 묘사가 나온다(5권 24장). 다소 놀라웁게도 어거스틴은 실례로서 콘스탄틴 대제를 택하고 있다. 아마도 그는 우리가 알고있는 것보다는 그가 덜 나쁘다고 생각하는 것 같다. 적어도 이 선택은 어거스틴이 전적으로 로마인이었음을 보여준다. 테오도시우스 대제가 다음으로 찬사상의 제목이 되고 있는데, 이것은 그가 이단들에 대처하여 공포한 모든 건전한 법률에 의해 고통당하고 있는 교회를 후원하기를 꺼리지 않았기 때문이다.

제1부는 5권으로 결론이 내려진다. 이제부터는 이교주의가 참된 하나님에 대한 접근방법으로서도 잘못되었음을 보여주는 일에 착수하려 한다.

통속적인 이교주의는 이제 타파된다.
제6권에서는 철학적 신조로 넘어간다. 어거스틴이 인용한 것을 통해서 주로 알게 된 '고대의 인간과 신'에 대한 바로의 책을 설명함에 앞서서 그에 대한 흥미로운 평가가 나온다.

바로는 어느 정도 꽁트(Comte)의 방법과 비슷하게 종교를 삼 단계로 구분한다. (a) 신화적 단계, (b) 자연적 단계, 그리고 (c) 시민적 단계가 있다. 바로는 두번째 단계를 좋아한다. 어거스틴은 둘 사이의 관련을 보여주려 하고, 이교주의를 그 어두운 측면으로부터 떼어낼 수 있다는 것을 부정한다. 영원한 축복을 희망하면서 이교의 신들을 경배하는 것은 헛되다.

제7권은 이 문제를 좀더 끌고 나가면서 바로의 모순을 논증한다.
제8권은 플라톤적 신관을 다루고 있다. 이것을 대체로 어거스틴은 받아들인다. 그러나 그것을 이교의 만신전의 예배와 조절시키는 시도는 쓸데없는 것으로 취급한다. 아프리카의 대표적인 이교주의자인 아푸레이우스(Apuleius)가 논의된다. 어거스틴은 마술의 남용에 대한 단호한 말을 한다. 이방적인 신격화의 관습과 기독교 순교자에게 주어지는 영예가 대비된다. 그는 말하기를, 높은 경의를 표하지만, 어떤 의미에서도 순교자들을 신으로 여기지는 않는다는 것이다.

제9권은 더 나아가 중재하는 영들과 악령들의 사상을 정죄하는 것에 관계하고 있다. 여기서 어거스틴은 한분 중보자 교리로 넘어가서 성육신의 가능성을 논증한다. 이 책은 기독교 변증가들과 그 공박자들 사이의 논쟁의 근저에는 두 가지 형태의 중보 사이의 갈등이 있음을 보여준다.

제10권은 더 나아가서 플로티누스에 대한 분석이 포함되어 있는데, 그의 사상을 어거스틴은 요한복음 1장의 로고스론과 병행시키고 있다. 단번에 드려진 희생제물과 우상의 제물들을 대비시키고, 기독교의 이적과 이교의 이적을 대비시킨다. 제25장에서 그는 모든 시대의 모든 선한 사람들은 오직 예수 그리스도에 대한 믿음을 통해서 구원을 받는데, 예를 들어 구약성경의 성도들이 그와 같다고 논증한다. 그리고 성육신을 위한 논증이 또 나온다. 어거스틴은 거의 용인할 수 없는 하나님의 자기제한으로서 성육신이 지닌 근본적인 난점을 보게된다. 이 하나님의 겸손의 교리에 이르게 되면 상상력이 뒷걸음질 친다. "이 교만한 친구들은 하나님을 주관자로 삼는 것을 비웃는데, 이는 말씀이 육신이 되어 우리 가운데 거하셨다고 하기 때문이다."

10권의 마지막 구절은 전체의 제1부를 요약해준다.

"나는 이 10권의 책에서 건전한 판단을 내리기에 충분한(혹자는 더 기대하겠지만) 하나님의 선한 도움을 얻어서, 앞으로 논쟁하게 될, 거룩한 도성의 창립자 앞에서 자기들의 신을 더 좋아하는 불경한 반대자들을 반박했다. 10권 가운데 첫 다섯 권은 현세적인 관점에서 자기들의 신을 숭모하는 자들을 반박했고, 다음 다섯권은 내생을 위해서 신들을 숭모하는 자들에 대한 것이다. 제1권에서 약속했던 대로 이제 우리의 논의를 이 세상에서는 함께 섞이고 내생에서는 구별되는 두 나라에 대해서 진척시키는 일이 남아있다. 그 기원과 과정과 완성에 대해 이제 논쟁에 들어가면서, 더욱 전능자의 도우심을 기원한다."

이제 드디어 제11권에 와서 우리는 두 나라에 이르게 된다. 어거스틴은 우주와 시간이 함께 시작되었음을 증명함으로써 시작한다. 하나님의 나라는 빛의 창조, 즉 천사들과 함께 시작된다. 그리고 다른 나라는 사단의 죄와 함께 시작된다. 삼위일체론이 해설되고, 어거스틴은 악이 본성의 결점이 아니라 의지의 결점이라는 자신의 견해를 강조하여, 다시 한번 마니교의 이원론을 공격한다. '빛이 있으라'는 말씀은 천사계급의 창조를 가리킨다.

제12권은 다시 한번 선한 천사와 악한 천사의 관계를 논의한다. 어거스틴은 세상의 장구함과 대척점 그리고 영원 회귀의 사상에 맞서서 이를 부정한다. 그는 계속해서 인간 창조로 나아간다.

제13권은 타락과 그 결과인 죽음을 묘사한다. 그는 죽음이 형벌이 아니라 불가피하다는 견해를 격파한다. 제14권에서 우리는 은총의 침입의 교리로 나아간다. 죄에 속한 악들에 대한 부연설명 후에 28장에서 보다 상세하게 두 나라를 묘사한다.

"그러므로 두 사랑이 이들 두 나라의 기원을 이루게 하는데, 하나님을 경멸하고 세상적인 것을 향한 자기 사랑과, 자기 자아를 경멸하고 천상적인 것을 향한 하나님 사랑이다. 첫째 것은 인간의 영광을 구하고, 다음 것은 하나님을 오직 양심의 증거로서, 최대의 영광으로서 사모한다. 전자는 자기에게 영광을 돌리고, 후자는 하나님께 영광을 돌린다. 전자는 스스로를 자기 영광으로 높이고 후자는 하나님께 '나의 영광, 나의 머리를 드시는 분'이라고 말한다. 전자는 집권욕에 의해 주도되는 야망에 찬 정복자들을 자랑하지만, 후자에 있어서 지배자는 조언하고 신하들은 순종하는 가운데 모두가 사랑 안에서 남을 섬긴다.

전자는 세력가들의 세상적인 미덕을 사랑하지만, 후자는 하나님께 '나의 힘이 되신 주님이여, 내가 당신을 사랑하나이다'고 말한다. 그리고 전자의 지혜있는 자들은 육체나 정신 혹은 모두의 좋은 것들을 따라 육신을 좇아 사는데, 그와 같은 자들은 하나님을 알되 하나님으로 영화롭게도 아니하며 감사치도 아니하고 오히려 그 생각이 허망하여지며 미련한 마음이 어두워져서 스스로 지혜있다 하나 우둔하게 되어 썩어지지 아니하는 하나님의 형상을 썩어질 사람과 금수와 버러지 형상의 우상으로 바꾸었는데, 이는 그들이 사람의 인도자 혹은 추종자들로서 그 모든 우상숭배에 빠져, 영원히 찬송받으실 창조주보다 피조물을 더 섬기기 때문이다. 그러나 이와 달리 천상의 나라에서는 인간의 지혜가 아니라 참되신 하나님을 섬기며, 거룩한 천사들과 사람들의 무리 가운데 상급을 기대하고 하나님께서 만유 가운데 계시도록 하는 경건만이 있다."

제15권은 역사상 두 나라의 상반된 과정으로 시작된다. 가인은 첫번째 나라를 건축했다. 아벨은 그렇게 하지 않았다. 그는 항상 순례자였다.

"가인이 성을 건축했다는 기록이 있으나 아벨은 순례자였고 아무 것도 건축하지 않았다. 성도들의 나라(도성)는 위에 있지만, 이 땅 위에 그 시민을 가지고 있고 여기서 그 나라의 때가 올 때까지 순례자로 살아간다. 육체의 부활 때에 모든 시민들을 함께 모아 그들에게 세세토록 그들의 왕과 함께 다스릴 나라를 주게 될 것이다."

4장은 땅의 나라(도성)를 묘사하고 있다. 평화가 그 삶의 목적이다. 이것은 오직 전쟁에 의해서만 얻을 수 있다. 가인의 노력은 로무루스에 의한 로마의 건국에 비유되는데, 이 로무루스 역시 동생을 죽였다. 또다시 그들은 셋과 에노스에 비유된다.

15권 21장에서 다음과 같이 요약한다.

"따라서 두 나라(도성)는, 하나는 세상적 소유에 자리잡고 다른 하나는 천상의 소망에 자리잡고 있으나, 모두가 아담에게서 노출된 죽어야 할 운명이라는 공동의 문을 통해 나온 것으로 묘사된다. 그의 정죄된 종족으로부터, 곪아터진 혹에서처럼, 하나님께서 몇은 자비의 그릇으로, 또 몇은 진노의 그릇으로 선택하셨다. 전자에게는 합당한 고통을 주시고, 후자에게는 합당치 않은 은총을 주심으로써, 땅 위에 있는 하나님의 시민들로 하여금 결코 자기 자신의 선택을 의지하지 말고 주의 이름을 부르는데 소망을 두라는 이 교훈을 진노의 그릇들로부터 얻도록 하신다. 왜냐하면 하나님께서 만드신 본성적 의지는(그러나 아직 여기서 불변자가 그것을 불변적으로 만드시지 않았음으로) 선하신 그분과 모든 선한 것들 모두로부터 떠나 악을 행하게 되는 경향이 있는데, 그것도 의지의 자유에 의한 것이다. 그리고 악으로부터 떠나 선을 행하게 되기도 하는데, 이것은 하나님의 도우심이 없으면 안된다."

제16권은 역사와 함께 계속된다. 잠시 어거스틴은 대극점에 인간이 거주한다는 생각을 정죄한다. 땅의 도성의 지고의 형태는 바벨탑이다. 그 과정은 제2기 즉 아브라함 시대까지 계속되고 제3기는 모세의 율법 시대까지 계속된다. 그 이후로부터 하나님의 도성은 히브리 민족에 의한 실제적인 목적을 나타내게 된다. 따라서 몇 가지 지상적인 국가의 성질을 띠게 된다. 이것은 어거스틴으로 하여금 구약성경의 모든 항구적인 약속이 유대국가를 언급한 것이 될 수 없고 하늘에 있는 영원한 도성에서 그 성취를 찾아야 된다는 것을 논증할 기회를 준다. 이것은 특히 다윗에게 하신 모든 약속에서 드러난다(17권 16장). 그는 평화가 땅 위에서 지속적인 상황이 아니라, 마땅히 내생에만 속한다는 것을 논증한다.

제18권에서 우리는 땅의 도성의 과정 즉 비코의 전체적인 주제에 이르게 된다. 이것은 앗시리아 군주정으로 대표된다. 그런데 몇 가지 희랍과 이집트의 신화에 대한 비판이 제기된다. 다음 장들에 나오는 비브즈(Vives)의 생생한 언급을 여기서 인용해도 좋을 것이다.

"이 제18권에서 우리는 어두운 곳을 수없이 지나며, 이따금 어둡고 위험한 곳에서 그래야되는 것처럼, 먼저 더듬어서 디딜 곳을 찾을 때까지는 한 발걸음도 감히 고정시킬 수 없다는 것을 느낀다. 여기서 우리는 내내 로마에서만 지체할 수 없고 밖으로 나가서 세계의 가장 먼 구석 곧 기억에서 아주 닳아 없어진 나라로 나아가야 한다. 오래 전에 망각의 늪 속에 빠진 혈통들을 케르베루스(Cerberus)처럼 빛으로 끌어내서 공개적으로 펼쳐야 한다. 거의 한번도 희랍인들에 의해 호명되지 않은 옛 군주국가인 앗시리아로 들어가야 한다. 그리고 그 제후들 자신이 스스로 기억을 억누르고, 파우사니아스가 이야기하고 있는 것처럼, 자기 조상들의 무덤에 이름을 새기는 것을 방해하는 시키오니아로 들어가야 하며, 다시 희랍의 가장 오래된 국가로 주장되고 있으며 온통 전설에 싸여있는 아르고스로 가야 한다. 그리고 나서 자기 나라의 명예만을 목표로 하는 재치있는 기지를 가지고, 진리를 마음의 병으로 남기고, 수사법으로 진력이 나고 진리를 온통 암운으로 덮어버린 아테네인들에게로 들어가야 하는 것이다.

그러나 어거스틴은 이에 만족하지 않고, 여기저기에서 우리가 깨뜨리도록 딱딱한 호두와 살구씨를 던져주고 있는데, 그 껍질이 너무 두꺼워서 우리가 진리의 핵심을 얻기까지는 어쩔 수 없는 어려움을 겪게 한다. 다음으로 라틴인들이 손님으로 나오는데, 저자들의 불일치로 말미암아 모두가 단편으로 토막나있다. 그 다음에 로마인들로 넘어간다. 희랍의 현인들도 생략되지 않는다. 내가 이유도 없이 늘어

놓고 있다고 생각할 사람이 있지 않을까 불평해도 소용이 없다. 그리고 여기저기에 히브리인들이, 몸 속에 핏줄이 흐르는 것처럼, 하늘과 땅의 두 나라의 과정을 보여주기 위해 있다. 이 나라들을 거쳐 여행하면서 가장 간교한 자기 길을 배운 사람이 있어 그때문에 종종 자기 길을 잃는다면 그는 용서받을 수 있을까? 두루 거쳐간다고 해서 자기 여행이 방만하다고 생각할 사람이 있을까? 없으리라고 생각한다.

우연이나 무지로 해서 거쳐 지나가야 할 여러 평범한 마을들을 잃어버리고 헤매며 나의 길이 사막으로 난 길이거나 길조차 없는 숲속이어서 바른 길이 어디냐고 물어볼 사람이 거의 없거나 전혀 없다면 어떻게 될까? 견딜 수 없을까? 희망은 있다고 생각한다. 바로가 말하는 고대세계는 전혀 찾아볼 수 없다. 그리고 로마인의 생활도 그렇다. 유세비우스를 제외하고는 내가 앗시리아를 아는데 도와줄 사람이 없지만, 디오도루스 시큐루스와 같은 사람들이 몇 있어 한두 번 일에 착수한다. 서적상들이 베로수스라고 부르는 책을 직접 가지고 있었고, 어느 정도 아주 중요하다고 여겨지는 요아네스 안니우스에 대해서 첫눈에 독자들을 놀라게 할 수 있다. 그러나 나는 그것들을 그대로 놓아두겠다. 나는 희랍이 우둔한 머리를 치고 받아넘기는 라켓이라 할 수 있는 소책자로부터 찌꺼기를 빨아먹거나 우화를 인용하고 싶지 않다. 만약 이 작품이 베로수스의 저작이었다면 나는 기꺼이 그것을 사용했을 것이다. 그러나 그것은 희랍인을 아비로 하는 사생아처럼 보였다…… 그런 자료를 좋아하는 사람이 있다면 그에게는 퍽 도움이 될지도 모르겠지만, 나는 그런 사람과는 경쟁하고 싶지 않다……

아테네와 로마와 아르고스와 라티움과 기타 전설같은 주제들에 관하여, 독자들은 내가 읽고 제공한 다양한 것들을 들었을 것이고, 또한 내가 접촉할 수 있었던 아주 호기심이 많은 학생들의 말을 많이 들었을 것이다. 이것을 좋아하지 않는 사람은, 자신만을 만족시킬 능력이 있다는 이유만으로 공익을 위한 나의 이 노고를 소유하고자 할 만큼 교만하고 성급하지만 않다면, 자기 구미를 당기는 어떤 다

른 것을 점점 발견할 것이다. 나머지는 주석서가 당신에게 말해 줄 것이다."(신국론 해설 18권 1장)

예언이 등장하고 철학자들의 갈등이 나온다. 기독교의 발생과 초기 과정이 여기서 기술된다. 하나님의 도성이 교회와 동일시되기 시작하고 있다. 그러나 어거스틴은 선택된 자의 희소성에 기인하는 교회의 참된 구성원의 불확실성을 강조한다. 따라서 18권은 지상의 역사를 결론내린다.

"이제 이 권의 끝맺음을 할 때이다. 우리는 필요상 혼동되어서 진행된 두 도성의 과정을 따라 이야기해 왔다. 한 도성 즉 땅의 바벨론은 썩어질 인간을 거짓 신으로 삼아 자기가 좋은 대로 그것들을 섬기고 예배한다. 그러나 다른 도성 즉 하늘의 예루살렘은 유일하신 참 하나님께 충실하였으며 그 자체로서 그분의 진실하고 순수한 제물이다. 이 양자가 선악간에 한 운명의 손길을 함께 느끼지만, 믿음과 소망과 율법에 있어서 서로 다르다. 그리고 결국 마지막 심판 때에 영원히 분리되어 각자 자기 행위에 대한 영원한 보상을 받을 것이다. 이 두 가지 종말에 관해서 이제 강론하고자 한다."

제19권은 앞서 언급한 지고선(summum bonum) 개념에 대한 논의에 들어간다. 어거스틴의 말에 의하면 이것은 오직 저 세상에서만 발견할 수 있을 뿐이다. 그는 사회성이 인간 생활에 필수적 요건임을 인정한 후, 지상생활에서의 불가피한 불행들 – 전쟁, 위험 등 – 을 지적하고는 다시 평화의 가치에 대해 열변을 토한다.

(제11장) "그러므로 우리가 영생에 대해 말했던 바와 같이 평화가 우리의 궁극적인 선이라고 말해도 좋을 것이다. 우리가 쓰는 이 노작의 주제인 그 도성에 대해 시편에 다음과 같이 기록되어 있기 때문이다. "예루살렘아 여호와를 찬송할지어다 시온아 네 하나님을 찬양할지어다 저가 네 문빗장을 견고히 하시고 너의 가운데 자녀에게 복을 주셨으며 네 경내를 평안케 하신다"(시 147:12~14). 문빗장이 견고할 때에는 아무도 들어올 수 없을 뿐 아니라 아무도 나갈 수 없다. 그러므로 우리가 궁극적인 것이라고 하는 이 평화는 그 도성

의 경계이다. 이것의 신비적인 이름인 예루살렘은 평화에 대한 환상을 의미하기 때문이다. 그러나 영원성이 없는 이 세상에서 평화라는 이름이 흔한 까닭에, 우리는 그 경내에 그 나라의 주요 선이 존재하는 경계를 차라리 '영생'이라 부르기로 한다. 평화의 선은 일반적으로 세상이 가장 바라는 바요 가장 환영할 선이다. 이에 대해 내가 생각하기로는, 우리가 지금 이야기하는 그 나라의 결말과 모든 사람이 사랑하는 평화의 달콤함 때문에 한두 단어 더 얻고자 한다면 우리는 독자와 작별을 고할 수도 있을 것이다."

(제12장) "인간의 사건들과 자연의 일반적 형태에 유의하는 사람치고 나의 이 말에 동조하지 않을 사람이 어디 있겠는가? 기쁨과 평화는 모든 사람이 똑같이 갈망하는 것이다. 전사(戰士)는 다만 승리를 얻고자 한다. 그러나 전쟁의 목적은 영광스러운 평화 외에 다른 것이 아니다. 저항하는 자들을 진압하는 것말고 무엇이 승리이겠는가? 그 일이 이루어지면 평화가 오는 것 아니겠는가? 그러므로 평화는 전쟁의 목적이요 모든 군사 훈련의 의도이며 모든 의로운 전투가 지향하는 최후 단계이다. 누구나 전쟁으로써 평화를 추구한다. 그러나 평화로 말미암아 전쟁을 추구하는 사람은 아무도 없다. 자기들이 누리고 있는 평화를 뒤흔드는 사람들도 그것이 싫어서가 아니라 그것을 변경시키는 가운데 자기들의 권력을 보여주고자 하는 것이다. 그들은 그 평화를 완전히 없애려는 것이 아니다. 다만 자기들이 원하는 방식으로 그것을 소유하고자 할 뿐이다. 비록 그들이 다른 사람들과는 반목관계에 들어가지만, 자기들과 함께 하는 동료들과는 평화로운 결속력을 유지하지 않으면 안된다. 그렇지 않으면 그들은 결코 자기들이 의도하는 결과를 얻을 수 없기 때문이다. 자기들 바깥의 온 세상을 괴롭히는 도둑들조차도 자기들 사이에는 화목하다……

"목을 그르렁거림으로써 자기 새끼들에게 자기가 함께 있음을 알리거나 다정하게 그들을 데리고 놀지 않는 호랑이가 어디 있겠는가? 먹이를 찾아 외롭게 혼자 날면서도 자기 짝을 찾거나 둥지를 짓든지 아니면 어린 새끼들을 먹이거나 어미의 의무를 행하는 암컷을 도와주지 않는 솔개가 어디 있겠는가? 인간을 사회에 결속시키고 화평할 만한 모든 것과 화평하게 하는 유대는 훨씬 더 강하다. 가장 악한 사람들일지라도 동료의 평온함을 위해 싸운다. 그리고 (할 수만 있으면) 모든 것들을 자기들이 지배자가 될 하나의 두드러진 형태의 상황으로 바꾸려 하는데, 이것은 두려움을 통해서든 사랑을 통해서든 응집성(결합)으로 말미암지 않고는 결코 불가능한 일이다. 사악한 교만이 여기에 있는 바, 하나님의 선을 모방하는 자는 다른 사람의 평등을 거두어 하나님 대신 자신에 대한 복종의 멍에를 그 동료들에게 부과하고, 그럼으로써 하나님의 의로운 평화를 싫어하고 자신을 위해 부당한 평화를 건설한다. 그러나 그는 평화를 사랑하지 않을 수 없다. 아무리 본성에 어긋나는(unnatural) 악이라 할지라도 본성(nature)을 뿌리째 뽑아버릴 수는 없기 때문이다…"

(제13장) "몸의 평화는 그 각 부분들의 질서정연한 배치에 있으며, 비이성적인 영혼의 평화는 그것의 적절한 욕구에 있고, 이성적인 영혼의 평화는 지식과 실천 사이의 진정한 조화에 있다. 몸과 영혼의 평화도 모든 피조물 안에 있는 본성의 적절하고도 건전한 습성에 있다. 죽을 수밖에 없는 인간이 불멸의 하나님과 갖는 평화는 그의 영원한 법에 순종하는 데에 있는데, 이는 믿음으로 수행된다. 또한 인간과 인간 사이의 평화는 상호 화합에 있으며, 한 가족의 평화는 그 성원간의 적절한 다스림과 복종에 있고, 한 도시의 평화는 그 시민들 사이의 질서있는 명령과 순종에 있다. 그리고 하나님의 나라의 평화는 하나님과 하나님의 성취 안에서의 아주 질서있는 일치에 있다. 만물의 평화는 잘 정돈된 질서에 있다……"

(제14장) "현세적인 모든 것들은 세상 나라의 성원들에 의해서 그 안에 존재하는 평화의 유익에 관계된다. 그리고 천국 사회의 시민들에 의한 영원한 평화의 사용에 대해서는……"

"우리의 선한 주인이신 하나님께서는 두 가지 큰 계명들을 통해서 당신에게 대한 사랑과 이웃에 대한 사랑을 가르쳐 주시는 바, 우리는 이로써 하나님과 우리 이웃과 우리 자신을 사랑할 수 있게 된다. 또한 하나님을 사랑하는 사람은 자기 자신을 사랑하는 일에 있어서도 실족하지 않음을 볼 수 있다. 따라서 인간은 하나님을 사랑하도록 이웃을 권면하고 또한 그 하나님 사랑을 위해 이웃을 도와줘야 한다. 분명히 그는 자기 자신을 사랑하는 것만큼 그 이웃을 사랑하도록 명령받고 있는 것이다. 인간은 자기 아내와 자녀들과 가족과 그 밖의 모든 사람들을 위해서 그와 같이 해야 한다. 마찬가지로 그는 자기가 궁핍에 처해 있을 때 이웃들이 자기를 위해 그렇게 해줄 것을 바랄 수 있다. 이런 식으로 그는 온 세상과의 평화와 일치 속에 거할 수 있을 것이다. 여기에서 순서를 정하자면, 먼저는 아무도 해치지 않는 일이고, 다음으로는 자기가 도울 수 있는 모든 사람을 도와주는 일이다. 그러므로 자신의 가족이 그의 관심의 첫번째 위치를 차지하며, 다음으로 인간 사회에서의 그의 지위와 서열에 의해 보다 손쉽게 도울 수 있는 사람들이다. 이에 대해 성 바울은 "누구든지 자기 친족 특히 자기 가족을 돌아보지 아니하면 믿음을 배반한 자요 불신자보다 더 악한 자니라"고 말하였다. 바로 이것이 가정의 평화의 기초인 바, 이 가정의 평화는 가족의 각 성원들 사이의 질서있는 다스림과 복종에 있다. 여기에서 가족의 성원으로는 남편과 아내, 부모와 자녀, 주인과 종처럼 명령하는 자들과 복종하도록 규정된 자들이 포함된다. 그러나 천국의 순례자인 신실한 사람의 가정에서는 명령을 내리는 자들이 사실은 명령받는 것처럼 보이는 자들의 종이다. 그들은 야심에서가 아니라 신중한 의무감에 사로잡혀 다스리며, 교만한 지배욕 때문이 아니라 베푸는 사랑으로 다스리는 것이다."

(제15장) "자연의 질서가 이처럼 우세하게 되었고 인간은 하나님에 의해 이같이 창조되었다." 그러나 죄가 만물을 지배하게 되었다. "죄는 노예 상태의 어머니요, 인간의 인간에 대한 복종의 제일 원인이다." 엄격한 의미에서의 지배는 인간과 말 못하는 짐승들 사이에만 존재하였다. 그러나 그럼에도 불구하고 순종은 우리의 의무이다. 그리고 가정은 여전히 도성의 일부이다.

제17장에서 우리는 두 가지 목적이 기술되고 있음을 볼 수 있다. 하나는 지상의 평화요, 다른 하나는 저 세상의 평화이다. 그러나 이 하늘의 도성은 모든 땅의 도성들 안에 그 시민들을 갖고 있어서 그들에게 참된 평

화와 하늘의 소망을 공급해 준다. 어거스틴은 계속하여 정의가 필수 요소인 공화국(republic)에 대한 키케로의 정의를 논한다(제21장). 그 가정에 의하면, 로마는 결코 공화국(commonwealth)이 아니었다. 참되신 하나님을 경배하지 않는 곳에서는 정의가 불가능하기 때문이다. 그러나 제24장에서 그는 또 하나의 정의를 제시하고 있는데, 이에 의하면 어떤 안정된 국가이든지 공화국으로 분류될 수 있다. 하나님을 떠나서는 어떤 진정한 덕목도 존재하지 않는다. 그러나 지상의 평화는 필요하며 하늘나라 시민들에 의해 향유되어야 한다.

제20권은 최후의 심판에 관해서 기술되었다. 그 제6장에서 어거스틴은 주장하기를, 죄인들이 그리스도에게로 회심한 사건 속에서 이미 첫번째 부활이 일어났다고 하였다. 천년왕국은 천년왕국론자들(the Chiliasts)이 말하는 것처럼 그리스도가 세상에서 미래에 통치할 왕국이 아니라 현존하는 왕국으로서의 교회이다. 이것은 마귀의 결박이다. 그리고 그것은 유대교의 바깥으로 교회가 확산됨으로써 시작되었다. '보좌들과 그 위에 앉은 자들'이란 교회의 다스리는 자들이다. 그리스도와 함께 천년 동안 왕노릇하는 영혼들은 순교자들이다. 짐승은 하나님의 종들의 모임에 반대하고 그분의 거룩한 도성에 대항하여 싸우는 악인의 집단이다. 이 집단은 공개적으로 드러난 적들로만 구성되어 있는 것이 아니라 곡식 사이의 가라지들로도 이루어져 있다. 이 책은 보다 변증적인 논의로써 끝을 맺는다.

제21권은 유기된 자들의 고통에 관한 것이다. 우리는 삶의 불행에 대한 흥미있는 구절을 찾아볼 수 있다.

마지막 책인 제22권은 구원받을 자들의 더없는 행복과 하나님의 나라(도성)의 영원한 축복에 관해 설명한다. 여기에서 성육신과 기적적인 것들에 대한 변증이 따르는데, 이것은 당시의 오류들을 반박하고자 함이다. 삶의 재난에 대한 기술 후에 인간 생활에 있어서의 선에 대한 유창한 구절이 나온다. 그 구절들은 흥미있는 대조를 형성한다:

(제22장) "인간의 처음 기원에 관하여서 우리의 현재의 삶은 (만일

그토록 불행한 시기가 삶이라고 불릴 수 있다면) 그의 모든 자손들이 그 안에서 정죄받았음을 충분히 입증해 주고 있다. 모든 오류의 모태가 되고 아담의 모든 자손들이 그 안에 깊이 빠져 고통과 공포와 근심 없이는 아무도 벗어날 수 없는 그 끔찍한 무지의 심연이 달리 무엇을 확증한다는 말인가? 또한 허무한 것들에 대한 우리의 사랑이 그 밖에 무엇을 확인한다는 말인가? 바로 이 왜곡된 사랑으로부터 걱정과 근심, 두려움, 광희(狂喜), 불화, 말다툼, 전쟁, 모반, 격정, 미움, 속임수, 아첨, 도둑질, 약탈, 거짓맹세, 자만, 야심, 시기, 살인, 부모살해, 잔인, 비열, 사치, 뻔뻔스러움, 음탕, 간음, 음행, 근친상간, (말하기도 더러운) 자연에 거스르는 몇 가지 종류의 죄들, 신성모독……거짓증거, 거짓판단, 폭력, 강도 행위 등의 폭풍우가 발생하여 인간의 삶을 떠나지 않고 있는 것이다. 이 모든 악은 인간에 속하여 있어서, 아담의 자손이면 누구나 태어나면서부터 세상에 갖고 오는 그 오류와 타락한 성정(性情)의 근원으로부터 일어난다."

어거스틴은 자녀 훈련이 어떤 다른 의미를 지니고 있지 않다고 지적한다. "이 모든 것의 목적은 우리가 세상에 태어날 때 우리를 감싸는 무지와 부패를 척결하고 제어하는 것 외에 아무 것도 아니다." 그는 다음과 같이 계속하여 주장한다:

"자녀들로 하여금 부모를 즐겁게 하는 (거의 쓸모없는) 책들을 배우도록 강요하는 형벌을 생각한다 할지라도, 인간의 이전 상태에 얼마나 큰 고통이 수반되는가? 이 고통은 특별히 악인들에게만 부과되는 것이 아니라 우리가 공유하고 있는 불행의 유산으로 말미암아 우리 모두에게 절박한 문제인 것이다! 누가 그것을 자세히 이야기할 수 있겠으며, 누가 그것에 대해 말로 표현할 수 있겠는가? 자녀를 잃는다든지 재산이나 명성을 상실하거나 다른 사람들을 부당하게 대우하는 일, 노골적인 폭력, 그밖에 다른 사람이 가하는 모든 위해(危害) 등이 사람의 마음에 어떠한 공포와 재앙을 쌓는가? 가난과 투옥, 형벌, 고문, 팔다리나 감각의 상실, 짐승 같은 정욕에 몸이 팔리는 일, 그 밖에 끔찍한 사건들이 일반적으로 수반되지 않는가? 우리는 또한 다른 측면에서 밖으로부터의 위험들로 고통을 겪기도 한다. 추위나 열, 폭풍우, 소나기, 홍수, 번개, 천둥, 지진, 건물의 붕괴, 맹수, 공기와 물과 식물의 독, 수많은 짐승, 독사, 미친 개 등의 위험이 있다. 때로는 우연한 사고로 말미암아 인간과 아주 친한 짐승이 미친 듯이 광포해져서 심지어는 사자나 용보다도 더 두려워해야 하는 때도 있다. 이 경우 그 짐승에 물린 사람은 전염병에 걸려 그 어떤 야수보다도 더 가족들에게 두려움의 대상이 되어버리는 것이다.

바다를 항해하는 사람들이나 육지로 여행하는 사람들이 겪는 고통은 또한 어떠한가? 어디서든지 갑작스런 사고의 위험이 없이 걸어갈 수 있는 사람이 있는가? 어떤 사람은 (충분히 두 발로 설 수 있을 만큼 건강한 몸으로) 궁정을 떠나 귀가하던 중 넘어져서 다리가 부러지고 그로 인해 죽었다. 그가 궁정에 앉아 있을 때 보았던 사람 중에 누가 이것을 예측하였겠는가? 제사장 엘리는 앉았던 의자에서 넘어져서 목이 부러졌다. 농부들은 하늘이나 땅의 재앙 또는 메뚜기 같은 해로운 것들로 인하여 수확에 손상을 입을까 두려워하지 않겠는가! 물론 그들이 일단 수확하여 저장하고 나면 안심하게 된다. 그러나 나는 옥수수로 가득 찬 곡창들이 홍수로 떠내려가는 것도 보았다."

어거스틴의 억양은 음울한 것같이 생각될지도 모른다. 그러나 우리는 그 시대가 밝지 않았다는 사실을 염두에 둬야 하겠다. 이 책을 저술한 이유는 오랜 세기에 걸친 로마의 번영이 깨어진 데 있었다. 그것이 종말에 가까워 오자 폭풍우가 아프리카에서도 일어났다. 어거스틴의 생애는 마치 빅토리아 여왕의 즉위 50주년 기념일과 손자의 은혼식을 구분하는 변화들과 같은 연속된 변화 속에서 진행되었다. 유럽과 미국을 포함한 서구 문명이 가정하는 바가 습관적으로 지나치게 낙관적이었다고 주장할 수도 있다. 평화와 발전이 자연스럽고도 불가피하다고 생각하는 것이다. 또한 자연과학의 발달로 인하여 역사상 거의 유례없이 실현된 상태에서 인간 생활의 고통이 감소하리라는 지극히 편한 견해에 이르게 되었다고 말할 수도 있다. 어거스틴과 중세와 현대의 시대적 분위기가 국방력이 강할 당시의 로마제국이나 중국 또는 빅토리아 왕조시대의 그것보다 더욱 보편적이었다고 생각해도 좋다. 어쨌든 우리는 여러 시대의 저자들 가운데서, 욥기뿐만 아니라, 기묘하게도「신국론」을 연상시키는 책인「성도의 영원한 안식」의 저자 리차드 백스터를 성 어거스틴과 견주어 볼 수 있다. 그는 비견할 수 없는 17세기의 문체로써 다음과 같이 선언한다:

(Ⅶ, 12) "오, 우리 가련한 죄인들이 여기 아래에서 매 시간마다 겪고 있는 위험들이여! 모든 감각이 유혹이고, 모든 지체가 유혹이며, 모든 피조물이 유혹이요, 모든 자비도 유혹이며, 모든 의무 역시 우리에게 유혹이로다. 우리는 눈만 뜨면 거의 위험에 빠진다. 위에 있는 자들을 바라보노라면 시기 질투의 위험에 빠지고, 아래에 있는 자들을 바라보면 경멸의 위험에 빠진다. 또한 사치스런 건물이나 쾌적한 주택, 영광과 재물을 바라보면 탐심에 휩쓸릴 위험이 있고, 다른 이들의 누더기와 거지신세를 보면 자기자랑의 생각이나 무자비의 위험에 놓인다. 그리고 아름다움을 보면 그것은 정욕의 미끼가 되고, 추한 것을 보면 혐오와 모멸의 계기가 된다."

(Ⅶ, 15) "지상의 교회는 단지 병원일 뿐이다. 어떤 길로 가든지 불평을 들을 뿐이요, 어느 모퉁이에 시선을 돌리든지 긍휼과 탄식의 대상을 바라볼 뿐이다. 어떤 이들은 무지로 인하여 신음하며, 어떤 이들은 무감각한 마음으로 괴로워한다. 어떤 이들은 연약함으로 번민하고, 어떤 이들은 실패와 고집으로 피를 흘리며, 어떤 이들은 더 이상 불평도 할 수 없을 만큼 맥이 빠져 있다. 또한 어떤 이들은 극도의 가난으로 울부짖으며, 어떤 이들은 고통과 병환으로 신음하는가 하면, 어떤 이들은 온갖 재난으로 통곡한다. 특히 가정과 집회, 값진 건물, 도시, 농촌, 궁전, 왕국이 파괴되어 파멸 외에는 아무 것도 눈에 들어오지 않는 국가적인 고통의 시기에 모든 사람이 피를 흘리는데 누가 울지 않겠는가?"

(Ⅶ, 16) "오, 우리의 죽어가는 생명이여, 그 날수와 시간만큼이나 고통으로 가득 차 있도다! 우리는 모든 재앙이 먹이로 삼는 송장이다. 온갖 재앙이 우리를 덮쳐 우리의 조그마한 위안마저 삼키려 한다…… 우리의 모든 감각이 죄의 출입구이듯 그것들은 근심의 출입구가 되었다. 깊은 슬픔이 우리의 눈과 귀를 통해 어느 곳에서나 잠

입해 들어와서 우리의 두뇌와 마음과 육신과 영혼을 사로잡으니, 그 어느 부분이 그것을 회피하겠는가? 서리가 여린 싹을 해치듯, 두려움이 우리를 삼키고 우리의 즐거움을 암울하게 한다. 타는 듯한 태양이 가냘픈 꽃잎을 말라죽게 하듯이 근심이 우리를 삼키고 우리의 영혼을 먹이로 삼는다. 어떤 성자나 금욕주의자가 이런 것들에 대비하여 자기의 내면을 강화했다 하더라도 그는 여전히 벌거숭이일 뿐이다. 또한 그가 자신의 근심거리들을 창조하는 것 이상으로 지혜롭다 할지라도, 그는 분명 자기의 몫을 느낄 것이고, 효과적인 것은 아니라 해도 칭찬할 만한 운동으로서 그것들을 생산할 것이다. 이 티끌같은 신체는 얼마나 연약한 조각에 불과한가! 우리는 얼마나 부서지기 쉬운 유리를 짊어지고 있는 것과 같으며, 얼마나 많은 위험을 지니고 있고, 일단 깨어지면 치료하기가 얼마나 어려운가! 오, 수많은 가느다란 정맥들과 부드러운 막(膜)들과 신경 조직들과 섬유 조직들과 근육들과 동맥들이여! 이 모든 것은 차단과 긴장과 갈등과 분해에 약하고, 고통을 쉽게 느끼며, 그 고통을 곧 전체에 전달하고 만다. 그 고통이나 파멸을 혼자서만 겪는 어떤 고고한 부분이 존재하는가?"

그러나 어거스틴은 여기에서 머물지 않는다. 극단적인 내세성(otherworldiness)을 지닌 청교도의 이상으로써는 자연적이고 상대적인 것들 속에서 거의 선(善)을 볼 수 없을 것이다. 그러나 어거스틴은 그렇지 않다. 제24장에서 그는 앞서 인용한 구절을 능가하여 지상적 선 - 은혜의 생활과는 무관한 선 - 을 보여 주고자 애쓴다.

"선한 행동의 훈련과 (미덕이라 불리는) 영원한 행복에 이르는 방법들 외에도, 그리고 약속의 자녀들에게만 주시는 바 예수 그리스도 안에 있는 하나님의 은혜 외에도, 인간의 발명으로 말미암아 (필연적이기도 하고 고의적이기도 한) 많고도 진기한 학문과 예술이 등장하였으며, 심지어는 불필요하고 유해한 것들을 위해 힘쓸 때조차 그의 능력의 탁월함으로 인하여 그의 창조의 진기한 선이 명백해지고 그가 소유한 탁월한 은사로부터 그의 발명과 기량이 드러난다.

인간은 건물과 옷차림새, 농업, 항해, 조각, 비유 등에 있어서 얼마나 많은 다양성을 발견해 냈던가! 극장의 연극에서나 야생 짐승을 길들이고 죽이고 잡는 일에 있어서 인간은 얼마나 완전함을 보여주었는가! 독약이나 무기나 기계나 전략 따위에 있어서 인간은 다른 사람들을 대항하고 자신을 위하는 발명을 수없이 하였다. 또한 수없이 많은 건강을 위한 약들과 음식들, 설득의 수단과 비유적 표현, 감동적인 말씨, 즐거운 시구, 악기와 음악적 발명들이 있다. 지리학과 산술, 점성술 따위도 얼마나 탁월한 발명들인가! 우리가 특수한 것들까지 든다면, 인간의 능력은 얼마나 방대한가! 철학자들과 이교도들은 아주 교묘하고도 절묘한 재치로써 자기들의 오류들을 옹호하고 있다. 여기에서 우리는 인간이 영생에 이르는 진리의 길과는 무관하게, 죽을 수밖에 없는 인간의 보편적인 영혼이 지니는 본성에 대해서 이야기하고 있는 것이다."

어거스틴은 인간 신체의 경이에 대해 자세히 설명한 후 자연적인 아름다움으로 나아간다.

"(비록 아직도 비참하고 불행 중에 있지만) 하나님께서 인간의 목전에 두신 다른 피조물들의 아름다움과 용도를 두고, 우리가 그것들에 대해 어떤 말을 할 것인가? 하늘과 땅과 바다의 우주적인 우아함, 태양과 달과 별들이 비추는 광채, 숲의 그늘, 화초의 색깔과 향기, 수많은 새들과 그 다양한 빛깔과 노래, 매우 작으면서도 가장 진기한(벌이나 개미의 구조가 고래의 그것보다 더욱 경이롭기 때문) 여러 형태의 짐승들과 물고기들, 그리고 (여러 벌의 옷을 입는 듯) 어떤 때는 초록빛을 띠고 다른 때는 푸른 빛을 띠며 또 어떤 때는 자줏빛까지 띠는 바다색의 신기한 변화, 때로 바닷물이 거세게 일어나는 것을 보노라면 무척이나 시원하고, 잔잔한 바다를 보는 것은 더욱 즐겁기만 하다. 그리고 굶주림을 면하도록 그토록 많은 고기를 제공해 주는 것은 어떤 손길이던가! (요리사의 도움이 없이도) 그토록 많은 맛이 그 고기들에게 있고, 또한 그토록 많은 약효가 따르다니 얼마나 놀라운 일인가! 낮과 밤의 교대는 또 얼마나 큰 즐거움을 주는가! 대기의 온화함, 그리고 나무 껍질과 짐승의 피부 안에서 역사하는 자연의 활동 역시 그러하다. 오, 상세한 것들을 누가 묘사할 수 있겠는가? 내가 여기에 쌓아놓은 이 몇 가지를 하나하나 자질구레하게 깊이 취급하자면 매우 장황하게 될 것이다. 그러나 이 모든 것들은 단지 인간의 불행에 위안이 되는 것일 뿐 그의 영광에 관한 것은 아니다."

"그의 불행이 이와 같은 축복을 지니고 있다면, 그의 행복이 그에게 줄 그것들은 무엇이겠는가? 하나님께서 사망에로 예정하신 자들에게조차 그토록 위대한 것들을 주셨을진대, 생명에로 예정하신 자들에게는 어떤 것들을 주실 것인가? 당신의 독생자를 땅에 보내사 온갖 해를 대신 당하게 하시고 심지어는 죽음까지 당하게 하신 하나님께서 그들에게 당신의 왕국에서 무엇을 주실 것인가? 이에 대해 성 바울은 "자기 아들을 아끼지 아니하시고 우리 모든 사람을 위하여 내어주신 이가 어찌 그 아들과 함께 모든 것을 우리에게 은사로 주지 아니하시겠느뇨?"라고 말한다. 이 약속이 성취되는 그때에, 오, 우리는 어떻게 될 것인가? 우리 영혼을 거스르므로 대적해야만 하는 어떤 죄나 흠도 없는 인간의 영혼이 얼마나 영광스러울 것인가! 모든 덕을 갖추고 완전한 평강의 보좌에 앉게 될 것이 아닌가!

어떤 오류나 수고나 어려움도 없이 더없는 행복을 누리며 하나님의 지혜의 수원지에서 마시게 될 그곳에서, 만물에 대한 우리의 지식은 얼마나 위대하고 즐거움으로 충만하며 진실할 것인가! 또한 그 영혼에 전적으로 복종하게 될 우리의 몸들은 얼마나 완전할 것인가! 그것들은 어떤 다른 음식이 없이도 충분한 힘을 얻고 자양분을 공급받을 것이다. 왜냐하면 이제 더 이상 자연적인 몸이 아니라 신령한 몸이 될 것이며, 어떤 육체적 부패도 겪지 않을 물질로 이루어질 것이기 때문이다."

제25장에서 어거스틴은 지적하기를 "복받을 자들이 내세에서 누릴 정신의 선한 것들을 다룸에 있어서 철학자들과 우리는 같은 생각을 가지고 있다. 우리가 그들과 다른 점은 부활에 관한 것이다"라고 하였다. 그는 계속해서 이 부활에 대해 논의한다. 대체적으로 깊은 존경심을 품었던 포르

피리(Porphyry)와 플라톤과 바로(Varro)에 대해 어거스틴은 언제나처럼 여기에서도 거의 사랑에 가까운 경의를 표하며 이야기한다. 마지막 장에서는 평화의 비전(visio pacis)과 하나님의 도성에서의 영원한 행복에 관해 상술한다. 그것은 설득력이 있을 뿐만 아니라 흥미롭기도 하다. 어거스틴 신학의 인간답고 비추상적인 특성을 드러내 주고 있기 때문이다.

(제30장) "어떤 악한 것도 없고 선한 것이라면 어떤 것도 감추이지 않을 곳의 행복이 얼마나 위대할 것인가! 그곳에서 우리는 모든 자에게 모든 것이 되실 하나님의 영광을 여유있게 찬양할 것이다. 나태하게 소일하거나 무엇이 부족해서 수고하지도 않을 그곳에서 그 밖에 무엇을 할 것인지 나는 모르겠다. …… 그 신비의 심연 속에 뛰어들 수 없는 시기에 처해 있음으로, 그곳에서 하는 일들이 무엇일는지 나는 감히 성급하게 규정하지 못하겠다. 그럼에도 불구하고 확실한 것은 그곳에 거할 몸들의 동작이나 상태는 그 형상과 마찬가지로 아름답고 고상할 것이라는 사실이다. 그곳에는 적절하지 않은 것은 어떤 것도 존재하지 않을 것이기 때문이다. 진실로, 영혼이 가는 곳에는 즉시 몸도 갈 것이고, 영혼과 몸에 모두 어울리지 않을 것은 어떤 것도 영혼이 원하지 않을 것이다. 거기에는 진정한 영광이 있어서, 어떤 사람도 착오나 아첨으로 인하여 칭찬받지 않을 것이다. …… 또한 거기에는 진정한 평화가 있는 까닭에, 어떤 사람도 자신으로부터이든 다른 사람으로부터이든 그를 괴롭히는 것으로 고통당하지 않을 것이다. 그에게 덕(virtue)을 주셨고 또한 자신을 약속하셨던 가장 선하고 위대하신 하나님 자신이 덕의 보상이 될 것이다. 그분이 선지자를 통하여 약속하신 바 "나는 그들의 하나님이 되고 그들은 내 백성이 되리라"는 말씀은 바로 그분이 그들의 만족의 근원이 되며 사람들이 정당하게 갈망하는 생명과 건강, 음식, 풍성함, 영광, 명예, 평강과 같은 모든 선한 것이 되리라는 뜻이 아니고 무엇이겠는가? "하나님께서 모든 자에게 모든 것이 되시려 함이라"는 사도 바울의 말도 올바로 이해하면 같은 의미를 지닌다. 그는 우리의 모든 갈망의 종결이 되실 것이다. 그래서 우리는 그를 다함이 없이 볼 것이며, 전혀 지루함이 없이 사랑할 것이고, 조그마한 권태도

느끼지 않고 찬양할 것이다. …… 거기에서 우리는 쉬면서 볼 것이요, 보면서 사랑할 것이며, 사랑하면서 찬양할 것이다. 마지막에 끝이 없는 것은 무엇일 것인가? 끝이 없는 그 나라에 들어가는 것말고 어떤 다른 것이 우리의 결국이겠는가?"

"나는 하나님의 도우심으로 말미암아 이 방대한 저작의 빚을 청산했다고 생각한다. 내가 너무 조금 썼다고 생각하는 사람들이나 아니면 반대로 너무 많이 썼다고 생각하는 사람들이 있으면 나를 용서해 주기 바란다. 내가 충분히 성취했다고 생각하지 말고, 다만 한 마디의 친절한 축하의 말로써 받아주기를 바란다. 또한 나에게 감사를 돌리지 말고 오직 '나와 함께 하신 주님께' 돌리기를 바랄 뿐이다. 아멘."

이 짤막한 개요는 이것을 훨씬 더 분명하게 해준다. 곧 「신국론」은 변증적이요 신학적이라는 사실이다. 그것은 교회 정치이든 세속 정치이든 정치에 관한 논문이 아니다. 어거스틴의 모든 철학적 독서는 자취를 남겼으며, 그리하여 모든 종류의 논법이 드러나고 있다. 변증론으로서 신국론은 플라톤주의자들에게보다는 이교(異敎)에 대해 보다 더 효과적이다. 유대와 기독교의 역사에 관하여 너무 많이 할애하였다. 그 책은 믿음이 흔들리는 교회 안의 사람들을 다시 붙들어 줄 수 있을 것이다. 그러나 교회 밖의 사람들을 이끌기는 어려울 것이다. 그 책은 흥미있으나 동시에 너무 다양한 주제에서 발생하는 착오가 가끔 보인다. 실 뭉치가 있으나 그 엉킨 것을 풀기가 어려울 때가 있다. 이 책을 켈수스(Celsus)를 반박하는 오리겐의 글과 같은 변증론 저작과 비교해 보면, 어거스틴의 시야에 들어있는 교회라는 베틀이 훨씬 더 크다는 것을 알게 된다. 그것은 그가 다른 철학자들과 논쟁하는 중에 변호하는 일련의 명제가 아니다. 비록 그가 이것을 할 수 있고 또한 세부에 걸쳐서 그렇게 하고 있지만 말이다. 그러나 그것이 그가 또 다른 형태의 사회 생활을 반대하여 설정한 하나의 사회 생활임은 부인할 수 없다. 비록 오리겐이 켈수스가 취한 과정을 따라야 했던 것은 사실이지만, 신국론은 오리겐의 저작보다 덜 개인주의적이다. 먼저 우리는 어거스틴에게 감명을 준 것은 교회의 웅대함과 그것의 승리에 대한 증거였음을 관찰할 수 있다. 이것은 그가 설교에서 다음과

같이 한 말과 같다:

"그들이 보지 못한 것으로서 우리가 보는 것은 무엇인가? 그것은 모든 국가들을 관통하여 존재하는 교회이다. 그들이 본 것으로서 우리가 보지 못하는 것은 무엇인가? 그것은 육체 안에 존재하는 그리스도이다. 그들은 그분을 보고 그의 몸(the Body)에 관해서 믿었으나, 우리는 그의 몸을 본다. 그러므로 그 머리(the Head)에 관해 믿자. 우리가 각각 본 것으로 하여금 우리를 돕도록 하라. 그들이 그리스도를 본 것은 미래의 교회를 믿는 일에 있어서 그들에게 도움이 되었다. 이제 우리가 교회를 보는 것은 그리스도께서 부활하신 사실을 믿도록 우리를 도와준다. 그들의 믿음이 완전하게 되었고, 우리의 믿음 역시 완전하게 된다. 그들의 믿음은 머리되신 그리스도를 봄으로써 완전하게 되었고 우리의 믿음은 그의 몸된 교회를 봄으로써 완전해진다."(Sermon lxvi. (cxi) 6절)

그의 모든 변증이 교회 개념에 근거하고 있다는 점에서 어거스틴은 획기적이라고 말하는 사람들이 옳은지도 모른다. 이 특성은 도나투스 논쟁에서 발전된 듯하다. 그러나 우리가 또한 인정해야 할 것은 그에 대한 그와 같은 견해가 보편적으로 주장되고 있는 것은 아니라는 점이다. 어떤 사람들은 어거스틴 사상의 독특한 근거를 교회 개념이 아닌 은혜 개념에 두고자 하는 것이다.

다음으로 우리는 그 책의 공격적 어조를 주목하게 된다. 어거스틴은 플라톤을 참조하고 사실상 플로티누스와 포르피리에게도 빚을 졌지만, 알렉산드리아의 클레멘트보다 훨씬 더 비타협적이다. 클레멘트는 기독교를 헬라 사상의 최후 마무리로 취급하고자 하였던 것이다. 어거스틴이 기독교를 찬양하고 존중하는 것은 하나의 뛰어난 그노시스(gnosis:영계의 지식)로서가 아니라 구속의 체계로서이다. 이것의 부분적인 원인은 어거스틴이 그토록 강하게 강조하였고 이 책을 저술하는 과정에서조차 어느 정도 발전하였던 원죄의 교리에 있다. 그것이 이 책 전체의 핵심이다.

또 하나 주목할 점은 – 새로운 특징은 아니지만 – 기독교와 그 경쟁 상대 사이의 윤리적 차이를 강조한다는 것이다. 가장 큰 차이를 보여주는 것은 사변적인 진리가 아니라 행위임을 어거스틴은 알고 있었던 것이다. 그는 또한 자기가 시들해져가는 관심을 취급하고 있다는 사실도 알았다. 이교 사상은 (그 당시) 마지막 외마디를 내뱉고 있었기 때문이다. 그는 분명히 승리를 얻는 교회의 우주적 권능에 대해 개가를 부르고 있다.

기적을 포함하는 역사가 커다란 역할을 한다. 유대인들이 예수를 거부한 뒤 예루살렘이 멸망한 사실은 복음의 명확한 증거이다. 그는 그때 많은 사람들이 하고자 했던 것처럼 기적으로부터 논증을 전개하였다. 기적은 자연 자체에 모순되는 것이 아니라 우리가 자연이라고 알고 있는 것에 모순된다. 논증은 우리의 신 개념에 달려있다. 어거스틴은 자연적인 것 - 곧 물리적인 것 - 과 초자연적인 것 사이의 구별을 전혀 생각하지 않았다. 자연은 하나님의 질서의 세계 전체 - 일어나는 모든 것 - 를 의미한다. 문제는 하나님의 의지가 절대권을 가지고 있느냐 하는 것이다. 이 모든 것은 래이시(Mr. Lacey)의 초기 프링글-스튜아트(Pringle-Stewart) 강의인 '자연과 기적과 죄'에서 다루어졌다.

우리가 무엇보다도 염두에 두어야 할 것은, 어거스틴이 창조된 실존의 전 과정을 두 사회 사이의 갈등으로 본다는 점이다. 어떤 사람들이 하나님의 도성의 표상을 아무리 적게 사용한다 해도, 그것이 함축하고 있는 것을 순전히 개인주의적인 교리를 대적하기 위한 것으로 거부할 권리가 전혀 없다. 아담 안에서의 죄는 온 인류의 유산이 되었다. 따라서 역사 발전의 순서 속에서 구속을 보여주는 일이 필요하다. 변증론은 역사 철학에 의거한다.

마지막으로 생각할 것은, 어거스틴이 책을 쓴 것은 고대 세계에서였다는 점이다. 그를 기질상 중세인으로 보는 것은 어느 정도 증거가 있을지 모른다. 그러나 우리는 그것을 조심스럽게 이해해야 한다. 신국론의 분위기는 고대적이다. 그것은 유스티니아누스 이전에 두 세력의 교리를 주장한 겔라시우스(Gelasius)보다도 앞선다. 디오클레티아누스가 교회를 멸절하려고 애쓴 지 불과 한 세기 남짓 지났을 뿐이다. 바로 그 사이에 어거스틴은 줄리안(Julian) 치하의 반작용으로부터 분리되는 것이다.

신국론의 이해

에드워드 하디(Edward R. Hardy, Jr)

샤를마뉴(Charlemagne) 황제는 시종들로 하여금 심각한 책들을 읽게 해서 들으며 저녁을 먹는 습관이 있었다. 그의 전기작가는 그가 성 어거스틴의 저술들, 특히「신국론」(*De Civitate Dei*)이라는 제목이 붙은 책을 듣기를 즐겨했다고 말한다. 역사가들은 그 때문에 그가 성 어거스틴의 「신국론」에서 8~9세기의 변화된 세계에서 부활시키고 싶어했던 기독교 제국에 대한 영감을 얻었다는 암시를 발견한다. 중세가 진행됨에 따라 성 어거스틴의 글과 사상들은 제국 내에서 커다란 논쟁의 양편 모두에 의해 인용되었다. 양편은 모두 유기적으로 통일된 교회·국가에 대한 정치적 종교적 책임자들이 공동의 선(the common good)을 위해 함께 일하는 하나의 기독교적 공동체였다. 그러나 교황과 황제, 고위 성직자와 왕 중 누가 더 높은 지배자가 되어야 할 것인가? 이 커다란 논쟁의 양 당사자들은 모두 성 어거스틴의 책에서 결론을 추출해 낼 수 있었다. 어거스틴 자신의 말을 들어보면 우리는 그가 인간의 갈등들에 대해 묘사하고 있었지 어떤 정치적 프로그램을 제시하고 있었던 것이 아님을 발견할 수 있다. 그는 인간을 두 개의 애착심 사이에서 갈등하고 있는 존재로 묘사한다. 그것은 하늘에 대한 애착심과 땅에 대한 애착심이요, 하나님에 대한 자기부인의 사랑과 하나님을 부인하는 자기사랑이다. 인간의 삶의 모든 영역은 영적 전쟁터이다. 그런데 우리 모두는 이런저런 형태로 조화와 일치를 얻기 위해 노력하고 있다.

현대에 들어와서 국가들의 통일과 교회의 재형성(re-formation) 및 분리는 새로운 형태로 이 옛날의 갈등을 재현했다. 인간의 삶을 엄격히 세속적인 국가와 엄격히 내세적인 교회로 구분함으로써 그것을 피해 보려는 시도는 의욕적인 것이기는 했으나 결국 소용없는 것으로 판명되었다. 역사가 테인(Taine)의 단순하고 냉소적인 말을 빌면 교회와 국가 사이에 갈등이 있을 필요가 없다. 왜냐하면 그것들은 각자 다른 목적을 추구하고 있기 때문이다. 즉 국가는 재산의 안전을 목표로 하고 있고, 교회는 영혼의 영원한 구원을 목적으로 한다. 국가는 일반적 복지를 목표해야 하고, 교회는 인간을 위한 그것의 관심이 지금 여기서의 인간의 삶과 관련이 있다는 것을 부인할 수 없다. 미국에서는 최소한, 교회와 국가의 분리가 이러한 공통의 관심 영역을 부인한다는 의미를 가진 적이 결코 없다. 그러나 아마 이러한 관련 속에서 우리의 국가적 시험은 새로운 형태의 제국주의적 이상일 것이다. 거기서는 '미국의 꿈'('the American dream')이라는 시민적 이상주의가 하나님 안에서의 형제라는 종교적 비전을 대체하게 되는 것이다. 만일 성 어거스틴이 현대 미국의 학교나 교회들이

> 오 아름답도다
> 애국자들의 꿈이여
> 많은 세월 너머로
> 인간의 눈물로 흐려지지 않은
> 당신의 눈꽃 같은 도시들이
> 빛을 발하는 것을 보네!

라고 힘차게 노래하는 것을 듣는다면 그는 아마 이 말들이 우리의 진정한 조국을 언급한 것이라고는 생각지 못하고 대신 이 지상의 죄와 슬픔의 순례길이 끝난 후에야 가게 될 하늘의 도성을 언급한 것이라 생각할 것이다. 그래서 우리는 그에게 현재의 많은 미국인들에게는 미래의 미국 외에 다른 하늘나라는 없다고 말해 주어야만 할 것이다. 어떤 사람은 성 어거스틴 시대에 제사장들보다 학교 선생들이 로마의 위대한 전통에 대대로 세속적 충성 이상의 것을 바친 것처럼 우리 나라 교회도 공립학교 체제라고 주장할 것이다.

성 어거스틴의 사상이 내포한 이 광범위한 의미들 가운데 어떤 것은 틀림없이 아헨(Aachen)의 넓은 방에서 책 읽는 소리를 듣고 있던 늙은 황제 샤를마뉴의 머릿속에도 들어 있었을 것이다. 그러나 아마도 신국에 관한 책들-이 책들을 전기 작가들은 단권으로보다는 시리즈로 보고 복수로 표현하는데 그것은 아주 타당한 일이다-은 식사를 하고 있던 황제에게 교훈뿐만 아니라 즐거움도 제공해 주었을 것이다. 「이교도들에 대항한 신국에 관한 주교 성 아우렐리우스 어거스틴의 책들 22권」(ⅩⅩⅡ Books of St. Aurelius Augustine the Bishop on the City of God against the Pagans)을 읽는 사람은 인간이 흥미를 가진 거의 모든 주제에 대한 그의 주석들을 발견하고 한편 매료되나 때로는 혼란을 일으키게 된다. 성 직자들이 경건을 위해 읽도록 된 「로마의 일과기도서」(Breviarium Romanum)는 원전의 발췌문들인데 정치 이론들은 취급하지 않고 다만 두번째 성전, 호세아의 자녀들의 이름들, 그리고 성 스데반의 기적들만 취급하고 있다. 「신국론」에 나타나는 또 다른 항목들은 앗시리아 제국에 대한 간략한 설명, 이교 신앙의 황당무계함에 대한 공격, 사회 윤리의 주된 원리들, 그리고 자연의 경이에 관한 수사학적 본문들이다. 이 책을 읽는 사람은 바로 다음에 어떤 내용이 나오게 될지 전혀 감을 잡지 못하는데 아마 샤를마뉴 대제는 틀림없이 그 후의 다른 독자들과 마찬가지로 그 점이 이 책의 매력들 중 하나라고 생각했을 것이다. 그것은 모든 문제에 관한 책이 가지는 매력을 지니고 있는 것이다.

비록 세부적으로는 내용이 아주 다양하나 「신국론」은 실제적이고도 강력한 통일성을 가지고 있다. 그것은 특별한 상황에서 생겨난 책이고 그 구조는 분명한 사상들의 흐름을 따르고 있다. 그 상황이란 410년 고트족의 알라릭(Alaric the Goth)에 의한 로마의 약탈이다. 그 사건은 고대 세계에 충격을 주었다. 현대 작가들은 저 희미하고 잊혀지기 쉬운 위기, 로마제국의 멸망에서 그 충격이 느껴지기를 기대할 수 있을지 모르겠다. 성 제롬(St. Jerome)은 "전세계가 한 도시 속에서 멸망했다"고 기록했다. 그는 베들레헴에 있는 자기 수도원에서 로마인이자 수사학자가 되기를 멈추지 않았다. 수백년 동안 세속적 신앙과 충성의 중심지였던 로마는 난공불락의 성이 아니었다. 그보다 800년 전, 로마의 청년기에 있었던 골족의 침입(the Gallic invasion) 이래 그러한 재난이 기록되었던 적은 한 번도 없었다. 시실리, 북아프리카, 심지어 팔레스타인에도 피난민들이 생겨나 우리 시대와 비슷한 어떤 문제들을 제기했다. 공포와 고통의 최초의 반응이 지나간 후 많은 사람들의 마음에 떠오른 생각은 "그래 이것이 새 종교 기독교가 우리에게 가져다 준 것이란 말인가?"하는 것이었다. 그러한 공격에 대해 답변하기 위해 히포(Hippo)의 감독은 펜을 잡았다. 지상의 도시는 망했다. 혹은 망하는지 모른다. 그게 정말 문제가 되는가? 만일 하늘의 도성이 있다면 그것과는 어떤 관계가 있는가?

중간에 많은 공백 기간이 있었지만 15년 뒤에 어거스틴의 작품이 완성되었다. 로마의 함락에 의해 제기된 질문들은 신앙을 옹호하는 열 권의 책을 낳았다. 그런데 거기서 진정한 종교의 주장들을 해설하는 중에 우연히 정치적 판단의 원리들이 형성되었다. 열두 권의 책은 이어서 두 도성, 즉 하나님의 종들의 도성과 세상의 자녀들의 도성, 사랑과 교만의 두 나라들의 역사를 다루었다. 로마의 약탈로 시작된 것이 최후의 심판과 영원한 안식으로 끝난다. 그리고 어거스틴은 이렇게 쓰고 있다. "내가 하나님의 도움으로 이 방대한 작품을 완성한 것 같다."

어거스틴이 「신국론」을 처음 계획했을 때는 최종적으로 나타난 만큼의 거창한 구조를 생각지 않았던 것 같다. 제1권은 당시의 사건들에 대한 비공식적 언급으로 시작한다. 요즈음으로 말하면 잡지의 연재나 작은 책 정도로 나왔을 만한 그러한 것이다. 그 다음에 그는 그것이 그를 변증학과 역사 해석이라는 보다 광범위한 문제로 인도하고 있음을 깨달았다. 그리고 「변명」(Apologia)이 아홉 권의 책으로 불어났을 즈음에는 그와 비슷한 크기의 긍정적인 부분을 집필하는 것이 필요하게 되었다. 나머지 12권은 네 그룹으로 나누어지는데 아마도 그때에는 전체로 계획되고 집필되었을 것이다. 임시적이고 잡문적이기까지 한 단편적인 글로 출발했던 것이 이처럼 큰 책이 된 것에 대해 우리는 감사하게 생각해야 한다. 왜냐하면 중심되는 주제를 다룬 것들뿐 아니라 부수적인 말들까지도 기독교 사상사에 있어 매우 중요한 것으로 판명되었기 때문이다.

I. 로마의 역사

「신국론」의 처음 열 권은 세 개의 연관된 문제들을 취급한다. (1) 기독교가 로마의 멸망에 책임이 있는가? 그리고 이교주의는 그 발흥(rise)에 기여했는가? (2) 이교 신앙이 아니라면 어떤 영적 능력이 로마의 발흥을 주관했는가? (3) 어떤 이교 체계가 진정한 영적 종교로서의 기독교에 대항해서 진지한 주장을 편 적이 있는가? 이것들은 보편적으로 중요한 의미를 지닌다. 비록 어거스틴의 논의가 그의 시대에 관련된 특별한 형태를 띨 수 밖에 없었지만 말이다. 대답들은 어느 정도 서로 맞물리고 있다. 그러나 편의상 따로따로 논의될 수 있다.

제1권은 고트족의 로마 약탈에 의해 야기된 일차적 문제들로 시작된다. 기독교를 비난하는 자들을 향해 기독교가 전쟁의 참화를 악화시킨 것이 아니라 완화시켰다는 것을 기억하도록 요구한다. 현대의 독자들은 그러한 위로가 아직도 유용한 것임을 음미해 볼 수 있다. 그리고는, 다음 논증의 단계로 넘어간다. 이생에서는 좋은 일과 나쁜 일이 선인에게나 악인에게 똑같이 일어난다. 중요한 것은 우리가 그러한 일들을 어떻게 이용하느냐 하는 것이다. 자기의 보물이 하늘에 있는 그리스도인은 아무도 약탈, 죽음, 혹은 장례를 치르지 못한 것이 궁극적 손실이라 생각지 않는다. 성 어거스틴은 여기서 이교도들에 대항해서라기보다는 피난민들과 그들의 친구들을 위해 글을 쓰고 있다. 다음 장들도 마찬가지다. 거기서는 로마의 그리스도인 처녀들의 운명에 의해 제기된 도덕 신학의 문제를 취급한다. 그는 본의 아니게 순결을 잃은 것이 죄가 아니라고 주장한다. 왜냐하면 거기에는 의지의 동의가 포함되지 않았기 때문이다. 그것이 비록 비극적인 것이기는 하나 자살이라는 죄악된 행위를 하면서까지 피하려 해서는 안된다. 이교도 비난자들에게 어거스틴은 잠시, 로마인들의 타락이 로마의 비극을 불러오기에 충분한 것이었다고 대답한다. 하나님의 영원한 도성은 아직 남아 있다. 그것은 의인들의 고향이다. 그들의 지상에서의 순례 생활은 지상국에서의 생활과 서로 얽혀 있다. 지금 하나님의 도성을 공격하는 자들조차도 영원한 교제를 목적지로 하고 있으며 지금 그 성례에 참여하는 어떤 자들은 멸망해 버릴 것이다. 왜냐하면 "이 두 도성이 최후의 심판에 의해 분리되기까지는 이 세상에서 서로 얽히고 설켜 있기 때문이다." 이 흥미있는 예비적 논의는 책의 나머지 부분이 그것으로부터 자라 나오기 이전에 따로 존재했던 것처럼 보인다.

제2권은, 터무니없이 상식을 벗어난 종교는 하나님의 축복의 원천이 될 수 없었을 것이라고 주장한다. 사실상 로마의 영웅들은 그들의 신들보다 훨씬 나았다. 제3권은 이방 로마가 겪었던 전쟁과 재난들을 개관한다. 성 어거스틴의 제자 오로시우스(Orosius)는 후에 이 힌트를 '이교도들에 대항한' 보편적 역사로 확대시킨다. 논증은 이제 로마 번영의 원인이 이방 종교라는 주장을 완전히 격파하고 나아가서 로마의 운명이 별들에 기록되어 있다는 설명까지 해결해 버린다. 그것은 하나님의 섭리와 예지(foreknowledge) 아래 행동하는 이해할 수 있는 원인들 – 인간의 의지를 포함하여 – 때문이었다. 자유와 섭리의 조합에 의해 제기된 이 엄청난 문제에 대해 어거스틴은 여기서 그 양자의 실재를 주장할 뿐 더 이상의 언급을 하지 않는다.

그러면 제국들의 발흥은 어떤 특수한 원인에 기인하는가? 먼저 알아야 할 것은 제국 그 자체가 꼭 좋은 것은 아니라는 사실이다. 사실, 정의 없는 제국이란 한낱 대규모의 강도떼들에 불과하다. 선한 사람들에 의한 통치가 그 신민들을 위해 유익할 수 있지만 제국의 확장은 앗시리아에 있어서와 같이 정복의 야심의 결과이거나 아니면 불의한 공격에 대한 반발의 결과이다. 로마인들은 자기네 신들 가운데 있는 승리의 신(*Victoria*)에 외국의 잘못(*Iniquitas Aliena*)이라는 신을 더해도 좋았을 것이다. 왜냐하면 정당한 승리가 그보다 앞서 다른 자들의 사악함에 달려 있었기 때문이다. 만일 세계가 서로서로 우호적인 관계를 유지하는 다수의 작은 나라들로 이루어진다면 훨씬 좋은 것이다. 성 어거스틴의 반제국주의적 감정은 이론적인 것이었다. 왜냐하면 로마 제국은 그에게 있어 이미 기정 사실화된 것이었기 때문이다. 만일 비교하는 요청을 받는다면 그는 아마, 깁슨(Gibbson)이나 다른 사람들처럼, 그 이후에 나온 다른 체제들보다 로마의 평화(Pax Romana)를 더 좋아했을 것이다. 그러나 그런 생각이 그에게 떠올랐고 그가 국제적 협조를 좋아했다는 사실이 중요하다. 아마

이 본문 때문에 프리부르그(Fribourg)의 박식한 주교 베슨(Mgr. Marius Besson)이 국제 연맹 회기 중에 제네바에서 행한 설교에서 국제 연맹은 성 어거스틴의 이상의 표현이라고 선포할 힘을 얻었을 것이다.

우리가 말할 수 있는 것이라고는 하나님께서 자신만 아시는 이유로 인해 의인에게나 불의한 자들에게나 똑같이 나라들을 주시며 그것을 통해 그러한 문제들은 진정한 행복의 한 부분이 되지 못한다고 가르치신다는 것뿐일지 모른다.

그러나 성 어거스틴은 로마의 행운에 대한 그런 설명에 만족할 수 없었다. 비록 그들이 가장 진실하고 가장 고상한 선에 대해서는 이방인이었으나 로마인들은 진정한 장점에 의해 일어났고 거기에는 섭리적 목적이 있었다. 성 어거스틴은 학교에서 '낮은 자들을 살려 주고 교만한 자들을 쳐부수는 로마의 사명에 관한 버질(Virgil)의 시를 배웠는데 그것은 아직도 그에게 어떤 의미를 가지고 있었다. 비록 영광에 대한 사랑이 악덕이기는 하나 그보다 더 해로운 악덕들을 제어할 수 있었다. 로마 제국은 자기 나라를 위해 자신을 희생한 사람들에 의해 이룩되었다. 그리고 결국 덕을 본 것은 본토인들이었는데 그것은 로마법과 문자와 그리고 최종적으로는 정복자들과의 평등을 통해서였다. 감정적으로는 로마인이었으나 성 어거스틴도 아프리카의 피정복지에서 태어난 지방민이었다. 아마 그의 조상은 부분적으로 카르타고인이었을 것이다. 그러나 그의 애국심은 주로 로마에 대한 것이었다. 그리고 그가 고대 로마인들이 자유와 영광을 위해 바쳤던 희생이 그리스도인들에게 영감을 주어야 한다고 주장했던 것은 당연한 일이었다. 진정한 자유와 하나님 사랑을 위해 그리스도인들이 희생을 요청받을 때에 말이다. 그러나 우리가 기억해야 하는 것은 그들이 지상의 면류관을 위해 그 일을 했으며 '자기 상을 이미 받았다'는 사실이라고 그는 덧붙인다. 우리의 전망은 영원한 것이다. 여기서 복음서로부터 인용한 구절의 문맥은 별로 도움이 되지 않는다. 그것은 사람들의 칭찬을 바라고 공중 앞에서 선행을 했던 바리새인들에 대한 언급이다. 다른 곳에서 그것에 관해 어거스틴이 행한 경구투의 변용은 더욱 도움이 되지 않는다. 그것은 "저희는 자기 상을 이미 받았느니라(마 6:2)"이다. 허영 이외의 아무 것도 아닌가? 현대의 확실한 정통 주석가의 말을 인용하면 감동을 받을 것이다.

성 어거스틴은…장차 올 세상에서 이교도들을 기다리고 있는 어떤 종류의 행복에 대한 소망도 보지 못했다. 그리고 이런 견해에 있어 많은 사람들의 의견이 일치했다. 나는 인류의 그처럼 많은 부분을 차지하는 사람들, 결국 하나님의 피조물이요, 그리스도께서 위해 죽으신 인간들에 대해 그리 쉽게 선고를 내릴 수는 없다. 만일 우리가 그들을 위한 소망의 어떤 분명한 계획을 수립할 수 없다면 차라리 우리의 무지에 의지해서 뉴만(Newman)처럼 '우리는 이교 신앙을 가졌던 세대에 대해서는 알지 못하노라'고 고백하는 편이 낫다(*University Sermons*, pp. 21, 23). 또한 대재판장이신 그분 자신이 우리더러 그의 선고를 앞지르지 말라고 경고하시지 않았는가? 판단하지 말라(마 7:1).

마지막으로 성 어거스틴은 몇 가지 최근의 예를 들면서 이 항목을 끝맺는다. 하나님의 심판은 알라릭(Alaric)보다 훨씬 더 악했을 고트족 라다가이수스(Radagaisus)의 파멸에서 나타난다. 오늘날 폭군들의 발흥과 패망을 볼 때 우리는 제5세기에 있어 그러한 논증들의 위력을 이해할 수 있다. 어거스틴은 동시에 최소한 몇 명의 기독교인 황제들의 훌륭한 모범들을 제공한다. 여기서 그는 우리가 기독교인 통치자들을 그 긴 수명이나 승리 때문에 행복하다고 부르지 않는다고 말한다. 그러나 만일 그들이 정의롭게 통치한다면, 만일 그들이 참된 종교를 전파하기 위해 자기 권력을 사용한다면, 만일 아첨의 기만성을 꿰뚫어본다면, '만일 그들이 동료를 가지는 것을 두려워할 필요가 없는 저 나라에 대한 보다 큰 사랑을 가진다면', 만일 그들이 공공의 복지를 위해 처벌을 시행하고 개과천선을 격려하기 위해 사면권을 사용한다면, 만일 자기 영토보다도 자기 자신을 다스리는 것을 더 좋아한다면, 만일 하나님께 기도의 참 제사를 드리는 것을 소홀히 하지 않는다면 우리는 그들이 행복하다고 말할 것이다. 이 항목은 그것이 포함하고 있는 것뿐만 아니라 생략하고 있는 것 때문에도 재미있어 「군주들의 거울」이라 적절히 불려 왔다. 기독교적 공공 질서에 대한 그의 희망에 있어서 성 어거스틴의 글들 가운데 다른 어떤 본문보다 더 많은 영향을, 지난 기독교 세기 동안에 경건한 군주들에게 주어온 본문인 것이다.

II. 로마의 종교

주로 정치적인 항목으로부터 우리는 6권~10권까지의 보다 종교적인 항목으로 넘어간다. 별로 공들이지 않은 논증으로 된 두 권은 대중의 이교 사상이 만족할 만한 영적 종교라고 자처할 수 없음을 충분히 보여주고 있다. 이 항목이 재미있는 것은 그것이 주로 고대자료 연구가인 바로(Varro)의 글들로부터 고대의 신들에 대한 신기한 사실들을 담고 있기 때문이다. 철학이 그 이상의 어떤 것을 제공할 수 있겠는가? 물론 가지고 있다. 왜냐하면 지혜를 사랑하는 자들은 심지어 하나님의 일들에 있어서도 상당한 정도로 그것을 발견했기 때문이다. 소크라테스에게서 성 어거스틴은 자기가 생애를 바쳤던 것과 동일한 추구를 발견한다. 그것은 사물의 궁극적 원인과 인간 생활의 목적에 있어 통일성을 찾고자 하는 욕망이다. 소크라테스의 제자들 가운데 플라톤은 기독교의 진리에 가장 근접해 있다. "만일, 그렇다면, 플라톤이 현명한 사람을 하나님의 모방자요 하나님을 아는 자요 사랑하는 자로 말한다면 - 그와 사귐으로 사람이 복을 받을 수 있는 - 우리가 다른 사람들을 괴롭힐 필요가 어디 있는가?" 형이상학, 논리학 및 윤리학에서 플라톤주의자들은 모든 나머지 철학자들보다 뛰어나다고 성 어거스틴은 말한다. 사실상 그는 그들이 말하는 모든 점에 있어 전혀 반론을 제기하지 않는다.

신플라톤주의에 대한 어거스틴의 관계에 관한 골치아픈 질문은 근본적으로 「신국론」 연구와는 무관한 일이다. 그러나 그가 세례받고 삼십 년이 지나 쓴 이 책 속에서 그는 여전히 세례받기 수년 전에 받아들였던 철학을 사용하고 견지하고 있음을 우리는 발견할 수 있다. 플라톤주의자와 신플라톤주의자 사이의 구별은 물론 현대의 것이다. 비록 성 어거스틴이 플라톤 사상 - 그는 이것을 자기가 플라톤주의자들이라 부르고 우리는 신플라톤주의자들로 부르는 사람들로부터 배웠다 - 의 종교적 해석과 발전 및 그가 플라톤 학파의 사람들이라고 알았던 자들이 지지하던 회의적 해석 간의 차이를 익히 알고 있었다. 실질적으로 그가 신플라톤주의자들에게서 배웠던 것은 플라톤의 해석과 더불어 플라톤에 대한 정보였다. 그 철학자에 대한 성 어거스틴의 직접적인 지식은 외견상 보잘것없는 것이었으나, 그의 플라톤주의는 그의 수준에 미치지 못하는 해석가들이 이해하지 못하는 차원에서 한 위대한 사상가가 또 한 사람의 위대한 사상가에게 말하고 있는 경우로 보여진다.

그러나 제8권에서 10권까지의 보다 방대한 부분은 성 어거스틴의 플라톤주의가 아니라 신플라톤주의자들과의 의견 차이에 관한 내용이다. 사실상 그것을 처음 읽는 사람은 간단하지만 핵심적인 말로 언급된 일치점을 놓칠 위험이 있다. 실제적 종교의 관점에서 볼 때 이교도 플라톤주의자와 기독교 플라톤주의자간의 가장 두드러진 차이점은 이교의 신들이-물론 하나님은 아니지만-아직도 상당한 힘을 가진 귀신들이라는 근거에서 전자가 자기들의 체계 속에 대중의 이교 사상을 기꺼이 포함시키고자 한다는 것이다(이러한 영들을 위한 용어는 틀림없이 헬라어 속에 남아 있다. 왜냐하면 그것들은 도덕적으로 중립적이고 초자연적인 존재들이기 때문이다. 그것들은 영어에서 흔히 사용되는 악한 귀신들도 아니고 어떤 현대 사상가들의 애매한 귀신적 능력들도 아니다). 어떤 경우들에 있어, 특히 4세기 중엽의 배교자 줄리안의 무리들 속에서의 비술(occult arts)의 새로운 발전은 이같이 고상한 철학과 관련되어 있었다. 성 어거스틴은 당연히 방황하는 영혼들, 혹은 아마도 죽은 자들의 영혼들에 대한 그러한 예배를 공격하며 그것을 그와 외적으로 유사한 어떤 것-그 당시 가장 충격적인 대중적 기독교 경건의 형태였던 순교자들에 대한 숭배-을 구별한다.

> 신실한 자들의 사제가 하나님의 제단 앞에서, 심지어 하나님을 예배하고 영광 돌리기 위해 순교자들의 거룩한 몸 위에 세워진 제단 앞에서 (그들을 인간이요 동시에 순교자로 만드시고 또 그의 천사들과 함께 하늘의 영광에 동참시키신) 하나님께 그들의 성소에서 제물을 드리는 중에 "그대들 베드로나 바울이나 키프리안이여, 제가 당신께 제사를 드리나이다"하고 기도하는 것은, 그러한 장엄함을 통

해 순교자들의 승리로 말미암아 하나님께 감사를 드리며, 또한 그들을 기념하고 하나님께 도움을 간청함으로써 그들의 면류관과 종려가지를 본받도록(다시 말해서 순교자들의 투쟁과 승리를 따르도록) 우리 스스로를 격려하는 목적이 있다는 것을 들어 보지 못했는가? (Ⅷ. 27)

플라톤주의자들이 그들의 잡신들(daimones) 속에서 헛되이 찾고 있던 것은 하나님과 사람 사이의 중보였다. 그리스도인들은 그것을 하나님과 사람의 참 중보자이신 그리스도 예수 안에서 소유하고 있다(디모데전서 2:5). '그의 신성으로 말하자면 그는 항상 아버지와 동등하며, 그의 인성으로 말하자면, 그는 우리와 같이 되었다. 이것은 우리가 원하는 만큼 많이 말할 자리가 아니다.' 오직 하나님께만 제사를 드려야 한다. 그리고 열납되는 유일한 제사는 인간의 생명을 아버지께 헌신하는 것이다. 그것은 우리 삶을 통해 드릴 수 있는 제사이다. 왜냐하면 그리스도께서 그것을 온전히 이루셨기 때문이다.

그리하여 구속받은 도성 전체, 즉 성도들의 회(會) 전체가 위대하신 대제사장에 의해 우주적 제사로 하나님께 드려질 수 있다. 그는 종의 모양으로 우리를 위해 고난받으실 때 자신을 드림으로 우리가 그처럼 위대한 머리의 몸이 되게 하셨다.

제단의 성례에서 교회는 그리스도 안에서 그리고 그리스도와 함께 자신을 하나님께 제물로 드림으로 이 신성한 제사를 거행한다. 성 어거스틴은 하나님께서 사람들을 당신께로 불러오시기 위해 거룩한 천사들의 사역을 사용하셨다는 것을 부인하지 않는다. 그러나 그는 그들을 귀신들(daimones)과 대조시킨다. 귀신들은 사악하게도 자신들을 위해 신적 영광을 요구한다. 이것은 스스로 궁극적이라 주장할 때 악이 되는(국가같은) 중간적 충성의 대상들을 '마귀적'이라 부르는 현대의 용법을 시사하는 점이라 할 수 있다. 제10권 마지막에서 성 어거스틴은 거의 애처로울 정도로 신플라톤주의자 포르피리(Porphyry)에게 말을 걸고 있다. 그의 작품 속에서 그는 하나님의 말씀과 영 및 하나님과의 연합에 의한 구속의 필요를 읽었기 때문이었다. 밀라노의 성 암브로시우스의 후계자인 감독

심플리키아누스의 권위에 입각해서 성 어거스틴은 요한복음의 서두는 모든 교회에서 금으로 새겨 둘 가치가 있다고 한 어느 플라톤주의자의 이야기를 인용한다. 왜 그런 사람들은 '육신이 되어 우리 안에 거하셨던' 말씀의 겸손함을 인정하지 않았을까?

Ⅲ. 두 나라(도성)의 이야기로서의 역사

지금까지 영광스러운 신국이 그것의 변호를 위해 쓰인 이 작품의 배경을 이루어 왔다. 이제 성 어거스틴은 드디어 자기 저술의 긍정적인 부분을 시작할 준비가 되어 시편으로부터 거룩한 성의 영광에 대한 증언들을 인용한다. 두 도성의 생성과 역사와 종말이 이제 그가 다루고자 하는 대주제들이다. 이것에 대한 우리의 지식은 신앙에 의존하는데 그 이유는 마음과 영혼뿐 아니라 정신도 죄로 상함을 입었고 한분 중보자에 의한 정화를 필요로 하기 때문이다. 사실상 이 장들은 기독교 서사시의 시작이다. 거기서는 고전의 뮤즈(Muse; 시, 극, 음악, 미술을 주관하는 아홉 여신 - 역자주) 대신 그리스도께서 등장한다. 밀턴이 초두에서 '하늘의 뮤즈'를 불러내는 장면이 연상되는 부분이다.

천지 창조에서 이 이야기는 시작되고 있다. 우주와 시간은 모두 거기서부터 시작되었다. 그리고 하나의 단순하고 불변하는 선인 삼위일체의 속성을 숙고한다. 그런 다음에 천사들의 타락이 나온다. 성 어거스틴은 그것을 창세기 1:4에서 빛과 어둠이 구분되는 것에서 근거를 발견한다. 혹은 최소한 그것을 본문과 연관지을 수 있다고 그는 생각한다. 두 천사 무리가 빛과 어둠의 왕국에 비유된 것도 일리가 있다. 성 어거스틴은 그가 마니교도였을 때 그 사실을 믿었었다. 분명히 감정적 효과는 인간이 창조되었을 때 선과 악이 이미 우주에서 투쟁하고 있었다는 원리와 유사하다. 그러나 성 어거스틴은 자기가 마니교를 반대하는 글에서 주장했던 유보 조항을 조심스럽게 붙이고 있다. 절대적 악과 같은 것은 있을 수 없기 때문에, 우리는 이 무리들 중 한쪽을 본성과 의지에 있어서 선한 것으로 묘사해야 하며, 다른 쪽은 본성은 선하나 의지가 악하고 하나님의 최고 섭리에 의해 제약을 받는 것으로 묘사해야 한다.

원타락(primal Fall)의 개념은 아마 수년 전보다 현재의 우리에게 더 쉽게 이해되는 사상일 것이다. 인간을 만들기 전에 세상에 어떤 심각한 결함이 존재했다는 것은 우주의 사실들을 설명할 수 있는 유일한 가정인 것 같다. 이것이 어떻게 발생했는가에 관해서 우리는 단지 추측할 수 있을 따름이다. 그러한 추측은 경건한 마음을 가진 사람들로 하여금 이 주제에 대한 지식이 우리가 책임을 다하여 구원을 얻는 데 필요한 것은 아니라는 것, 그렇지 않으면 그것이 계시되었을 것이라는 것을 보게 한다. 그들이 그의 이름으로부터 얻은 권위가 깄다 할지라도 성 어거스틴의 추측은 그 이상 남아 있지 않다.

인간의 창조와 타락 및 많은 과련된 주제들이 12~14권에 뒤따라 나온다. 중심되는 원리는 인간이건 천사건, 의지의 모든 악은 창조주께서 우리에게 나누어 주신 사랑의 능력을 악용한 것이며 좋은 어떤 것에 대한 무절제한 욕망이라는 것이다. 정해진 질서를 벗어난 욕망은 사실상 악이 된다는 것이다. 천지창조를 취급함에 있어 성 어거스틴은 역사의 실제성을 변호할 기회를 가진다. 세계는 영원한 원을 그리며 순환하고 있는 것이 아니라 하나님의 목적을 향해 앞으로 나아가고 있다. 하나님께서 인간을 만드셨을 때 그는 인간들이 저지를 죄악들을 모르고 계시지 않았다. 자기들끼리 야생동물들보다 더 격렬하게 싸울 것이라는 사실까지 말이다. 인간은 지상의 낙원에서 창조되었다. 우리는 그것을 역사적 장소와 사건으로 이해해야 한다. 비록 그것은 또한 네 가지 덕의 인도를 받는 의인들의 삶, 혹은 사 복음서의 양육을 받는 교회를 아름답게 상징하는 상징적 의미도 있지만 말이다. 인간은 낙원으로부터 불순종으로 말미암아 타락했고, 육체의 죽음과 나아가서 보다 치명적인 영혼의 죽음에 예속되었다. 하나님께로부터 떨어져서 인간은 자기 자신 속에 버려졌고, 또 그의 욕망들도 더럽혀졌다. 인간의 본성은 무엇인가를 욕망하는데 있다고 봄으로, 어거스틴은 그의 라틴어 성경을 볼 때 선하든 악하든간에 욕망을 나타내는데 사용된 단어들이 구분이 없다는 사실을 강조한다. 아모르(amor), 딜렉티오(dilectio), 그리고 카리타스(caritas) 같은 말조차도 아무런 구분없이 사용되고 있다. 선함이나 악함이란 것은 무엇보다도 먼저 의지의 방향에 속한 문제이지, 인간의 영과 대립한 채로 인간의 본성 속에 - 인간의 육체 속에는 물론이고 - 있는 것은 아니라고 보는 것이다.

하나님은 구속사역을 계획하시고 시작하심으로써 인류의 회복을 창시하시고, 나아가서 두 도성의 기초, 아니 그 지상 속국들의 기초가 완성되어진 것이다. 어거스틴은 이렇게 요약하고 있다.

> 이에 따라 두 나라는 두 가지 종류의 사랑에 근거를 둔다. 지상의 나라는 하나님을 경멸하고 자기를 사랑하는데 근거하고, 천상의 나라는 자기를 경멸하고 하나님을 사랑하는데 근거한다. 전자는 자기 자신 속에 영광을 두나 후자는 하나님께 영광을 둔다. 전자는 인간에게서 영광을 구하나 후자는 양심의 증인이신 하나님에게서 그의 가장 높은 영광을 구한다. 전자는 스스로의 영광 중에 머리를 드나 후자는 "당신은 나의 영광이시요, 나의 머리를 들어 올리십니다"라고 하나님께 말한다. 전자의 경우에는 권력욕이 가득하여 다스리는 자들이나 백성이 모두 이 욕망에 예속되나, 후자의 경우에는 모든 사람이 사랑 가운데 서로를 섬기되, 다스리는 자는 모든 사람들을 배려하고, 백성들은 순종하는 것이다(XIV. 28).

두 도성의 역사 개략이 가인과 아벨 때로부터 그리스도의 때에 이르기까지 네 권의 책에 담겨져 있다. 한쪽 편에는 구약에 기록된 것처럼 하나님 백성의 역사가 있고, 또 다른 편에는, 가인이 놋 땅에서 도시를 건설할 때 이미 예견된 대로 세상 나라들이 자리해 있다. 어거스틴은 그가 활용할 수 있는 최선의 성경적, 역사적 학문을 도입했다. 실로 그는 역사비평에 몰두하기도 한다. 그래서 그는 칠십인역 헬라어 성경의 영감을 믿음에도 불구하고, 족장시대의 인물들에 대한 히브리어와 헬라어 성경 사이의 불일치가 헬라어로 번역되기 전의 원본 상에 본문 변조가 있었을 것이라고 추정함으로써 문제를 해결하고 있다.

이같은 내용을 담고 있는 책들이 5세기의 성경적 역사적 연구의 상태가 어떠했는지를 어렴풋이 보여주기 때문에 매우 흥미롭긴 하지만, 그러나 영구적인 의의를 가지는 것은 그 실상보다 오히려 그 의도이다. 역사적 작업은 우리의 지식상태가 변함에 따라 늘 새롭게 전개되어야만 하는 것이다. 하지만 분명한 것 한 가지는, 어거스틴의 확신처럼 기독교 해석자들도, 구약이 사실적인 역사 이야기이며 또 동시에 그리스도에게서 그 성취를 보게 되는 약속의 기록이란 생각을 언제나 그와 함께 하게될 것이다. 약속의 성취라는 의미에서 볼 때 시편과 여타 다른 곳에 나오는 예루살렘은 영원한 도성을 지적하는 것으로 해석할 수 있는 것이다. 또 어거스틴은 고대에 이스라엘인이 아닌 사람들 중에도 하나님께 속한 자들이 있었다는 사실을 인정하고 있다. 이것이 가능할 수 있는 것은 어떤 특별하고도 기록되지 않은 계시 때문이었을 것이라고 그는 추정하고 있다. 이같은 주제는 사실 그에게보다는 오늘날 우리에게 더 흥미로운 제목이지만, 어거스틴은 더 이상 자세하게 전개시키지 않는다. 그리스도가 오심으로 역사는 그 정점에 이르게 되고 어떤 의미에서는 그 끝에 이르렀다. 원칙상 더 이상의 발전은 기대할 수 없다. 물론 보편 교회의 지상 순례에는 예기치 못했던 일이 전혀 없지는 않다. 온 세상을 향해 전파되는 가운데 밖으로부터는 핍박을, 안으로부터는 그릇된 형제들의 공격을 겪는 중에도 교회는 오고 오는 세대마다 소망 중에 하나님을 계속 섬기는 것이다.

Ⅳ. 역사 내에서의 윤리학

제18권의 말미에서 어거스틴은 마침내 자기 당대의 시대에 도달하고 있다. 여기에 이어지는 책은 실제적인 의미에서 어거스틴 작품의 클라이막스다. 왜냐하면 거기에서 그는 현시대와 관련된 개인적, 사회적 행위의 원칙들을 다루고 있기 때문이다. 먼저 그는 자기의 주요 사상을 요약하고 있다.

> 이제 우리는 이 책을 결론지을 수 있다. 우리는 지금까지 이 두 도성이 처음부터 마지막까지 함께 뒤섞인 채 있는 현세적 전력을 논의했고 충분히 살펴보았다. 두 도성 중 하나인 지상국은 도처에서 심지어 인간 중에서도 그 섬길 신들을 택하여 제사를 드렸다. 그러나 천상의 나라는 이 지상에서는 외국인과 순례자로 있으면서 그릇된 신들을 만들지 않았고, 오히려 그 자신이 참되신 하나님에 의해 지어

졌고 또한 그 자신이 하나님의 진정한 제물인 것이다. 양자가 다같이 현재의 유익을 즐기고 현재의 질고를 겪는 것은 똑같지만, 믿음과 소망과 사랑에 있어서는 차이가 있다. 그리고 마침내는 마지막 심판에 의해 완전히 분리되고 그 각자의 목적에 이를 것인데 여기에는 끝이 없다. 이제 이 둘의 목적에 대하여 여기에서 논의해 보겠다 (XVIII. 54).

어거스틴은 여기서 종말(finis)이란 말의 서로 관련된 두 가지 의미, 곧 지향된 목적이란 의미와 최종적으로 도달된 종점이란 의미를 가지고 말장난을 하고 있다. 그러나 이 둘 사이의 관계는 단순히 어의상의 관계를 넘어 어거스틴의 종말론의 핵심 부분이다. 하나님의 심판은 종국적으로는 사람들이 원하는 그것을 주는데 있다. 그들이 하나님을 바라고 사랑을 원하면 그들은 하나님의 사랑을 받을 것이다. 반면에 그들의 욕망하는 것이 교만하고 이기적인 것이라면 결국 그들은 교만의 임금의 손에 버려져서 지옥에나 가고 말 것이다. 이 문제에 대해서는 뒤에서 보다 자세히 다루자. 현재의 논의는, 갈망되는 목표, 곧 인간이 진정으로 바라는 것이 무엇인지에 관한 것이다. 19권은 이 주제로 시작되고 있다.

우리는 모두 행복하기를 원한다. 이 점에서 어거스틴의 윤리학도 행복론적(eudaemonistic) 기초 위에서 시작하고 있음을 볼 수 있다. 어디에서 행복을 찾을 수 있을 것인가? 어거스틴은 그의 당면 목적을 위해 바로 (Varro)의 인기 있는 절충주의 철학에서 적당한 대답을 발견하고 있다. 곧 훌륭한 삶은 몸과 영혼의 원만한 발전 가운데서 찾을 수 있다는 것이다. 나아가서 가족과 동료 시민들과 인류와 또한 우주의 보다 높은 권세들, 즉 바로는 신들이라 불렀고 어거스틴은 천사들이라 부르고자 했을 존재들과도 사회적 조화를 이루는 삶이다. 행동과 사유의 관계에서와 마찬가지로 그는 양자를 따로 고립시켜 한쪽을 선호하지 않고, 양자의 정당한 독자성을 인정해 주면서도 또 둘이 어우러진 삶을 제시하고 있는 것이다.

인간의 행복에 대한 이같은 묘사는 얼마나 아름다운가. 한편 우리가 실제로 알고 있는 삶과는 얼마나 차이가 나고 있는가. 어거스틴은 사람들이 지금 여기에서 얻을 수 있는 것이 이러한 이상형에는 얼마나 미치지 못하고 있는지 조목조목 지적하고 있다. 우리의 몸과 마음은 질병의 위협을 받고 있다. 우리 자신은 이를 피한다 하더라도 다른 사람에게서 그 참상을 본다. 스토아 철학자들이 주장하듯 이런 것들이 실제적인 악이 아니라는 설득에 넘어가지 않도록 하라. 한편 행복을 위해서는 필수적인 사회적 삶이란 요소를 볼 때에도 거기에는 온갖 함정과 구덩이들이 우리를 둘러싸고 있다. 우리의 친구와 친척들조차 우리를 속일 수도 있다. 그들이 우리에게 주는 것에는 즐거움도 있지만 아무리 좋아도 걱정거리를 피하지는 못한다. 그리고 보다 넓게 사회 질서를 둘러볼 때도 악이 그 구조 자체를 침범해 있음을 발견하게 된다. 어거스틴은 당대의 풍속 중에서 한 가지 놀랄만한 예를 제시한다. 재판관이 의무에 의해 자기의 자리에 앉기는 하지만 범죄 사건들을 결정하기 위해 그는 고문을 택할 수밖에 없는데, 이런 경우 범인을 찾아내기보다는 오히려 무죄한 피고(증인도 물론이고)를 벌하기 십상인 것이다. 오늘날의 독자라면 어거스틴이 고문과 같은 제도를 불가피한 것으로 받아들이고 있는 것을 이상하게 볼 것이다. 한편 어떤 저술가들이 주장하듯이 어거스틴이 실제로는 자기 당대의 법률의 공포를 완화시키는 방향으로 자기의 영향력을 행사했다는 주제를 믿고 싶어할지도 모른다. 그러나 어떠한 법체제라도 어거스틴이 여기서 제기하고 있는 유의 상황을 완전히 탈피한 경우는 없다. 현대의 생활에서도 어떤 제도들을 집행하고자 할 때 그 집행에 동반되는 해악에도 불구하고 그 제도에 동참해야 한다는 기초적 원리의 예들을 찾아보기가 어렵지 않다.

어거스틴은 이제 국지적 문제들을 넘어 국제적 구획의 문제로 발전시키고 있다. 그 구획의 외형적 표시는 언어의 차이이다. 그런데 이 언어 문제는 제국 언어의 전파로 말미암아 많이 좁혀졌다. 하지만 그 대가로 수많은 전쟁과 유혈이 지불되었다. 해외전쟁이 없을 때에는 내란이 있었다. 이런 저런 전쟁으로 말미암아 '인류는 곤궁에 빠졌다. 안정의 희망으로 싸우든, 분쟁이 다시 일어날까 두려워 싸우든 그 결과는 마찬가지다.' 이러한 서술은 420년에 그랬던 것처럼 20세기말에도 적용된다. 현자는 오직 정당한 전쟁만을 할 것이다. 이것이 어거스틴 시대로부터 39개조 조약에 이르기까지 의로운 전쟁(justa bella)의 뜻이라고 믿는다. 그러나 이 규칙을 준수할 수 있는 것으로 인정하더라도(어거스틴도 그렇게 확신하지는 않았다) 현자는 이중으로 실망한다. 첫째는 전쟁 그 자체 때문이요,

둘째는 그것을 정당화하는 사악함 때문이다.
 이제 우리의 생각이 지상적인 문제를 떠나 천상의 문제로 옮겨가게 되면, 우리는 천사들의 우애는 적어도 확고하리라고 생각한다. 하지만 자기 자신들을 신이나 천사로 제시하는 자들은 사실상 우리의 가장 고귀한 순간들을 악용하는 사악한 악마들일 수가 있다. 어거스틴에게 있어서 이런 원칙은 이교 예배의 불경스런 행위들을 설명해 주는 지침이 되고 있다. 이런 원칙은 오늘날 우리 시대에 있어서는 왜곡된 애국심이나 사랑 등을 설명해주는 데 도움을 준다고 할 수 있지 않을까? 우리는 수백만의 젊은 이들이 보다 저급하고 또는 더 악한 대의를 위해 자신들을 제물로 드리는 것을 보아왔다. 단순히 비유적 의미를 넘어서 하는 말이지만, 마귀들은 천사들처럼 가장해 왔다. 우리 시대의 한 저술가가 지적했듯이 어거스틴이 묘사한 바 있는 갈등은 다양한 형태로 우리 주변에도 여전히 존재한다.

> 우리가 5세기의 이교신들에 대해 읽노라면, 20세기의 기계 신들, 구호(slogan)의 신들, 과학 신들, 합리주의의 수많은 미신들 등을 통틀어서 이 갈등이 우리에게 결코 낯설지 않음을 발견한다. 낯선 것이 있다면 그것들을 담고 있는 용어들일 뿐이다.(C. V. Wedgwood)

 요약해 보자. 우리가 상상할 수 있는 완전한 조화의 세계에 비해 볼 때 현실의 삶은 불행의 하나이다. 우리가 현실에서 행복하다고 말할 수 있는 것은 "선한 삶에 내포된 것과 같은 평화를 소유할 때인데, 그러나 이런 행복이라도 우리가 종말적이라 부르는 것과 비교해 볼 때는 차라리 초라하게 여길 수밖에 없다." 이러한 평가는 이 죽게 될 삶의 재미를 부인함으로써 생겨나는 것이 아니라 오히려 그것을 심오하고도 민감하게 용인함으로써 생겨난다. 우리는 때로 어거스틴에게서 휴머니스트의 모습과 금욕주의자의 모습을 대립시켜 볼 수 있지만 그러나, 이렇게 연결시켜 놓고 보면 하나는 다른 하나에서 자라나온다고 할 수 있다. 우리가 하늘의 것을 소망하는 것은 지상의 현저히 좋은 것들이 나쁘기 때문이 아니라 오히려 그것들이 충분히 좋지는 못하기 때문이다. 하나님은 우리에게 완전한 행복에 대한 욕구를 주셨다. 그런데 이 세상에서의 행복의 경험은 불완전하다. 우리가 이 땅에서 훌륭한 삶을 추구하는 동안(그 형태가 현실 질서가 주는 축복을 하나님 앞에서 누리는 것으로 나타나든, 혹은 발생할지도 모르는 불운 속에서도 의무의 과정을 굳게 붙드는 모양으로 나타나든) 자연히 우리는 영원한 평화의 나라에서 그것이 완성되기를 소망하게 되는 것이다.

어거스틴에게 있어서 평화는 적대감의 부재 그 이상의 의미를 가진다. 어떤 피조물이든지 혹은 어떤 사회든지 그 기능을 충만히 발휘할 수 있도록 해주는 조화의 상태를 말한다. 여기서도 어거스틴은 행복에 대해 말할 때와 마찬가지로 그의 사상을 이론적 극단까지 밀어붙이고 있는데, 말하자면 가장 악한 사람이라도 그의 파괴적 공작을 끝까지 추구하는 것은 일종의 평화 - 그것이 비록 지배라는 왜곡된 평화일지라도 - 를 위해 그럴 수가 있다는 것이다. 그 한 예로서 어거스틴은 「아이네이드」(Aeneid)에 나오는 살인마적 거인 카쿠스(Cacus)를 인용한다. 어떤 면에서 그는 자기 동굴을 평화롭게 소유하기를 갈망하고 있는 것이다. 그리고 이 경우의 극단적인 예는 사단이다. 그의 본성은 악하지 않다. 다만 그의 타락이 문제일 뿐이다. 여기서 일반적인 진술로 눈을 돌려본다.

> 그러므로 육신의 평화는 그 각 부분들의 질서 있는 조화로 이루어진다. 이성 없는 영혼의 평화는 그 욕망들의 질서 있는 만족으로 이루어진다. 이성적 영혼의 평화는 사유와 행위의 질서 있는 일치로 이루어진다. 육신과 영혼의 평화는 생명 있는 존재의 질서 잡힌 삶과 건강이다. 죽을 인간과 하나님 사이의 평화는 영원한 계명 아래에서 믿음의 질서 잡힌 순종으로 이루어진다. 사람들의 평화는 질서 있는 조화이다. 집안의 평화는 명령하기도 하고 순종하기도 하면서 함께 사는 자들간의 질서 있는 조화이다. 국가의 평화는 그 시민들간의 유사한 질서 있는 조화이다. 천상의 나라의 평화는 하나님을 즐거워하고 또 하나님 안에서 서로를 즐거워하는 중에 나타나는 가장 질서 있고 가장 조화로운 친교이다. 만물의 평화는 질서의 안정 속에 성립한다(XIX. 12~13).

이상의 진술에서 우리는 제19권의 핵심적 주장이요 또 어거스틴의 사회이론 전체의 중심 사상에 이르렀다.

질서 잡힌 조화 - 하나님을 믿는 신자들의 상호 교제에서 그 완성과 모범을 발견할 수 있는 - 라는 이 원칙은 플라톤의 「국가」(*Republic*)에서 제시된 대문제, 곧 "각자에게 그의 분복대로" 준다는 정의의 단순한 규칙을 어떻게 적용할 것이냐는 문제에 해당하는 어거스틴의 문제 양식이다. 플라톤은 정의를 실현시키기 위해 가상의 도시를 고안해 내어야 했고, 그것을 확증하기 위해 불멸이란 신화를 만들기에 이르렀다. 「신국론」에서는 부활에 대한 신앙과 천상의 낙원의 실제적 존재에 대한 믿음이 이 명백한 가설을 대신하고 있다. 그러나 사상의 기본 구조는 양자가 상이하지 않다. 여기서 더 이상의 상세한 사회이론은 비록 어거스틴적이긴 할지 모르나 어거스틴의 것이라고 할 수는 없다. 그의 사회 원리의 적용은 건설적이기보다는 비판적 용도의 것이며, 그 적용이 설혹 뛰어나다 하더라도 조직적인 것은 아니다. 5세기 초기의 사회 여건들은 어거스틴으로 하여금, 또는 다른 어느 누구라도 사회 건설이라는 작업을 감당하도록 자극을 주지는 못했다. 그렇기는 하지만 일상 생활 속에서의 조화 원칙의 보다 세밀한 적용이 수도원 공동체에 대한 규칙들에 다소 나타나고 있다. 이것은 한 세기 후에 성 베네딕트(St. Benedict)의 고전적 규칙에 영향을 주어 그 자료의 하나가 되고 있다. 만일 어거스틴이 그의 원칙들을 더 상세히 전개시켰더라면 그들은 아마도 그 이후 세대에 지속적인 영향을 주는 고무적 자질을 잃어버렸을지도 모른다.

하지만 제19권에는 몇 가지 중요한 적용들이 제시되고 있다. 기독교 가정이 이 천상의 평화를 예시해 주리라고 어거스틴은 믿었다. 그는 확신을 갖고서 기독교 가정의 가능성에 대해 말하고 있다. 하지만 그것도 대단위가 되지는 못한다. 대단위 규모로 볼 때는, 이 지상에서 천상의 도시와 그 평화의 일차적 표현은 교회에서 나타난다. 제국과는 달리 교회는 나라와 언어의 다양성을 환영하며, 지상 풍속의 다양성이 신적 일치에 결코 방해되지 못하는 사실을 즐거워한다. 그 지도자들의 표지는, 감독(episkopos)이란 말의 어원을 두고 볼 때도 이 말이 권위보다는 책임을 이야기하듯, 섬기고자 하는 의지로 나타난다. "선을 행하기보다 다스리기를 좋아하는 자는 감독이 아니다."

한편 비록 불완전하기는 하나 지상의 평화도 여전히 필요하다. 천상의 도시의 시민들은 그들이 나그네로 있는 이 땅위에 사는 동안에는 그 나라를 발전시키는데 기꺼이 동조하는 것이다. 그러나 지상국의 법률들이 하나님께 대한 자기들의 최고의 충성을 침해하는 경우에는 언제나 그것들에 도전해야만 한다. 그릇된 신들을 예배하는 일이 그 예배자들에게 손해가 되기 때문에 지상국이 우상숭배를 요구할 때 거기에 불복하는 것이 사실에 있어서는 그 나라에 봉사가 되며, 따라서 그리스도인의 삶의 잣대인 하나님 사랑과 이웃 사랑의 두 가지 대계명의 일치를 깨뜨리는 것이 결코 아니다.

여기서 조금 중요한 질문 한 가지가 갑자기 떠올라온다. 로마 제국은 진정한 공화국(res publicae)이었는가? 키케로(Cicero)는 공화국에 대한 정의를 국민(populus)에 대한 정의(定義), 곧 정의(正義)와 공동 이익으로 결집된 일단의 사람들이란 관점에서 접근하고 있다. 이런 의미에서 보면 공화국의 칭호가 로마인들에게는 돌아갈 수 없다. 왜냐하면 그들은 하나님께 그의 것을 돌려드리지 않음으로써 정의를 위반했기 때문이다. 이에 어거스틴은 그 자신의 다른 정의를 내리고 있다. "국민(people)이란 사랑의 공동 목적으로 연합된 이성적 존재들의 집합이다." 이 정의로 볼 때는 로마인들뿐만 아니라 그리스 도시들과 동양 제국들까지도 국민과 공화국의 지위를 주장할 수 있다. 어거스틴은 그가 국가의 정의(定義)로부터 정의(正義)의 요소를 제거해 버렸다는 것 때문에 놀랍게도 비판받아왔다. 하지만 어거스틴의 공적은 국가를 객관적으로 정의함으로써 국가에 대한 기독교적 비평의 근거를 제시하였다는 것이요, 또 완전과 비존재 사이에는(국가의 경우에 적용해 보자면, 유보 없는 충성을 받을 만큼 이상적인 국가와 아무 가치도 없는 전적으로 부패한 국가 사이의 차이) 여러 단계의 수준 차이가 있다는 사실을 인식하였다는 것이다. 그는 이 원칙을 예시해 보이기 위해서 로마 공화정의 초기 순수함과 후기의 부패를 대조시키고 있다. 이를 통해 종교의 실수가 국가 몰락의 유일한 가능 요소가 아님을 명백히 인식하였다.

최근의 많은 기독교 관찰자들은 비기독교 국가들에 대한 그들의 판단을 이런저런 방식으로 혼동시켜 왔다. 어떤 이들에게는 종교, 특별히 조직된 교회에 대한 처우가 거의 유일한 고려 대상이 되어 왔고, 또 다른 이들은 한 나라에서 세속 사안들에 있어서 정의(正義)를 증진시키고 있는 것으로 믿는 반(反)종교적 정책에 대해 비판하는 것이 부당하다는 듯이 행동했다. 어거스틴은 이 점에 있어서 하나님을 향한 경건이 정의의 한 형태임을 상기시킴으로써 보다 건전한 기독교적 기반을 다졌다. 이 경외심이 없는 상황은 부정의한 상황이다. 그러나 그런 중에서도 우리는 다른 점들에 있어서 정의의 존재 혹은 부재 여부에 대한 질문을 여전히 제기할 수 있는 것이다. 또 한 가지 주목할 것은, 어거스틴은 민족의 본성을 공동 기원에서 찾지 않고 오히려 공동 사랑, 곧 공동의 목적과 이상에서 찾고 있다는 점이다. 이것이 시사하는 내용은 민족성이란 다른 무엇보다 영적 공감이란 사실이다. 이런 접근은 어거스틴 사상에서 핵심 요소가 무엇인지를 보여주는 좋은 예이다. 그에게 있어서 바로 이 사랑(완전하든 불완전하든, 인간적이든 신적이든)이 영적 문제의 본질적 성질이며 따라서 인간 삶의 성격에 대한 그의 가장 깊은 사상에서 중심적인 위치를 차지하고 있다.

V. 역사와 종말론

어거스틴의 두 나라에 대한 개괄은 이제 현재를 넘어 미래를 조망하는 단계에 이르렀다. 마지막 세 권은 그의 종말론을 담고 있다. 현대의 「신국론」 연구에서 종종 무시되고 있기는 하지만, 이 부분이 서구 기독교의 전통적 사상에 미친 영향은 결코 적지 않다. 경건한 명상의 제목으로 항상 등장하는 '네 가지 마지막 일들'이 「신국론」에서는 각기 한 권씩의 책을 배당받고 있는 사실을 주목해 볼 수 있다. 제13권에서 주로 죽음의 문제를 취급했고, 나머지 심판, 지옥, 천국의 문제는 마지막 세 권에서 각각 다루고 있다. 보다 초기의 아프리카 주석가들을 따라 어거스틴은 계시록 20장의 사단이 결박당해 있는 천년 기간을 미래의 천년왕국으로 해석하지 않고 현재 시대로 해석한다. 예수님의 부활과 재림 중간에 위치한 전투적 교회는 "이미 지금 그리스도의 왕국이요 천국"으로서 지상에서 하나님을 대변한다. 산 자와 죽은 자를 통틀어 모든 성도들은 비록 미래의 소망에 기초한 방식으로이긴 하나 이미 그리스도와 함께 다스리고 있다. 마지막 날이 올 때 악한 자들과 의로운 자들이 종국적으로 분리될 것이다. 물론 의로운 자들 중에도 불로 연단받아야 할 자들이 있긴 하다.

회개하지 않는 자들은 영원한 형벌을 피하지 못할 것이다. 어거스틴은 궁극적 구원에 대해 자기가 그 확신을 심어 주고 싶어했던 사람들, 곧 의롭고 정통적으로 세례를 받은 신자들의 테두리 너머까지 그 범위를 확대시키고자 하는 시도들을 적어도 여섯 번은 비판했다. 현대의 모든 신학자들은 이보다는 희망의 폭을 좀더 넓혀 주고 있다. 그런 점에서 어거스틴이 적의 없는 웃음으로 '우리의 자비로운 형제들'(misericordes nostri)이라 불렀던 축에 속한다고 할 것이다. 하지만 오리겐(Origen)처럼 사단의 궁극적 구원에 관심을 기울이는 사람은 별로 많지 않다. 현대의 그리스도인들이 어거스틴과 분명히 동의할 수 있는 점이 있다면 그것은 선과 악이 결코 뒤섞이지 않을 것이라는 점, 그리고 죄인이 그의 죄를 버리고 하나님께로 또 사랑에로 돌아오지 않고서는 구원을 얻지 못한다는 점이다.

천국에 관해서는, 「신국론」의 완성이요 보다 유쾌한 주제로서, 제일 마지마 책에서 다루어지고 있다. 그러나 먼저 우리에게 상기시켜 주고 있는 것은 부활 신앙이 하나님의 능력으로 세상에 널리 퍼지게 되었다는 사실이다. 그 신앙이 당대에 그리스도의 능력에 뒤를 이어 나타난 많은 기적들을 통해 증거되어졌고, 또 기도를 통해서나 성인들의 유품을 통해서도 증거되었노라고 어거스틴은 적고 있다. 그는 일련의 긴 사건들을 묘사하고 있는데 주로 신유에 대한 내용이다. 그 중에는 어거스틴이 최근에 히포(Hippo)로 가져온 스데반의 유품과 관계된 기적들이 있다.

우리가 죽음으로부터 일으킴을 받을 때에는 더 이상 이생의 슬픔들을 맛보지 않을 것이다. 이 사실을 어거스틴은 길게 상술하고 있다. 그리고 우리의 영적 환희는 세상의 즐거움과 아름다움을 능가할 것이다. 그는 이를 더 상세히 설명한다. 그러나 무엇보다도 우리는 주님을 완전한 자유와 행복과 평화 가운데서 영원히 사랑과 찬양에 잠긴 채 대면할 수 있는 것이다. 어거스틴이 산문으로 기록한 것을 중세의 시인들은 시로 바꾸어서 우리가 땅의 시온에서 기대하고 하늘의 예루살렘에서 누리게 될 이 교제의 즐거움을 이렇게 노래하고 있다.

> 이제 우리는 싸우며 나아간다네
> 이제 우리는 소망 중에 산다네
> 시온은 고뇌에 차서
> 바벨론과 대적해야 한다네.
>
> 그러나 우리가 지금 의뢰하는 그 분은
> 그때 보여지고 알려지리.
> 그리고 그를 알고 보는 이들은
> 자기들의 분깃으로 그 분을 얻게 되리.
> (클루니의 버나드)

　이렇게 하여 로마의 폐허에서부터 시작한 순례길이 천국의 문에까지 이르렀다. 어거스틴은 몇 년 후 임종의 침상에 눕게 되는데, 그때 그의 병실 벽은 회개의 시편들에 둘러싸여 있었고 로마시의 성문들은 반달족들로 둘러싸여 있었다. 어거스틴이 남긴 방대한 유록들 가운데서 이「신국론」만큼 큰 영향을 미친 것은 없다. 부분적으로 볼 때 그 이유는, 이 책이 그의 가장 다채로운 작품의 하나로서 – 현대의 한 수사가 진솔하게 명명한 것처럼 '이 명료하지만 난해한 책' – 자기 사상의 가장 심오한 주제들을 아주 실제적이고 구체적인 방대한 사항들과 접붙여 놓고 있는 것이다. 그 핵심 주제는 계속적으로 보편적 관심거리가 되고 있다. 모든 사람이, 아니 모든 그리스도인이 신성의 정의라든지 은혜 교리, 지식의 문제 등에 관심을 갖는 것은 아니다. 그러나 시민이며 동시에 교인으로서 교회와 국가에서의 자신의 삶에 대해 관심 가지지 않는 사람은 없다. 또한 이 양대 기관의 배경에 대해서도 마찬가지다. 수 세기 동안 어거스틴의 이 작품은 이런 점들에 대한 가장 쓸모있는 안내를 제공해 왔고, 또 그의 광범한 안목은 두 세상 곧 지상 사회와 하나님의 나라에 동시에 시민으로 있는 그리스도인들에게 아직도 큰 호소력을 주고 있다.「신국론」제19권을 주의 깊게 읽는 사람이라면 누구나 한 성직자가 나와서 '자, 함께 세상의 평화를 위해 기도합시다'하고 말하는 것을 들을 때 멈추어 서지 않을 수 없을 것이다. 우리가 세상의 평화(pax terrena)를 기도의 제목으로 삼기 전에 우리는 그것이 하나님의 평화(pax Dei)와 어떻게 연관되는지 살펴보고 싶어할 것이다. 그때에 우리는 우리의 지상의 나라 속으로 예루살렘의 평화를 하나님께서 허락하시는 분량만큼 들여오고자 소원하며 기도할 수 있게 될 것이다.

Ⅵ. 어거스틴의 애매성

「신국론」을 읽을 때 우리는 어거스틴의 학문과 철학을 접하게 된다. 더 나아가서 그의 현실적 신념들과 그의 복잡한 인격과도 만나게 된다. 그의 책을 그 사람과 떼어놓고 볼 수는 없다. 이렇게 결부시켜 놓고 볼 때 어거스틴의 「신국론」에는 두 가지의 애매성이 나타나는데, 어쩌면 이 때문에 그의 작품이 보다 못한 사람들의 더 깔끔한 작품보다 더 위대하고 포괄적인 책이 되고 있다.

첫번째 애매한 점은 인간 사회에 대한 어거스틴의 분석이 형식상으로는 이중적이지만 실제적으로는 삼중적이라는 사실이다. 하나님의 나라가 사단의 나라와 대립해 있다. 그런데 하나님의 나라가 인간의 나라들과 꼭 대립되는 것은 아니다. 로마제국은 그 모든 결함에도 불구하고 악마적으로 간주되지는 않는다. 어거스틴은 비록 철저하게 기독교 정부는 아니더라도 적어도 그리스도인 군주의 가능성은 생각하고 있다. 그리고 그의 편지들 중 하나에서는 하나님의 도성의 한 부분으로 간주될 수도 있는 기독교 도시의 가능성을 다루기도 한다. 절대적인 것은 다만 그의 대비의 형식일 뿐이다. 완전한 지복에 대해 볼 때 지상의 행복은 보잘것없는 것이고, 하늘 나라에 대비해 볼 때 지상 나라들은 사악한 것으로 나타난다. 하지만 그 지상 나라들이 지옥 같은 곳은 결코 아니다. 내 생각으로는 어거스틴이 국가를 그릴 때 우리 지상 생활 전반이 그러하듯 형식상 하나의 선악의 싸움장으로 묘사했더라면 자기 사상에 더 충실했으리라 생각한다.

하나님 나라의 지상적 대표는 교회이다. 이 교회는 모든 의로운 자들의 신비적 교제이기도 한 신자들의 가시적 몸이다. 영원한 그 나라의 시민이 되도록 예정된 사람들 중에도 순간적으로는 거기에 외적으로 합하지 않을 수도 있지만, 그러나 보편 교회는 여전히 모든 사랑하는 자들의 참된 가정이다. 하지만 국가는, 그리고 일반적으로 인간 사회는 같은 방식으로 보다 낮은 권세들의 대표가 되지 못한다. 오히려 그것은 자연적 인간성의 협동적 표현이다. 타락으로 인해 상처를 입긴 했으나 본질적으로는 여전히 하나님의 피조물이요, 가공할 부패의 가능성도 있지만 또한 많은 선을 행할 가능성도 가지고 있다. 「신국론」의 사상을 발전시키고 적용시킨 사상가들과 정치가들이 바로 이런 점에서 어거스틴의 사상을 곡해하곤 했다. 교황 그레고리 7세의 다소 냉혹한 말 외에는, 어거스틴의 사회 원리에 영향을 받은 사람들 중에서 세속 권위와 인간 사회에 대해 그의 양단적인 분류법이 암시하는 것과 같은 심한 말로 그것을 평하는 사람은 거의 없다. 이 세상은 바벨론일 수도 있고 그렇다면 우리는 모두 어떤 의미에서는 바벨론인이다. 질서있는 조화의 원리를 천상의 세계 속에서, 의인들의 영혼 속에서, 보편 교회 속에서, 그리고 비록 그 급은 낮지만 로마제국 속에서 다양하게 찾아보고자 했던 점에서 어거스틴의 권위를 지켜 주는 것이 결코 부당한 일 같지는 않다.

어거스틴의 두번째 애매한 점은 개인적 태도의 문제이다. 과연 그는 이 세상을 호의적인 눈으로 대했는가 아니면 그것을 도피하고자 안달했는가? 나는 이 두 가지 태도가 모두 똑같이 있었노라고 대답해야만 할 것 같다.

어거스틴 속에는, 리브가의 태 속에서 야곱과 에서가 서로 다투었듯이 두 종류의 사람이 투쟁하고 있었다. 타가스테의 어거스틴, 마다우라와, 카르타고와, 로마와, 밀라노의 어거스틴, 똑똑한 소년이요, 돋보이며 진취적인 청년 지도자로서, 애굽의 모든 지혜를 다 갖춘 사람, 고대 문화를 습득하고 수사학적이요 변증적이요 로마적인 사람 — 곧 세계인이요, 휴머니즘으로 금박을 입힌 플라톤주의의 색채를 충분히 갖춘 진보한 휴머니스트로서의 어거스틴이 있다. 그러나 또 다른 한편에는 「참회록」의 어거스틴, 「설교」와 「신국」의 어거스틴, 수사요 금욕주의자며 내세적인 설교자, 성경 해석가요 겸비한 사제로서의 어거스틴이 있다.

그의 초기 생애에서는 전자가 지배적이었고, 사제요 감독으로 있을 때에는 후자가 지배적이었다. 그러나「신국론」에는 그 모든 요소가 공존해 있다. 세상과 그 철학자들을 공격하는 자리에서도 그는 순수한 희열을 유지하였고, 표현과 논증의 기법에 있어서 환희적인 분위기를 나타내었다. 그리고 종말의 일들을 다루는 부분에서는 비록 하늘의 기쁨이 얼마나 말할 수 없을 만큼 좋은 것인지를 먼저 언급하고 있지만, 그런 가운데서도 이 땅 위에서의 기쁨에 대한 장엄한 표현이 나타나고 있다. 조금 앞에서는, 수많은 자연의 경이들이 언급되고 있는데, 그 목적은 이런 기적들이 존재하는 것이 분명하다면 영원한 불(火)도 또한 존재할 수 있다는 논증을 위해서이지만, 바로 여기에서도 우리는 잠깐동안, 저주받은 자들의 고통에 대해서는 깜빡 잊어버리고, 밀레비스의 세베루스 감독(Bishop Severus of Milevis)이 아프리카의 이전 백작이었던 바타나리우스(Bathanarius)와 함께 식사를 하며 구경하였던 자석 이야기와 같은 진기한 이야기들에 솔깃 빠져들고 마는 것이다. 다시 말하자면「신국론」은 역사, 신학, 윤리학의 세 가지 매우 중요한 주제들에 대한 책인 것만은 아니다. 이 작품에는 또한 이 위대한 사람의 정신이 반영되어 있고, 또 있는 그대로의 세상이 실제적으로 반영되어 있다. 그러고 보면 샤를마뉴 황제가 왜 이 책을 즐겼는지 그 이유를 이해할 수 있으리라고 생각한다.

신국론 서론

에티엔느 질송(Etienne Gilson)

「신국론」(*De civitate Dei*)은 성 어거스틴의 대표작들 가운데 하나일뿐만 아니라 「참회록」과 더불어 고전에 속하는 작품이다. 이 방대한 작품의 내용을 모두 분석한다는 것은 불가능에 가까운 일이다. 왜냐하면 이 작품은 전체적으로는 구도가 짜여져 있지만, 그 내용에 이야기들을 아주 많이 담고 있기 때문이다. 이 서론의 목적은 어거스틴이 다루고자 하는 중심 주제가 무엇인가를 밝힘으로써 그 주제의 역사적 중요성을 강조하고자 하는 것이다. 어거스틴이 추구했던 보편적인 종교적 사회의 관념 안에 많은 현대인들이 갈망하는 세계 사회의 이상이 숨어 있다.

물론 어거스틴이 제기했던 문제가 현대 사회에서 제기되는 문제와 정확히 같은 문제는 아니다. 따라서 「신국론」을 읽고 이 책에서 현대 사회의 문제에 대한 해결책을 발견할 수 있으리라고 기대해서는 안된다. 그럼에도 불구하고 어거스틴이 제기하고 해명한 문제가 우리의 문제의 뿌리라는 말은 틀린 말이 아니다. 우리의 문제를 해결하는 데 실패하고 있는 이유 가운데 하나는 아마도 현대 사회의 문제 해결이 어거스틴이 해결한 문제의 해결을 전제하지 않고 있기 때문일 것이다.

현대인들은 모든 민족이 완전한 통합체를 이룬 하나의 세계를 열망한다. 그들의 열망은 정당한 것이다. 그들이 조직하고자 노력하고 있는 보편적 사회는 정치적이고 지상적인 사회이다. 이 점에 있어서도 그들의 생각은 옳다. 아마도 그들이 범한 가장 심각한 오류는 보편적인 종교적 사회 없이도 보편적이며 순수하게 자연적인 인간 사회가 가능하다고 상정(想定)하는 데 있다. 사실상 같은 초자연적 진리를 받아들이고 같은 초자연적 선(善)을 사랑하는 종교적 사회 안에서라야 비로소 인간들의 연합이 가능하다.

I. 보편적 사회의 문제

기독교는 로마제국 안에서 탄생했다. 로마제국은 로마시(市)의 거대한 확장에 불과했다. 지나치게 단순한 생각인지는 모르지만, 로마의 법·질서 및 기타 모든 로마의 소유가 곧 로마제국을 규정했던 것이다. 그러면 로마는 무엇이었는가? 이 질문에 대하여 많은 다양한 답변이 제시되었다. 그리고 전문가들조차도 모든 사람이 납득할 만한 해결책을 발견하지 못했기 때문에, 어느 한 가설을 택한다는 것은 섣부른 짓이며, 더군다나 그 가설 위에 이론을 세우려 한다는 것은 아주 경솔한 일이다. 그러나 로마가 아테네와 같이 고대 도시들 가운데 하나였다는 사실을 의심하는 사람은 아무도 없다. 당시의 도시들은 하나의 국가였거나 국가의 중심이었다. 이 도시민들은 같은 혈통을 가진 종족들로 구성되어 있었다고 생각하는 것이 무난하다. 페리클레스 시대인 주전 451년경에도 합법적으로 결혼한 아테네의 부모의 자녀들만이 아테네 시민이 될 수 있도록 규정한 법이 통용되고 있었다. 희랍의 도시들이 씨족 단위로 세분되어 있었다는 사실 — 이 세분된 단위는 소위 familia(아테네), gens(로마)를 지칭한다 — 에서 이 가설이 대체로 입증된다.

그러나 푸스텔 드 꿀랑제가 그의 고전적인 저서 「고대도시」(*The Ancient City*)에서 발표했던 탁월한 견해는 여전히 유효하다. 그의 저서에 의하면, 가족은 종교적 신념과 제사 의식과 불가분의 관계에 있었다. 꿀랑제는 역사적 유물론을 정면으로 반박하면서 '역사적 정신론'이라고 할 수 있는 견해를 제시했다. 꿀랑제의 견해에 의하면, 현대인이 25세기 전의 인간과 다른 점은 그 당시의 사람들과 다른 방법으로 사고하기 때문이라는 것이다. 그러므로 다음과 같은 기본 명제가 성립한다. '역사는 물질적인 사실들과 제도들만을 연구하는 것이 아니라 인간의 정신을 연구한다. 역사는 인간의 정신이 믿고 생각하고 느낀 바가 시대에 따라 어떻게 나타났는가를 알기 위해 노력해야 한다.'

이 견해에 의하면, 상부(上部)에서 가족과 고대 도시를 지배하는 것은 종교이다. 고대의 가족은 가화(家火) 숭배를 중심으로 형성되어 있었다. 가화(家火)는 상징적인 의미만 지니고 있었던 것이 아니라 구체적인 의미도 아울러 지니고 있었다. 가화 숭배를 중심으로 하여 형성된 가족은 하나의 닫힌 사회로서 모든 다른 가족과는 다른 독자적인 예배 방식을 가지고 있었다. '종교는 가족 이외의 다른 사람들을 형제라고 말하지 않았다. 종교는 그를 낯선 사람이라고 불렀다. 그는 가화 숭배에 참여할 수 없다. 그는 가족의 무덤에 접근해서도 안된다. 왜냐하면 그는 다른 신을 가지고 있기 때문이다. 그러므로 그와는 같이 한자리에 앉아서 기도할 수 없다. 그들의 신이 그의 예배를 거부하기 때문이다. 그들의 신은 그 낯선 자를 적으로 간주한다. 그러므로 그는 가족의 적이다.' 가족보다 큰 사회 단위를 구성하기 위해서는 가족 사이에 놓여 있는 분리의 벽을 극복할 필요가 있었다.

가족이 씨족으로, 씨족이 부족으로, 부족이 도시 국가로 형성되어 갔다고 가정해 보자. 가족 이상의 단위에서도 예배에 접하게 된다. 기원은 확실하지 않지만, 제우스나 헤라클레스와 같은 또 다른 제신(諸神)들이 가족 신들과 나란히 숭배를 받으면서 점차 우위를 차지하게 되었다. 두서너 가족이 공통으로 신들을 숭배하게 되면서 도시가 탄생하게 되었다. '종교가 영역을 넓히는 속도만큼 사회의 발전이 이루어졌다. 종교의 발전이 사회의 발전을 낳았다고는 단정할 수 없을 것이다. 그러나 종교와 사회의 발전이 동시에 나타났다는 것만큼은 분명하다.'

* * * *

410년 8월 24일, 알라릭(Alaric)이 로마에 침입해서, 기독교도였지만, 로마시를 사흘 동안 약탈했다. 나흘째 되는 날 그 군대는 로마시에서 철수했는데, 그들은 막대한 전리품과 함께, 산더미와 같은 시체와 폐허를 뒤에 남긴 채 떠났다. 교회가 제국의 지지를 얻으려고 하는 순간 처음으로 로마제국이 함락되었다. 이것이 곧 로마제국의 종언을 의미하는 것은 아니었으나, 이와 유사한 많은 경험들 중에서도 특히 이 사건은 그 충격이 컸다. 피상적으로만 보게 되면 로마의 몰락으로 인해 교회도 몰락할 것처럼 보였기 때문이다. 그러나 실제로 살아남은 것은 중무장한 정치적 공동체가 아니라 그리스도께 대한 믿음으로 연합된 신자들의 몸인 교회였다.

이 사실은 쉽게 잊을 수 있는 것이 아니었다. 로마가 야만인들에게 정복당했다는 사실이 제국 전역에 깊은 인상을 심어 놓았다. 그리스도인들과 이교도들 사이에서 벌어진 끝없는 논쟁 때문에 폭력과 갈등이 증가되었다. 양진영의 모든 주장들을 분석해 낸다는 것은 장황하고 지루한 작업이다. 논쟁이라는 것이 늘 그렇듯이, 이 논쟁도 뚜렷한 결말을 보지 못했다. 이교도들의 편에서는 두 가지 중요하고 단순한 주장을 내세웠다. 이 주장들로부터 모든 다른 논증들이 직접·간접으로 유래했다. 첫째, 기독교 교리는 세상을 포기할 것을 가르쳤다는 것이다. 그 결과로서 로마 시민들이 국가가 부여한 의무를 등한시하게 되었고, 이것이 로마의 몰락을 초래했다는 것이다. 둘째로, 로마의 운명은 언제나 제신 숭배와 밀접히 연관되어 있었다. 이교도들의 주장에 따르면, 기독교가 처음 전파되기 시작하면서, 배반감을 느낀 그들의 신들이 로마제국에 보복을 가해 왔다는 것이다. 이 주장에 귀를 기울이고 싶어하는 사람들은 없었다. 그러나 계속하여 일어난 일련의 사건들은 이같은 예언을 정당화시켜 주기에 안성맞춤이었다. 그리하여 그와같은 주장을 전혀 도외시할 수는 없는 형편에 이르게 된 것이다. 로마제국이 기독교화된 것과 때를 같이하여 기독교를 신봉하는 황제가 등장했으며, 그가 통치하는 동안 로마의 긴 역사상 처음으로 정복당하는 사태가 발생했다. 이처럼 뚜렷한 비극성을 띤 교훈을 누가 쉽게 받아들이지 못하겠는가?

이와 같은 반대 의견들이 마르셀리누스가 히포의 감독 어거스틴에게 보낸 서신에 표현되었다. 412년에 이교도 볼루시아누스가 마르셀리누스에게 이같은 반론을 이야기했고, 마르셀리누스는 다시 즉각 어거스틴에게 답변을 해주도록 간청했다. 마르셀리누스에 의하면, 볼루시아누스가 제기한 반론은 그리스도의 설교와 교훈이 시민들의 의무 및 권리와 양립할 수 없다고 가르쳤다는 것이다. 그 대표적인 예로서 다음과 같은 말씀들을 열거했다. '악으로 악을 갚지 말라.' '누구든지 네 오른편 뺨을 치거든 왼편도 돌려대며 또 너를 송사하여 속옷을 가지고자 하는 자에게 겉옷까지도 가지게 하며 또 누구든지 너로 억지로 오리를 가게 하거든 그 사람과 십리를 동행하고 네게 구하는 자에게 주며 네게 꾸고자 하는 자에게 거절하지 말라.'

이와 같은 도덕적 규범들을 실천에 옮기려고 하면, 국가에 파멸이 찾아올 수밖에 없다. 적에게 재산을 강탈당한 자가 어떻게 복수하지 않고 그저 참고만 있을 수 있겠는가? 로마의 영토가 파멸당하는 모습을 보면서도 전쟁의 법칙에 따라 보복을 거부하는 사람이 어디 있겠는가? 이 반론들은 우리들에게도 친숙해져 있는 논제들이다. '의식 있는 반대자들'이 끊임없이 다시 떠올리는 문제들이기도 하다. 이 반론들은 기독교인의 양심의 뿌리를 문제삼는 것들로서 강한 호소력을 가지고 있다. 주목할 만한 사실은, 이교도인 볼루시아누스가 아닌 기독교인인 마르셀리누스가 가장 강한 최종적인 논제를 제기했다는 점이다. '기독교를 실천에 옮기는 황제들이 다스리는 기간에 큰 재난들이 로마제국에 찾아온 것은 틀림없는 사실이다.'

이 반론은 매우 긴박한 문제였으므로, 성 어거스틴은 답변을 지체할 수 없었다. 그가 받은 질문은 기독교적인 덕목들을 실행에 옮김으로써 국가의 몰락이 초래된 것이 틀림없는 사실이라면 기독교인들로 구성된 국가가 어떻게 살아 남을 수 있으며, 기독교인이 어떻게 국가 안에서 살아갈 수 있느냐라는 것이었다. 이 질문에 대해서 성 어거스틴은 뜻밖의 답변을 한다. 이교도들 자신들도 이미 비난의 표적이 되고 있는 기독교적인 덕목들을 전파해 왔다는 것이다. 볼루시아누스와 같은 지식인에게는 이 사실을 구태여 다시 생각나게 할 필요조차 없었다. 이미 살루스트가 범죄자를 처벌하는 것보다는 처벌을 잊어버리는 것이 더 나은 방법임을 찬양한 일이 있지 않은가? 키케로도 자신에게 가한 악행들을 쉽게 잊어버린다는 이유로 시저를 찬양한 일이 있지 않은가? 로마의 역사에 입각해서 판단해 볼 때, 이와 같은 용서의 법을 실행함으로써 그다지 나쁜 결과가 나타난 일은 없었다. 여기서 다시 한 번 복음서의 교훈이 무엇을 의미하는지 이해할 필요가 있다. 복음서에는 무기를 버리라거나 군복무를 거부하라고 강요하는 명령이 하나도 없다. 국가의 직무에 흔쾌히 임할 것을 규제하는 명령이 하나도 없다는 것이다. 오히려 정반대다. 사람들은 마땅히 남편과 아내, 부모와 자식, 주인과 종, 왕과 재판관, 납세자와 수세자가 되어야 한다. 그것이 기독교의 가르침이다. 이런 가르침이 국가의 복리에 과연 반하는 것이라고 과감히 말할 수 있겠는가? 이 가르침은 오히려 로마제국을 구원하는 것이 아닌가?

그러나 이런 재난들이 기독교인 황제 치하에서 로마에 임했다는 사실은 어떻게 해명되어야 하는가? 어거스틴은 이 사실을 일언지하에 거부했다. 로마제국에 파멸을 가져온 것은 황제들이 신봉하는 기독교가 아니라 로마제국 자체 안에 있는 악들이었다. 엄청난 악의 홍수가 범람했는데도 사람들이 모두 휩쓸려 떠내려가지 않았다. 그런데 바로 그곳에 그리스도의 십자가가 우뚝 서 있는 모습이 안 보이는가? 살루스트와 쥬베날을 읽어보라. 부패의 정도가 얼마나 깊었는지 능히 짐작할 수 있지 않은가? 이제 막 발흥하기 시작하는 기독교가 비난의 표적이 되고 있으나, 정작 비난받아야 할 대상은 죽어가고 있는 이교 사상이 아닌가? 기독교의 계시는 두 가지 중요한 목적을 가지고 있었다. 첫번째는, 인간 사회를 구원하는 것이요, 두번째는, 거룩한 사회를 세우는 것이다. 이와 같은 이중적인 노력을 국가가 두려워해야 하는 이유가 무엇인지 납득하기 어렵다. 그러나 이 노력을 통하여 국가가 얻을 수 있는 것이 무엇인지는 아주 분명하다. 왜냐하면 기독교는 두번째 목표를 성취하기 위하여 노력하는 가운데 첫번째 목표를 얻을 수 있기 때문이다.

첫째로, 기독교는 부패가 파멸을 재촉하는 곳에서 정치적이고 인간적이고 자연적인 사회를 불가피한 파멸에서 구원한다. 로마 사회를 위협하는 것은 행복과 번영을 확보하기 위해 필요한 덕목들에 대한 무지가 아니다. 로마제국민들은 지난날의 위대한 덕목들을 자랑하는 제국에 대한 단순히 자연적인 애정에 근거하여 부과된 의무가 어떤 것인지 잘 알고 있었다. 그러나 제국의 시민들에겐 그 의무들을 실행에 옮길 용기가 없었다. 그러나 그들이 나라를 사랑하면서도 행동에 옮길 능력이 없어서 행하지 못한 일을, 기독교의 하나님은 하나님을 사랑하는 마음으로 실행에 옮기도록 기독교인들에게 명령했다. 이리하여 도덕성과 시민의 덕이 전체적으로 무너져 내리는 상황 속에서도 신적인 권위가 개입하여 검소한 생활, 절제, 우정, 정의 그리고 일치를 제국민들 사이에 전파했다. 따라서 기독교의 가르침을 신봉하고 그 율례들을 준수하는 사람들은 하나님을 사랑하는 마음으로 로마제국 자체가 요구하는 일들을 실천에 옮기고자 했다. 어거스틴은 이미 시공을 초월한 위대한 원리를 선포하고 있었다. 이 원리는 교회가 모든 인간 사회 안에 침투해 들어가는 것을 정당화해 주는 것으로서, 선한 기독교인은 선한 시민이 된다는 명제였다. 물론 복음의 긴박성은 이런 방법으로는 결코 완전히 충족될 수 없다. 그러나 진정하고 헌신적인 태도로 복음을 추종하는 자들이 세상 안에 거하기를 포기하게 되면 세상의 필요는 결코 충족될 수 없다. 기독교인들이 태도를 전환하지 않는 한 세상의 유익함을 맛볼 수 있는 길도 열리지 않는다. 그리스도께서 가이사의 것을 자신을 위하여 특별히 떼어 두지 않으셨다고 가정하더라도 긴급히 해결해야 할 도덕적 형평의 문제는 여전히 제기된다.

 기독교적인 덕목들이 공공질서와 번영을 위해 유익한 것이라고 가정하더라도, 이 질서와 번영은 그 자체가 본래의 목적이 될 수 없다는 사실도 동시에 정당한 말이다. 그러므로 국가가 자연적이고 도덕적인 덕목들의 실천에 대한 확고한 신념을 견지하는 한, 그것은 국가 자체의 번영을 보장해 줄 수 있다. 로마 초기의 역사에서 그같은 사례를 어렵지 않게 찾아볼 수 있다. 성 어거스틴은 라틴 역사가들의 훌륭한 전통에 따라 로마의 덕을 찬양하는 일을 주저하지 않았다. 고대 로마는 검약, 건전, 순결한 생활 방식 때문에 성공을 거두지 않았는가? 로마의 역사가들과 시인들이 빈번하게 서술하고 있는 것처럼, 로마의 몰락은 생활 방식의 타락에서 시작되었던 것이 아닌가? 성 어거스틴은 이교의 나라 로마의 번영했던 과거를 생각하면서 당황하기는커녕, 그 속에서 하나님의 섭리적인 계획의 표징을 보고 있다. 단순한 시민적인 덕목들을 통해 획득된 일시적인 영화를 하나님이 허용하신 목적은 정확히 말해서 기독교의 덕목들의 진정한 목적이 무엇인지 깨닫게 하려는 것이었다. 세상은 기독교적인 덕목들이 없어도 번영을 구가할 수 있기 때문에, 확실히 기독교적인 덕목들이 세상의 눈에는 나타나지 않는다. '하나님은 가장 풍부하고 화려한 로마제국을 통하여 시민적인 덕목들이 참된 종교 없이도 얼마나 큰 영향을 끼칠 수 있는가를 보여 주었다. 이렇게 하심은 그와 같은 덕목들에 참된 종교가 첨가되면 사람들은, 왕이 진리요, 그 법이 사랑이요, 그 기간은 영원 무궁인 또 하나의 나라의 시민들이 된다는 것을 알도록 하기 위해서였다.' 정치적인 덕목들이 정치질서 안에서 충분하다는 사실은 그 덕목들의 본질과 목적 모두 초자연적인 기독교적인 덕목들의 이념을 나타내는 것이다.

그러므로 어거스틴의 사상에는 언제나 두 나라가 등장한다. 로마의 재난에 대한 책임으로부터 교회를 자유케 하는 것은 엄격한 변호사의 입장에서 소송 사건을 변론하는 것 이상의 일이었다. 로마의 작가들도 인정하고 있는 것처럼, 로마의 쇠퇴와 쇠퇴의 원인이 기독교의 도래보다 선행하는 것이기 때문에 쇠퇴의 책임을 기독교에 물어서는 안된다. 그럼에도 불구하고 410년의 재난의 문제는 여전히 논쟁거리로 남게 된다. 더욱이 이교도들은 이 논증을 집요하게 물고 늘어졌는데, 이 논증은 진리의 외투를 입고 설득력을 발휘했다. 따라서 성 어거스틴은 413년에 이 논증에 대해 답변을 하지 않을 수 없었다. 「재고(再考)록」(*Retractations*)이라는 저서에서 어거스틴은 이렇게 말한다. "로마가 알라릭이 이끄는 고트족의 침략에 의해 파괴당했을 때, 수많은 이교의 거짓 신들을 예배하던 자들이 재난의 책임을 기독교에 전가시키려는 의도를 가지고 이전보다 더 가혹하게 참된 하나님을 모독하기 시작했다. 하나님의 집을 향한 열정에 불타 있던 나는 그들의 모독과 오류를 논박하기 위하여 「신국론」을 저술하기로 결심했다."

이 저술을 구성하고 있는 22권의 책들 가운데, 마지막 열두 권은 두 나라 곧 하나님의 나라와 세상의 나라의 역사를 개관하는 데 할애하고 있다. 그는 두 도성의 기원으로부터 장차 올 종말의 때까지를 조망한다. 이 저술의 이름을 「신국론」이라고 명명한 이유는 다만 두 명칭 가운데 이 명칭이 더 고상한 것이었기 때문이다. 그러나 이 저서 안에는 두 나라의 역사가 다 들어 있다. 어거스틴은 이 책을 저술한 진정한 목적이 무엇인가를 분명히 인식하고 있다. 이 책은 상황에서 제기된 문제 곧, 마르셀리누스가 제기한 문제에 답하려는 목적으로 저술되었다.

이 저술은 교회를 어떤 특정한 비난으로부터 옹호하는 것 이상의 내용을 담고 있다. 이 저서가 관심을 기울이고 해석하려고 하는 드라마의 흥망성쇠는 문자 그대로 우주적인 의미를 가지고 있다. 왜냐하면 이 드라마는 곧 세상의 역사와 동일한 것이기 때문이다. 어거스틴이 강조하는 주제는 온 세상은 처음부터 마지막까지 거룩한 사회의 형성을 그 고유한 목적으로 하며, 모든 일은 이 목적과 관련하여 일어난다는 것이다. 우주도 예외는 아니다. 사상사적으로 볼 때, 사회의 관념이 어거스틴에게서처럼 그 깊이에 있어서 변화를 겪은 적은 없었으며, 그의 견해만큼 시야가 넓어진 적도 없었다. 여기서 그 나라는 지구 또는 세상 끝이라는 한계선을 넘어서까지 확대된다. 이 저서에는 세상이 포함되어 있으며 세상의 존재 자체를 해명한다. 하나님을 제외한 모든 것이 그 나라를 위해 존재하고, 이 나라와 분리해서는 아무런 의미도 부여받지 못한다. 가장 작은 사건, 가장 비천한 피조물까지도 궁극적으로 알려질 수 있는 것이라면, 그 비밀을 가진 주체가 곧 그 나라이다.

II. 하나님의 나라와 보편 사회

물질적인 관점이 아닌 사회적 관점에서 본 나라는 무엇인가? 그런데 사회 계약의 본질이 무엇인가를 규명하려는 시도를 하는 가운데 철학자들이 상정하는 것과 같은 추상적이고 일반적인 논의를 방대한 분량의 「신국론」에서 찾으려 한다면, 틀림없이 실망할 수밖에 없을 것이다. 성 어거스틴은 변증적 성격을 띤 많은 주제 외(外) 논술을 통하여 자신의 저술 목적을 추적해 간다. 그는 몇 대목에서 기독교적인 관점에서 철학을 어떻게 평가해야 하느냐라는 문제를 거론한다. 특히 '나라(도성, city)'의 개념을 논할 때 이 문제가 거론된다. 그는 기독교에 무관심한 철학자의 입장에서 나라의 본질을 논의하지 않는다. 동시에 그는 철학에 무관심한 기독교인의 입장에서도 그 문제를 말하지 않는다. 그의 입장은 신앙의 빛 안에서 철학의 요소들을 판단하고 재구성하는 기독교인의 입장에서 그 일을 수행한다.

성 어거스틴이 말하는 인간의 나라란 무엇보다도 라틴 작가들이 말하는 로마의 모든 사상과 역사를 뜻한다. 교회가 로마의 파멸을 초래했다는 비난을 논박할 수 있었던 것은 이미 살펴본 바와 같이 살루스트 자신이 기독교가 로마에 들어오기 이전에 이미 로마가 로마 자체의 악 때문에 파멸에 이르렀다는 사실을 인정했기 때문이다. 성 어거스틴은 로마가 어느 순간부터 도시로 명명되기 시작했는가라는 문제를 해명할 때 이교적인 도시의 정의에 의존했다. 그는 이교 사회의 법률에 따라 이교 사회를 판단하면서, 이교 사회 그 자체가 인정하지 않을 수 없는 고유의 규칙들로부터 영감을 받았다.

어거스틴에 의하면, 이교적인 도시 개념의 지배적 특징은 정의관(正義觀)이었다. 예컨대 키케로가 생각했던 것처럼, 모든 사회는 교향악 연주와 비슷하다. 교향악을 연주할 때 다른 음색을 내는 악기와 음성이 어우러져 화음을 이룬다. 음악가가 화음이라고 부르는 것을 정치가는 일치라고 부른다. 일치가 없으면 도시도 없다. 그런데 정의가 없으면, 또한 일치도 없다. 그러므로 정의는 도시의 실존을 위하여 요구되는 첫번째 조건이다. 그러므로 성 어거스틴은 마침내, 로마는 그 외양이 아무리 번듯한 사회의 모습을 갖추고 있어도 그 사회가 정의를 상실한 바로 그 순간 로마는 존재하지 않게 되었다고 결론 내린다. 살루스트의 주장과 같이 로마 사회가 부패했다고 선언하는 것만으로는 부족했다. 키케로의 말을 빌려서 어거스틴이 말한 것처럼, 하나의 사회로서의 로마는 존재하지 않게 되었다고 말할 필요가 있었다.

그러면 이와 같은 어거스틴의 결론은 너무 극단적인 견해인가? 이미 어거스틴이 말한 것처럼 로마 공화정이 덕목들 때문에 번영을 구가했었다면, 로마는 당당히 하나의 사회로서 존립할 수 있었을 것이다. 412년 마르셀리누스에게 보낸 어거스틴의 편지에도 나타나 있는 것처럼, 하나님은 고대 로마가 기독교적인 덕목들이 없이도 번영하도록 허용함으로써 기독교적인 덕목들이 지닌 초자연적인 이념을 나타내고자 하셨기 때문이다. 이렇게 해서 어거스틴은 이교도들의 시민적 덕목들의 잠정적 가치를 인정했으며 로마 사회의 권위도 시인했다. 어거스틴이 로마를 완전히 거부하려는 의사가 없었던 것임에 틀림없다. 신적인 이유든, 아니면 인간적인 이유든간에, 어떤 이유에서든지 고대 로마는 이미 그 자체로서도 참된 사회였다. 고대 로마인들은 후대의 로마인들보다 로마 공화국을 훨씬 더 훌륭하게 다스렸다. 그때의 로마는 하나의 사회였다. 그러나 어거스틴은 이처럼 로마를 인정하는 듯한 말을 하면서도 곧이어 로마가 사회가 아니라는 말을 덧붙이는 것을 잊지 않았다. 진정한 로마 사회는 한번도 존재해 본 일이 없었다. 왜냐하면 참된 정의가 로마를 다스려 본 일이 없었기 때문이다. 여기에 쉽게 해결할 수 없는 문제가 제기될 수밖에 없다. 로마 공화정이 있었다는 말은 로마가 탄생할 때 일종의 정의가 로마를 지배했었다는 뜻이다. 이 정의가 사회의 탄생을 가능하게 했던 것이다. 그러나 그 정의는 참된 정의가 아니었기 때문에, 그것이 배태한 사회도 진정한 사회는 아니었다. 여기서 일단 논리적 추론에 따라서 로마 사회가 결코 진정한 사회가 아니었기 때문에 존재한 일이 없었다고 가정하자. 그 이유는 진정한 사회가 아니라는 말은 사회가 존재하지 않았다는 말과 상통하는 것일 수 있기 때문이다.

이 말이 지닌 엄격한 의미는, 사회라고 부를 수 있는 참된 의미의 나라는 오직 하나뿐이라는 사실을 암시적으로 지시한다. 진정한 정의의 법칙들을 준수하는 이 유일한 나라는 그리스도가 머리 되시는 나라다. 또 하나 분명한 사실은 그리스도를 머리로 하지 않는, 모든 사람들로 구성된 제 2의 나라가 있다는 것이다. 그러나 이 두번째 나라는 첫번째 나라의 겉옷에 지나지 않는 것으로서 전자 때문에 존재한다. 참된 정의의 나라가 없다면, 불의(不義)의 나라도 있을 수 없다. 사회가 사회로서 존립하려면, 하나님의 나라이거나 하나님의 나라와 관련하여 정의된 도성이라야 한다.

✻ ✻ ✻ ✻

세상에 존재하는 헤아릴 수 없이 많은 나라들 중에서 어거스틴의 관심을 끈 것은 두 개의 나라 곧 두 유형의 사회였다. 개인과 나라의 관계는 철자와 단어의 관계와 같으므로, 우리는 사회 그 자체를 구성하고 있는 부분들을 검토함으로써 두 사회의 기원을 추적해 볼 필요가 있다. 역사 안에는 인류의 통일성이 완벽하게 실현되었던 순간이 있었다. 그때는 단 한 사람의 인간이 존재했다. 사실상 이 통일성의 보존을 위해서 하나님은 처음 한 인간을 만드셨고, 이 한 인간으로부터 모든 다른 인간들이 나오게 하셨다. 하나님은 다르게 인간들을 창조하실 수도 있었다. 말하자면 태초에 여러 사람을 동시에 창조하심으로써 오늘의 모든 인류가 그 몇 사람의 후손이 되게 하실 수도 있었다. 그런 경우에도 인류의 통일은 여전히 바람직하고 가능한 일이었을 것이다.

그러나 한 사람의 조상을 통하여 모든 사람들이 나옴으로써 인류의 통일성은 실현 가능한 이상의 차원을 넘어서서 하나의 사실이 되었다. 모든 인류는 육체적으로 하나이며 도덕적으로도 또한 하나이다. 왜냐하면 인류는 단순히 본성이 유사하다는 사실 때문에 연합되어 있는 것이 아니라 진정한 의미에서 가족의 띠로 연결되어 있기 때문이다. 인종, 피부색, 외모와 무관하게 모든 인류가 하나님이 만드신 첫 사람으로부터 시작되었으며, 이 첫 사람이 그의 가족임을 의심하는 신자는 한 사람도 없다. 성 어거스틴의 마음속에서도 하나님이 인류를 이같은 방법으로 만드신 목적은 다양성 속에서도 통일성을 유지하는 것이 얼마나 하나님을 기쁘게 해 드리는 일인가를 보여 주려는 것이었다는 생각이 있었음이 분명하다. 그들의 통일성은 가족적인 통일성임이 분명하다. 그러므로 인간은 그리스도 안에서 초자연적으로 서로 형제이기에 앞서서 아담 안에서 자연적으로 이미 형제인 것이다. 우리는 이 사실을 믿음을 통하여 확신한다.

그럼에도 불구하고 역사의 새벽이 밝아 오기 시작할 무렵 두 유형의 인간이 있었다. 하나는 아벨이요, 다른 하나는 가인이다. 그들은 이성적인 존재들로서 한 아버지에게서 태어났다. 그들 자신의 어머니도 동일한 아버지로부터 났다. 그들은 인간이라는 점에서도 동등했으나 전혀 상반된 의지를 가지고 있었으며, 여기서 근본적으로 다른 성격을 가지는 두 유형의 사회 탄생이 예고되고 있다. 그러므로 그 이후에 탄생하는 모든 인류는 두 백성들 가운데 어느 한 부류에 소속되었다. 하나는 선을 사랑하는 부류요, 다른 하나는 악을 사랑하는 부류이다. 첫째 부류의 창시자는 아벨이요, 둘째 부류의 창시자는 가인이다. 처음부터 두 백성의 역사는 보편사와 동일시되었다. 아니, 바로 보편사였다. 성 어거스틴은 이 역사의 중요한 순간들을 회고한다. 다른 역사의 시간들은 이 순간들의 반복이요, 연장일 뿐이다. 이 글의 목적은 어거스틴이 밟았던 길을 다시 밟아 보자는 것이 아니라 어거스틴이 두 사회를 어떻게 구상하고 있는가를 검토해 보자는 것이다.

이미 말한 바와같이 사회는 무엇을 사랑하느냐에 따라 구분된다. 성 어거스틴이 말하는 '나라(도성)'는 상징적이고 신비적인 의미를 가진다. 한편으로는 그리스도 안에서 하나님을 사랑하면서 하나님과 더불어 영원히 통치하기로 예정된 모든 사람들로 구성된 나라가 있다. 다른 한편으로는 하나님을 사랑하지 않고 귀신들과 함께 영원한 형벌을 받아야 할 사람들로 구성된 또 하나의 나라가 있다. 그러므로 성 어거스틴은 단일한 보편 사회를 상정한 일이 없다. 두 개의 보편 사회가 있다. 보편 사회라 함은 모든 인간이 두 사회 가운데 어느 한 사회의 시민이라는 뜻이다. 이같은 의미에서 볼 때, 두 유형의 사랑은 두 유형의 나라를 산출한다. 하나는 하나님의 사랑이 모든 사람을 통일시키는 나라요, 다른 하나는 시공에 상관없이 모든 시민들이 세상에 대한 사랑으로 통일되어 있는 나라이다. 어거스틴은 몇 가지 방법으로 두 도성의 차이점을 이야기했다. 하나님에 대한 사랑과 세상에 대한 사랑, 자기를 경멸하기까지 하나님을 사랑하는 것과 하나님을 경멸하기까지 자기를 사랑하는 것, 육신을 사랑하는 것과 영을 사랑하는 것. 어떤 경우든지, 두 사회는 무엇을 사랑하느냐에 따라 구분된다. 어떤 이름으로 불려지든, 두 유형의 사랑이 두 유형의 나라를 낳는다. 하나님의 나라가 이미 어거스틴이 그 나라의 역사를 쓰기 이전부터 있었던 하나의 기획이었다 할지라도, 역시 이 나라를 상상한 자는 성 어거스틴이다. 그는 왜곡되고 변질된 자아에 대한 사랑과 거룩한 자비를 구분한 뒤에, 즉각 이렇게 말했다.

"이것은 두 가지 사랑이 있음을 의미한다. 하나는 거룩한 사랑이요, 다른 하나는 거룩함이 없는 사랑이다. 하나는 사회적인 사랑이요 다른 하나는 개인주의적인 사랑이다. 하나는 거룩한 사회를 염두에 두고 공동의 이익에 주의하는 사랑이요, 다른 하나는 지배하려는 욕심 때문에 자신의 행복을 추구하는 사랑이다. 하나는 하나님에게 복종하는 사랑이요, 다른 하나는 하나님의 경쟁자로 나타나려는 사랑이다. 하나는 고요한 사랑이요, 다른 하나는 폭풍과도 같은 사랑이다. 하나는 평화를 사랑하는 것이요, 다른 하나는 싸움을 사랑하는 것이다. 하나는 기만적인 칭찬보다 진실을 선호하고, 다른 하나는 오로지 칭찬만을 갈구한다. 하나는 우호적인 사랑이요, 다른 하나는 질투의 사랑이다. 하나는 이웃의 요청에 주의하나, 다른 하나는 이웃을 손아귀에 넣고자 한다. 하나는 이웃의 유익을 위해 노력하나, 다른 하나는 그 자신의 유익을 위해 노력한다."

"이 두 유형의 사랑은 인간들에게 나타나기 이전에 이미 천사들에게도 나타났었다. 하나는 선한 천사들에게 나타났고, 다른 하나는 악한 천사들에게 나타났다. 이 두 사랑이 두 나라의 차이를 만들어 냈다. 하나는 의로운 자의 나라요, 다른 하나는 악한 자의 나라이다. 모든 피조물들을 다스리고 규정하는 하나님의 놀라운 섭리에 따라서 인간들 가운데 확립된 이 두 나라는 혼합된 채로 땅 위에서 생명을 부지하고 있다. 그러나 마지막 심판 때에는 서로 갈라지게 될 것이다. 하나는 선한 천사들과 연합하여 그 왕(King)과 함께 영생을 향유하고, 다른 하나는 악한 천사들과 연합하여 그 왕(king)과 함께 영벌에 던져진다. 이 두 사랑에 관한 역사적 개관 속에 보편사의 인식가능성과 보편사 그 자체가 내포되어 있다. 사람들이 사랑하는 대상이 무엇인지 말하라. 그러면 그가 어떤 나라에 속해 있는지 말해 주리라."

이 두 나라는 정확히 이야기해서 무엇을 지칭하는가? 이미 말한 것처럼, 이 두 나라는 사랑의 대상이 무엇인가에 따라 그 본질이 결정되는 두 백성을 뜻한다. '나라'라는 단어가 이미 상징어이다. 그런데 이보다 더 상징성이 강한 어휘들이 있다. 평화를 상징하는 예루살렘과 혼돈을 상징하는 바벨론이 그것이다. 어떤 명칭으로 부르든지, 대상은 동일하게 두 개의 인간 사회를 뜻한다.

이 개념을 보다 더 세밀하게 검토하는 가장 확실한 방법은 이 두 나라를 이루고 있는 구성원들을 묘사해 보는 것이다. 성 어거스틴은 아주 다양하게 이 묘사를 하고 있기 때문에, 독자들이 이 부분을 읽는 것을 주저하는 것도 충분히 납득할 수 있는 일이며, 일부 해석가들이 길을 잃고 방황하는 것도 이해가 가는 일이다. 그러나 엉클어진 본문 속에는 분명히 실마리가 있다. 어거스틴이 여러 차례에 걸쳐서 거듭 언명한 바 있는 그 원리는, 두 나라가 오직 하나님의 '예정'의 법칙에 따라서 백성들을 모집한다는 것이다. 모든 인류는 이 두 사회 가운데 어느 하나의 사회 안에 속해 있다. 왜냐하면 그들은 하나님과 함께 복을 누리도록 예정되어 있거나 악마와 더불어 영원한 멸망에 들어가도록 예정되어 있기 때문이다. 다른 선택의 여지는 있을 수 없다. 그러므로 어느 한 사회의 시민의 자질은 결국 모든 인간을 대상으로 한 하나님의 예정에 달려 있다.

이와 같은 관점에서 우리는 어거스틴이 말한 두 나라의 의미를 해석해야 한다. 하나님의 나라, 그리스도의 나라, 악마의 나라와 같은 용어들은 이해하는 데 별어려움이 없다. 믿음에 의해 사는 자들의 가족과 믿음에 의해 살지 않는 가족, 믿는 자들의 몸과 믿지 않는 자들의 몸, 종교적인 인간들의 사회와 비종교적인 인간들의 사회, 하나님의 사랑의 띠에 의해 연합된 자들과 자기애(自己愛)에 의해 연합된 자들―이런 표현들도 어렵지 않게 이해할 수 있는 표현들이다. 그러나 지상의 나라와 천상의 나라, 일시적인 나라와 영원한 나라, 멸망할 나라와 불멸의 사회를 비교할 때는 의문이 떠오른다. 사실은 두 나라 다 불멸의 나라이다. 그리고 시간 안에 살도록 예정된 자들은 이 두 나라 가운데 어느 한 나라에 속한다. 땅 위에서도 하나님의 예정에 힘입어 거룩한 나라의 일원이 될 수 있다. 어거스틴은 때로는 정확한 형식을 사용하면서도 또 어떤 때는 그렇지 못하다. 의심의 여지가 있을 때는 정확한 형식을 해석의 규범으로 삼아야 한다. 모든 나라는 어떤 명칭으로 불리어지든지 하나님이 왕으로 다스리는 왕국과 악마가 통치하는 왕국으로 귀결된다. 명칭이 아무리 다양해도 이 사실에는 변함이 없다.

※　※　※　※

두 나라는 모두 창조주 하나님을 머리로 모신 하나의 단일 우주 안에 포함되어 있다. 그러나 스토아 학파 철학자들과는 달리 성 어거스틴은 우주를 나라로 생각하지 않는다. 스토아 철학자가 우주를 제우스의 나라라고 말하는 것과 같은 의미로 성 어거스틴이 우주를 하나님의 나라로 부르는 일은 없다. 어거스틴에게 있어서 사회는 오직 이성적 피조물 사이에서만 존재할 수 있는 개념이다. 따라서 우주는 두 사회의 역사가 전개되는 무대이다. 우주는 여러 가지 의미에서 이 역사의 영향을 받는다. 우주는 그 자체의 고유한 역사를 가지고 있지 않다. 이 점에 있어서 어거스틴은 스토아 철학자들과 다르다. 어거스틴이 말하는 도성은 사물의 질서가 아니라 진정한 사회를 뜻한다.

천사들을 포함하는 모든 이성적 피조물들은 역사에 굴복한다. 이 역사란 영원 전부터 하나님의 깊은 섭리 안에서 예비되었으며, 세상과 시간의 창조와 더불어 시작되었다가 세상의 종말과 시간의 완성과 함께 끝난다. 어거스틴이 떠맡은 과제는 보편사를 쓰는 일이었다. 어거스틴이 보편사를 완성시킨 사람이라고는 볼 수 없지만, 보편사 저술을 처음 시작한 사람인 것만은 틀림없다. 인간의 본성과 관련하여 말한다면, 이 계획은 어거스틴이 인류의 통일성 곧 인류 역사의 통일성을 인식하기 시작했음을 의미한다. 이와 같은 의미에서 우리는 태초로부터 종말의 때까지 중단됨이 없이 계속 이어지는 한 단일 인간으로서의 인류를 말한다. 표현 그 자체는 결함이 없지 않으나, 보편사 개념은 어거스틴의 작품 안에 뚜렷이 시사되어 있다.

＊　＊　＊　＊

역사 철학의 문제에 이르게 되면 문제는 좀더 복잡해진다. 왜냐하면 어거스틴이 과연 계시의 빛을 받지 않고도 순전히 이성적이면서도 바른 해석을 할 수 있다고 생각했는가를 물어야 하기 때문이다. 그러나 성 어거스틴이 그와 같은 철학을 형성하려고 하지 않았던 것만은 틀림없다. 그의 보편사론은 계시로부터 그 빛을 도출해 왔다는 의미에서 본질적으로 종교적이다. 그러므로 그는 사실상 역사 신학자이다. 그가 제안한 해석은 이른바 철학에서 도움을 받았다기보다는 지혜로부터 도움을 받아 이루어졌다. 그가 말하는 지혜는 그리스도에게서 온 것인 동시에 그리스도 자신이다. 만일 누군가가 바로 이 점에 의문을 갖는다면, 그는 경악을 금하지 못했을 것이다. 그러나 어거스틴 자신도 오직 이성만이 보편사로부터 인식 가능하고 참된 의미를 찾아낼 수 있다는 사실을 인정한 것이 아닌가? 이 사실은 실제로 문제로 제기된 적이 없기 때문에, 이 질문 자체가 별의미는 없다. 그같은 시도가 파멸로 귀결된다는 생각이 어거스틴의 사상 속에 내포되어 있다는 주장이 타당한 이유가 있는 것이라 하더라도, 그것을 증명할 길은 없다.

그렇다면 성 어거스틴은 역사 철학의 형성에 아무런 기여도 하지 않았다고 결론을 내려야 하는가? 이 문제는 앞에서 제기되었던 두 개의 질문과는 아주 다른 문제이다. 이 문제가 한번도 그의 생각 속에 떠오른 일이 없으므로, 그가 이 문제에 관하여 성찰해 본 일이 없다고 해서 그의 저술이 이 문제의 단서를 전혀 제시해 주지 못한다고 결론 내려서는 안된다. 오히려 여러 가지 정황으로 미루어 볼 때 내릴 수 있는 결론은 성 어거스틴 이후에 발전한 다양한 역사 철학들이, 애초에는 믿음에 의해 제기되고 믿음이 없이는 해결될 수 없는 문제를 단지 자연적인 이성의 빛 안에서만 해결하려 했다는 것이다. 이런 의미에서 볼 때 최초의 역사 신학자 어거스틴은 역사 철학을 구성하려는 의도나 인식을 가지고 있지 않았음에도 불구하고 모든 역사 철학의 아버지라고 할 수 있다. 역사 철학자들은 다 무너져 버린 저택 안에서 그들이 들어앉아 있는 집이 이미 무너진 집이라는 사실을 인식하지 못한 채 자기 도취에 빠져 있다.

* * * *

그러므로 믿음을 보편 사회의 첨병으로 내세우고 있는 어거스틴의 가르침은 이 첨병을 땅끝까지 밀어내보내는 데 끊임없는 관심을 기울인다. 재난을 겪었음에도 불구하고 로마에는 기독교인 황제들이 있었고, 여전히 로마로서 존재했다. 아마도 성 어거스틴은 기독교 신앙 안에서 이 세상의 잠정적인 평화의 기초를 찾고자 하면서도 장차 임할 완전한 평화를 기다리는 기독교인 황제 치하에서 평화를 이루고 통일된 세계를 상정하지는 않았을 것이다. 그러면서도 그는 그러한 정책이 지혜의 표징이요, 의무임을 통치자들에게 강조하는 것을 주저하지 않았다. 역사가 그렇게 시작되었음에도 불구하고 역사의 상황이 끊임없이 변하는 것은 더 많은 어떤 것을 암시한다. 성 어거스틴은 후손들에게 전적으로 시간 내적인 일시적 목적만을 가진 보편적인 인간의 나라 개념을 유산으로 물려주려는 의도를 가지고 있지 않았다. 어거스틴의 의도는 다만 하나님의 나라가 존재하는 목적은 인간들에게 세상을 거룩한 나라의 모양과 형상을 닮은 단일 사회로 만들고자 하는 욕구를 불어넣는 데 있다는 사실을 보여 주고자 했을 뿐이다.

성 어거스틴의 가르침을 면밀히 분석해 보면, 자율성 통일성을 가지고 온 인류를 포괄하는 잠정적인 인간 사회 관념이 그에게 떠오르지 않은 이유를 알 수 있다. 이미 살펴본 바와 같이 두 나라는 그 본질상 신비적이며 초자연적이다. 하나는 진리, 선, 질서, 평화의 나라이며 참된 사회이다. 다른 하나는 전자를 거부하는 사회로서, 오류, 악, 무질서와 혼란의 나라요, 사실상 사회라고 부르기에 합당하지 않은 사회이다. 서로 상극 관계에 있는 이 두 나라 사이에 일종의 중간지대로서 현대인들이 구상하는 제3의 나라, 곧 땅의 나라와 같이 일시적이면서도 잠정적으로 정의로운 사회, 곧 적합한 방법을 통하여 획득 가능한 잠정적인 정의의 사회를 추구하는 나라가 위치한다. 어거스틴에게는 그와 같은 개념이 머리에 떠오른 일조차 없다. 적어도 그는 그같은 사회에 관하여 거론한 일이 없다.

고유한 목적을 가진 통일된, 그리고 타당한 잠정적 질서의 가능성을 어거스틴이 전혀 생각하지 않은 것은 하나님의 나라가 이 세상에 존재함으로써 잠정적인 세속 사회에 영향을 줄 수 있고, 또 영향을 주어야 한다는 사실을 어거스틴이 예견하지 못했기 때문은 아니다. 그 이유는 어거스틴의 사상 속에서는 세상과 악이라는 두 개념이 밀접하게 연관되어 있었다는 데서 찾아야 한다. 그는 그와 같은 가능성을 배제하지도 않았으며, 그렇다고 생각하지도 않았다. 그는 순전히 합리적인 방법을 통하여 고대인들의 사상적 혼란을 탈피하고 문제를 바르게 해결하는 철학을 생각해 본 일이 없다. 그가 그와 같은 철학의 가능성을 거부한 것은 어떤 원리들 때문이라기보다는 자신의 개인적인 경험 때문이었다. 그는 플로티누스를 읽으면서 자연적 이성만으로는 진리를 발견할 수 없음을 이미 간파하고 있었다. 기독교를 받아들이는 순간 이미 문제는 해결되었음을 느꼈던 것이다. 하나님의 나라를 세우는 일의 초월적 중요성이 세속 질서의 위치를 뚜렷하게 격하시켰기 때문에, 세속 질서 그 자체를 고찰하거나 자율적 목적을 가진 세속 질서를 형성한다는 것은 그다지 가치 있는 일로 인식되지 않았던 것이다.

마지막으로 「신국론」의 내적 의미와 그 역사적 중요성을 다루어 볼 필요가 있을 것이다.

Ⅲ. 기독교적 지혜와 세속 사회

「신국론」이 갖는 역사적 의미는 아무리 과장해도 지나침이 없다. 어거스틴 자신의 관점에 따르면, 이 책은 「참회록」의 자매편이다. 「참회록」의 마지막 책들은 성경에 기록된 창조의 역사를 다룬다. 창조와 더불어 인간의 역사가 시작되었다. 다시 말하자면, 수십 세기에 걸친 두 나라의 이야기는 하나님의 나라의 마지막 승리와 더불어 종결될 것이다. 이때는 창조사역이 궁극적으로 그리고 진정한 의미에서 완성되는 때이다. 기독교적 지혜라는 관점에서 보았을 때 세계사의 발전은 하나님의 사랑과 능력의 '고백'이요, 그의 창조의 조망이며, 하나님의 종 어거스틴의 영혼 안에서 은혜를 통하여 행하여진 기적의 인식이다. 「참회록」과 「신국론」의 저술 목적은 동일한 것이다! 히포의 위대한 감독은 로마의 몰락과 이를 중심으로 전개된 논쟁이 없었다면 이 책을 쓰지 않았을 것이다. 그러나 그는 도전이 올 때는 언제든지 응전할 태세가 되어 있었던 것이다.

성 어거스틴은 후학들에게 신적인 지혜라는 통일성으로 연결된 사회 개념을 유산으로 물려주었다. 종종 수세기 동안 망각되어 왔던 이 개념이 사람들에게 언제나 새로운 빛을 던져 줄 수 있다. 그런데 언제나 옛사상을 되살려 내는 일에는 빈번히 그 사상의 본래의 이념에 대한 왜곡이 뒤따르기 마련이다.

* * * *

인간은 언제나 세계를 하나로 통일시키고자 하는 욕구에 사로잡히기 마련이다. 때로는 신비적이고 초자연적인 색채를 보이기도 하면서 이 욕구는 망각되어 본 일이 없다. 세대를 거듭할수록 모든 인류를 거룩한 예루살렘과 흡사한 땅 위의 나라라는 울타리 안에 모으려는 시도가 있어 왔다. 그들은 기독교 신앙을 제외하고 모든 것을 연구했다. 그러나 결과는 언제나 실패로 귀결되었다. 아마도 사물을 보존할 수 있는 유일한 힘은 그것을 창조한 힘이라는 고전적인 형이상학적 원리를 회상해 볼 때가 된 것 같다. 기독교적인 방법을 배제하고 기독교적인 목적을 추구하는 것은 전적으로 어리석은 일이다. 만일 우리가 하나의 세계를 참으로 원한다면, 우리는 먼저 하나의 교회를 가져야 한다. 하나인 유일한 교회는 보편교회이다.

만일 우리에게 종교적 통일성이 있다면, 우리는 다른 통일성들도 평화롭게 향유할 수 있을 것이다. 근본적으로, 철학적 방법으로 철학적 통일성을 추구하는 것이나 철학적 통일성을 통하여 세계의 통일성을 확립하기 위해 노력하는 것은 하등 잘못이 없다. 철학도 과학, 예술, 산업, 경제력 등과 같이 하나의 통일적인 힘이다. 이 사실을 무시할 수는 없다. 그러나 제 2원리에 의해 제 1원리가 대체될 경우 모든 형이상학적 작업이 무너지듯이, 다른 영역들을 통일시키는 유일의 통일 원리를 간과하면, 인류 통일의 노력은 실패할 수밖에 없다. 철학, 과학, 예술, 경제학 등이 인류 통일이라는 위대한 작업을 성취하는 데 도움을 줄 수 있다. 그러나 개인적이든 집단적이든 통일을 성취할 수 있는 능력이 그 영역들 안에는 없다. 모든 영역에 침투해 있는 죄는 그리스도 없이 그리스도가 인류에게 주신 약속을 성취시켜 보려고 시도하고 있다.

그것은 불가능하다. 어느 정도의 수에 달하는 사람들은 다른 사람들 또는 한 개인의 지배하에 통일될 수 있다. 그러나 온 인류의 통일을 이루려면, 인류를 넘어서는 통일 원리를 찾아야만 한다. 미래의 통일의 유일하게 가능한 근원은 다수 안에 있지 않고 그 위에 있다. 하나의 세계는 한 하나님과 하나의 교회가 없이는 불가능하다. 성 어거스틴의 「신국론」이 인류에게 전하는 소식이 바로 그것이다.

신국론에 관하여

피터 브라운(Peter Brown)

410년 가을 어거스틴의 건강은 극도로 쇠약해졌다. 전원에 있는 친구의 별장에서 요양하면서, 어거스틴은 카시키아쿰과 타가스테에서 누렸던 여가를 회상했다. 그는 그 시절을 이렇게 회고한다. 그의 회고담은 젊은 동료에게 보낸 편지에 잘 나타나 있었다. "틈틈이 그대의 편지를 읽고 있자니 내 친구 네브리디우스 생각이 나네.…그러나 자네는 이제 나와 똑같이 목회사역에 헌신한 감독이네.… 젊었을 때…그는 여유를 가지고 나와 대화했었네."

그러나 이 무렵의 어거스틴에게도 여전히 문학인으로서의 명성이 계속 따라다녔다. 알리피우스는 카르타고의 대학생들에게 어거스틴이 키케로 전문가로 통했었다는 사실을 자랑스럽게 선전했다. 이 때문에 어거스틴은 요양 중에서도 카르타고를 떠나려는 희랍학생인 디오스큐로스가 키케로의 「대화」에서 끄집어낸 문학적이며 철학적인 문제들을 붙들고 씨름하지 않으면 안되었다. 여기 또 하나의 젊은이가 있다. 그의 머리는 온통 키케로의 글들로 가득차 있고 이제 카르타고를 떠나 더 넓은 세계로 서둘러 나아가려고 하고 있다. 그는 젊은 어거스틴일 수도 있다! 지친 노(老)감독은 짜증이 났다. "자네의 감질나는 논문 부스러기로부터 자네를 확 잡아채어 내가 관심을 기울이는 문제 속에 집어넣을 수만 있다면!" 어쨌든 디오스큐로스의 장점을 말한다면, 문학적인 수사를 사용하지 않고도 자기 생각을 표현할 수 있는 사람이었다는 점이다. "공연히 키케로의 「대화」에 관한 지식을 자랑스럽게 떠벌려 가지고 독자들의 주목을 끌려고 할 필요는 없다." 젊은 디오스큐로스가 3년 후에 그 모습을 드러내기 시작했던 어거스틴의 「신국론」을 읽었다면, 아마도 놀라고 깊은 감명을 받았을 것이다. 이 책 속에서 노(老)감독은 키케로의 저서를 헤아릴 수 없이 빈번하게 직접 인용함으로써 자신이 키케로의 모든 저서들에 정통하고 있음을 유감없이 보여주고 있기 때문이다. 새로운 청중은 새로운 방법을 요구했다. 로마의 세련된 귀족들은 피난민이었으면서도 카르타고의 대저택 안에서 자신들의 존재를 느끼는 자들이었기 때문이다.

이들 가운데 가장 비중이 컸던 사람은 30세 가량 된 유능한 젊은이 볼루시아누스였다. 그는 오래된 로마의 가문에 속해 있었다. 그는 그의 이교조상들의 종교를 의무적으로 따르고 있었다. 그러나 이제 그가 어정쩡한 입장에 처하게 된 것이다. 그는 이미 '후(後)이교도 세계' 안에 살고 있었기 때문이다. 어거스틴은 그의 가문의 여성들이 경건한 기독교인들이었음을 알고 있었다. 그의 어머니는 알비나였고, 피니아누스의 아내였던 그의 질녀 멜라니아가 히포에 도착하면 변화가 일어날 것이었다. 그는 기독교인 황제들의 종이었기 때문에 자기의 견해를 자유롭게 발표할 수 있는 입장은 아니었다. 경건한 어머니를 둔 그는 계속해서 감독들 및 어거스틴과 접촉해야 했고 동시에 파비우스 마르셀리누스 같은 열심있는 평신도들과 만나야 했다.

그의 이교사상은 구체적인 근거가 약했다. 그가 성장하던 무렵에는 이미 그의 부친과 부친의 동료들이 열정을 가지고 수행했던 이교의식들이 이미 로마의 거리와 신전에서 사라지고 없었다. 볼루시아누스는 다만 책에서만 옛 종교를 발견할 수 있었다. 어거스틴은 그가 당시 문학계의 중심인물이라고 생각했다. 그는 '세련되고 다듬어진 문체, 정통 로마적인 웅변술'로 잘 알려져 있었다.

볼루시아누스와 그의 친구들의 기호를 잘 보여주는 한 권의 책이 있었다. 그 책은 마크로비우스의 「농신제(農神祭)」(*Saturnalia*)로서 「심상(心像)의 대화」를 주제로 다룬 책이었다. 이 책은 전성기(380년 무렵)의 위대한 로마의 보수주의자들을 묘사했다. 볼루시아누스의 부친 알비누스, 그의 막역한 친구였던 변사 심마쿠스, 위대한 종교가 프라이텍스타투스 등이 거기 포함되어 있었다. 그들이 농신제 축제일동안 벌인 해박한 논쟁이 이 책에 실려 있다. 그러나 그들의 대화는 위대했던 지난날을 안락하게 회상하는 회상록 이상의 의미를 지니고 있다. 그것은 끊임없이 흐르는 하나의 거대한 문화였다. '옛 전통'(Vetustas)이 '끊임없이 칭송'된다. 안전한 외국의 은행을 기억하는 사람들과 같이, 이 이교도들은 기독교의 영향을 받지 않았던 먼 황금시절 때 가졌던 신념들을 되살리려고 애쓰고 있었다. 기독교인 황제들은 대교황(Pontifex Maximus)의 직함을 포기했었다. 그런데 버질은 종교적인 독자들을 위하여 그들이 이 직책을 수행한 것으로 보았다. 버질의 책은 교과서와도 같이 그리고 마치 성서처럼 정밀한 종교적 정보를 풍부히 제공해주는 자료의 원천이 될 수 있었다. 이런 유형의 사람들로부터 위임받은 예술가들은 아이네아스신을 숭배하는 제사의 모습을 세밀하고 아름답게 묘사했다. 이 제사는 한 세대 후에 공식으로 폐지되었다. 여기에서 우리는 이상한 현상을 발견하게 된다. 현재의 생활을 찬란한 지난날의 안전함과 뒤섞어 버림으로써 옛날의 생활방식을 현재 안에서 보존하려는 현상이 그것이다.

　이것이 전부는 아니었다. 이들은 깊은 종교심을 가진 자들이었다. 그들은 기독교인들 못지않게 사후의 보상과 형벌에 대한 믿음이 강한 자들이었다. 「스키피오의 꿈」에 관한 마크로비우스의 주석을 보면, '공적을 쌓은 자들의 영혼은 육체를 떠나 하늘로 돌아가 그곳에서 영원히 복락을 누린다'는 사실을 보여주었다. 이들에게는 기독교가 전(全)문화의 자연적인 가설들과는 조화될 수 없는 종교였다. 이 점은 오늘날 현대인들의 눈에 비친 기독교의 상(像)과 다를 바 없다. 당대의 위대한 플라톤주의자들이었던 플로티누스와 포르피리(Porphyry)는 불후의 전통으로부터 자연스럽게 자라난 종교적 세계관을 그들에게 제공했다. 이와는 대조적으로 기독교인들의 주장은 지성적 토대가 빈약했다. 볼루시아누스와 같은 사람이 성육신을 받아들인다는 것은 현대 유럽인들에게 종의 진화를 거부하는 것과 같았다. 그에게 소개된 가장 정교하고 합리적인 근거를 가진 지식과 그 지식의 영향을 받아 형성된 전(全)문화를 포기한다는 것은 결코 쉬운 일이 아니었다. 한마디로 단언하면 이교도들은 '지혜로운' 자들이요 '전문가들'이었던 반면 기독교인들은 우둔한 자들이었던 것이다.

어거스틴은 이와 같은 신이교주의가 문학과 철학의 세계에서 가해오는 위협이 어떤 것인가를 충분히 인식하고 있었다. 잠시동안이지만 그도 이교 서클에 소속되어 있었던 시절이 있다. 그는 심마쿠스의 후원을 받았었고, 밀라노에서 볼루시아누스의 동시대인들이었던 심마쿠스의 친구들의 자제들을 가르친 일도 있었다. 이들은 고립된 보수주의자들이 아니라 서방 전역에 넓게 분포되어 있던 지식인들의 중심을 형성하고 있었다. 당시의 지성세계를 잘 알고 있었던 어거스틴은 로마가 약탈당했다는 사실이 문제가 아니라 이교 지성인들이 자신들의 전통을 더 강조함으로써 기독교의 확산을 방해하고 있다는 사실이 문제였다. 이와 같은 시각에서 보았을 때,「신국론」은 긴 드라마의 마지막 장(章)이었다. 심마쿠스의 이전 제자가 저술한 이 저서는 당대의 지성인의 생활을 지배하던 귀족적 이교주의를 단호하게 거부하는 것이었다.

로마의 귀족들이 아프리카에 도착함으로써 문제는 매우 명료해졌다. 그들이 아프리카 지역에 미치는 영향이 어떤 것인가를 어거스틴은 잘 알고 있었음이 분명하다. 아프리카의 대학생활은 활력에 넘치는 것이었으나 대부분 이교적이었다. 어거스틴의 제자 율로기우스 파보니우스도 또한 「스키피오의 꿈」에 대한 주석을 썼다. 칼라마의 넥타리우스같은 사람은 이 책을 소중히 여겼다. 이 책은 넥타리우스 자신과 같이 전통적 사고에 젖어있는 사람들에게 은하수 안에 있는 불멸의 것을 제공해 주었다. 이 보수주의자들 배후에는 어거스틴도 잘 알고 있었던 철학자들이 포진하고 있었다. 그들은 플라톤주의자들로서 금욕적이고 타계적이며 어거스틴 자신과 같이 영혼구원에 관심을 가진 자들이었다. 그러나 그들은 보편교회를 멀리하고 전통적이며 엄숙한 소명의 외투를 입고 있었다.

그들은 「신국론」의 적들이었다. 그들은 마크로비우스의 영웅들답게 어거스틴에게 도전을 가해 왔다. 마크로비우스는 충격을 받은 동료 앞에서 이상스러운 방법으로 반론을 전개함으로써 버질에 관한 논쟁을 시작했다. 볼루시아누스도 정확히 같은 방법으로 어떤 문학의 향연석상에서 기독교를 비평했다. 당연히 농신제에서 버질을 옹호했던 사람은 심마쿠스였다. 이 괴팍한 청중은 만족한 답변을 기대하면서 새로운 기독교문학의 기수였던 어거스틴에게 향했다.

어거스틴은 저술에 들어가기 전에 잠시동안 머뭇거렸다. 어거스틴은 마르셀리누스가 자신이 쓴 공개서한을 문학의 향연석상에서 회람시키기를 원했다. 그러나 마르셀리누스는 그것으로 만족하지 않고 '명쾌한 해답'을 요구했다. 때문에 「신국론」첫 세 권이 출간되던 413년에, 어거스틴은 '위대한 노작(勞作)'(magnum opus et arduum)을 그의 절친한 친구 마르셀리누스에게 약속했다. 이로부터 13년 뒤에 어거스틴은 극히 신중하게 선택한 요약 문장과 함께 22권으로 구성된 이 책을 완성한다. "나는 주의 도우심에 힘입어 이 거대한 책을 완성함으로써 빚을 갚았다는 생각이 든다."
　어거스틴은 히포 지방의 감독으로 20년을 보냈다. 이제 그의 명성이 성격이 다르고 까다로운 한 청중 앞에서 시련을 받게 된 것이다. 그러므로 「신국론」은 그가 지금까지 저술한 책들 중에서 가장 자기를 철저히 의식하면서 쓴 저서이다. 이 작품은 거대한 규모로 기획되었다. 다섯 권은 지상의 행복을 위하여 제신을 숭배하는 자들을 다루었으며, 다섯 권은 영원한 행복을 위하여 제신을 숭배하는 자들, 나머지 열두 권은 어거스틴 자신의 큰 주제를 다루었는데, 그 가운데 네 권은 두 나라(도성) 곧 하나님의 나라와 세상의 나라의 기원을, 네 권은 그 나라들이 과거에 어떻게 전개되었는가를, 네 권은 그 나라들의 궁극적인 운명을 다루었다. 어거스틴이 자신의 문학적 대리자였던 피르무스 승려에게 보낸 서신이 현재까지 보관되어 있다. 이 서신은 다루기 어려운 자신의 원고를 기본구도에 맞추어서 연결시키는 방법을 제시해주고 있다. 매우 자유분망한 필치로 서술된 이 책의 각 장 앞머리에는 제목글이 간단히 들어가 있는데, 이 제목글이 그의 저서의 흐름을 잡는데 도움을 준다. 이 책은 단순한 생각을 가진 어느 독자를 위한 임시적인 소책자가 아니었다. 이 책은 시간적인 여유와 학식이 있는 이들이 반복해서 읽고 음미해야 할 책이었다.
　「신국론」은 후기 로마제국 문학의 기념비와도 같은 저서로서 마크로비우스의 「농신제」와는 아주 다른 성격을 지닌 것이었다. 이 책의 세밀한 부분들을 살펴보면 그 점은 더욱 분명해진다. 문학인은 지성인이 되어야 했다. 르네상스 시대의 저서와 같이 그의 논증도 문학적 권위가 있었다. 어거스틴은 「신국론」에서 후기 학파의 변증법적인 방법으로 논증을 세우지 않고, 해박한 지식을 자유자재로 구사하고 있음을 보여주는 방법으로 논증을 세웠다. 이 접근방법은 다른 저서들에서 사용되었던 방법과 뚜렷이 구분되었다. 운명론에 대한 그의 반론은 다른 저서에서 나타난 논증과 같은 방법을 사용하면서도「신국론」에서는 키케로가 제공한 다른 유명인들의 틀 안에서 논의된다. "키케로는 저 유명한 의사 히포크라테스…스토아 철학자 포시도니우스…물레의 논증으로 유명한 니기디우스에 관하여 말한다." 마지막으로 난해한 부분은 에서와 야곱을 다루는 대목에서 나타난다. 어거스틴은 두 사람의 이름을 직접 거론하지 않고 완곡한 방법으로 말할 뿐이다. 어거스틴의 어법은 그의 청중이 가진 문학적 현학성을 완곡하게 비판하는 것이었다. "옛날에 두 쌍둥이 소년이 있었다. 우리 선조들의 옛날의 기억 안에서는(나는 여기서 유명한 이들을 말하고 있다)…"

한 사람의 특별한 청중이 가진 기호에 철저하게 민감했던 어거스틴은 이교숭배에 대한 공격을 위한 전략을 결정했다.「신국론」에는 후기 이교주의를 연구하는 현대학자들의 관심을 끄는 이교예배의 형식들과 감정 – 예컨대, 비의종교, 동방의 종교들, 미트라신교(Mithraism) – 이 직접 거론되는 일이 없었다. 어거스틴이 도서관 안에만 있는 이교주의를 깨뜨려 버리려고 생각하는 것처럼 보이기도 한다. 사실상 서재 안에서 이교도들을 가장 훌륭하게 만날 수 있다고 생각했던 어거스틴의 관점은 옳은 것이다. 이 점에 있어서「신국론」은 5세기 초엽의 이교주의 안에 나타나 있었던 가장 중요한 흐름을 충실하게 보여주고 있다. 볼루시아누스와 같이 전통을 충실하게 전수받지 못했던 세대는 다만 아득한 지난날의 기억 속에서만 자기종교를 추구했다. 그들은 광적인 고물(古物) 애호가들이었다. 그들은 고대문헌(litterata vetustas), 곧 문학적 고전의 형태로 보존된 태고의 기원을 자랑하는 모든 형식의 종교와 철학을 선호했다. 어거스틴이 분석한 것은 바로 이것이었다. 어거스틴은 과거 안에 침거해 있는 이교도들을 비판했다. 그는 고대종교들의 근원이 오염된 모습을 적나라하게 보여 주었다. 그는 그 종교들이 안고 있는 모순을 자유자재로 다루면서 시인 버질, 고전학자 바로(Varro)와 같은 작가들이 신뢰성이 없다는 사실을 드러냈다. 그의 로마사 논의는 로마의 기원문제를 중심으로 전개되었다. 로마 초기 시대는 전(前)세기의 학식있는 이교도들의 관심을 끌었다.

어거스틴도 그들이 좋아하는 것을 주의깊게 추종했다. 먼 과거는 쉽게 이상화될 수 있다. 서사시와도 같은 로마의 알바전투(주전 7세기경)를 이야기하면서 과격한 방법을 동원해서라도 보수주의자들의 신화에 비평을 가해야 할 필요를 느꼈다. 그는 솔직히 털어놓고 말하는 것을 즐겼다. "여론이라는 허황된 장막을 거두어 버려라." "회칠한 외양을 벗겨 버려라."

「신국론」은「참회록」과는 전혀 다른 인상을 독자들에게 심어주었다. 이 저서는 어떤 탁월한 문체를 보여주고 있지 않다. 그 대신 이 저서엔 마크로비우스가 저명한 이교도들, 특히 프라이텍스타투스와 나눈 대화가 수록되어 있다. 한 열정적인 인간이 종교적 전승, 철학, 역사를 포함한 전통문화 전체를 자유자재로 요리하는 웅장한 장면을 볼 수 있다. 그러므로 아프리카의 총독들을 대표하는 입장에 있었던 마케도니우스는「신국론」의 처음 세권을 받고난 후에, 현대 역사가들이 종종 간과하는 단면들을 찬양한다. 충실한 관리였던 그는 이 저서의 주제가 로마의 약탈이 아니라는 사실을 발견한다. 이 '공공연한 재난'은 아주 제한된 분량만 언급된다. 오히려 어거스틴의 관심은 지성의 향연이었다. "나는 어떤 점을 가장 높이 평가해야 할는지 참으로 결정하기 어려운 입장에 놓여 있다. 한 성직자의 완벽한 종교적 지식인가? 폭넓은 철학적 관심인가? 풍부한 역사적 정보인가? 장려한 문체인가?"

그러나 이런 요소들 때문에「신국론」이 '기독교적 민족주의'를 표방하는 로마문헌에 들어갈 수 있었다. 대부분의 다른 민족주의 사상들에서와 같이 이 저서의 표현양식도 로마의 통치자들로부터 빌려온 것이다. 그러나 이 양식은 인간의 정신을 지배했던 당시의 문학양식과는 다른 독립적인 것이었다. 20년이상 성경을 연구한 후에 어거스틴은 기독교인들도 또한 풍부한 문학성을 가진 문헌을 가지고 있다고 확신했다. '너희들의' 버질이 신중하게 또한 자주 '우리의' 성서와 병행된다.

사실상 이와같은 대조(병행)가「신국론」의 각 책들의 구조를 결정하는 기본적인 문학적 장치이다. 어거스틴은 의도적으로 이 장치를 사용하여 '입체경적' 효과를 기대한다. 새로운 기독교문헌이 제시하는 해결방식들은 언제나 문제에 대한 이교적인 답변의 배경을 체계적으로 밝힘으로써 더욱더 '그 탁월성에 있어서 앞서야' 한다. 이같은 방법을 통해서만 풍부함과 극적 긴장을 보여 줄 수 있다. 이 사실은 「신국론」이 미래의 세대의 지성인들에게 폭넓은 영향을 끼칠 것임을 암시한다. 어거스틴은 이 저서에서 고전의 세계로부터 기독교의 세계에 이르기까지 풍부히 그리고 화려하게 자신의 사상을 말한다. 현인에게 있어서 정서의 역할은 어떤 것인가를 이야기하던 어거스틴은 아울루스 겔리우스의 「아틱해의 밤」에 등장하는 '난파선 속에 있는 어느 스토아철학자'에 대한 이야기를 한다. 줄리어스 시저의 덕을 묘사한 키케로의 글을 인용한 뒤에 마침내 새로운 것을 소개한다. 그것은 '기독교의 가르침을 집약한' 기념비적인 내용이다. 「우리의 사고의 훈련에 관하여」(in disciplina nostra)에서는 단순히 경건한 영혼이 화를 낼 수 있느냐 없느냐의 문제를 넘어서서 그 이유가 무엇인가를 묻고 있으며, 그가 슬픔에 잠길 수 있느냐 없느냐의 차원을 넘어서서 슬픔에 잠기는 이유가 무엇인가를 말하고 있으며, 두려움을 느끼는가 느끼지 않는가라는 차원을 넘어서서 무엇을 두려워하는가를 다룬다.

어거스틴은 「신국론」을 저술함으로써 자신의 지난날에 대하여 지성인의 입장에서 결산해보지 않을 수 없었다. 이 과거가 그에게 어떤 의미를 부여하는 것이었는지 이 책을 통해 명확하게 알 수 있다. 어거스틴과 그의 독자들이 두말없이 어거스틴의 학창시절이라고 규정해왔던 과거는 더 이상 그의 과거가 아니다. 그것은 '너의' 문학, 곧 로마의 이교도들의 문학이다. 플라톤주의자들의 경우는 사정이 달랐다. 어거스틴은 보수적인 문학인들보다도 플라톤주의자들을 훨씬 더 강력한 적으로 간주했다. 그는 포르피리와 플로티누스의 논문들을 두번 세번 면밀하게 읽었다. 그는 이들이 빠져 있는 곤경을 훌륭하게 간파하고 있었기 때문에, 수수께끼에 싸인 인물 포르피리에 대한 현대의 해석들도 「신국론」 10권의 범주를 크게 벗어나지 못한다. 포르피리는 평범한 기독교인의 적이었다. 제롬은 그를 '불한당, 무분별한 친구, 중상모략자, 아첨꾼, 미치광이, 미친 개'로 불렀다. 어거스틴의 손에서 그는 영웅적인 지위를 얻는다. 어거스틴의 마지막 기획들은 '영혼을 해방시키는 보편적인 길'을 헛되이 추구하는 포르피리의 시도에 대한 자세한 비평을 다룬다. 「신국론」의 앞부분에 있는 열 권의 책들은 이교주의가 파멸되어 가는 과정을 다룬다.

어거스틴이 동료 기독교인들과 벌인 논쟁은 초대교회 때 유행하던 소책자 전쟁의 수준을 넘어서지 않았으나 이단자들에 대해서는 궤멸시켜야 할 외부의 적이었다. 이와는 대조적으로 「신국론」에 나타난 플라톤주의자들에 대한 비평을 보면 이교적인 과거의 한 부분이 어거스틴에게 어느 정도까지 살아있는지를 알 수 있다. 그것은 어거스틴의 사고를 정교하게 하고 끊임없이 내면의 대화를 갖도록 도전한다.

고전적인 과거에 대한 관심은 기독교인을 혼란케 만드는 문제들을 일으킨다. 이 무렵 어거스틴은 에보디우스에게 글을 썼다. 지옥으로 내려가신 예수 그리스도는 누구를 형벌에서 구원하셨는가? "그들이 누구인가를 속단해서는 안된다. 지옥에 간 사람들이 구원받았다는 사실을 입증할 수만 있다면 얼마나 좋겠는가? 작품, 미려한 문체, 위대한 지성을 통해 우리의 존경과 사랑을 받던 자들이 구원받았다면 얼마나 좋을까? 작품들을 통하여 조롱받아야 국가의 거짓 신들을 찬양하고 때로는 (미신적 의식에 빠진 무리들을 추종하는 것이긴 하지만) 참 하나님 한 분에 대한 믿음을 고백한 자들과 시나 수사학을 통해서는 아니라 하더라도 철학을 통해서 같은 견해들을 표명한 자들이 구원받는다면 얼마나 좋겠는가. 게다가 문학적 유산을 전혀 남기지 않은 자들도 있다. 그러나 고전을 읽어보면 그들도 자기 자신의 빛에 따라서 칭찬받을 만한 삶을 영위했다. 그들이 하나님을 믿지 않고 당시의 헛된 종교들을 예배하는 오류를 범했다는 사실만 빼놓고 나면, 검약·자기부인·정절·절제·국가를 위한 죽음 앞에서 보여주는 용기, 동료 시민들과 심지어는 적들에 대해서도 서약을 지키는 태도와 같은 다른 행위들은 별로 나무랄 데 없다. 이 모든 일들은…어떤 의미에서는 무가치하고 유익이 없는 것들이다. 그러나 그들이 지옥의 고통으로부터 벗어나기를 바라는 마음이 우리 안에 있는 것은 부인할 수 없다. 그러나 인간의 감정에 따른 판결과 창조자의 판결은 별개의 문제이다."

어거스틴은 우리들이 탁월한 빅토리아 시대인들을 생각할 때와 같이 고대 로마인들을 생각할 때 상반되는 이중적 감정으로 대하지 않을 수 없었다. 역사서들은 그들을 이상적인 행위규범을 가진 모범으로 제시했다. 로마 원로원의 가문은 먼 과거의 모범적인 선조를 추구했다. 그것은 교양과 품위의 상징이었기 때문이다. 로마의 기독교인들도 언뜻 볼 때는 이런 모범을 찾았다. 기독교화된 무리의 방문을 받은 바울리누스는 당대의 성자들과 그들의 위대한 선조들을 정밀하게 비교했다. 이와같은 비교를 할 때 그는 이교도들의 덕을 호의적으로 생각했다.

그러나 어거스틴은 그들의 덕에 별로 감동을 받지 않았다. 과거에 집착하는 로마인들의 태도에 관한 그의 견해는 이른바 「지상국」, 곧 타락에 의해 물든, '땅에 속한' 사람들에 대한 그의 기본적인 태도의 한 부분을 형성했다. 그들은 자신들이 만들어낸 '세속적인' 가치들이 한시적이고 상대적인 가치임을 인정하려 들지 않았다. 자신들이 구상해낸 허약한 세계에 집착해 있었던 그들은 그 세계를 이상화(理想化)했다. 그들은 자신들의 과거 안에 악이 개재되어 있다는 사실과 곧 죽음이 자신들에게 찾아온다는 사실을 부인하지 않으면 안되었다. 심지어 가장 정직하다고 알려져 있는 역사가 살루스트도 로마의 옛 시절을 찬양할 때 거짓말을 했다. 이 점은 불가피했다. 왜냐하면 어거스틴이 말한 것처럼 "그에게는 찬양할 다른 도시가 없었기" 때문이다.

로마의 보수주의자들의 과거에 대한 견해가 '신화'임을 폭로하는 것은 어려운 일이 아니었다. 오로시우스가 이 일을 했다. 어거스틴도 대체로 이와 같은 시각을 가지고 있었다. 그러나 어거스틴은 종교적 신앙을 파괴시켰던 19세기의 자유사상가들과는 다른 관점에서 이 작업을 수행했다. 어거스틴은 냉혹한 즐거움을 누리면서 최고의 저명한 사상의 본질을 적나라하게 드러냈다. "이 모든 거만한 허풍을 제거해 버리라! 인간은 결국 인간일 수밖에 없다!" 이와 같은 방법으로 어거스틴은 로마사를 어떤 특별한 역사로 보기를 거부했다. 어거스틴은 로마의 발흥을 다른 모든 국가들의 발흥과 같은 차원에서 '지배욕'의 산물이라고 지적했다. 살루스트는 이 욕망을 반로마적 악이라고 지나가는 말로 언급한 일이 있는데 이제 어거스틴이 그것을 본격거론한 것이다. 어거스틴은 이 사실을 모든 국가의 발흥을 지배하는 하나의 법칙으로 철저하게 일반화시켰다. 성공적인 약탈은 모든 제국에 공통적으로 나타나는 현상이다. 이와 함께 어거스틴은 독자들에게 그들 자신의 과거를 희미한 거울, 전적으로 비고전적인 국가의 역사 곧 도전적인 앗시리아 제국 안에서 찾아보도록 권고한다. 아프리카인들은 헐뜯는 것으로 악명높은 자들이었다. 조소는 언제나 어거스틴이 발휘했던 가장 강력한 무기였다. 어거스틴은 이 무기를 로마의 과거를 향해 사용함으로써 로마의 '비중'을 깎아 내렸다. 어거스틴은 화려한 작품 '논쟁'(*controversia*)에서 지나치다고 생각될 정도로 루크레티아의 정절을 혹평한다(선한 로마의 기독교인이었던 놀라의 바울리누스는 자기 아내를 '나의 루크레티아'라고 부르는 것을 주저하지 않았다).

그렇다고 해서 어거스틴이 그저 비방만 하고 있었던 것은 아니다. 그는 당대인들과 두 가지 점에 있어서는 동의했다. 로마 백성의 도덕적 역사는 로마정복자들의 적나라한 '삶의 사실들'보다 더 중요했다. 이와 동시에 로마인들의 도덕적 자질들도, 비록 그것들이 영구적인 가치를 지닌 것은 아니었지만, 적어도 선조들의 자질보다는 훨씬 탁월했다. 빅토리아 시대의 성공을 생각할 때 탁월한 빅토리아인들을 떠올리게 되는 것처럼, 고대 로마인들의 도덕적 특질들도 로마의 위대함을 푸는 실마리를 제공한다. 어거스틴도 이같은 태도를 받아들인다. 그는 이 태도에 입각해서 하나님이 로마인들로 하여금 그토록 거대한 제국을 만들도록 허락하신 이유에 관한 자신의 개인적이고 가정적인 견해를 세운다.

어거스틴은 로마인들의 모범에 도전함으로써 로마인들의 과거에 대한 견해를 변형시킨다. 그는 이같은 숭고한 선조들의 행위의 이면을 비집고 들어가서 그들이 그와같이 행동하는 이유를 찾아낸다. 고전작가들의 글에 나타난 암시들을 정밀하게 찾아내면서 그는 단순하면서도 전체를 포괄하는 설명과 함께 시작한다. 로마인들이 탁월한 덕행을 하는 동기는 오직 하나였다. 곧, 허황된 칭찬을 받기 위해 그들은 덕을 행했던 것이다. 그들은 '돈을 주고 칭찬을 샀으며, 노골적으로 부를 추구하면서 영광을 얻고자 했다.' 그들이 전심으로 사랑한 것은 바로 그것이었다. 그들은 이 목적을 위하여 살았고, 죽음까지도 감수했다. 그들은 모든 다른 욕망들을 이 욕구로 억눌렀다.

이것이 바로 당시의 로마를 지배했던 단순하고 이상화된 가족상(像)에 대한 어거스틴의 입장이었다. 그러나 어거스틴이 깨달은 것처럼 그들이 말하는 덕이란 좁은 엘리트의 덕이었다. 어거스틴이 말하는 보통 사람은 매우 약한 피조물이었다. 그는 사회적 관습의 노예였다. 이교적인 과거의 가장 탁월한 사상가들도 예외는 아니었다. 그들은 그들의 솔직한 관점은 숨긴 채 군중들의 신념과 타협했다. 그러므로 비합리적인 요소가 그들의 사상과 매우 친숙했다. 무리의 헌신에는 우상숭배가 뒤따를 수 있다. 신비스러운 '열등한 감정의 영역'은 자신이 살아있다는 의식을 인간의 모양을 형상화하는 것으로 나타날 수 있다. 인간에겐 권위가 필요하다. 하늘로부터 내려오는 굳세고 설득력있는 도전을 통해 인간은 관습과 비이성적인 경향으로부터 자유를 얻을 필요가 있다. 이것이 하나님으로부터 오지 않으면, 다른 근원으로부터라도 와야만 한다.

어거스틴은 마귀의 존재를 믿었다. 마귀는 인간보다 뛰어난 존재이며, 영원히 사는 실존이며, 육체는 공기처럼 활동적이고 오묘하며, 초자연적인 인식능력을 소유하고 있으며 타락한 천사로서 인류의 진정한 행복을 가로막는 강한 대적이다. 그들이 지닌 영향력은 문자 그대로 막강한 것이었다. 그들은 정신의 물리적 근저에 개입할 수 있다. 달 밑의 낮은 하늘로 내몰린 이 저주받은 죄수들은 마지막날의 심판을 기다리면서 언제든지 새처럼 급강하하여 연약한 인간의 깨어진 파편들을 내려덮칠 준비를 하고 있다.

로마의 통속적인 후기 신앙에 따르면, 악마들의 방법은 극도로 잔인했다. 그들은 인간의 형상을 입고 재앙이나 폭동을 시작한다. 한편 어거스틴은 인간과 악마의 관계는 순전히 심리적인 관계라고 보았다. 인간이 좋아하는 것을 마귀도 따라서 같이 좋아한다. 사람들에게는 자신에게 합당한 마귀들이 있다. 그들의 입장에서 볼 때 마귀들은 대중들에게 비윤리적이고 무정부적인 신들을 신적 권능의 상징으로 제안함으로써 이와 같은 인간과 악마의 유사성을 공고히 하고자 한다.

살루스트는 로마 공화정의 몰락을 도덕적으로 서술한 책을 썼다. 어거스틴의 독자에게는 이같은 도덕의 역사는 그 시대의 역사 가운데 가장 권위있는 역사였다. 어거스틴은 두 개의 낯선 개념, 곧 권위의 개념과 악마의 개념을 소개함으로써 도덕의 역사를 종교사로 바꾼다. 이리하여 로마의 역사는 그리스도의 권위를 박탈당한 채, 그리고 허약한 인간의 덕의 외피(外皮)의 통제력을 상실한 채 악마의 세력에 떠밀려 표류하는 공동체의 역사가 되었다.

그러나 이교적 과거를 추방하는 어거스틴의 작업은 그 과거의 악마성을 드러내는 것으로 끝나지 않는다. 그는 그것보다 더 근원적인 작업을 한다. 「신국론」은 '영광'에 관한 책이다. 이 책을 통하여 어거스틴은 로마의 과거로부터 영광을 추출해냄으로써 이 저서를 인간의 역량이 미치지 못하는 '하나님의 지극히 영화로운 나라'로 바꾸어 놓는다. 로마인들이 옛 영웅들에게 돌린 덕들은 이 다른 나라의 시민들 안에서만 실현될 수 있다. 천상의 예루살렘의 울타리 안에서만 키케로가 설파한 로마 공화정의 진수가 성취될 수 있다.

여기서 반드시 기억하지 않으면 안될 사실은 「참회록」과 더불어 「신국론」은 제목 그 자체가 의미를 가진 어거스틴의 몇 안되는 저서 가운데 하나라는 사실이다. 「참회록」에서처럼 이 제목의 주제도 불현듯 어거스틴의 마음속에 떠올라 형상화되었다. 그리고 그것이 책의 형태로 나타난 것이다.

「신국론」은 그 책의 근접한 기원에 대한 설명만으로는 완전한 해명이 불가능하다. 이 책을 단순히 로마의 몰락에 관한 책으로만 생각하는 것도 피상적인 견해이다. 로마의 약탈이라는 사건이 없었어도 그는 「신국(神國)에 대하여」라는 글을 썼을 것이다. 로마가 약탈당했다는 사건은 카르타고의 어거스틴에게 특수하면서도 도전적인 청중을 제공했다. 결국 로마의 몰락은 단순히 동료 기독교인 학자들을 위한 순수한 주석이 될 뻔한 책을 (예컨대 '두 나라' 개념이 제시된 창세기 주석같은 유형) 이교사상을 논박하는 명저로 바꾸어 놓았다. 「신국론」은 '모든 시대를 위한 논문'이라기보다는 한 노인이 점증하는 강박관념에 몰려 기획한 저술이다.

「신국론」을 저술하기 시작하던 해에 어거스틴이 카르타고에서 행한 설교를 읽어보면 다른 어느 곳에서보다도 이 저서의 동기와 진정한 방향이 무엇인가 알 수 있다. "그러므로 죽음이 사망의 삼킨 바 될 때, 이런 일들은 사라지고 말 것이다. 그때는 완전하고 영원한 평화가 임할 것이다. 우리는 그러한 나라 안에 있게 될 것이다. 형제들이여! 특히 추문이 점점 커지고 있는 이때에, 나는 하나님의 나라에 대하여 말하지 않을 수 없다…"

신국론의 두 도성 이해

김 명혁 박사(합동신학교 교장)

―――――――――<차　례>―――――――――
Ⅰ. 神의 都城의 著述 背景
Ⅱ. Civitas의 背景과 槪念
　1. 로마의 傳統
　2. 성경의 傳統
　3. 북 아프리카의 傳統
4. 救贖史의 틀
5. 現世와 來世의 二元論的 이해
6. 靈的 實在
7. 歷史的 實在
8. 맺는 말

Ⅰ. 神의 都城의 著述 背景

어거스틴이 「神의 都城」(De civitate Dei)을 저술하게 된 직접적인 배경은 서기 410년에 발생한 로마 陷落사건이었다.[1] 異敎徒들은 로마함락의 책임을 그리스도인들이 져야한다고 비난을 퍼 부었다. 그들의 마음에는 384년 로마 元老院의 異敎지도자 심마쿠스(Symmachus)가 로마 원로원으로부터 勝利의 祭壇(the Statue of Vic-

---

1) See *Retractationes*. II, 69 : "Interea Roma Gotthorum inruptione agentium sub rege Allaricho atque impetu magnae cladis euersa est. cuius euersionem deorum falsorum multorumque cultores, quos usitato nomine paganos uocamus, in Christianam religionem referre conantes solito acerbius et amarius deum uerum blasphemare coeperunt." (*CSEL*, XXXVI, 180f.).

tory)을 제거하는 일을 반대하며 경고하던 경고의 소리가²⁾ 豫言者
의 소리처럼 기억되었다. 기독교가 책임을 져야 할 것은 너무도 분
명했다. "그래서 나는 하나님의 집에 대한 열심으로 불붙어 하나님
의 도성에 관한 책들을 쓰기로 결심했다"고 어거스틴은 회고했다.³⁾
즉 어거스틴은 기독교를 변호할 辨證的 目的을 가지고「神의 都城」
의 첫 열권을 저술했다. 거기서 어거스틴은 정치적 및 군사적 재난
이 이교숭배의 포기로 초래됐다는 이교도들의 비난을 반박했다. 그
러나 이 10권 가운데 나타난 어거스틴의 답변들과 논지가 異敎反駁
이라는 본래의 의도를 훨씬 넘어선 것을 발견한다. 어거스틴은 심
지어 로마제국에 대해 超然한 自勢를 유지하기도 한다. 사실 로마
제국의 興亡이 그의 주요 관심거리가 될 수는 없었다. 제국은 과거
에도 망했다가 다시 일어나곤 하지 않았는가? 하나님께서 로마를
다시 회복시킬지 누가 아는가? 이렇게 어거스틴은 변론했다.⁴⁾ 제
국들의 흥망성쇠가 모두 하나님의 攝理안에서 이루어지기는 하지만
그것이 제국들의 道德性(morality)과 직결되는 것은 아니라고 지적
했다.⁵⁾ 제국의 통치권이 로마인들에게 주어졌을 뿐만 아니라 로마
신들을 숭배하지 않은 페르시아인들에게도 주어졌다고 했다. 基督
敎人 콘스탄틴 황제에게와 아울러 背敎者 줄리안 황제에게도 제국
의 통치권이 주어졌었다.⁶⁾

그럼에도 불구하고 로마 함락은 일부 그리스도인들에게까지도 커
다란 衝擊을 안겨다 주었다. 왜냐하면 그들은 메시야의 왕국이 기
독교화 되어가는 로마 제국안에 歷史的으로 實現되어가고 있는 것
으로 간주했기 때문이었다. 성 제롬(St. Jerome)은 "영원의 도성"
이 함락하는 것을 보고 당황하여 이렇게 부르짖었다. "온 세상이

---

2) See Quintus Aurelius Symmachus, *Relatio de ara Victoriae*, III, 2—4 and 9. See also John A. McGeachy, Jr., "Quintus Aurelius Symmachus and the Senatorial Aristocracy of the West" (Ph. D. dissertation, University of Chicago, 1942), pp. 143ff.
3) *Retractationes*, II, 69 (*FC*, LX, 209) : "unde ego exardescens zelo domus dei aduersus eorum blasphemias uel errores libros de ciuitate dei scribere institui." (*CSEL*, XXXVI, 181).
4) See *DCD*, IV, 7.
5) See *ibid.*, V, 11.
6) See *ibid.*, V, 21, 25.

한 도성과 함께 망했구나!"⁷⁾ 「神의 都城」의 나머지 12권은 이와같은 그리스도인들의 당황의 문제를 해결하기 위한 목적과 아울러 人間 歷史에 대한 神學的 解釋을 시도하려는 목적으로 서술되었다. 저술의 과정에서 그 당시 유행하던 多樣한 기독교적 世界觀들이 비판과 수정을 거쳐 재음미되었고 결국 基督敎的 歷史神學이라는 包括的 綜合(a comprehensive synthesis of Christian theology of history)을 이루게 되었다.

그러므로 「神의 都城」은 단순히 로마 함락사건과 관련된 辨證書라고 할 수는 없다. 그것은 오히려 人間 歷史에 관한 어거스틴의 평생에 걸친 神學的 思考의 結晶體라고 하겠다.⁸⁾ 그러므로 본래의 변증적 관심이 "자주……시야에서 사라지곤 하는데, 그는 애써서 본래의 주제로 돌아오곤 한다."⁹⁾ 함락의 사건이 저술의 결정적인 계기가 되기는 했지만 그와같은 사건이 발생하지 않았을지라도 어거스틴은 「두 都城」이란 책을 얼마든지 저술할 수 있었을 것이다.¹⁰⁾

어거스틴은 아마 聖經의 歷史(救贖史)를 世界史에 並合시켜 우주역사의 綜合을 시도했던 최초의 기독교 사상가라고 할 수 있을 것이다. 그는 역사종합의 과업을 새로운 眼目을 가지고 수행해 나아갔

---

7) *Comment. Ezech.*, Preface to Book I (*NPNF II*, VI, 500) : "Postquam uero clarissimum terrarum omnium lumen exstinctum est, immo romani imperii truncatum caput et, ut uerius dicam, in una urbe totus orbis interiit, obmutui et humiliatus sum et silui de bonis, et dolor meus renouatus est; concaluit intra me cor meum, et in meditatione mea exardescet ignis." (*CCSL*, LXXV, 3).

8) Of course, it represents the theological views of the mature Augustine, and reveals certain changes from the views held by the early Augustine.

9) Norman H. Baynes, *The Political Ideas of St. Augustine's De Civitate Dei* (London: Historical Association, 1936), pp. 3f.

10) The notion of the "two cities" appears already in his early writings. In *De vera religione* (27, 50), St. Augustine divides mankind into two classes: "The multitude of the impious who bear the image of the earthly," and "the succession of the people devoted to the one God." (*LCC*, VI, 250) : "turba impiorum, terreni hominis imaginem... series populi uni Deo dediti."(*PL*, XXXIV, 144). See also *De catechizandis rudibus*, 19, 31 : "Duae itaque ciuitates, una iniquorum, altera sanctorum, ab initio generis humani usque in finem saeculi perducuntur." *CCSL*, XLVI, 156).

다. 어거스틴은 하나님의 도성 또는 하나님의 왕국을 物質的이고 世上的인 실재로 간주하려는 유세비안주의(Eusebianism), 千年王國主義(Millenarianism), 敎會制度主義(Ecclesiastical Institutionalism) 등의 견해에 반하여 도성의 靈的이고 終末論的인 특성을 강조했다. 그는 또한 역사의 形而上學的인 측면을 강조하는 오리겐주의(Origenism)와 노스틱주의(Gnosticism)의 견해에 반하여 歷史的 現世(the historical *saeculum*)의 肯定的 意味를 강조했다. 어거스틴은 하나님의 도성과 구속사의 영역이 지상의 제도들과 부분적으로 일치하며 現世안에서(*in saeculo*) 實現되면서도 그것들과 區別된다고 지적했다. 어거스틴은 하나님의 도성을 무엇보다도 救贖史와 終末論的 完成의 관점에서 이해했다. 그러므로 하나님의 도성이 로마의 운명에 좌우되지 않는다고 했다. 어거스틴은 超歷史的인 두 도성들과 그들의 歷史的 實現의 관점에서 인류역사의 紀元과 發展과 終末에 대한 聖書의 解釋을 시도한 것이었다.

「神의 都城」은 단순한 지적 활동의 산물이 아니었다. 그것은 "하나님의 집에 대한" 열심과 사랑으로 불붙은 경건한 영혼의 發露였다. 휘기스(Figgis)가 지적한대로 그것은 "참회록의 확장"(an expansion of the confessions)이라고 볼 수도 있을 것이다.[11] 그것은 하나님의 도움을 구하는 기도로 시작하고, 기도로 쉬며, 하나님의 도우심에 대한 감사의 기도로 마친다.

II. *Civitas* 의 背景과 槪念

Civitas(都城)란 용어의 紀元에 대한 논쟁을 상세히 다룰 필요는 없다. 그러나 적어도 세가지 기원은 언급해야 할 것이다. *Civitas*란 용어를 로마의 傳統, 聖經과 敎父들의 傳統, 그리고 북아프리카의 傳統에서 찾아 볼 수 있다.

1. 로마의 傳統

로마 전통에 의하면 *civitas* 나 *urbs*는 도시의 건물이나 외형을 가

---

[11] John N. Figgis, *The Political Aspects of S. Augustine's 'City of God'* (London: Longmans, Green & Co., 1921), p. 3.

리키지 않았고 百姓, 市民, 또는 共同體를 가리켰다. 본환테(Bonfante)가 관찰한대로 "*civitas*는 로마인들이 질서가 잡힌 공동체 안에서 사는 사람들을 가리켜 부른 이름이었다."[12] 그 용어는 때로 신들과 인간들이 공유하는 宇宙的 社會를 가리켜 사용되기도 했다.[13] 어거스틴은 이와같은 로마전통을 의식하며 이 용어를 사용했는데 百姓(people) 또는 人間社會(human society)[14]를 의미하는 용어로 사용했다. 따라서 어거스틴은 *civitas*를 정의하여 "개인들로 구성된 調和의 集合體"(harmonious collection of individuals, *concors hominum multitudo*)[15] 또는 "어떤 공동적 인연에 의해 한데 묶어진 사람들의 무리"(multitude of men bound together by some associating tie, *hominum multitudo aliquo societatis uinculo conligata*)[16]라고 했다. 그러므로 어거스틴은 대부분의 경우 *civitas*와 *societas*를 구별없이 사용하며 인간사회와 공동체를 가리키는 것으로 사용했다.[17]

---

12) P. Bonfante, *Istituzioni di Diritto Romano* (Torino: Giappichelli, 1946), p.6, quoted in C. Morino, *Church and State in the Teaching of* St. *Ambrose* (Washington, D.C.: Catholic University of America Press, 1969), p.31.
13) See Lidia S. Mazzolani, *The Idea of the City in Roman Thought*, trans. by S.O'Donnell (Bloomington: Indiana University Press, 1970), pp.34—181.
14) See *DCD*, XV, 19 : "Siue autem domus Dei dicatur siue templum Dei siue ciuitas Dei, id ipsum est nec abhorret a Latini eloquii consuetudine. Nam et Vergilius imperiosissimam ciuitatem domum appellat Assaraci, Romanos uolens intellegi." (*CCSL*, XLVIII, 482).
15) *Ibid.*, I, 15 (*NPNF I*, II, 11; *CCSL*, XLVII, 17).
16) *Ibid.*, XV, 8 (*NPNF I*, II, 290; *CCSL*, XLVIII, 464).
17) See *DCD*, XIV, 1 : "Ciuitas porro, id est societas, impiorum." (*CCSL*, XLVIII, 429); *ibid.*, XV, 8 : "altera societate hominum taceretur, quam terrenam dicimus ciuitatem." (*CCSL*, XLVIII, 463); *ibid.*, XV, 22 : "in terrena ciuitate, id est in terrigenarum societate." (*CCSL*, XLVIII, 487); *ibid.*, XVI, 10 : "ciuitas, hoc est societas, impiorum." (*CCSL*, XLVIII, 512); *ibid.*, XXII, 1 : "una societate deuinxit, quam sanctam et supernam dicimus ciuitatem." (*CCSL*, XLVIII, 806).

2. 聖經의 傳統

그럼에도 불구하고 어거스틴의 도성의 개념은 로마 전통의 것과 전적으로 다르다. 예를들어 도성안으로 들어갈 수 있는 유일한 수단이 恩惠라는 개념은 전적으로 새로운 개념이다. 그것은 성경의 전통에서 온 개념이다. 그러므로 어거스틴에 있어 도성의 개념의 근본적이고 궁극적인 기원은 聖經에 있다고 하겠다. 어거스틴은 神의 都城의 개념이 이미 성경에 나타났다고 누누이 지적했다. "우리의 성경에서 하나님의 도성이라고 불려지는 영원의 도성……." (*civitatis aeternae, quae in sacris litteris nostris dicitur civitas Dei*……)[18] 여기서 어거스틴은 *civitas*란 용어를 라틴 벌게이트 (Latin Vulgate)의 *regnum* 즉 "하나님의 나라"(kingdom of God) 라는 의미로 사용한다.

두 도성이 서로 相反된다는 개념 역시 성경에서 유래했다. 그것은 계시록에 나타난 하늘로부터 내려오는 거룩한 도성인 새 예루살렘 (계 21 : 2)과 음녀라고 불려지는 큰 성 바벨론(계 17 : 5, 18 : 10) 의 모습에서 유래했다. 이와 같은 묘사는 초대교회에서 널리 유행했다. 이와같은 傳統에 서서 어거스틴은 다음과 같이 말했다. "예루살렘이 거룩한 무리들의 도성을 가리키는 것처럼 바벨론은 악한 무리들의 도성을 가리킨다."(*Sicut autem Ierusalem significat civitatem societatemque, sic Babylonia significat civitatem societatemque iniquorum*)[19] 어거스틴의 두 도성에 대한 묘사는 대부분의 경우 계시록에 나타난 예루살렘과 바벨론의 모습에 대한 해석이

---

18) *DCD*, V, 19 (*CCSL*, XLVII, 156). See also *ibid.*, XI, 1 : "Ciuitatem Dei dicimus, cuius ea scriptura testis est.... Ibi quippe scriptum est: 'Gloriosa dicta sunt de te, ciuitas Dei'; et in alio psalmo legitur:... et paulo post in eodem psalmo:... item in alio:... His atque huius modi testimoniis, quae omnia commemorare nimis longum est, didicimus esse quandam ciuitatem Dei." (*CCSL*, XLVIII, 321).

19) *De catechezandis rudibus*, 21, 37 (*CCSL*, XLVI, 161). See also *Enarrationes in Psalmos*, LXIV, 2 : "Duas istas ciuitates faciunt duo amores: Ierusalem facit amor Dei; Babyloniam facit amor saeculi." (*CCSL*, XXXIX, 824).

라고 하겠다.

'또 내가 보매 거룩한 성 새 예루살렘이 하나님으로부터 하늘에서 내려오니'라고 〔요한이〕 기록했다. 이 도성이 하늘로부터 내려온다고 했다. 왜냐하면 그 도성을 형성하는 은혜가 하늘로부터 내려오기 때문이다……. 실로 그 도성은 시작할 때 부터 하늘에서 내려왔다. 그 도성의 시민이 이 세상의 진행과정에서 하늘로부터 보내심을 받은 성령안에서의 중생으로 말미암아 위에서부터 내려오는 하나님의 은혜로 성장하기 때문이다.[20]

3. 북 아프리카의 傳統

북 아프리카 교회의 전통 특히 도나티스트파에서 탈퇴한 북 아프리카의 思想家 티코니우스(Tyconius)는 어거스틴의 도성의 개념에 "二元論的" 特性을 부여했다고 하겠다.[22] 어거스틴은 티코니우스를 높이 평가하고 있었고 특히 그의 "일곱가지 법칙"의 강해원리를 *De*

---

20) *DCD*, XX, 17 (*NPNF I*, II, 436) : "'Et ciuitatem,' inquit, 'magnam Hierusalem nouam uidi descendentem de caelo a Deo....' De caelo descendere ista ciuitas dicitur, quoniam caelestis est gratia, qua Deus eam fecit.... Et de caelo quidem ab initio sui descendit, ex quo per huius saeculi tempus gratia Dei desuper ueniente per lauacrum regenerationis in Spiritu sancto misso de caelo subinde ciues eius adcrescunt." (*CCSL*, XLVIII, 727). See also *ibid.*, XIX, 26 : "utimur et nos pace Babylonis." (*CCSL*, XLVIII, 696f.).
21) The element in the African tradition which upheld firmly the uncompromising spirit of the early Christian Church was formulated by such as Tertullian and crystalized through the imperial persecutions. For Tertullian, the Church and the world were mutually exclusive, for the Church was the community of the elect alone. See *De praescriptione haereticorum*, 7 and *Apologeticum*, 6.
22) See . Hahn, *Tyconius-Studien* (Leipzig, 1900); H. Scholz, *Glaube und Unglaube in der Welt-Geschichte* (Leipzig, 1911), p. 78; E. Salin, *Civitas Dei* (Tübingen, 1926), p. 175; Figgis, *Political Aspects*, pp. 46f.; Baynes, *Political Ideas*, pp. 5f.; C. Dawson, "St. Augustine and His Age," in *Saint Augustine*, ed. by M.C.D' Arcy (New York: Meridian, 1957), pp. 58f.

doctrina Christiana(Ⅲ, 30—37)에서 구체적으로 활용했다. 티코니우스는 그의 「啓示錄 講解」(*Commentario in Apocalypsin*)(잃어버린 작품으로 단지 베투스의 인용으로 보존되고 있음)에서 두개의 相反되는 도성에 대한 개념을 다음과 같이 묘사했다.

분명히 두 도성 두 왕국이 있다. 즉 그리스도의 왕국과 마귀의 왕국이 있다……. 하나는 세상을 섬기기를 원하고 다른 하나는 그리스도를 섬기기를 원한다. 하나는 세상의 왕국을 소유하기를 원하고 다른 하나는 세상에서 피하기를 원한다. 하나는 슬퍼하고 다른 하나는 기뻐한다. 하나는 때리고 다른 하나는 맞는다. 하나는 죽이고 다른 하나는 죽임을 당한다. 하나는 의롭게 행하고 다른 하나는 악하게 행한다. 하나는 멸망을 당하고 다른 하나는 구원을 얻는다. [23]

어거스틴의 저술은 티코니우스의 二元論的 表現의 언어들을 많이 구사하고 있다. [24] 어거스틴은 두 도성을 가리켜 "하나는 하나님의 도성, 다른 하나는 마귀의 도성"(*una Dei, altera diaboli*) [25] 또는

---

23) Beatus, *In Apocalypsin*, ed. by H. Florez (Madrid, 1770), 507, 15—33, quoted in T. Hahn, *Tyconius*, p. 29. See also Beatus, *Apocalypsin*, 506, 26—30 : "Ecce duas civitates, unam Dei et unam diaboli... et in utrasque reges terrae ministrant."("Cited by" Hahn, *Tyconius*, p. 25.)

24) It is not impossible that the ex-Manichean Augustine utilized the Manichean conception of the world for his exegetical purpose. See F.C. Burkitt, *The Religion of the Manichees* (London: Cambridge University Press, 1925), p. 103. But since the Manichean dualism which asserts the two equally strong antithetical principle of good and evil eternally in opposition is basically incompatible with St. Augustine's theology of creation *ex nihilo* and his concept of evil as defect, it is proper to trace the Augustinian "dualism" back to the Scriptures and Tyconius.

25) *DCD*, XXI, 1 (*NPNF I*, II, 54) : "Perspicue patet duas ciuitates esse et duo regna et duos reges Christum et diabolum et ambo super utrasque ciuitates regnant.... Hae duae ciuitates una mundo et una desiderat servire Christo; una in hoc mundo regna cupit tenere et una ab hoc mundo fugere: una tristatur, altera laetatur; una flagellat, altera flagellatur; una occidit, altera occiditur;

"하나는 마귀의 도성, 다른 하나는 그리스도의 도성"(*unam diaboli, alteram Christi*)[26]이라고 했다. 그리고 두 도성의 相異한 生活樣式을 다음과 같이 묘사했다.

> 하나는 하나님을 즐거워 하고 다른 하나는 교만으로 부풀어 있다……. 하나는 하나님에 대한 거룩한 사랑으로 불타고 다른 하나는 자기성취의 더러운 욕망으로 가득차고 있다. 하나는 경건의 빛가운데서 고요함을 유지하고 다른 하나는 어두운 욕망 가운데서 폭풍처럼 요동한다. 하나는 하나님의 기뻐하심을 따라 친절한 도움과 공의로운 판단을 베풀고 다른 하나는 자만에 의해 움직이며 남을 지배하고 해치려는 욕망으로 들끓는다.[27]

4. 救贖史의 틀

어거스틴은 都城에 대한 槪念을 形成하는데 있어서 위에서 지적한 로마 전통, 성경 및 교부들의 전통 및 북 아프리카의 전통에다 또 하나의 獨特하고 包括的인 意味를 가미했다. 어거스틴의 두 도성의 개념의 기초가 되고 세상에서의 인간존재의 의미에 대한 어거스틴의 관점을 규정한 것은 무엇보다 그의 歷史 理解인 바, 그는 역사를 하나님의 被造物로 보며 하나님의 攝理하에 終末論的 完成을 향해 發展해 가고 있는 것으로 보았다.

어거스틴은 하늘의 도성의 起原과 發展과 特性에 대한 그의 견해의 기본적 윤곽을 「神의 都城」제11권의 처음 두 장에서 나타내 보였다. 하나님과 그의 거룩한 피조물들로 구성된 거룩한 共同體로서

---

una ut iustificetur adhuc, altera ut impie agat adhuc. Hae utraeque ita laborant in unum, una ut habeat unde damnetur, altera ut habeat unde salvetur." (*CCSL*, XLVIII, 758)

26) *Ibid.*, XVII, 20 (*NPNF I*, II 358, *CCSL*, XLVIII, 589).

27) *DCD*, XI, 33 (*NPNF I*, II 224) : "Unam fruentem Deo, alteram tumentem typho... unam Dei sancto amore flagrantem, alteram propriae celsitudinis in mundo amore fumantem... illam luminosa pietate tranquillam, istam tenebrosis cupiditatibus turbulentam; illam Dei nutu clementer subuenientem, iuste ulciscentem, istam suo fastu subdendi et nocendi libidine exaestuantem." (*CCSL*, XLVIII, 353).

의 하나님의 도성은 하나님의 피조물이다. 이와같은 공동체를 만들고 그 가운데 거룩한 기쁨을 부여하는 것이 創造의 目的이었다. 그래서 사람이 "하나님의 형상대로 지음을 받았고" 그 결과 하나님에게 가까이 올 수 있게 되었고 하늘의 기쁨을 누릴 수 있게 되었다.[28] 그러므로 하나님의 도성이 우연히 시작된 것이 아니고 하나님이 意圖的으로 시도하여 생기게 된 것이다. 하나님이 먼저 사람으로 하여금 시민권을 탐하고 하나님을 사모하도록 사람의 마음을 움직여 자극시켰다. 어거스틴은 하늘의 도성의 행복을 다음과 같이 묘사했다. "낙원에서 사람은 하나님을 기뻐하며 살았다. 그것은 하나님의 임재로부터 끊임없이 흘러나오는 진정한 기쁨이었다."[29]

아담의 墮落으로 인간속의 하나님의 形像이 損傷을 입게 되었고, 따라서 하나님과의 복된 交際가 破壞되어 인간은 하나님으로부터 멀어져 자신에 빠지게 되었다. 아담의 모든 후손들인 전 인류는 "죄와 죽음의 번식……즉 일반적인 출생의 방법에 의해 땅의 사람의 형상을 입게 되었다."[30] 그래서 인류가운데 하나의 敵對的인 勢力인 地上의 都城이 일어나게 되었고 그래서 죽음의 왕국이 모든 인간을 다스리게 되었다.

損傷된 하나님의 形像의 回復과 잃어버린 하나님과의 거룩한 交際의 回復은 오로지 "하나님과 사람사이의 중보자이시며 하나님이

---

28) See also *DCD*, XXII, 1 : "It is He who in the beginning created the world full of all visible and intelligible beings, among which He created nothing better than those spirits whom He endowed with intelligence, and made capable of contemplating and enjoying Him, and united in our society, which we call the holy and heavenly city." (*NPNF I*, II, 479) : "Ipse est enim, qui in principi condidit mundum, plenum bonis omnibus uisibilibus atque intellegibilibus rebus, in quo nihil melius instituit quam spiritus, quibus, intellegentiam dedit et suae contemplationis habiles capacesque sui praestitit atque una societate deuinxit, quam sanctam et supernam dicimus ciuitatem." (*CCSL*, XLVIII, 806). See also *ibid.*, XII, 23.

29) *DCD*, XIV, 26 (*NPNF I*, II, 281) : "In paradiso... uiuebat fruens Deo... Gaudium uerum perpetuabatur ex Deo."(*CCSL*, XLVIII, 449).

30) *Ibid.*, XIII, 23 (*NPNF I*, II, 258) : Induimus autem imaginem terreni hominis propagatione praeuaricationis et mortis..... generatio." (*CCSL*, XLVIII, 408).

신 동시에 사람이신 그리스도 예수의 救贖"으로 이루어진다. 31) 손상된 하나님의 형상이 "치료를 받아 새로워진"32) 사람들 즉 "중생에 의해 그리스도에게 접붙임을 받은"33) 사람들은 하늘의 형상을 지니게 된다. "은혜로 말미암아(다시) 그의 지체들이 된 것이다."34) 하늘의 交際가 이제 다시 回復될 것이다. 하나님 나라에 속한 무리들의 계승이 처음부터 시작되었지만 "이 백성들의 (회복된) 삶이 주님의 수난의 오심으로 시작해서 심판의 날까지 계속된다"고 하겠다. 35) 즉 그리스도의 救贖의 能力이 歷史를 遡及하여 구약시대에 살던 사람들의 마음 속에서도 역사하지만, 36) 그것은 基督敎 時代에

---

31) *DCD*, XI, 2 (*NPNF I*, II, 206) : "per hominem Deum... mediator Dei et hominum, homo Christus Iesus." (*CCSL*, XLVIII, 322). See also *ibid.*, XIII, 23.

32) *Ibid.*, XI, 2 (*NPNF I*, II, 206) : "renouata atque sanata."(*CCSL*, XLVIII, 322).

33) *Ibid.*, XV, 1 (*NPNF I*, II, 284) : "in Christum renascendo profecerit." (*CCSL*, XLVIII, 453).

34) *Ibid.*, XIII, 23 (*NPNF I*, II, 258) : "fiunt per gratiam membra eius." (*CCSL*, XLVIII, 408).

35) *De vera religione*, 27, 50 (*LCC*, VI, 250) : "Cujus populi vita interim temporalis incipt a Domini adventu in humilitate, usque ad diem Judicii." (*PL*, XXXIV, 144).

36) See *DCD*, XV, 18 : "For in these two men, Abel, signifying 'grief,' and his brother Seth, signifying 'resurrection,' the death of Christ and His life from the dead are prefigured. And by faith in these is begotten in this world the city of God." (*NPNF I*, II, 299) : "Ex duobus namque illis hominibus, Abel, quod interpretatur luctus, et eius fratre Seth, quod interpretatur resurrectio, mors Christi et uita eius ex mortuis figuratur. Ex qua fide gignitur hic ciuitas Dei." (*CCSL*, XLVIII, 480). See also *ibid.*, XVIII, 47 : "And I doubt not it was divinely provided, that from this one case [of Job] we might know that among other nations also there might be men pertaining to the spiritual Jerusalem who have lived according to God and have pleased Him. And it is not supposed that this was granted to any one, unless the one Mediator between God and men, the Man Christ Jesus, was divinely revealed to him; who was pre-announced to the saints of old as yet to come in the flesh, even as He is announced to us as having come, that the self-same faith through Him may lead all to God who are predestinated [into] the city of God, the house of God, and the temple of God." (*NPNF I*, II 390) : "Diuinitus

더욱 강하게 역사한다. 십자가의 죽음과 부활이 하나님의 왕국을 땅위에 도래케 했다. 그리스도가 "강한 자"의 집에 들어가 그를 쇠사슬에 결박하므로 "千年 王國"(millennial kingdom)을 도래케 했다.[37] 그러므로 하나님의 도성의 "왕이시며 창설자"이신 예수 그리스도[38]는 人類歷史의 中心點에 서 계신다. 여기서 어거스틴은 救贖史에서 그리스도의 사역의 중요성을 강조하는데 그것은 어거스틴이 이레니우스의 總括更新의 聖書神學[39]에 영향을 입고 있음을 나타낸다고 하겠다.

그리스도의 구속의 사역과 하나님의 은혜로 말미암아 하늘의 교제가 이제 일부 그리스도인들에게 회복되었다. 그럼에도 불구하고 땅위의 하나님의 都城은 아직 불완전한 상태에 있다. 하나님의 형상이 아직 완전히 회복된 것은 아니다. "첫 아담이 동물적 몸으로 지음을 받았던 것처럼"(만약 아담이 범죄하지 않았었다면 순종의 값으로 그것이 영적인 몸으로 변화되었을 것이었지만) 그리스도인들은 아직도 동물적 몸을 지니고 있다. "태어날 때 우리가 부여받게 된 동물적인 것이 우리가 부활할 때에야 영적인 것으로 변화 될 것이다."[40] "그 때에 약속된 왕국이 그들에게 주어질 것이고 그들은 거기서 왕자와 함께 다스리게 될 것이다."[41] 더욱이 하나님의 도성의 일원들은 아직도 옛 사람의 잔재인 罪의 勢力下에 있는 것이다.

---

autem prouisum fuisse non dubito, ut ex hoc uno sciremus etiam per alias gentes esse potuisse, qui secundum Deum uixerunt eique placuerunt, pertinentes ad spiritalem Hierusalem. Quod nemini concessum fuisse credendum est, nisi cui diuinitus reuelatus est unus mediator Dei et hominum, homo Christus Iesus, qui uenturus in carne sic antiquis sanctis praenuntiabatur, quem ad modum nobis uenisse nuntiatus est, ut una eademque per ipsum fides omnes in Dei ciuitatem, Dei domum, Dei templum praedestinatos perducat ad Deum." (CCSL, XLVIII, 645f.).

37) See DCD, XX, 7.
38) See ibid., XV, 8; XVII, 4.
39) See John Lawson, The Biblical Theology of Saint Irenaeus(London: Epworth, 1948).
40) DCD, XIII, 23 (NPNF I, II 258) : "Quod est animale nascendo spiritale factum fuerit resurgendo." (CCSL, XLVIII, 408).
41) Ibid., XV, 1 (NPNF I, II 285) : "quando eis promissum dabitu regnum, ubi cum suo pri cipe... regnabunt."(CCSL, XLVIII, 454).

"심판 이후에야 옛 사람이 없어지고 천사와 같이 새 사람으로 변화될 것이다."⁴²⁾ 하나님의 도성은 하나님의 섭리에 의해서 정해진 未來의 完成을 향하여 지금 巡禮의 길을 걷고 있는 것이다.

지금까지 신의 도성의 人間的 部分의 起源과 發展을 기술했다. 그런데 신의 도성안에는 天使의 部分도 있다. 이 부분의 형성은 인간 창조보다 앞서는데 어거스틴은 "빛이 있으라"(*Fiat lux*)(창 1：3)는 말씀을 천사 창조의 의미로 해석했다.⁴³⁾ 모든 天使들은 하나님과의 거룩한 交際를 누리도록 "영원한 빛인 하나님의 말씀을 지닌 존재로"⁴⁴⁾ 善하게 지음을 받았다. 이 말이 지적하듯이 천사들의 交際의 基礎도 하나님의 말씀이신 예수 그리스도였다. 그들은 "빛의 조명을 받아" 불변하는 영원한 빛에 참여할 수 있었다.⁴⁵⁾ 그와 같은 교제를 가지시는 것이 하나님의 뜻이었다. 하나님이 "먼저〔천사들의 의지를〕자극하여 하나님을 사모하게 만드셨다."⁴⁶⁾ 성령은 그들의 마음에 하나님에 대한 사랑을 부어주시므로 천사들을 도우셨다.

선하게 지음을 받은 천사들이 타락하지 않았다면 하늘의 축복을 영원토록 누릴 수도 있었으나 그들중 일부는 그들 자신의 惡한 意志에 의하여 하나님으로부터 멀리 떠나 악하게 되었다.⁴⁷⁾ 이 악한 의지는 마니교도들이 주장한 바 "어떤 敵對的인 惡의 原理"⁴⁸⁾로부터 온 것도 아니고 천사들이 지음을 받은 바 善한 性品(被造된 自然性)에서 온 것도 아니다.⁴⁹⁾ 악한 의지는 선을 自意的으로(voluntarily) 喪失하고 하나님으로부터 멀리 떠나는 행위와 그 결과였다.⁵⁰⁾

---

42) *De vera religione*, 27, 50 (*LCC*, VI, 250) : "Post quod judicium, vetere homine extincto, erit illa mutatio quae angelicam vitam pollicetur:.... Resurget ergo pius populus, ut veteris hominis sui reliquias transformet in novum." (*PL*, XXXIV, 144).
43) See *DCD*, XI, 9.
44) *Ibid.*, XI, 9 (*NPNF I*, II, 210) : "participes lucis aeternae..... sapientia Dei." (*CCSL*, XLVIII, 329).
45) See *ibid.*, XI, 9.
46) *Ibid.*, XII, 9 (*NPNF I*, II, 231) : "prius faciens excitando audiorem." (*CCSL*, XLVIII, 363).
47) See *ibid.*, XI, 13; XII, 6; XII, 9.
48) See *ibid.*, XI, 13.
49) See *ibid.*, XII, 9.
50) See *ibid.*, XII, 7, 9.

하나님과의 교제로부터 멀리 떠나 "공중의 낮은 지역을 방황하게 된"⁵¹⁾ 천사들이 地上의 都城(civitas terrena)의 천사의 부분을 구성하게 되었다.

5. 現世와 來世의 二元論的 理解

現世를 마귀가 다스리는 潛定的 居住地로 보고 來世를 영원한 하나님의 왕국으로 보는 二元論的 世界觀이 초대교회에 크게 유행했다.⁵⁵⁾ 제롬도 그와 같은 견해를 피력했다. "사랑하는 형제들이여 예수님이 왜 성문밖에서 고난을 당하셨는 지를 생각해 보십시요. 지상의 도성을 떠나십시요. 여러분의 도성은 위에 있는 예루살렘입니다. 우리의 거처가 하늘에 있다고 말씀했습니다."⁵⁶⁾ 하늘이 우리의 참 본향이므로 이 본향을 향해 달음질해야 한다고 했다.⁵⁷⁾

어거스틴은 어느 정도 이와같은 二元論的 基督敎 傳統에 서 있었다. 그는 두 도성을 正反對의 (antithetical) "二元論的" 實在로 보았다. 그는 지상의 도성(civitas terrena)을 묘사할 때 현재의 물질적 인간 세계를 가리키며 말했고 하나님의 도성을 묘사할 때 내세의 영적 하늘 왕국을 가리키며 말했다. 어거스틴은 地上의 都城(civitas terrena)을 "잠정적이고"(temporal)⁵⁸⁾ "죽을 수 밖에 없으며"(mo-

---

51) *Ibid.*, XI, 33 (*NPNF I*, II, 224) : "in hoc infimo aerio caelo tumultuantem." (*CCSL*, XLVIII, 353).

52) See *ibid.*, XV, 1, 2; XXII, 1.

53) See *ibid.*, XVII, 1 : "quae pertinerent ad ciuitatem Dei regnum que caelorum.... de Christo regoque caelorum, quae ciuitas Dei est. (*CCSL*, XLVIII, 551).

54) *Ibid.*, XX, 9 (*CCSL*, XLVIII, 716).

55) See *Shepherd of Hermas,* First Similitude; *Epistula ad Diognetum,* 5; Tertullian, *De corona,* 13, 3—4; Tertullian, *Ad Martyras,* 2 and 3.

56) *Epist.*, LXIII (*FC*, XX, 360) : "charissimi, considerate quia Jesus extra portam passus est, et vos egredimini de hac terrena civitate, quia civitas vestra superior est Jerusalem... 'Nostra autem conversatio in coelis est.'" (*PL*, XVI, 1269).

57) See *De fuga saeculi,* 9, 52 : "Sciebat enim veram patriam esse superiorem. Fugiamus sicut cervi ad fontes aquarum." (*PL*, XIV, 622).

58) *DCD*, XV, 4 : "Terrena porro ciuitas, quae sempiterrna non erit." (*CCSL*, XLVIII, 456).

rtal)[59] "현세에 속한 것으로"[60] 묘사했고 신의 도성(civitas Dei)을 "앞으로 도래할 영원의 도성"으로[61] 묘사했다. 場所的 代置의 관점에서 신의 도성은 "하늘들의 하늘에 거주하는" 天上的인 것으로, 지상의 도성은 하늘로 부터 쫓겨나 "공중의 낮은 지역을 방황하는" 地上的인 것으로 묘사했다.[62] 이와같은 "이원론적" 관점을 지원하는 듯한 표현들을 어거스틴의 글에서 찾아볼 수 있으니 「神의 都城」제 5 권 21장에서 어거스틴은 지상의 왕국(regnum terrenum)을 경건한 자와 악한 자에게 함께 주어지는 지상의 제국들을 가리키는 뜻으로 사용했고 하늘의 왕국(regnum caelorum)을 경건한 자들에게만 주어지는 하늘의 왕국으로 사용했다.[63] 그러므로 일부 어거스틴 연구가들이 어거스틴의 지상의 도성을 現世의 地上의 國家들을 가리키는 것으로, 신의 도성을 未來에 도래할 하늘의 왕국으로 해석했는데[64] 이해할 만한 것이라 하겠다.

6. 靈的 實在

그러나 두 도성에 대한 이원론적 이해가 「神의 都城」에 나타난 支配的인 主題는 아니다. 비록 어거스틴이 現世(saeculum)에 대해 부정적이고 어두운 입장을 취하기는 했지만 몇몇 예외를 제하고는 地上의 都城을 現世(saeculum)와 同一視 하지는 않았다.[65] 오히려

---

59) *Ibid.*, XXI, 11 : "de ista ciuitate mortali." (*CCSL*, XLVIII, 777).

60) *Ibid.*, XVIII, 1 : "De ciuitatum duarum, ... saeculi huius est altera." (*CCLS*, XLVIII, 592).

61) *Ibid.*, XXI, 11 : "de illa ciuitate inmortali." (*CCSL*, XLVIII, 777).

62) *Ibid.*, XI, 33 : "illam in caelis caelorum habitantem, istam inde deiectam in hoc infimo aerio caelo tumultuantem."(*CCSL*, XLVIII, 353).

63) See *ibid.*, V, 21 (*CCSL*, XLVII, 157).

64) There are a few passages which seem to support such a position. For example, see *DCD*, XVI, 17 : "Per idem tempus eminentia regna erant gentium, in quibus terrigenarum ciuitas, hoc est societas hominum secundum hominem uiuentium, sub dominatu angelorum desertorum insignius excellebat, regna uidelicet tria, Sicyoniorum, Aegyptiorum, Assyriorum." (*CCSL*, XLVIII, 521).

65) See n. 60 and 64.

그와같은 동일시의 시도를 警告했다.[66] 어거스틴은 두 도성을 무엇 보다 먼저 靈的인 實在들(spiritual entities)로 이해했다. 하나는 이 세상에 속하고 다른 하나는 오는 세상에 속한 것으로 이해하는 대신 "하나는 하나님에게 속하고 다른 하나는 마귀에 속한 것으로"[67] 이해했다. 하나는 "천사의 창조로 시작해서 미래에 영원한 왕국으로 회복될 하나님의 통치로 이해했고 다른 하나는 천사의 타락으로 시작해서 마지막 심판때 영원히 저주를 받게될 마귀의 통치"로 이해했다. 두 도성이 지금 역사적으로 실현되고 있지만 어떠한 역사적 단체들과 완전하게 同一視하는 것은 不可能하다고 했다. 두 도성은 무엇보다 영적인 실재들이기 때문이다. 두 도성의 靈的 特性에 대한 强調는 이원론적 來世主義의 誤謬를 극복할 수 있었다. 그것은 또한 하나님의 나라가 현세에서 "실현된"(realized)다는 樂觀主義의 誤謬를 지적하는 것이기도했다. 어떤 사람들은 하나님의 왕국이 基督敎化된 로마帝國안에서 실현되었다고도 했고 어떤 사람들은 로마敎會안에서 실현되었다고도 했다. 또 어떤 사람들은 세속화된 로마 카톨릭 교회를 떠나거나 파괴한 후 純粹한 자들로 구성된 하나님의 王國을 땅위에 建設해야 한다고 주장했다.

서기 400년경까지 어거스틴은 유세비안주의의 낙관주의를 품고 있었다. 그는 구약예언의 성취가 기독교화된 로마 제국안에서(특히 테오도시우스 황제의 제국안에서) 이루어 지기를 기대하고 있었고 로마시대를 "基督敎의 時代"(tempora Christiana)라고 불렀다.[68] 그리스도인 황제들의 强壓政策하에서 이루어진 基督敎信仰의 놀라운 發展을 하나님의 事役과 豫言의 成就로 간주했다. "〔그리스도가〕 교회를 박해하던 우상숭배자들을 복음의 신앙으로 개종시켰다."[69] 이방의 우상들을 파괴하신 분이 하나님 자신이라고 어거스

---

66) See *DCD*, I, 35.
67) *DCD*, XXI, 1 (*NPNF I*, II, 452) : "quarum est una Dei, altera diaboli." (*CCSL*, XLVIII, 758).
68) See Robert A. Markus, *Saeculum: History and Society in the Theology of St. Augustine* (London: Cambridge University Press, 1970), pp. 30—54.
69) *Enarr. in Ps.*, VI, 13 (*NPNF I*, VIII, 20) : "qui gentes quae pro idolis suis persequebantur ecclesiam, ad euangelii fidem tanta temporum celeritate conuertit."(*CCSL*, XXXVIII, 35).

틴은 말했다.[70] 어거스틴은 398년 길도(Gildo)의 反亂을[71] 진압하는 로마정책 과정에서 이루어진 칼타고에서의 異敎의 沒落을 새 時代의 黎明으로 간주했다.

우리가 아는대로 아프리카의 칼타고에서 호노리우스 황제의 장군들인 가우덴티우스와 죠비우스가 4월 14일 사원들을 파괴하고 거짓 신들의 우상들을 부숴버렸다. 그때부터 오늘에 이르기까지 거의 30여년동안 그리스도의 이름에 대한 숭배가 얼마나 크게 발전한 것을 모르는 사람이 없을 것이다.[72]

그는 이방나라의 왕들이 그리스도에게로 돌아온다고 믿었고 그러므로 이방의 신들이 제거되고 우상들이 파괴되어야 한다고 주장했다.[73]

---

70) See *De consensu euangelistarum*, I, 14, 21 : "nunc ipse deus Israhel ubique delet idola gentium... et Romanum imperium, a quo illa gens uicta est, per Christum regem suo nomini subiugauit adque ad euertenda idola, propter quorum honorem sacra eius recepta non erant, christianae fidei robore ac deuotione conuertit." (*CSEL*, XLIII, 20f.).

71) In 398 the Roman armies crushed the African revolt of Gildo. The defeat of Gildo was followed by destruction of temples and idols by the imperial commissioners. See W.H.C. Frend, *The Donatist Church: A Movement of Protest in Roman Africa* (London: Oxford University Press, 1952), pp. 221—25; Markus, *Saeculum*, p. 33.

72) *DCD*, XVIII, 54 (*NPNF I*, II, 395) : "interim, quod scimus, in ciuitate notissima et eminentissima Carthagine Africae Gaudentius et Iouius comites imperatoris Honorii quarto decimo Kalendas Aprilis falsorum deorum templa euerterunt et simulacra fregerunt. Ex quo usque ad hoc tempus per triginta ferme annos quis non uideat quantum creuerit cultus nominis Christi." (*CCSL*, XLVIII, 655). This passage shows that St. Augustine retained somewhat the theme of the Eusebian optimism in his late period. Yet, the statement was made to show that Christian faith had made continuous progress contrary to the pagan predictions that the Christian religion was not to last beyond three hundred sixty-five years.

73) See *De consensu euangelistarum*, I, 26, 40.

그러나 어거스틴은 차츰(특히 410년 이후) 종교적 강압정책(religious coercion)의 정당성은 인정하면서도 메시야적 이상을 로마 제국의 역사적 실재와 동일시하는 것을 거부했다.[74] 그는 오히려 주장하기를 義와 平和의 메시야王國은 로마제국의 政治體制안에서 具體化된 일도 없었고 앞으로도 구체화되지 않을 것이라고 했다. 시편 45 : 10(46 : 9)이 기독교화된 로마제국안에서 성취되었다고 해석하는 유세비안주의를 반박하며 어거스틴은 로마제국이 기독교화된 이후에도 戰爭이 계속되어 왔다고 지적했다.

"저가 땅 끝까지 전쟁을 쉬게 하심이여" 이 말씀의 성취를 우리는 아직 보지 못했다. 아직도 전쟁이 계속된다. 주권을 위한 나라들간의 전쟁이 아직도 계속된다. 종파들 간에, 유대인들 가운데, 이교도들 가운데, 그리스도인들 가운데, 그리고 이단들 가운데 전쟁이 계속되고 있다. 진리를 위한 싸움도 있고 거짓을 위한 싸움도 있다. 이 말씀이 아직도 성취되지 않았다. … 아마 후에야 성취될 것이다.[75]

어거스틴은 또한 창 12 : 1—3의 구절이(아브라함에게 주신 하나님의 약속) 가나안 정복시 역사적으로 성취되었다는 유세비안주의의 해석도 받아들이지 않았다. 문자적이고 역사적인 성취보다는 그것보다 훨씬 더 나은 靈的 祝福이 주어졌었다고 어거스틴은 지적했다. 아브라함에게 주어진 약속은 "육적 후손을 가리키는 것이 아니라 훨씬 더 나은 영적 후손을 가리키는 것이었다. 이스라엘 백성의 조상이 되겠다는 약속이 아니라 그의 신앙의 발자취를 따르는 모든

---

74) See T.E. Mommsen, "St. Augustine and the Christian Idea of Progress: The Background of *The City of God*," in *Medieval and Renaissance Studies*, ed. by E.F. Price (Ithaca, New York: Cornel University Press, 1959), 265—98.

75) *Enarr. in Ps.*, XLVI, 12 (*NPNF I*, VIII, 159). *Enarr. in Ps.*, XLV, 13 : "'Auferens bella usque ad fines terrae.' Hoc nondum uidemus esse completum: sunt adhuc bella, sunt inter gentes pro regno; inter sectas, inter Iudaeos, paganos, christianos, haereticos, sunt bella, crebrescunt bella; aliis pro ueritate, pro falsitate certantibus. Nondum ergo completum est:... sed fortasse complebitur." (*CCSL*, XXXVIII, 527).

백성들의 조상이 되겠다는 약속이었다. "[76] 삼하 7 : 10 이하의 구절도 솔로몬의 시대나 또는 어떤 다른 시대에서 성취된 것으로 보지 않았다.

누구든지 그렇게도 큰 축복이 현세에서 그리고 땅위에서 성취되기를 바란다면 그의 지혜는 어리석음에 불과하다고 하겠다. 그것이 솔로몬의 통치의 평화시대에 성취되었다고 생각할 사람이 어디 있겠는가? …… 변화무쌍한 인간 사회안에서는 그와같이 큰 평안이 아무에게도 결코 주어질 수 없는 것이다…… 그러므로 이 약속된 평화롭고 안전한 처소는 영원한 처소인데 그것은 참 이스라엘 백성이 거하게될 자유의 어머니인 예루살렘이 될 것이다.[77]

한 마디로 어거스틴은 하나님의 도성과 왕국에 대한 예언이 현세에서 성취되고 있다는 樂觀主義的 見解를 어리석고 矛盾되는 것으

---

76) *DCD*, XVI, 16 (*NPNF I*, II, 321) : "aliam uero longe praestantiorem non de carnali, sed de spiritali semine, per quod pater est non unius gentis Israeliticae, sed omnium gentium, quae fidei eius uestigia consequuntur." (*CCSL*, XLVIII, 520). See also *ibid.*, XVI, 26. "If it troubles any one whether this is to be held as fulfilled or whether its fulfilment may still be looked for... let him know that the word translated everlasting by our writers is what the Greeks term αἰώνιον, which is derived from αἰὼν, the Greek for *saeculum*, an age... but what is termed αἰώνιον either has no end, or lasts to the very end of this world." (*NPNF I*, II, 326) : "quo modo accipiatur impletum siue adhuc expectetur implendum,..... sciat aeternum a nostris interpretari, quod Graeci appellant αἰώνιον, quod a saeculo deriuatum est; αἰὼν quippe Graece ɾeculum nuncupatur... αἰώνιον autem quod dicitur, aut non h∶et finem aut usque in huius saeculi tenditur finem." (*CCSL*, XLVIII, 531).

77) *DCD*, XVII, 13 (*NPNF I*, II, 352) : "Hoc tam magnum bonum quisquis in hoc saeculo et in hac terra sperat, insipienter sapit. An quispiam putabit in pace regni Salomonis id esse completum?... quia in tanta mutabilitate rerum humanarum nulli aliquando populo concessa est tanta securitas..., Locus ergo iste, qui promittitur tam pacatae ac securae habitationis, aeternus est aeternisque debetur in matre Hierusalem libera, ubi erit ueraciter populus Israel." (*CCSL*, XLVIII, 578).

로 보았다.

"또 내가 보매 거룩한 성 새 예루살렘이 하나님께로부터 하늘에서 내려오니"……이 약속이 현세를 가리키는 것이라고 하는 것은 극히 염치없는 것처럼 보인다. 하나님의 백성이, 아니 단 한명의 성도가 현세의 비참 가운데서 눈물이나 고통없이 살고 있거나 살아왔거나 또는 살게 될 것이라고 고집을 부리며 주장할 만큼 어리석고 맹목적인 사람이 있을 수 있겠는가? "내 눈물이 주야로 내 음식이 되었나이다"는 고백이 하늘의 도성 예루살렘의 시민의 고백이 아니었는가?[78]

어거스틴은 하나님께서 콘스탄틴 황제에게 그의 신앙을 보시고 지상에서의 축복을 충만히 부여하셨다고 인정하면서도 因果律(do ut des)의 倫理를 단호히 拒否했다. "황제들이 콘스탄틴이 받은 축복을 받기 위해 그리스도인이 되는 것을 막으시려고 하나님께서는 죠비안황제를 배교자 줄리안 황제보다 일찍 제위에서 물러나게 하셨고 그라티안 황제는 독재자의 칼에 암살을 당하게 하셨다."[79] 현세에서는 악하고 불경건한 사람들이 健康과 物質的 繁榮을 누리며 선한 사람들이 질고와 가난을 당하기도 한다.[80] 이와같은 것들을 영적 축복이나 영생과 직접적으로 연관시키면 안된다고 했다. 하나님의 도성과 왕국은 근본적으로 靈的이고 未來的이며 그리고 하나님을 恩惠로 말미암아 도래한다.

---

78) *Ibid.*, XX, 17 (*NPNF I*, II, 436) "Et ciuitatem, inquit, magnam Hiersalem nouam uidi descendentem de caelo a Deo...." "...Nam hoc de isto tempore accipere..., inpudentiae nimiae mihi uidetur..., quis uero tam sit absurdus et obstinatissima contentione uesanus, qui audeat adfirmare in huius mortalitatis aerumnis, non dico populum sanctum, sed unumquemque sanctorum, qui hanc uel ducat uel ducturus sit uel duxerit uitam, nullas habentem lacrimas et dolores;... An non est uox ciuis supernae Hiersalem: Factae sunt mihi lacrimae meae panis die ac nocte." (*CCSL*, XLVIII, 727f.).

79) *DCD*, V, 25 (*NPNF I*, II, 105) : "ne imperator quisquam ideo Christianus esset, ut felicitatem Constantini mereretur, cum propter uitam aeternam quisque debeat esse Christianus: Iouianum multo citius quam Iulianum abstulit; Gratianum ferro tyrannico permisit interimi." (*CCSL*, XLVII, 161).

80) See *ibid.*, XX, 2.

어거스틴은 敎會制度主義(ecclesiastical institutionalism) 형성에 크게 貢獻한 사람이라고 할 수 있다. 아프리카의 監督 어거스틴은 카톨릭교회가 豊富한 恩惠의 資源이 되고 있음을 인식하고 있었고 여러가지 分派運動에 직면하여 敎會를 辯護해야 할 역사적 상황에 처하게 되자 영적 실재인 하나님의 도성과 왕국이 역사적, 제도적 교회안에서 실현되는 것으로 보는 制度主義的 敎會論을 내세우게 되었다. 어거스틴은 구약의 예언들을 역사적 교회의 성장과 연결시켜 해석하는 것을 결코 귀찮게 여기지 않았다. 구약과 그리스도가 예언한 대로 교회는 온 세계에 퍼졌고 이제는 이단들을 박해하는 국가의 도움까지 즐기게 되었다고 지적했다.[81] 교회는 하나님이 세우신 기관으로 敎會를 通해서만 救援을 얻을 수 있다고 했다.[82] 현세의 역사적 교회를 천년왕국인 "그리스도의 왕국"(kingdom of christ)으로만 간주하지 않고 한 걸음 더 나아가서 "하늘의 왕국" (kingdom of heaven)과도 同一視했다.[83]

그러나 靈的 靑敎徒主義와 默示的 終末論으로 특징지워진 아프리카 傳統에 서 있는 歷史神學者 어거스틴은[84] 현세의 가견적, 제도적 교회의 不完全性을 看過할 수는 없었다. 현재의 가견적 교회는 善한 者와 惡한 者를 함께 包含하고 있다. 앞으로 순수하게 될 참 교

---

81) See *ibid.*, XVIII, 50.
82) See *De baptismo contra Donatistas*, I, 15, 23.
83) See *DCD*, XX, 9 : "ergo et nunc ecclesia regnum Christi est regnumque caelorum." (*CCSL*, XLVIII, 716). These words betray St. Augustine's high regard for the historical Church. There is an inseparable, organic continuity and unity between the two. St. Augustine might have meant that the present, historical Church is the kingdom of God in the sense that the Church *will become* a perfect kingdom of God.
84) There emerged, as Frend has pointed out, two different interpretations of Christianity in the African Church. On the one hand, there was "the orthodox Catholic Church, prepared to compromise with the evils of this world for the sake of unity and peaceful progress." On the other hand, there was "the Church of the Holy Spirit, of enthusiasm, of open hostility of the world, individualistic and intolerant." Associated with the latter view of Christianity was "the belief in the approaching end of the world... which enabled the more ascetic and puritanical Christians to conceive of a Church encumbered with less organization than that deman-

회만이 악한 자를 포함하지 않을 것이다.[85] 지금은 유기자와 선택자가 모두 福音과 聖禮에 의해 섞여져 있고 함께 모이고 있으며,[86] 惡한자와 僞善者들이 교회안에 숨겨져 있다.[87] 역사의 종말이 오기 전에는 "[교회가] 점도 없고 흠도 없어질 때가 오지 않을 것이다"[88] 어거스틴은 이와같은 견해를 참 신자들로만 구성된 完全한 敎會를 현세에서도 세울 수 있다고 주장한 도나티스트파의 입장을 反駁하며 내 세웠다. 그는 한 걸음 더 나아가서 지상에 完全한 敎會를 세우려는 도나티스트파적 노력 자체를 큰 罪라고 斷定했다.[89] 요약하

---

ded by their laxer opponents." (See Frend, *Donatist Church*, pp. 112—4). The latter view was most strongly upheld by such as Tertullian and Hippolytus. St. Augustine, as a bishop, must have been concerned about organizational unity and tolerance. Yet, as a theologian, he was following the tradition of "the puritanical Church of the Holy Spirit." He did not, however, take the most puritanical ecclesiology of Novatian or Donatist but followed the ex-Donatist, Tyconius.

85) See *DCD.*, XX, 9 : "Ac per hoc ubi utrumque genus est, ecclesia est, qualis nunc est; ubi autem illud solum erit, ecclesia est, qualis tunc erit, quando malus in ea non erit." (*CCSL*, XLVIII, 716).

86) See *DCD*, XVIII, 49 : "When she [the Church] soberly rejoices, rejoicing only in hope, there are many reprobate mingled with the good, and both are gathered together by the gospel as in a drag net." (*NPNF I*, II, 391) : "sola spe gaudens, quando sanum gaudet, multi reprobi miscentur bonis et utrique tamquam in sagenam euangelicam colloguntur." (*CCSL*, XLVIII, 647); *Ibid.*, I, 35 : "sicut ex illorum numero etiam Dei ciuitas habet secum, quamdiu peregrinatur in mundo, conexos communione sacramentorum, nec secum futuros in aeterna sorte sanctorum." (*CCSL*, XLVII, 33).

87) See *ibid.*, XX, 19 : "'mysterium operari iniquitatis' non putant dictum nisi de malis et fictis, qui sunt in ecclesia... mysterium iniquitatis, quod nunc occultum est." (*CCSL*, XLVIII, 732).

88) *Epist.* 185 *De correctione Donatistarum*, 9, 38 (*NPNF I*, IV, 647) : "in tota vero Ecclesia tunc futurum, ut sit omnino non habens maculam aut rugam, aut aliquid ejusmodi." (*PL*, XXXIII, 810).

89) See Herbert A. Deane, *The Political and Social Ideas of St. Augustine* (New York: Columbia University Press, 1963), pp. 34—37. See also *Epistolae*, CVIII, 12.

여 말하면 어거스틴은 현세의 제도적 교회안에 하나님의 도성과 나라가 완전하게 실현되는 것으로 보는 교회제도주의를 배격했다. 어거스틴에 있어서 하나님의 都城은 근본적으로 靈的이요 來世的인 實在였다.

어거스틴은 또한 地上의 都城(civitas terrena)을 지상의 惡한 國家들과 동일시하지도 않았다. 교회의 원수들과 심지어 교회를 박해하는 사람들 가운데도 하나님의 도성의 일원이 되기로 선택된 사람이 있다고 주장했다.[90] 유대인도 아니었고 교회의 일원도 아니었던 욥이 하나님의 도성의 일원이었던 사실을 지적했다. 이 한 예는 "다른 나라 백성들 가운데도 영적 도성 예루살렘에 속하여 하나님의 뜻을 따라 하나님을 기쁘시게 하며 사는 사람들이 있을 수 있음을 말해준다"고 했다.[91] "말할 수 없는 하나님의 예지가운데, 밖에 있는 것 같이 보이는 많은 사람들이 실제로는 안에 있을 수도 있다."[92] 그러므로 엄격히 말해서 두 도성중 하나에 속하게 되는 것이 지상의 어떤 단체의 일원이 되는 것과는 아무 상관이 없는 것이다. 그것은 오직 하나님의 恩惠와 靈的 資質과 상관된다. 두 도성은 무엇보다 靈的인 實在이기 때문이다.

어거스틴이 두 도성의 영적 특성을 강조한 또 하나의 이유는 하나님의 메시야 왕국이 역사의 마지막 때 즉 일곱째 천년시대에 땅 위에서 豊富한 物質의 祝福과 平和의 형태로 이루어질 것이라고 기대했던 千年王國主義(millenarianism)의 誤謬를 反駁하기 위해서였다. 어거스틴 자신이 한 때는 천년왕국주의와 비슷한 견해를 품고 있었다는 것을 그의 초기 작품이 드러내고 있다. 그의 「說敎集」가운데서 어거스틴은 일곱째 시대에 성도들이 땅 위에서 재림하시는 주님과 함께 영광가운데 다스리며 누리게 될 安息의 쉼을 묘사했

---

90) See *DCD*, I, 35 : "Meminerit sane in ipsis inimicis latere ciues futuros." (*CCSL*, XLVII, 33).

91) *DCD*, XVIII, 47 (*NPNF I*, II, 390) : "per alias gentes esse potuisse, qui secundum Deum uixerunt eique placuerunt, pertinentes ad spiritalem Hierusalem." (*CCSL*, 48, 645).

92) *De Baptismo cont. Donat.*, V, 27, 38 (*NPNF I*, IV, 477) : "Nam que in illa ineffabili praescientia Dei, multi que foris videntur. intus sunt." (*PL*, XVIII, 196). See also *ibid.*, VII, 39.

다.⁹³⁾ 그리고 일곱째 시대는 여덟째 날의 하늘의 안식으로 연결된다고 했다. 그러나 여기서 어거스틴이 강조한 것은 땅 위의 물질적인 축복이 아니었고 여덟째 날의 축복이었다. "현세의 일곱 시대가 다 지나가 완성된 후에 우리는 잃어버렸던 영생과 축복을 되찾게 될 것이다."⁹⁴⁾

어거스틴은 점차 천년왕국주의자들의 극단적인 입장에 실망을 느꼈다. 그들이 왕국을 지나치게 물질적으로 묘사했기 때문이었다. 그들은 주장하기를 "다시 일어나는 사람들은 무절제한 육체적 잔치의 즐거움을 누리게 될 것인데 그들이 취하게 될 고기와 술의 양이 너무 엄청나게 많아 절제있는 사람들이 충격을 받을 정도이고 믿기조차 어려울 정도이다"고 기술했다.⁹⁵⁾ 어거스틴은 인류의 역사를 數學的 文字主義의 틀에 맞추어 구분하는 것을 拒否했다. 그는 여섯째 시대의 기간을 계산하려는 여하한 시도도 받아들이지 않았다. "주님의 승천으로부터 재림시까지 어떤 사람은 400년, 어떤 사람은 500년, 다른 사람들은 1000년이 지나야 한다고 했는데"⁹⁶⁾ 주님께서 이와같은 시도를 금하셨다고 했다.⁹⁷⁾

어거스틴은 物質主義的 千年王國主義를 反駁하면서 일곱째 시대에 대한 새로운 해석을 시도했다. 어거스틴은 "천년"을 일곱째 시대로 보는 대신 敎會 時代인 여섯째 시대와 연관시켜서 그리스도의

---

93) See *Sermones*, CCLIX, 2 : "septimus quietem futuram sanctorum in hac terra. Regnabit enim Dominus in terra cum sanctis suis." (PL, XXXVIII, 1197).

94) *Sermones*, CCLIX, 2 (*FC*, XXXVIII, 370) : "sic post terminatas et peractas aetates septem saeculi transcuntis, ad illam immortalitatem beatitudinemque rediemus, do qua lapsus est homo." (*PL*, XXXVIII, 1198).

95) *DCD*, XX, 7 (*NPNF I*, II, 426) : "Sed cum eos, qui tunc resurrexerint, dicant inmoderatissimis carnalibus epulis uacaturos, in quibus cibus sit tantus ac potus, ut non solum nullam modestiam teneant, sed modum quoqueipsius credulitatis excedant." (*CCSL*, XLVIII, 709).

96) *Ibid*., XVIII, 53 (*NPNF I*, II, 394) : "quos tamen alii quadringentos, alii quingentos, alii etiam mille ab ascensione Domini usque ad eius ultimum aduentum compleri posse dixerunt."(*CCSL*, XLVIII, 652).

97) See *ibid*., XVIII, 53; XXII, 30.

초림으로부터 재림시까지의 歷史的 期間으로 보았다.[98] 그리스도의 "천년" 왕국은 물질적 축복의 왕국이 아니라 신자들이 그리스도와 함께 땅위에서 통치하는 靈的 王國이라고 했다.[99] 이와같은 해석을 하는데 있어서 어거스틴은 제롬과 티코니우스의 영향을 받은 것이 분명하다. 제롬은 이미 천년왕국주의의 왕국관이 肉的이고 誤謬투성이라고 反駁했다.[100] 제롬은 "천년"이라는 성경의 표현을 靈的으로 解釋했다. 그는 "첫째 부활"을 영혼이 죄의 죽음으로부터 신앙에 도달하는 것으로 보았고, "천년"을 그리스도의 초림으로부터 세상의 종말까지의 기간인 현재의 敎會時代로 보았다. 이스라엘 때 성도들에게 육체적으로 약속되었던 것이 이제 우리들 가운데서 靈的으로 成就되었다.[101] 티코니우스도 "천년"을 성도들이 그리스도와 함께 영적으로 다스리는 現 時代를 가리키는 것으로 해석했다.[102] 어거스틴은 아담으로부터 그리스도 재림까지의 인류 역사를 여섯시대로 구분했고 일곱째 시대를 超 歷史的이고 超 地上的인 時代로 묘사했다. 여섯째 시대가 지난후 일곱째 시대인 우리의 安息(sabbath)이 도래한다고 했다.

그 때에 우리는 하나님의 축복과 성화로 충만하게 될 것이다

---

98) See *ibid.*, XX, 7 : "aut quia in ultimis annis mille ista res agitur, id est sexto annorum miliario tamquam sexto die, cuius nunc spatia posteriora uoluuntur, ut huius miliarii tamquam diei nouissimam partem, quae remanebat usque ad terminum saeculi, mille annos appellauerit eo loquendi modo, quo pars significatur a toto; aut certe mille annos pro annis amnbus huius saeculi posuit, ut perfecto numero notaretur ipsa temporis plenitudo." (*CCSL*, XLVIII, 710).

99) See *ibid.*, XX, 7—9.

100) See *Commentariorum in Isaiam*, XVII, 60, 1ff.

101) See *Commentariorum in Jeremiam*, VI, Preface: "quidquid populo Israel carnaliter repromittitur, in nobis spiritualiter completum esse monstramus." (*PL*, XXIV, 865).

102) See Hahn, *Tyconius-Studien*, pp. 27ff.

103) *DCD*, XXII, 30 (*NPNF I*, II, 511) : "quando eius fuerimus benedictione et sanctificatione pleni atque refecti.... A quo refecti et gratia maiore perfecti uacabimus in aeternum, uidentes quia ipse est Deus, quo pleni erimus quando ipse erit omnia in omnibus." *CCSL*, XLVIII, 865).

......하나님에 의해 우리가 회복되고 완전하게 될 때 우리는 영원한 안식을 누리며 하나님을 보게 될 것이다. 그가 만유에 충만하시고 우리는 하나님으로 충만하게 될 것이다. [103]

이전 시대들과 다르게 일곱째 시대는 저녁으로 그치지 않고 여덟째 시대인 永遠의 時代로 즉 하나님의 王國으로 連結될 것이다. [104] "거기서 우리는 쉬고 보며, 보며 사랑하고, 사랑하며 찬양하게 될 것이다."[105] 이것이 하늘에 이루어질 하나님의 도성 곧 "끝이 없는 하나님의 왕국이다"라고 했다. [106]

지금까지 우리는 두 도성에 대한 靈的이고 超歷史的인 槪念이 形成된 歷史的 狀況들을 고찰했다. 어거스틴이 두 도성의 靈的 特性을 강조한 것은 두 도성을 지상 제도의 可見的 構造들(현재 또는 미래의)과 同一視하려는 유세비안주의, 敎會制度主義, 反 世上的 逃避主義 및 物質主義的 千年王國主義의 誤謬들을 反駁하기 위함이었다. 또한 어거스틴이 두 도성의 영적 특성을 강조한 데는 根本的이고 本質的인 理由들이 있다. 첫째로, 두 도성의 일원이 되는 資格이 태어난 인종이나 속해 있는 단체나 익숙해 있는 습관 등이 아무 상관이 없기 때문이다. [107] 하나님의 도성의 일원이 되는 자격은

---

104) See *ibid.*, XXII, 30 : "haec tamen septima erit sabbatum nostrum, cuius finis non erit uespera, sed dominicus dies uelut octauus aeternus... aeternam non solum spiritus, uerum etiam corporis requiem praefigurans.... Nam quis alius noster est finis nisi peruenire ad regnum." (*CCSL*, XLVIII, 866).

105) *Ibid.*, XXII, 30 (*NPNF I*, II, 511) : "Ibi uacabimus et uidebimus, uidebimus et amabimus, amabimus et laudabimus."(*CCSL*, XLVIII, 866).

106) *DCD*, XXII, 30 : "Atque id etiam beata illa ciuitas magnum in se bonum uidebit." (*CCSL*, XLVIII, 863); *ibid.*, XXII, 30 : "ad regnum, cuius nullus est finis?" *CCSL*, XLVIII, 866).

107) See *DCD*, XIV, 1 : "Ac per hoc factum est, ut, cum tot tantaeque gentes per terrarum orbem diuersis ritibus moribusque uiuentes multiplici linguarum armorum uestium sint uarietate distinctae, non tamen amplius quam duo quaedam genera humanae societatis existerent, quas ciuitates duas secundum scripturas nostras merito appellare possemus." (*CCSL*, XLVIII, 414).

하나님과 그리스도에 대한 信仰과 사랑 뿐이다.[108] 하나님 신앙으로 부터 떠나 자신을 사랑하는 사람들이 지상의 도성을 구성한다. 두 도성의 일원이 되는 자격은 개인의 靈的 狀態와 관련된다. 둘째로, 거룩한 교제의 공동체로서의 하나님의 도성이 사람에 의해 만들어진 것이 아니라 하나님 자신에 의해 創造되었기 때문이다. 도성의 설립자가 우리에게 사랑을 부어주시므로 우리로 하여금 도성을 사모하게 만들었다.[109] 선택된 자들에게 믿음이 주어졌다.[110] "이 첫 사람안에……두 도성의 기초가 놓여졌다……. 어떤 사람들은 선한 천사들과 연관되도록……그리고 다른 사람들은 악한 천사들과 연관되도록……모든 사람들이 하나님의 공의로운 판단에 의해 정해졌다."[111] 셋째로, 두 도성은 과거에 태어났고 또 앞으로 태어날 모든 인간들과 아울러 모든 天使들을 包含하기 때문이다. "네개의 도성이나 공동체가 있는 것은 아니다……. 두 개가 있을 뿐이다. 하나는 선한 천사들과 인간들로 구성되었고 다른 하나는 악한 천사들과 인간들로 구성되었다."[112]

---

108) See *ibid.*, XVIII, 47 : "ut una eademque per ipsum fides omnes in Dei ciuitatem, Dei donum... praedestinatos perducat ad Deum." (*CCSL*, XLVIII, 645f.); *Ibid.*, XIV, 28 : "Fecerunt itaque ciuitates duas amores duo, terrenam scilicet amor sui usque ad contemptum Dei, caelestem uero amor Dei usque ad contemptum sui." (*CCSL*, XLVIII, 451).

109) See *ibid.*, XI, 1.

110) See *ibid.*, XVIII, 47.

111) *Ibid.*, XII, 27 (*NPNF I*, II, 244) : "in hoc (primo) homine,... exortas fuisse existimemus in genere humano societates tamquam ciuitates duas.... alii malis angelis in supplicio, alii bonis in praemio sociandi, quamuis occulto Dei iudicio, sed tamen iusto." (*CCSL*, XLVIII, 385).

112) *DCD*, XII, 1 (*NPNF I*, II, 226) : "ut non quattuor... sed duas potius ciuitates, hoc est societates, mer ito esse dicantur, una in bonis, altera in malis non solum angelis, uerum etiam hominibus constitutae." (*CCSL*, XLVIII, 355). See also *ibid.*, XII, 9 : "Cuius pars, quae coniungenda, inmortalibus angelis ex mortalibus hominibus congregatur et nunc mutabiliter peregrinatur in terris uel in eis, qui mortem obierunt, secretis animarum receptaculis sedibusque requiescit, eodem Deo creante quem ad modum exorta site sicut de angelis dictum est, iam uideo esse dicendum." (*CCSL*, XLVIII, 364).

우리는 위에서 도성의 두가지 특성인 來世的 및 靈的 特性을 고찰했다. 이것은 분명히 어거스틴의 두 도성의 개념의 支配的이고 根本的인 特性이었다. 두 도성은 무엇보다 終末論的 實在이다. 그러나 어거스틴은 두 도성의 실현된 歷史的 側面을 간과하지는 않았다.

7. 歷史的 實在

어거스틴은 두 도성이 歷史的으로 實現되고 있는 것으로 보았다. 그 이유는 단순하다. 두 도성의 人間的인 部分이 역사적 존재인 인간들로 구성되기 때문이다. 두 도성은 공동의 기원을 가지고 있다. "둘다 아담안에서 열린 공동의 문을 통하여 현세로 들어왔다."[113] 신의 도성이 위에 있고 하늘에서 종말론적으로 완성되지만 지금 여기 밑에서 市民을 出生한다.[114] 그러므로 거룩한 도성이 "온 세상에 신실한 성도들 가운데 흩어져 있고,"[115] 지상의 도성은 自然的 人間들 가운데 흩어져 있다고 했다.[116] 두 도성의 地上의 族譜까지도 追跡할 수 있다.[117] 물론 그 족보가 결코 정확한 족보가 될 수

---

113) *Ibid.*, XV, 21 (*NPNF I*, II, 302) : "tamquam ex communi, quae aperta est in Adam, ianua mortalitatis egressis." (*CCSL*, XLVIII, 487).
114) See *DCD*, XV, 1 : "Superna est enim sanctorum ciuitas, quamuis hic pariat ciues." (*CCSL*, XLVIII, 454).
115) *Ibid.*, XX, 21 (*NPNF I*, II, 441) : "sanctam ciuitatem Hierusalem, quae nunc in sanctis fidelibus est diffusa per terras." (*CCSL*, XLVIII, 739).
116) See *ibid.*, XV, 2 (*NPNF I*, II, 285) : "Parit autem ciues terrenae ciuitatis peccato uitiata natura." (*CCSL*, XLVIII, 455).
117) See *ibid.*, XV, 15 : "Cum itaque istae duae series generationum, una de Seth, altera de Cain, has duas, de quibus agimus, distinctis ordinibus insinuent ciuitates." (*CCSL*, XLVIII, 475); *ibid.*, XVI, 10 : "Tenenda est igitur series generationum ab ipso Sem, ut ipsa ostendat post diluuium ciuitatem Dei, sicut eam series generationum ab illo, qui est appellatus Seth, ostendebat ante diluuium. Propter hoc ergo scriptura diuina cum terrenam ciuitatem in Babylone, hoc est in confusione, monstrasset, ad patriarcham Sem recapitulando reuertitur et orditur inde generationes usque ad Abraham." (*CCSL*, XLVIII, 511).

는 없지만.[118] 두 도성은 지금 "현세에서 서로 얽히고 섞여있다"[119] 遺棄者와 善한 者가 모두 "현세에서……함께 모이고……구별 없이 함께 헤엄친다."[120] 두 도성은 지금 過渡期的 狀態에서 최종적 분리와 완성의 점을 향해 달려가고 있는 것이다.[121] 간단히 말해서 어거스틴은 두 도성을 靈的 및 超歷史的 實在로 보는 동시에 현세에서 실현되는 歷史的 實在로 보았다.

어거스틴이 두 도성의 歷史的 實現性을 강조한 것은 현세와 역사적 실재의 의미를 무시하는 노스틱파와 오리겐주의의 입장을 반박하기 위함이었다. 어거스틴의 보도에 의하면 오리겐은 인간의 地上的 및 肉體的 存在를 선한 창조의 산물로 보지 않았다. 그것은 하나님을 포기한 犯罪의 處罰로 주어진 것이라고 했다. "각기 다양한 범죄에 따라 다양한 처벌이 주어졌고 다양한 육체가 감옥으로 주어졌다."[122] 초기의 어거스틴은 하늘의 왕국을 플라톤의 豫知界와 관련하여 超越的이고 無時間的인 實在로 이해했던것 같다. 말기의 어거스틴은 그리스도가 말씀하신 하나님의 나라가 플라톤의 예지계와

---

118) See *ibid.*, XVI, 10 : "Fortassis enim, quod profecto est credibilius, et in filiis duorum illorum iam tunc,... fuerunt contemptores Dei, et in filiis Cham cultores Dei." (*CCSL*, XLVIII, 512).

119) *Ibid.*, I, 35 (*NPNF I*, II, 21) : "Perplexae quippe sunt sunt istae duae ciuitates in hoc saeculo inuicemque permixtae." (*CCSL*, XLVII, 34). See also *ibid.*, XI, 1 : "quas in hoc interim saeculo perplexas... inuicemque permixtas." (*CCSL*, XLVIII, 321f.); XVIII, 54; XIX, 26.

120) *Ibid.*, XVIII, 49 (*NPNF I*, II, 391) : "utrique tamquam... colliguntur et in hoc mundo tamquam... utrique inclusi retibus indiscrete natant." (*CCSL*, XLVIII, 647).

121) *DCD*, XV, 21 (*NPNF I*, II, 302) : "ut procurrant et excurrant ad discretos proprios ac debitos fines." (*CCSL*, XLVIII, 487).

122) *DCD*, XI, 23 (*NPNF I*, II, 217) : "sed animas dicunt, non quidem partes Dei, sed factas a Deo, peccasse a Conditore recedendo et diuersis progressibus pro diuersitate peccatorum a caelis usque ad terras diuersa corpora quasi uincula meruisse, et hunc esse mundum eamque causam mundi fuisse faciendi, non ut conderentur bona, sed ut mala cohiberentur. Hinc Origenes iure culpatur." (*CCSL*, XLVIII, 341).

는 근본적으로 다르다는 것을 이해하게 되었다.[123] 육체는 악하고
육체는 하나님의 왕국과 상관이 없다고 주장한 오리겐주의는 어거
스틴에게 놀라울 정도로 어리석고 비 성경적으로 보였다. 오리겐은
"가장 악한 마귀가 靈氣性(ethereal)의 肉體를 소유했고 인간이 범
죄하기 이전에도 진흙의 육체를 부여받았다는 사실을" 관찰했어야
했다.[124] "영혼에 짐이 되는 것은 육체가 아니고 육체의 腐敗性이
다."[125] "그러므로 축복을 소유하기 위해서는 육체를 포기할 것이
아니라 腐敗性을 포기해야 할 것이다……. 하나님께서 첫 사람에게
주신 그런 육체를 포기할 것이 아니라 상속받게 된 罪를 抛棄해야
할 것이다."[126]

우리는 여기서 어거스틴이 두 도성의 歷史的 實現性을 强調하면
서 묘사한 "두도성이 현세에서 서로 얽히고 섞여 있다"(*perplexae
in hoc saeculo inuicemque permixtae*)[127]는 진술의 의미를 잠시
살펴 보고자 한다. 이것은 두 도성의 역사적 실현성을 강조하는 가
장 강한 진술이다. 그러나 근본적으로 영적이며 상호 배타적인 두
실재가 얽히고 섞여지는 것이 참으로 가능한 일인가? 여기서 언급
하는 混合(*permixtio*)은 물론 두 도성의 천사적 부분들 사이의 혼합
을 말하는 것은 아니다. 人間的 部分들 사이의 混合을 말한다. "인
류의 종족이 자유의지를 행사하여 점차 증가하고 발전함에 따라 두
도성의 혼합과 혼동이 일어났다."[128] 이와같은 진술은 두 영적인

---

123) See *Retractationes*, I, 32 (CSEL, XXXVI, 138).
124) *DCD*, XI, 23 (*NPNF I*, II, 218) : "aerium pessimus daemon, homo autem, et nunc licetmalus longe minoris mitiorisque malitiae, et certe ante peccatum, tamen luteum corpus accepit." (*CCSL*, XLVIII, 342).
125) *Ibid.*, XIII, 16 (*NPNF I*, II, 252) : "non corpus esse animae, sed corruptibile corpus onerosum." (*CCSL*, XLVIII, 397).
126) *Ibid.*, XIII, 17 (*NPNF I*, II, 253f.) : "Non ergo ad beatitudinem consequendam omnia fugienda sunt corpora; sed corruptibilia... non qualia fecit primis hominibus bonitas Dei, sed qualia esse compulit poena peccat." (*CCSL*, XLVIII, 400).
127) *Ibid.*, I, 35. See n. 119.
128) *Ibid.*, XV, 22 (*NPNF I*, II 302f.) : "Hoc itaque libero uoluntatis arbitrio genere humano progrediente atque crescente facta est permixtio et iniquitate participata quaedam utriusque confusio ciuitatis." (*CCSL*, XLVIII, 487).

실재(인간적인 부분)가 실제로 혼합되었음을 의미하는가? 다시 말해서 하나님의 도성의 인간적인 부분이 선한 사람들과 악한 사람들로 구성되어 있다는 것을 의미하는가? 마샬(R.T. Marshall)은 이 "혼합"(*permixtio*)을 實在的인 混合으로 이해했다. 즉 그는 "어거스틴에 의하면 신의 도성은 그 안에 유기자를 포함하고 있다"고 했다.[129] "어거스틴은 신의 도성안에 유기자가 존재함을 특별히 강조했다."[130] 마샬의 이와같은 주장은 다음과 같은 어거스틴의 진술에 근거했다.

 이 세상에서 나그네로 지내는 동안 하나님의 도성은 성례를 통한 교제 가운데 성도의 영원한 기업을 차지하지 못하게 될 사람들도 포함하고 있다.[131]

마샬은 이 구절에 나타나는 하나님의 도성을 神의 都城(*civitas Dei*)의 人間的 部分으로 보며 모든 시대에 존재하는 地上의 敎會들과 同一視했다.[132] 마샬은 신의 도성의 인간적 부분에 유기자들이 包含되어 있다고 믿었다. 이 귀절이 마샬의 견해를 지원하는 듯이 보인다. 이 구절을 문자적으로 이해하면 실제로 地上의 都城의 일원이 된 사람이 聖禮의 手段에 의해서 神의 都城의 一員이 될 수도 있다. 그래서 마샬은 주장하기를 신의 도성은 상이한 요소들로 구성되어 있고 결국 그 도성은 실제로 혼합되어 있다고 했다.

그러나 마샬의 견해는 「神의 都城」의 中心思想과 矛盾된다. 신의 도성은 무엇보다 영적 실재이므로 아무도 물질적 수단에 의해서 그

---

129) Marshall, *Studies in the Political and Socio-Religious Terminology of the De Civitate Dei* (Washington, D.C.: Catholic University of America, 1952), p. 86.
130) *Ibid.*, p. 88.
131) *DCD*, I, 35 (*NPNF* I, II, 21) : "sicut ex illorum numero etiam Dei ciuitas habet secum, quamdiu peregrinatur in mundo, conexos communione sacramentorum, nec secum futuros in aeterna sorte sanctorum." (*CCSL*, XLVII, 33).
132) "St. Augustine can speak of reprobates in the earthly part of the *civitas Dei* in I, 35." (Marshall, Terminology of the *De Civitate Dei*, p. 35). "Then such a concept of *ecclesia* corresponds to the earthly subdivision of the *civitas Dei*." (*Ibid.*, p. 87).

도성에 들어갈 수 없기 때문이다. [133] 신의 도성은 그 안에 상이한 요소들을 결코 포함하지 않는다. 그러면 이 구절에 대한 바른 解釋은 무엇인가? 두가지 가능한 해석의 방법을 제시할 수 있다. 첫째 "신의 도성"이란 말을 "(可見的) 敎會"란 말로 대치하면 이 구절은 어거스틴의 교훈과 모순되지 않는다. 어거스틴은 여러 곳에서 civitas Dei와 ecclesia를 구별없이 사용했다. [134]

이 구절이 나타나는 전후관계도 이와같은 해석을 지원하는듯 하다. 이 구절에서 civitas Dei란 말이 지상의 교회를 의미하는 뜻으로 부정확하게(?) 쓰여진듯 하다. 이 구절의 전후에 원수들(in ipsis inimicis) 가운데도 그리스도의 도성(civitas Christi)의 시민이 될 사람들이 포함되어 있다는 진술이 나타난다. 여기 civitas Dei와 대조적으로 쓰여진 원수들(inimici)이란 말이 지상의 도성(civitas terrena)의 영적 실재를 의미하는 뜻으로 사용되었다기 보다는 기독교 신앙에 적대하는 사람들(박해자들) 또는 교회에 대해

---

133) St. Augustine is clear in pointing out that there are many who are in the Church, bound to her by the sacraments, who will not be saved. See *DCD*, I, 35 : "qui partim in occulto, partim in aperto sunt, qui etiam cum ipsis inimicis aduersus Deum, cuius sacramentum gerunt, murmurare non dubitant, modo cum illis theatra, modo eccesias nobiscum replentes." (*CCSL*, XLVII, 33): *Ibid.*, XXI, 25 : "Sed iam respondeamus etiam illis, qui... liberationem ab aeterno igne promittunt, uerum eis tantum, qui Christi baptismate abluti et corporis eius et sanguinis participes facti sunt, quomodolibet uixerint.... Sed contradicit eis apostolus dicens." (*CCSL*, XLVIII, 794). See also *ibid.*, XXI, 19; XX, 19; *Sermones*, CCSL, XVIII, 2; *Enarr. in Ps.*, LI 4. St. Augustine also notes that one's faith in and confession of Christ effects the remission of sins even without receiving the baptism. (See *ibid.*, XIII, 7.)

134) See *ibid.*, XV, 26 : "procul dubio figura est peregrinantis in hoc saeculo ciuitatis Dei, hoc est ecclesiae." (*CCSL*, XLVIII, 493); *Ibid* XVI, 2 : "ad Christum et eius ecclesiam, quae ciuitas Dei est." (*CCSL*, XLVIII, 500). See also *ibid.*, XVIII, 29; XX, 11; XIII, 16. Here, of course, we do not take the visible Church on earth as identical with the human part of the *civitas Dei*, aposition which Marshall takes. In these passages, we rather understand the *ecclesia* as the invisible Church, or interpret *civitas Dei* as meaning the earthly Church.

적대적인 태도를 취하는 단체들을 의미하는 뜻으로 사용되었다고 하겠다. 그러므로 문맥에 따라 우리는 *civitas Dei*를 신자들과 약간의 거짓 신자들로 구성된 地上의 團體인 敎會를 의미하는 것으로 해석할 수 있을 것이다. 질송(Gilson)도 이 구절을 그렇게 해석했다. "신의 도성이 교회인 한, 그 안에는 택함을 받지 못한 자들도 많이 포함되어 있다."[135] 둘째로, 만약 우리가 *civitas Dei*를 문자적으로 영적인 실재를 가리키는 것으로 해석한다면, 어거스틴의 전체적인 교훈에 맞추어 질송의 해석을 따라 *habet secum*을 "關聯을 가지고 있다"(to associate with) 또는 "皮相的인 關聯을 가지다"(to have a superficialion with her)로 해석할 수 있을 것이다. 어떤 사람이 聖禮를 받고 교회에 加入할 때 신의 도성의 일원이 된 것처럼 보일 수 있다. 어떤 사람이 신의 도성에 속하지 않으면서도 그것과 關聯되는 듯이 보일 수 있다. 하나님만이 도성의 構成要素들을 정확히 아신다. 그것이 사람의 눈으로는 분별되지 않는다. 사람은 한 종류의 사람들로만 구성된 지상의 단체를 단 하나라도 이 땅위에 건설할 수는 없는 것이다. 이 세상의 모든 인간의 단체 안에는 두 종류의 사람(선한 자와 유기자)이 섞여져 살고 있는 것이다.

그러므로 우리는 어거스틴이 "두 도성이 현세에서 서로 얽히고 섞여 있다"(the two cities are entangled together in this world, and intermixed)고 했을 때 두 도성이 두 종류의 다른 사람들로 구성되었음을 의미하지는 않았다고 결론을 내릴 수 있을 것이다. 그는 오히려 부르케(Vernon Bourke)가 이 구절을 이해한 대로 "땅위에서 두 도성의 일원들이 섞여서 함께 살아가고 있다"[137]는 의미로 말했을 것이다. 다른 곳에서도 어거스틴은 유기자들과 善한 사람들이 이 세상에서 함께 섞여서 살아가고 있다고 말했고,[138] "두 도성이 현재 肉體의 관점에서는 섞여져 있고 意志의 관점에서는 분리되

---

135) E. Gilson, *The Christian Philosophy of Saint Augustine*, trans. by L.E.M. Lynch (New York: Random House, 1960), p. 181.

136) See *ibid.*, p. 181 : "She has associated with her through the bond of the sacraments some who will not be...."

137) Bourke, "The Political Philosophy of St. Augustine," *Proceedings of the 7th Annual Meeting of the American Catholic Philosophic Association* (St. Louis, 1931), p. 54.

138) Seen. 120.

어 있다"고 말했다. [139]

8. 맺는 말

어거스틴의 두 都城의 槪念은 다양한 歷史的 傳統과 관련해서 형성되었다. 그것이 어거스틴에게 전혀 새로운 개념은 아니었다. 두 都城이라는 表現이 본래 聖經에 나타난 표현이며 敎父들의 傳統 가운데서도 널리 유행되었다. 물론 그것이 다양하게 해석되었고 다양하게 강조되기도 했다. 교부들의 전통가운데서 어거스틴은 이레니우스와 제롬의 전통을 따르며 특히 티코니우스와 같은 사상가에 의해 형성된 북 아프리카의 전통을 따르고 있었다. 그러나 어거스틴은 단순히 전통적 개념을 그대로 再現하지는 않았다. 다양한 전통들 가운데 나타난 잘못된 개념들을 再 分析, 再 吟味하는 가운데 하나의 獨特하면서도 包括的인, 深奧하면서도 調和를 이룬 두 都城에 대한 槪念을 만들어 내게 되었다.

두 도성은 무엇보다 地上的이 아니며, 아직 實現되지 않은 靈的 實在로(unearthly, not-yet-realized, spiritual entities) 이해되었고, 그것의 終末論的 完成이 未來에 이루어지는 것으로 보았다. 그러나 동시에 두 도성이 歷史的으로(여기서 지금) 個人들의 人格 속에 나타나고 있는 것으로(historically manifested in the individual persons in this world) 理解되었다. 이와같은 두 都城에 대한 兩面的 槪念은 어거스틴의 救贖史觀의 틀에 의해 형성되었다. 즉 하나님께서는 구속받은 피조물과의 거룩한 交際를 이루시기를 원하시는데 이것이 종말론적으로 성취될 것으로 보았다. 아담의 墮落으로 이 교제가 損傷되었고 그리스도의 救贖으로 다시 回復되기 시작했는데, 이 交際의 완전한 回復은 未來에 가서야 성취될 것으로 보았다.

---

139) *De catechizandis rudibus*, 19, 31 (*NPNF I*, III, 303) : "nunc permixtae corporibus, sed voluntatibus separatae." (*CCSL*, XLVI, 156). See also *Enarr. in Ps.*, LI, 4.

신앙 핸드북

작품 소개

성 어거스틴은 자신의 「재고록」(再考錄, *Retractationes* I, ii, c. 63)에서 이 작품에 대해 다음과 같이 말하고 있다.

"희랍인들이 엔키리디온(*Enchiridion*, 〈핸드북〉)이라고 부르는 것과 같이 결코 손에서 놓아서는 안되는 나의 작품을 가질 수 있도록 해달라는 요청을 받아 서신을 작성하면서, 「믿음과 소망과 사랑에 대하여」라는 책을 쓰게 되었다. 거기서 나는 어떤 방식으로 하나님께 예배해야 하며, 하나님의 성경이 인간의 참된 지혜라고 정의하는 지식이 무엇인지 상당히 신중하게 다루었다고 생각한다. 그 책은 '나로서는 표현할 수 없다는' 말로 시작된다."

엔키리디온(신앙핸드북)은 어거스틴의 후기 작품에 속한다. 420년 9월 30일, 제롬(Jerome)의 죽음 이후에 쓴 것이다. 87장에서 제롬에 대한 '복된 기억'(*sanctae memoriae Hieronymus presbyter*)을 언급하고 있기 때문이다.

이 책은 라우렌티우스(Laurentius)의 질문에 답하여, 그에게 서신으로 보낸 것이다. 이 사람에 대해서는 달리 알 길이 없다. 어떤 문헌에서는 집사로, 또 다른 데에서는 로마시의 공증인으로 나온다. 필시 평신도였을 것이다.

저자는 이 책을 '믿음과 소망과 사랑에 대하여'로 보통 말하는데, 이는 이 세 가지 표제하에서 내용을 다루고 있기 때문이다(참조. 고전 13:13). 1부에서는 사도신경의 순서를 따르면서 직접 언급은 안하지만, 마니교와 아폴리나리우스주의, 아리우스주의, 펠라기우스주 등 이단을 반박한다. 2부에서는 주기도문에 대해 간단하게 해설하고 있다. 3부는 기독교의 사랑에 대한 강화이다.

베네딕트판 원본은 6권으로 되어 있다. 어거스틴의 다른 단편 논문 셋 (*De Catechizandis Rudibus; De Fide Rerum quae non creduntur; De Utilitate Credendi*)과 함께 짜임새 있게 편집된 라틴어 판은 마리오트(C. Marriott)의 *S. Aurelius Augustinus*로 출판되었는데, 1885년 옥스포드와 런던에서 로메스틴(H. de Romestin)에 의해 4판이 나왔다. 영어판도 1885년 옥스포드와 런던에서 로메스틴에 의해 출판되었다. 그의 영어 번역본은 1847년 옥스포드에서 "Library of the Fathers"(교부전집)에 실린 코르니쉬(C. L. Cornish)의 번역본("Seventeen Short Treatises of St. Aug." pp. 85-158)에 근거한 것이다.

쇼(Shaw) 교수의 이 번역본은 1883년 에딘버러(T. and T. Clark)에서 어거스틴 전집 3판에 속한 것으로, 도즈 박사(Dr. Dods)에 의해 최초로 출판되었다. 코르니쉬 역보다는 쉬운 의역을 사용하고 관용적인 표현을 살렸다. 몇 군데는 보다 원본에 가깝도록 내가 고쳤다.

요 지

라우렌티우스가 자신이 제기한 몇 가지 질문에 대해서 짧은 지면에 그 해답을 담고 있는 기독교 교리 핸드북을 제공해 달라고 요청하였으므로, 어거스틴은 그에게 믿음과 소망과 사랑의 진정한 대상을 아는 사람은 누구나 이 질문에 충분히 대답할 수 있음을 보여 준다. 그후 더 나아가 이 책의 1부(9-113장)에서는 사도신경을 본문으로 삼아 믿음의 대상을 해설한다. 이 해설의 과정에서 다양한 이단들을 반박함과 아울러 삶의 행위에 대해 여러 가지 관찰을 시행한다. 2부(114-116장)는 소망의 대상을 다루고 있는데, 주기도문에 나오는 몇 가지 간구에 대한 아주 짧은 해설로 이루어져 있다. 3부 결론부(117-122장)는 사랑의 대상을 다루고 있는데, 전체 복음 속에서 이 은혜의 탁월성을 보이면서, 사랑이 계명의 완성이며 율법의 성취임과 하나님 자신이 사랑이심을 말한다.

1. 저자는 라우렌티우스를 위해 참된 지혜를 가르치기 원한다.

나의 사랑하는 아들 라우렌티우스여, 네가 지식 안에서 성장한 것을 증거하는 즐거움과 네가 지혜로운 사람, 즉 "지혜 있는 자가 어디 있느뇨 선비가 어디 있느뇨 이 세대에 변사가 어디 있느뇨 하나님께서 이 세상의 지혜를 미련케 하신 것이 아니뇨"(고전 1:20)라고 말씀하신 자 중의 하나가 아니라, "지혜자의 무리는 세상의 복지라"(지혜서 6:24)고 말씀하신 자 중의 하나요 사도가 말하기를 "너희가 선한 데 지혜롭고 악한 데 미련하기를 원하노라"(롬 16:19)고 하면서 바라던 자가 되었으면 하는 나의 간절한 소원을 뭐라고 표현할 수가 없다. 그런데 아무도 저절로 존재할 수 없는 것과 마찬가지로 아무도 저절로 지혜로울 수 없고, "모든 지혜는 여호와께로서 나온다"(집회서 1:1)고 기록된 바 그분의 비추심을 받아 감화를 입을 때만 지혜로울 수 있다.

2. 하나님에 대한 경외가 인간의 참된 지혜이다.

인간의 참된 지혜는 경건이다. 그대는 거룩한 욥기서에서 이것을 발견한다. 거기서 지혜 자신이 인간에게 말한 것을 읽게 된다. "이르시기를 주를 경외함(경건, *pietas*)이 곧 지혜"(욥 28:28). 이 구절에서 경건(*pietas*)의 의미가 무엇이냐고 더 묻는다면, 희랍인들은 그것을 보다 명확하게 데오세베이아(θεοσέβεια) 즉 하나님에 대한 예배라고 말한다. 희랍인들은 종종 경건을 유세베이아(εὐσέβεια)라고 말하는데, 이것은 물론 특히 하나님에 대한 예배를 가리키지만, 바른 예배를 나타낸다. 그러나 인간의 참된 지혜가 어디에 있는가를 정의할 때 사용하기에 가장 용이한 단어는 특별히 하나님에 대한 경외를 나타내는 말이다. 그리고 요컨대 내가 중대한 문제들을 다루어 주길 바라는 네가 더 간결한 표현 형식을 바랄 리가 있겠는가? 혹시 이 표현 자체가 간결하게 설명되고, 네가 간결한 말로 하나님을 예배하는 데 적절한 양식을 나타내 주길 바라기는 하겠지.

3. 하나님은 믿음과 소망과 사랑으로 예배해야 한다.

그런데 내가 하나님은 믿음과 소망과 사랑으로 예배해야 한다고 대답하면, 즉시 이 대답은 너무 짧다고 말하고, 이 세 가지 은혜 각각의 대상, 즉 무엇을 믿어야 하며, 무엇을 소망해야 하고, 무엇을 사랑해야 하는지 간략하게 설명해 달라고 청할 것이다. 그리고 내가 이것을 다 대답하게 되면, 네가 편지에서 물은 모든 질문에 대한 대답이 될 것이다. 네가 이 편지 사본을 간직하고 있으면, 다시 꺼내 죽 읽어보면 될 것이다. 만약 잃어 버렸더라도, 내가 너의 기억을 새롭게 해주면, 기억을 더듬는 데 전혀 어려움이 없을 것이다.

4. 라우렌티우스가 제기한 질문들

너는, 네가 제기한 질문들 – 생에 있어 인간의 주된 목적은 무엇이어야 하고, 여러 가지 이단들을 생각할 때 주로 무엇을 피해야 하며, 어느 정도까지 종교는 이성의 지지를 받고, 신앙이 자립할 때 신앙에 도움을 주지 못하는 것이 이성 안에 무엇이 있으며, 종교의 출발점과 목적지는 무엇이고, 전체 교리 체계의 요약은 무엇이며, 보편적 신앙의 확실하고 완전한 기초가 무엇인지에 대한 대답을 담고 있고, 언제라도 참조해 볼 수 있는 핸드북을 내가 써 주기를 간절히 원한다고 말했다.

그런데 의심할 나위없이 네가 믿음과 소망과 사랑의 바른 대상을 철저하게 안다면, 이 모든 질문들에 대한 대답을 알게 될 것이다. 이것들은 종교에서 탐구의 주요한 대상, 아니 절대적인 대상이 되어야 하기 때문이다. 그렇지 않다고 말하는 사람은 그리스도의 이름을 전혀 모르는 사람이거나 아니면 이단이다. 이것들은 이성에 의해서 옹호받게 되는데, 이성은 그 출발점을 몸의 감각이나 정신의 직관에 두어야 한다. 그리고 몸의 감각들을 통해 경험해 보지 못하고 지성을 통해서 도달할 수 없었던 것은 의심할 나위없이, 신적이라고 부르는 게 당연한 성경을 기록하고 신적인 도움을 받아 몸의 감각이나 지적인 인식을 통해 문제가 되는 것들을 보거나 예견할 수 있었던 그 증인들의 증거 위에서 믿어야 한다.

5. 이 질문들에 대한 간단한 대답

더욱이 정신이 사랑으로 역사하는 그 믿음(갈 5:6)이라는 첫번째 요소로 물들여졌을 때, 정신은 생명의 순수성에 의해 보는 데 이르려고 애쓰는데, 여기서 마음이 정결하고 온전한 자들은 이루 말할 수 없는 아름다움과, 지고의 행복이 되는 온전한 환상을 알게 된다. 여기에 확실히 출발점이 어디고, 목표가 어디냐는 그대의 질문에 대한 대답이 있다. 즉, 우리는 믿음으로 시작해서 봄으로써 완전하게 된다. 이것은 또한 전 교리 체계의 요약이다.

그러나 보편적 신앙의 확실하고 완전한 기초는 그리스도다. "이 닦아둔 것 외에 능히 다른 터를 닦아 둘 자가 없으니 이 터는 예수 그리스도라"(고전 4:11)고 바울은 말한다. 몇몇 이단자들이 우리와 한 가지로 이것을 주장한다고 가정할 수도 있기 때문에, 이것이 보편적 신앙의 완전한 기초임을 부정하려 해서는 안된다. 그리스도께 속한 것들을 신중하게 고려해 본다면, 스스로 그리스도인이라고 부르는 그 이단자들 가운데 그리스도는 명목상으로만 나타나 있음을 알게 될 것이기 때문이다. 즉, 행위와 진리에 있어 그분은 그들 가운데 계시지 않는다. 그런데 이것을 보여 주는 것은 기독교의 미명하에 존재해 왔고 존재하고 있거나 존재할 수 있는 모든 이단들을 살펴보고, 각 경우에 이것이 사실임을 보여 주는 것이 요청되기 때문에 우리에게 너무 오래 걸릴 것이다. 다시 말해서, 아주 끝이 없을 만큼 많은 책을 써야 될 논의이다.

6. 이와 같은 핸드북에서는 논쟁의 여지가 없다.

그런데 그대는 나에게 핸드북, 즉 책꽂이에 꽂아 두는 게 아니라 손에 들고 다닐 수 있는 것을 구하고 있다. 이제, 앞서 말한 바와 같이, 하나님께서 이를 통해 예배받으셔야 하는 세 은혜들, 즉 믿음과 소망과 사랑으로 돌아가서 이것들 각각의 참되고 바른 대상이 무엇인지 진술하는 것은 쉽다. 그러나 정반대되는 견해를 주장하는 사람들의 공격에 맞서서 이 참된 교리를 수호하려면 훨씬 더 풍부하고 정교한 교훈이 필요하다. 그리고 이 교훈을 얻는 참된 길은 짧은 논문을 자기 손에 들고 다니는 것이 아니라 자기 마음에 타오르는 큰 열심을 품는 것이다.

7. 사도신경과 주기도문은 믿음과 소망과 사랑을 요구한다.

그대에게 사도신경과 주기도문이 있기 때문에 하는 말일세. 듣거나 읽기에 이보다 더 간단한 것이 있겠는가? 기억하기에 이보다 더 쉬운 것이 있겠는가? 죄의 결과로 인류가 불행이라는 무거운 짐 아래 신음하며 하나님의 긍휼하심이 절실히 필요한 처지에 있었을 때, 한 예언자는 하나님의 은혜의 때를 예상하면서 "누구든지 여호와의 이름을 부르는 자는 구원을 얻으리라"(욜 2:32)고 선언했다. 여기에서 주기도문이 나온다. 그러나 바울은 바로 이 은혜를 권하기 위하여 이 예언적 증거를 인용할 때 바로 뒤에 덧붙이기를 "그런즉 저희가 믿지 아니하는 이를 어찌 부르리요"(롬 10:14) 했다. 여기에서 사도신경이 나온다. 이 두 가지 가운데서 우리는 세 가지 은혜의 예를 보게 된다. 즉, 믿음으로 믿고, 소망과 사랑으로 기도한다. 그런데 믿음이 없으면, 나머지 두 가지는 존재할 수 없고, 따라서 믿음으로도 기도한다고 말할 수 있다. 그러므로 기록되기를 "그런즉 저희가 믿지 아니하는 이를 어찌 부르리요" 했다.

8. 믿음과 소망의 차이와 믿음, 소망, 사랑의 상호 의존.

게다가 믿음의 대상이 아닌 것을 소망할 수 있겠는가? 소망의 대상이 아닌 것을 믿을 수 있다는 것은 사실이다. 예를 들어, 악인의 심판을 믿지 않는 참된 그리스도인이 있을까? 그렇지만 이러한 사람도 그것을 소망하지는 않는다. 그리고 그 심판이 자기에게 다가오고 있다고 믿고, 공포 속에서 예상을 회피하는 사람은 소망한다기보다는 두려워한다고 말하는 것이 적절하다. 그리고 '두려움에 떠는 자들로 소망을 가지게 하라'(Lucan, *Phars.* ii. 15)고 읊조릴 때, 시인은 이 두 가지 정신의 상태를 신중하게 구별하고 있다. 일반적으로 이 시인보다 훨씬 뛰어나다고 여기는 다른 한 시인은 '이와같이 큰 슬픔을 소망할 수 있다면'(Virgil, *Aeneid*, iv. 419)이라고 하면서 이 말을 잘못 사용하고 있다. 그런데 몇몇 문법 학자들은 이 경우를 언어의 부적절성의 실례로 삼아, "두려워하다 대신에 소망하다를 말했다"고 한다.

따라서 믿음에는 선과 마찬가지로 악도 그 대상이 될 수 있다. 이는 선과 악을 다 믿는 것이고, 이것들을 믿는 믿음은 악이 아니라 선이기 때문이다. 더욱이 믿음은 과거와 현재 그리고 미래에 다 관계한다. 예를 들면, 우리는 그리스도가 죽으셨다는 과거의 사건을 믿는다. 그분이 하나님 보좌 우편에 앉아 계시다는 현재 상태를 믿는다. 우리는 그분이 산 자와 죽은 자를 심판하러 장차 오실 것이라는 미래의 사건을 믿는다. 또한 믿음은 자기 자신의 상황과 다른 사람들의 상황에 다 적용된다.

누구나, 예를 들면, 자기 자신의 존재가 시작이 있었고, 영원하지 않았다는 것을 믿으며, 다른 사람들이나 다른 사물들도 똑같이 그러하다는 것을 믿는다. 종교적인 문제들에 관한 우리의 믿음은 또 단지 다른 사람들뿐만 아니라 천사들과도 관계가 많다. 그러나 소망은 선한 것만을, 미래에 대한 것만을, 소망을 품는 사람에게 영향을 주는 것만을 그 대상으로 삼는다. 따라서 이런 까닭에 믿음은 단순히 말의 적합성의 문제로서가 아니라 본질적으로 다르기 때문에 소망으로부터 구별되어야 한다. 우리가 믿는 것이나 소망하는 것을 보지 못한다는 사실은 믿음과 소망의 공통점이다.

예를 들면, 히브리서에서는 믿음이 "보이지 않는 것들의 증거"(히 11:1)로 정의되고 있다(보편적 신앙의 뛰어난 수호자들이 이 정의를 표준으로 사용해 왔다). 누가 자신이 믿는다고, 즉 말이나 증언이나 어떤 종류의 추론이 아니라 자신의 감각의 직접적인 증거 위에 자기의 믿음을 근거하고 있다고 말한다 할지라도, '당신은 보았으므로 믿지 않았다'는 비판을 자칫하면 면할 수 없을 만큼 언어의 부적합성에 대해 질책을 받지는 않을 것이다. 그러므로 이에 따라 믿음의 대상은 시각의 대상이 아니라는 것은 아니다.

그러나 '믿음'이라는 말을 성경이 우리에게 가르쳐 준 대로 사용하여 보이지 않는 그 사물들에 적용하는 것이 좋다. 소망에 관하여 또한 바울은 말하기를 "보이는 소망이 소망이 아니니 보는 것을 누가 바라리요 만일 우리가 보지 못하는 것을 바라면 참음으로 기다릴지니라"(롬 8:24, 25)고 한다. 따라서 선이 오게 될 것임을 믿을 때, 이것은 다름아닌 그것을 소망하는 것이다.

그러면 사랑에 대해서는 무엇을 말할 것인가? 사랑이 없는 믿음은 하등의 유익이 없고, 사랑이 없는 곳에 소망은 존재할 수 없다. 사도 야고보는 말하기를 '귀신들도 믿고 떠느니라'(약 2:19)고 했는데, 다시 말하면 귀신들은 소망도 사랑도 없지만, 우리가 사랑하고 소망하는 것이 오게 될 것을 믿고 공포 가운데 있다. 따라서 사도 바울은 '사랑으로 역사하는 믿음을'(갈 5:6) 인정하고 명령하는데, 이것은 확실히 소망이 없이 존재할 수 없다. 그러한즉 소망 없는 사랑이 없고, 사랑 없는 소망이 없으며, 믿음 없는 사랑이나 소망도 없다.

9. 우리가 믿어야 할 것. 자연에 관하여 그리스도인으로서는 창조주의 선하심이 만물의 원인이라는 것 이상을 알 필요가 없다.

따라서 종교에 관하여 무엇을 믿어야 하느냐는 질문을 받을 때, 희랍인들에게 자연 철학자로 불리는 사람들이 행한 것처럼 사물의 본성을 탐사해 들어갈 필요는 없다. 그리스도인이 여러 가지 요소들의 힘과 수, 즉 천체의 운동과 질서와 일월식, 동물·식물·암석·시내·강·산들의 종류와 본성, 연대와 거리에 관한 것, 폭풍이 온다는 징조, 그리고 그 철학자들이 찾아냈거나 그들이 찾아냈다고 생각하는 기타 수천 가지 사물들에 대해 무지하지나 않을까 하여 겁먹을 필요도 없다. 천부적으로 대단한 천재로 열심이 불붙고 여가가 풍족하여 인간적인 추측의 도움으로 몇몇 사물을 추적하고 역사와 경험의 도움을 받아 다른 것들을 탐구해 들어간다 할지라도, 이런 사람들 역시 모든 사물을 찾아낸 것은 아니다. 그들이 자랑하는 발견들까지도 확실한 지식이라기보다는 왕왕 단순한 억측에 불과한 경우가 있다.

그리스도인들에게는 천상적이든 지상적이든, 가시적이든 불가시적이든 모든 창조된 사물들의 유일한 원인은 창조주, 참되신 한 분 하나님의 선하심이라는 것과 그분으로부터 그 존재가 유래되지 않는 것은 그분 이외에는 아무 것도 존재하지 않는다는 것과, 그분은 삼위일체 즉 성부와, 성부에게서 나신 성자와, 동일하신 성부로부터 나오신 성령이지만, 아버지와 아들의 전혀 동일한 영임을 믿는 것으로 충분하다.

10. 지고로 선하신 창조주는 만물을 선하게 만드셨다.

따라서 지고로 동등하게 변함없이 선하신 삼위일체에 의해 만물은 창조되었다. 그리고 이것들은 지고로 동등하게 변함없이 선하지는 않지만, 그래도 선하다. 따로따로 놓고 보더라도 선하다. 그렇지만 전체로 놓고 보면, 이것들의 총체가 그 모든 경이적인 질서와 미로 우주를 형성하는 조화 때문에 아주 선하다.

11. 우주 안에서 악이라 불리는 것은 단지 선의 부재일 뿐이다.

그리고 우주에서 악이라 불리는 것조차도 규제되고 제자리에 놓이게 될 때는 선에 대한 우리의 찬양을 앙양시킬 뿐이다. 우리가 악과 비교할 때 더욱 선을 향유하고 존중하기 때문이다. 이교도들조차도 인정하는 것처럼, 만물을 통치하시며, 당신 자신이 지고로 선하신 전능하신 하나님은, 만약 악을 사용하여 선을 만들어 낼 수 있을 정도로 전능하지 않고 선하지 않다면 결코 당신의 사역 가운데 어떤 악의 존재를 허용하지 않으실 것이기 때문이다. 우리가 악이라 부르는 것이 선의 부재가 아니고 무엇이겠는가?

동물의 몸에 있는 병과 상처들은 다름아닌 건강의 부재를 의미한다. 치료가 효과를 나타낼 때, 이것은 현존하고 있는 악, 즉 병과 상처들이 몸에서 떠나가 다른 곳에 머문다는 것을 의미하지 않기 때문이다. 그것들은 모두 존재하지 않게 된다. 상처나 병은 하나의 실체가 아니라 육체적인 실체 속에 있는 하나의 결함이고, 다시 말해서 육체 자체가 하나의 실체이며 따라서 선한 무엇이고, 이에 대해 악들 - 우리가 건강이라 부르는 선의 결핍 - 은 우연이다.

바로 이와 마찬가지로 영혼의 악덕이라 불리는 것들은 다름아닌 본성적 선의 결핍이다. 그리고 치료가 되면 다른 곳으로 이전되는 게 아니다. 즉, 건강한 영혼 속에서 존재하지 않게 될 때, 그밖의 다른 곳에 존재하는 것이 아니다.

12. 모든 존재는 선하게 지음받았지만, 더할 나위 없이 선하게 만들어진 것은 아니고, 부패하기 쉽다

그러므로 존재하는 모든 것은, 그것 모두의 창조자가 지고로 선하므로, 그 자체가 선하다. 그러나 그 창조주와 같이 지고로 변함없이 선하지는 않기 때문에, 그들의 선은 감소하기도 하고 증가하기도 한다. 그러나 아무리 감소한다 하더라도, 그 존재가 계속되려면 얼마간의 선이 그 존재를 구성하기 위해 남아 있어야 된다는 것이 필수적임에도 불구하고 선이 감소되는 것은 하나의 악이다.

아무리 작고 어떠한 종류의 존재라 할지라도, 그 존재 자체를 파괴하지 않고서는 그것을 존재로 만드는 선이 파괴될 수 없기 때문이다. 부패되지 않은 본성은 마땅히 존중된다. 그러나 더 나아가 그것이 부패될 수 없다면, 의심할 나위 없이 더 높은 가치를 인정받는다. 그렇지만 그것이 부패될 때, 그 부패는 어떤 유의 선이 상실되었기 때문에 악이다. 만약 아무 선도 상실되지 않는다면, 아무 해도 받지 않기 때문이다. 그러나 해를 받았고, 따라서 선은 상실된다.

그러므로 어떤 존재가 부패의 과정에 있는 한, 그 안에는 상실되고 있는 어떤 선이 있다. 그리고 존재의 일부가 부패될 수 없이 남아 있다면, 이것은 확실히 부패될 수 없는 존재가 될 것이며, 이에 따라 부패의 과정은 이 위대한 선의 판명으로 귀결될 것이다. 그러나 부패되는 것이 중단되지 않는다면, 부패로 상실될 수 있는 선을 소유하는 것도 중단될 수 없다. 그러나 철저하고 완전하게 부패로 소멸된다면, 그때에는 존재가 없기 때문에 남아 있는 선도 없을 것이다. 이런 까닭에 부패는 존재를 소멸시킴으로써만 선을 소멸시킬 수 있다.

그러므로 모든 존재는 하나의 위대한 선이고, 부패될 수 있으면 작은 선이다. 그러나 어떤 경우든 우매하거나 무지한 자들만이 그것이 하나의 선임을 부인할 것이다. 그리고 부패에 의해 전적으로 소멸된다면, 그때에는 부패 자체가 존재하지 않게 될 것임에 틀림없는데, 부패해 들어갈 수 있는 존재가 남아 있지 않기 때문이다.

13. 아무 선도 없는 곳에서는 악이 있을 수 없다. 그리고 악한 사람은 악한 선이다.

이에 따라 선한 것이 없다면, 우리가 악이라 부르는 것도 없다. 그런데 전적으로 악이 없는 선은 완전한 선이다. 반면에 악을 포함하고 있는 선은 잘못된 혹은 불완전한 선이다. 그리고 선이 없는 곳에는 악이 있을 수 없다. 이 모든 것들로부터 우리는 신기한 결과에 도달한다. 즉, 모든 존재가 존재인 한 선하기 때문에 우리가 불완전한 존재는 악한 존재라고 말할 때, 모든 존재는 선하고, 어떤 악도 존재 밖에서는 존재할 수 없으므로, 선한 것은 악하고 선한 것 외에는 아무 것도 악할 수 없다고 말해도 된다.

이때 선한 것을 제외하고는 아무 것도 악할 수 없다. 그리고 이렇게 진술하면 모순처럼 보이는데도 불구하고 엄격하게 추리해 나가면, 이 결론을 피할 수 없다. 그렇지만 우리는 "악을 선하다 하며 선을 악하다 하며 흑암으로 광명을 삼으며 쓴 것으로 단 것을 삼으며 단 것으로 쓴 것을 삼는 그들은 화 있을진저"(사 5:20)라는 예언서의 정죄를 당하지 않도록 조심해야 된다.

더욱이 우리 주님은 "악한 자는 그 쌓은 악에서 악을 낸다"(눅 6:45)고 말씀하신다. 그런데 악한 사람이란 악한 존재가 아니고 무엇이겠는가? 사람이 존재이기 때문이다. 그런데 만약 사람이 존재이기 때문에 선한 것이라면, 악한 사람은 악한 선이 아니고 무엇이겠는가? 그렇지만 이 둘을 정확하게 구별할 때, 그가 악인 것은 그가 사람이기 때문이라거나 혹은, 그가 선인 것은 악하기 때문이 아니라, 그가 사람이기 때문에 선하고, 그가 악하기 때문에 악임을 알게 된다.

따라서 '사람이라는 것이 악이다'거나 '악하다는 것이 선이다'고 말하는 자는 누구나 "악을 선하다 하며 선을 악하다 하는 자는 화가 있으리라"는 예언자의 고발을 당하게 된다. 하나님의 작품인 사람을 정죄하고, 인간의 결점인 악함을 찬양하기 때문이다. 그러므로 모든 존재는 결점이 있는 것이라 할지라도, 그것이 존재인 한 선하고, 결점이 있는 한 악하다.

14. 선과 악은, 상반된 속성은 동일한 주어에 대한 수식어가 될 수 없다는 규칙에 예외가 된다. 악은 선한 것 안에서 솟아나고 선한 것 안에서가 아니면 존재할 수 없다.

이에 따라 우리가 선하다거나 악하다고 말하는 반대 명제의 경우에는, 두 반대 명제가 동시에 동일한 사물을 수식할 수 없다는 논리학자들의 규칙이 성립되지 않는다. 동시에 어둡고 밝은 날씨는 없다. 동시에 달고 쓴 식품이나 음료수는 없다. 동시에 동일한 장소에서 검고 흰 몸은 없다. 동시에 동일한 장소에서 흉하고 아름다운 사람은 없다.

그리고 이 규칙이 많은, 참으로 거의 모든 반대 명제에 관하여 성립된다는 것, 즉 이것들이 동시에 어떤 한 사물에 존재할 수 없다는 것을 알게 된다. 그러나 선과 악이 반대 명제임을 아무도 부인할 수 없음에도 불구하고, 이것들은 동시에 존재할 수 있을 뿐 아니라, 악은 선 없이 또는 선하지 않은 어떤 것 속에 존재할 수도 없다. 그렇지만 선은 악 없이 존재할 수 있다. 사람이나 천사는 악하지 않고서도 존재할 수 있기 때문이다.

그러나 사람이나 천사가 아니고서는 아무 것도 악할 수 없다. 즉, 그가 사람이거나 천사인 한 선하다. 그가 사악한 한 악이다. 그리고 이들 두 반대 명제는 그렇게 공존하므로, 악한 것 속에 선이 존재하지 않는다면, 악도 존재할 수 없을 것이다. 부패될 수 있는 것이 없다면, 부패가 깃들 자리가 없고, 부패가 솟아날 근원이 없을 것이기 때문이다. 선한 것이 아니고서는 아무것도 부패될 수 없는데, 부패란 다름아닌 선의 파괴이기 때문이다.

그러므로 선한 것으로부터 악들이 생겨나고, 선한 것 밖에서는 악들이 존재할 수 없다. 어떤 악한 본성이 생겨날 수 있는 다른 원천도 없다. 그러므로 존재한다면, 이것이 존재인 한 확실히 선이다. 즉, 부패될 수 없던 존재는 위대한 선일 것이다. 그리고 부패될 수 있던 것조차도 어느 정도 선임에 틀림없는데, 그 속에 있는 선한 것을 부패시킴으로써만 부패가 그것에 해를 미칠 수 있을 것이기 때문이다.

15. 이와 같은 논증은 "좋은 나무가 나쁜 열매를 맺을 수 없다"는 우리 주님의 말씀과 전혀 배치되지 않는다.

그러나 악이 선으로부터 솟아난다고 말할 때, 이것이 "좋은 나무가 나쁜 열매를 맺을 수 없다"(마7:18)는 우리 주님의 말씀에 상반된다는 생각을 하지 않도록 하자. 진리 되신 분의 말씀대로 가시나무에서 포도를 거둘 수 없기 때문인데, 포도가 가시나무에서 자라지 않는 까닭이다. 그러나 좋은 땅에는 포도나무와 가시나무가 모두 자라날 수 있음을 본다. 그리고 같은 방식으로 악한 나무가 선한 열매를 맺을 수 없는 것처럼, 악한 의지는 선한 행위를 산출할 수 없다. 그러나 인간의 본성은 선한데, 이로부터 선한 의지와 악한 의지가 모두 솟아날 수 있다.

그리고 확실히 시초에는, 천사나 사람의 선한 본성 이외에 악한 의지가 솟아날 수 있는 아무런 원천이 없었다. 그리고 우리 주님 스스로도 나무와 그 열매에 대하여 말씀하시는 바로 동일한 자리에서 이것을 명백히 보여 주신다. "나무도 좋고 실과도 좋다 하든지 나무도 좋지 않고 실과도 좋지 않다 하든지 하라"(마 12:33)고 말씀하시는데, 분명히 악한 열매는 선한 나무에서 자라지 않고, 선한 열매도 악한 나무에도 자라지 않음을 충분히 경고하고 계시기 때문이다. 그러나 그분이 그때 말씀을 전하시던 자들로 의미되는 땅 자체는 두 종류의 나무를 모두 키워 낼 수 있을 것이다.

16. 자연의 격변의 원인을 알아야 한다는 것이 인간의 행복을 위해 필수적인 것은 아니다. 그러나 선과 악의 원인을 알아야 한다는 것은 필수적이다.

그런데 이러한 생각에 비추어, "사물의 원인을 아는 지식에 이른 사람은 복이 있다"는 마로(Maro)의 시구를 보고 기뻐할 때, 엄청난 자연 격변의 원인 즉 지진을 일으켜 그 힘으로 깊은 바다가 넘쳐서 방파제를 깨뜨리고는 다시 제자리로 돌아와 잠잠해지는, 자연 왕국의 가장 은밀한 구석에 숨겨져 있는 원인을 아는 것이 행복에 필수적이라고 가정해서는 안된다.

그러나 이생에 가득 찬 오류와 고통을 피하기 위해서 이생에서 선과 악을 알아야 좋다는 한에서 그 원인을 알아야 할 의무가 있다. 우리의 목표는 항상 어떠한 고통에도 좌절하지 않고 어떠한 오류에도 빠지지 않을 행복의 상태에 도달하는 것이어야 하기 때문이다. 반드시 자연 격변의 원인을 알아야 한다면, 자신의 건강에 영향을 미치는 것들을 아는 것보다 더 염려되는 것은 없다. 그러나 이것에 대해 무지한 채 의사에게 호소하려고 안달하는 것을 보면, 땅과 하늘에 숨겨져 있는 비밀에 대한 우리의 무지를 상당한 인내심을 가지고 참아낼 수 있을 것이라고 여겨진다.

17. 오류의 본질. 가능한 한 피하는 것이 인간의 의무이기는 하지만, 모든 오류가 해로운 것은 아니다.

큰 일뿐만 아니라 작은 일에서도 할 수 있는 대로 주의를 다 기울여서 오류를 피해야 마땅하고, 무지에 의해서가 아니면 오류를 범할 수 없음에도 불구하고, 사람이 어떤 사물에 대해 무지하다고 해서 곧바로 오류에 빠지고 만다는 것은 아니다. 이것은 차라리 자신이 모르는 것을 안다고 생각하는 사람의 운명이다. 거짓을 진실인 양 받아들이니까 말이다. 그리고 오류의 본질이다.

그러나 사람이 잘못을 저지르는 것에 관하여 그 주제가 무엇이냐 하는 것이 아주 중요한 점이다. 전혀 동일한 주제에 대하여 우리가 무지한 사람보다는 유식한 사람, 오류에 빠지는 사람보다는 빠지지 않는 사람을 더 좋아하는 것은 당연하다. 그렇지만 상이한 주제의 경우에는, 다시 말해서, 한 사람은 이것을 알고 다른 사람은 저것을 알 때나, 전자가 아는 것은 유익하고 후자가 아는 것은 그렇게 유익하지 않다거나, 실제로 해로울 때 후자가 아는 사물에 관하여 후자의 지식보다 전자의 무지를 더 좋아하지 않을 사람이 어디 있겠는가? 무지가 지식보다 더 좋은 점이 있기 때문이다.

그리고 동일한 방식으로, 도덕에서는 그렇지 않지만, 여행중 제 길을 벗어나는 것이 이득이 될 때가 종종 있었다. 갈림길에서 길을 잘못 든 경우가 있었는데, 이 때문에 무장한 도나투스주의자(Donatists) 무리들이 나를 습격하려고 기다리던 곳을 피해 지나가게 되었다. 우회를 하긴 했어도 예정지에 도착했다. 그리고 매복이 있었다는 것을 들었을 때, 스스로 잘못된 길로 갔던 일을 축하하고, 하나님께 그것을 감사한 일이 있다. 그렇다면 잘못을 범한 노상 강도보다는 이처럼 길을 잘못 든 여행자가 되지 않을 사람이 누가 있겠는가?

그러므로 이것은 아마도 불행에 빠진 연인의 입에 다음과 같은 말을 담은 훌륭한 시인과 같다. "하지 않았기에 망정이지, 아주 실수해서 빠져 나갔기에 망정이지!" 선한 오류, 단지 해가 없을 뿐만 아니라 어느 정도 실익을 가져다 주는 오류가 있기 때문이다. 그러나 우리가 진리의 본성을 더 자세히 살펴보고, 잘못을 저지른다는 것은 바로 참된 것을 거짓된 것으로, 거짓된 것을 참된 것으로 여기거나 확실한 것을 불확실하다고, 불확실한 것을 확실하다고 주장하는 것임을 생각하고, 또 영혼의 오류는 우리가 "예 예, 아니오 아니오"라고 언급하거나 동의할 때 멋지고 그럴듯하게 나타나는 만큼, 그에 비례해서 은밀하고 불쾌한 것임을 생각할 때, 확실히 우리가 살아가는 이생은 이러한 이유만으로도 때로 생을 보존하기 위해서 필연적으로 오류에 빠져야 할 만큼 참으로 비참하다.

　하나님은 내생이 그와같이 되는 것은 절대로 허락하지 않으신다. 거기서는 진리 자체가 영혼의 생명이며, 속이는 사람도 속는 사람도 없다. 그러나 여기서 사람들은 속고 속이며, 거짓말쟁이들을 신뢰함으로써 스스로 잘못에 빠질 때보다 다른 사람을 잘못에 빠뜨릴 때 더 불쌍하다. 그렇지만 이성적인 영혼은 그릇된 것을 꺼려 하고 오류에 대항하여 진지하게 투쟁하는 만큼, 속이기를 좋아하는 사람들도 속는 것은 달가워하지 않는다. 거짓말쟁이는 자신이 실수하고 있다고 생각하지 않고, 자기를 신뢰하는 사람을 잘못으로 빠지게 하고 있다고 생각하기 때문이다. 그리고 그 거짓말하는 그 사실을 알고 있다면, 그는 거짓말하는 그 사항에 대해서는 실수하지 않은 것은 물론이다. 그러나 모든 죄가 피해를 입는 자보다 저지르는 자에게 더 해로운데도, 자기 거짓말이 아무 해가 없다고 생각하는 이 점에서 속고 있다.

18. 결코 거짓말하는 것은 허용될 수 없다. 그런데 거짓말은 그 의도와 주제에 따라 죄책에 아주 큰 차이가 있다.

　그런데 여기서 이에 대해 큰 책을 쓴 적도 있지만 아주 어렵고 아주 미묘한 문제가 발생하며, 그 대답을 반드시 해야 한다고 생각된다. 그 문제는 이것이다. 언제든 거짓말하는 것이 선한 사람의 의무가 될 수 있느냐는 것이다. 심지어 위증을 범하고, 하나님의 예배에 관계된 문제나 하나님 자신의 본성 자체에 관해서 거짓된 것을 말하는 것이 선하고 경건한 일이 되는 경우가 있다고 주장하는 데까지 나가는 사람들이 있기 때문이다.

그렇지만 나로서는 거짓말하는 의도나 내용에는 큰 차이가 있다고 하더라도, 모든 거짓말이 죄라는 것은 확실하다고 생각한다. 다른 사람을 도우려고 거짓말하는 사람의 죄는 다른 사람을 해치려고 거짓말하는 사람의 죄보다는 극악하지 않고, 거짓말로 여행자에게 길을 잘못 들게 한 사람의 죄가 거짓되고 그릇된 주장으로 일생을 망치게 한 사람의 죄보다는 해가 적기 때문이다. 그러므로 그릇된 것을 참이라고 믿으면서 말하는 거짓말쟁이보다 더 정죄받아야 할 사람은 없다. 그러한 사람은 의식적으로 속이는 게 아니라 자신이 속고 있기 때문이다. 그리고 같은 원칙에서 무분별하게 그릇된 것을 취하여 참이라고 주장한다면, 경솔하다는 질책을 받을 여지는 있으나 거짓말을 하고 있다고 비난받아서는 안된다.

그러나 한편으로 참된 것을 거짓이라고 믿으면서 말하는 사람은 그 자신의 양심에 관한 한 거짓말쟁이다. 자신이 믿지 않는 것을 말하고 있다는 점에서, 비록 그것이 요컨대 참일지라도, 자기 양심상 거짓을 말하기 때문이다. 알지 못하면서 자기 입으로는 진리를 말하지만, 중심에서는 거짓말을 하려 하는 사람도 어떤 의미에서 거짓말에 대한 비난을 면치 못한다. 이에 따라서 이야기한 문제가 아니라 화자의 의도만을 보면, 거짓된 것을 내내 참이라고 생각해서 부지중에 말한 사람이 참된 것을 자기 의식 가운데 속이려는 의도를 가지고 부지중에 말한 사람보다 나은 사람이다. 전자는 생각하는 것과 말하는 것이 다르지 않지만, 후자는 그 진술은 사실 참일지라도 마음에 있는 생각과 입술에 있는 것이 다르기 때문이다. 이것이 바로 거짓말의 본질이다.

그러나 이야기된 주제들에 관하여 참과 거짓을 고려하게 될 때, 속이느냐 속느냐 하는 관점이 극도로 중요한 문제가 된다. 자신의 양심에 관한 속는 것보다 속이는 것이 훨씬 악할지라도, 하나님께 대한 바른 예배에 필수적인 지식과 믿음에 문제가 되는 것에 관해 잘못에 빠지는 것보다는 종교와 관계가 없는 문제에 관해 거짓을 말하는 것이 훨씬 덜 악하기 때문이다. 실례를 들어 설명해 보자. 죽은 사람에 대해 참이 아님을 알면서도 그가 아직 살아 있다고 말해야 되는 사람이 있다고 가정해 보자. 이와 달리 속고 있으면서도 언젠가 종말이 오면(마음껏 길게 잡아서) 그리스도가 죽으리라고 믿어야 하는 사람이 있다고 하자. 후자처럼 속는 것보다는 전자처럼 거짓말을 하는 것이 비교할 것도 없이 더 낫지 않을까? 누군가에 의해 후자의 잘못에 빠지는 것보다는 누군가를 전자로 인도하는 것이 훨씬 덜 악하지 않을까?

19. 인간의 잘못은 거기서 생기는 악의 크기에서 가지 각색이다. 그렇지만 모든 잘못은 그 자체가 악이다.

그런데 어떤 경우들에는 속는 것이 큰 악인데, 작은 악인 경우와 전혀 악이 아닌 경우와, 실제로 유익한 경우가 있다. 영원한 생명으로 인도하는 것을 믿지 않거나 영원한 죽음으로 인도하는 것을 믿어서 사람이 속는 것은 치명적인 상처이다. 거짓됨을 진리로 생각함으로써 자신이 일시적으로 괴로움을 입는 정도로 속는다는 것은 작은 악이다. 예를 들어, 나쁜 사람을 좋은 사람으로 생각하여 그로부터 손해를 입게 될 때, 믿는 자의 인내는 이것까지도 선한 용도로 바꾸어 줄 것이기 때문이다. 그러나 나쁜 사람을 좋다고 믿었지만, 아무 손해를 입지 않은 사람은 속고 있다고 해서 더 나쁠 것은 전혀 없고, "악을 선하다 하는 자에게 화가 있으리라"는 예언자의 고발에 해당되지도 않는다. 이것은 악한 사람들에 대해서가 아니라 사람들을 악하게 만드는 것에 대해 이야기하고 있는 것으로 이해해야 하기 때문이다. 따라서 간음을 선하다 일컫는 사람은 당연히 예언자의 고발에 해당된다.

그러나 간음자로 알지 못하고 정결하다고 생각하여 선하다고 일컫는 사람은 선악의 본질에 대하여 오류에 빠지는 게 아니다. 인간의 은밀한 행위에 관하여 잘못을 범할 뿐이다. 그가 의심할 나위 없이 선하다고 믿는 근거 위에서 그를 선하다고 일컫는다. 간음자는 악하다 하고 순결한 자는 선하다고 한다. 그래서 그가 간음자라는 것을 알지 못하고 그가 순결하다고 믿어 그가 선하다고 일컫는다. 더욱이 앞에서 나에게 일어난 일을 말한 바와 같이 실수를 범함으로써 죽음을 피한다면, 심지어 자기 실수로부터 무언가 유익을 얻기조차 한다. 그러나 어떤 경우에 자신에게 손해가 없이도, 심지어 자신에게 어떤 유익이 되도록 속을 수도 있다고 주장할 때, 실수 자체가 악이 아니라거나 어떤 의미에서 선이라는 의미는 아니다. 다만 실수를 범함으로써 피하게 되는 악과 얻는 유익을 언급했을 뿐이다.

실수는 그 자체로 놓고 보면 악이기 때문이다. 즉, 큰 일에 관련되면 큰 악이고, 작은 일에 관련되면 작은 악이지만, 그렇다고 해도 항상 악이다. 건전한 정신을 가진 사람이라면, 거짓된 것을 참된 것처럼 받아들이고 참된 것을 거짓된 것처럼 배척하거나, 불확실한 것을 확실하다고 주장하고 확실한 것을 불확실하다고 주장하는 것은 악이라는 것을 누가 부정할 수 있겠는가? 그러나 실제로는 나쁜 사람인데, 좋은 사람으로 오해한 것과, 우리가 선하다고 생각하는 나쁜 사람이 우리에게 아무런 손상도 끼치지 않는다면, 그 오해의 결과로 표면에 나타나지 않은 손상을 전혀 입지 않은 것은 별개의 문제다. 동일한 방식으로 우리가 바른 길에 들어서 있지 않은데도 그렇게 되어 있다고 생각하는 것과, 우리들의 이 실수가 악이지만 악한 자들의 매복으로부터 우리를 구원해 주는 것과 같은 어떤 선으로 인도할 때도 있다는 것은 별개의 문제다.

20. 잘못하는 것마다 다 죄는 아니다. 잘못을 피하려면 모든 경우에 소견을 유보해야 한다는 철학자들의 학문적인 견해에 대한 검토.

다음과 같은 실수들, 즉 그가 어떤 유의 사람인지 알지 못하고 나쁜 사람에 대하여 좋은 견해를 가질 때, 혹은 육체적 감각을 통한 일상적 인식 대신에 영으로 인식하지만 육으로 인식한다고 생각하거나, 육으로 인식하지만 영으로 인식한다고 생각하는(갑자기 천사가 사슬을 끊고 감옥에서 벗어나게 해주었을 때 환상을 보았다고 생각한 사도 베드로의 실수와 같이) 유사한 종류의 다른 모습이 나타날 때, 혹은 감각적 대상 자체일 경우에 부드러운 것을 거친 것으로, 달콤한 것을 쓴 것으로 실수하거나, 부패한 물체에서 좋은 냄새가 난다고 생각하는 때, 혹은 마차가 지나가는 것을 천둥으로 실수할 때, 쌍둥이의 경우에 종종 일어나는 것처럼 (따라서 우리의 위대한 시인은 이것을 '부모를 기쁘게 하는 실수'라고 부르는데) 두 사람이 아주 닮아 이 사람을 저 사람으로 실수할 때와 같은 이런저런 유의 실수들을 죄라고 불러야 하는지 장담 못하겠다.

나는 지금, 모든 것은 알려지지 않았거나 불확실하다고 주장하는 아주 명민한 플라톤 학파의 철학자들을 당혹케 했던 해결 곤란한 물음 곧 현자라면 거짓에 동의함으로써 오류에 빠질지도 모른다는 사실을 알면서도 어떤 것에 동의해야 하는가 하는 문제를 풀려고 하는 것이 아니다. 나는 회심 후 곧 세 권의 책을 썼는데, 이것은 말하자면 내 신앙 여로의 출발점에 가로놓여 있는 장애물을 제거하고자 함이었다. 진리에 이를 수 없다는 깊은 절망감이 앞의 철학자들의 주장에 의해 더욱 심화되어가는 것 같았기 때문에, 아예 처음부터 그러한 절망감을 제거하는 일이 분명코 필요하였다고 본다. 그 철학자들의 눈에는 모든 오류가 죄로 여겨졌던 바, 그들은 믿는 것을 완전히 보류함으로써만 오류를 회피할 수 있다고 생각한다. 불확실한 것에 동의하는 자는 오류에 빠진다는 것이다. 그리고 그들은 가장 예리하면서도 가장 터무니없는 논증에 의해, 어떤 사람의 의견이 우연히 사실이라 할지라도, 진리와 거짓을 식별해 내기가 불가능하므로 그 의견이 진리라는 것을 확신할 수 없음을 주장한다.

그러나 우리로서는 "의인은 믿음으로 말미암아 산다"(롬 1:17). 만일 동의하기를 회피한다면, 믿음 역시 사라질 것이다. 왜냐하면 동의 없이는, 믿음이 있을 수 없기 때문이다. 우리가 알든 모르든, 우리가 행복한 삶 곧 영생에 이르고자 한다면 반드시 믿어야 할 진리들이 존재한다. 그러나 나는, 자신들 앞에 영생이 있음을 알지 못할 뿐 아니라 현재 순간에도 자기들이 생존하고 있는지조차 알지 못하는 자들과 논쟁해야 한다고 생각하지는 않는다. 그들은 자기들이 모른다는 것이 불가능하다는 사실도 모르는 자들이다. 왜냐하면 누구든지 자기가 살아 있다는 사실마저 모를 수는 없는 것이며, 그가 살아 있다고 한다면 모른다는 것이 불가능하기 때문이다. 지식뿐 아니라 무지 역시 살아 있음의 속성인 것이다. 그러나 그들은 사실상, 살아 있는 자가 오류를 범할 수 있기 때문에 그들의 오류 자체가 그들이 살아 있음을 입증하는 때에도, 자기들이 살아 있다는 사실을 인정하지 않음으로써 오류를 피한다고 생각하고 있다.

우리가 살아 있다는 것이 진리이고 확신할 수 있는 것처럼, 진리이고 확신할 수 있는 것들이 그밖에도 많이 있다. 이러한 것들에 동의하기를 거부하는 것이 지혜라고 불리는 것을 하나님은 허용하지 않으신다. 그것은 어리석음의 극치인 것이다.

21. 잘못이 항상 죄는 아닐지라도 항상 악이다.

어떤 문제들 곧 하나님의 나라에 관한 한 우리가 믿든지 안 믿든지 그리고 그것들이 진리이든지 거짓이든지 전혀 중요하지 않은 문제들에서 실수를 범하는 것은 결코 죄라고 간주할 수 없다. 다시 말해서, 그런 문제들에서의 실수는, 그 성격과 범위가 어떠하든지, 하나님에게 이르는 길과는 무관하다. 우리는 오직 "사랑으로써 역사하는"(갈 5:6) 바 그리스도에 대한 믿음으로 하나님께 접근할 수 있는 것이다. 쌍둥이를 잘못 알아본다고 해서 천국의 노정에서 벗어나는 것은 아니다. 또한 자기를 구해준 천사가 자기를 떠날 때까지 환상을 본 것으로 착각한 베드로의 경우(행 12:9-11)나 사실상 살아 있는 아들이 짐승에 찢겨 죽은 것으로 믿은 족장 야곱의 경우(창 37:33) 역시 천국에 가는 길과는 상관없다. 이러한 유의 착각에 있어서, 우리가 속은 것은 사실이지만 하나님에 대한 우리의 믿음이 흔들리는 것은 아니다. 우리가 때때로 실수할지는 몰라도, 그렇다고 하여 우리가 하나님께 나아가는 길을 벗어나는 것은 아닌 것이다.

그러나 우리가 알아야 할 것은, 비록 이러한 실수들이 죄는 아니라 해도 이생의 악으로 간주되어야 한다는 사실이다. 우리는 참된 것을 거짓된 것인 양 거부하고, 거짓된 것을 참된 것처럼 받아들이며, 불확실한 것을 확실한 것으로 착각하여 집착한다. 이러한 실수들이 우리를 영원한 복락으로 이끄는 참되고 확실한 믿음을 침해하는 것은 아니다. 그러나 그것들은 우리가 지금 체험하고 있는 불행과 많은 관계가 있다. 우리가 우리 앞에 놓여 있는 참되고 완전한 행복을 현재의 삶속에서 누리고자 한다면, 우리는 정신적인 것이든 육체적인 것이든 어떤 감각적 기만에도 미혹되어서는 안된다.

22. 거짓말은 다른 사람이 해를 입는 것을 막기 위한 것일지라도 허용될 수 없다.

모든 거짓말은 죄라고 불려야 마땅하다. 왜냐하면, 인간이 진실을 알고 있을 때뿐 아니라 착각하고 있을 때조차도, 자기가 마음에 생각하고 있는 것이 사실이든, 아니면 단지 그가 그렇게 생각할 뿐이든, 그것을 말하는 것이 그의 의무이기 때문이다. 그러나 모든 거짓말쟁이들은 고의로 자기 마음에 생각하는 것과는 정반대의 것을 말하여 상대를 속이고자 한다. 여기에서 분명한 것은, 언어란 사람이 다른 사람을 속이도록 하기 위해서가 아니라 자신의 생각을 다른 사람에게 알리도록 하기 위해서 인간에게 부여되었다는 사실이다. 그렇다면 본래의 목적을 벗어나 순전히 속이기 위해 언어를 사용하는 것은 죄이다.

우리는 죄가 아닌 거짓말을 함으로써 다른 사람을 이롭게 하는 일이 때로 가능하기는 하다. 전혀 타격을 받지 않을 부자로부터 무언가를 훔쳐 가난한 사람에게 베풀 때처럼, 도둑질로써 다른 사람을 섬길 수도 있다. 또한 이러한 일이 간음에도 적용될 수 있다. 예를 들어, 어떤 여인이 상사병에 걸려 죽으려 할 경우, 그녀의 소원을 들어 주어 일단 그녀가 살아난 후 회개함으로써 자신의 죄를 씻도록 할 수도 있을 것이다. 그러나 이런 이유로 하여 그 간음이 죄가 아니라고 주장할 수 있는 사람은 아무도 없을 것이다. 우리는 순결을 아주 소중히 생각한 나머지 다른 사람을 유익하게 할 수 있음에도 불구하고 간음하여 순결을 범하지 않고, 그 대신 거짓말을 함으로써 진실을 범하는 수도 있다. 사람을 위험으로부터 구해 내려는 목적 이외에는 결코 거짓말을 하지 않는 사람들은 분명 매우 높은 수준의 선에 이르렀다고 할 수 있다. 그러나 이 경우에도 우리가 마땅히 칭찬하고 때로 보상하기까지 하는 것은 속이는 행위가 아니라 그들의 선한 의도라는 것을 우리는 알아야 한다. 속이는 일은 찬미의 대상이 되기보다는 용서받는 것으로 충분하다. 이것은 특히, "오직 너희 말은 옳다 옳다, 아니라 아니라 하라 이에서 지나는 것은 악으로 좇아 나느니라"(마 5:37)는 말씀을 받은 새 언약의 상속자들 사이에서 더욱 그러하다. 그리스도와 함께 유업을 나눌 그리스도인 자신들이 "우리 죄를 사하여 주옵소서"라고 비는 것도, 우리가 육신의 장막을 입고 있는 동안 끊임없이 침투해 들어오는 바로 이 악 때문이다.

23. 이와 같은 논의의 결과에 대한 요약.

우리는 선과 악의 원인들에 대해 마땅히 알고 있어야 한다. 이것은 적어도 천국 가는 길을 안내해 주는 데 도움이 될 것이다. 내가 지면의 제한상 간략하게 논의한 대로, 천국에는 사망의 그림자가 전혀 깃들지 않은 생명과, 거짓이 섞이지 않은 진실 그리고 어떤 슬픔에 의해서도 손상되지 않은 행복이 존재할 것이다. 내 생각에 여기에서 의심의 여지가 있을 수 없는 사실은, 첫째로 우리가 즐기는 선의 유일한 원인은 하나님의 선하심이라는 것과, 둘째로 악의 주요 원인은 선하면서도 변할 수 있는 존재가 불변의 선으로부터 타락한 데에 있는데, 이 타락은 먼저 한 천사에게서 발생하였고, 후에 인간에게서 일어났다는 것이다.

24. 이차적인 악의 원인은 무지와 정욕이다.

이것은 지적 창조물에 일어난 첫번째 악으로서 선의 결핍이다. 이 뒤를 이어 은밀하게 침투하여, 이제는 인간의 의지를 거스르기까지 하는 것들로서, 의무에 대한 무지와 해로운 것을 추구하는 정욕이 있다. 이것들은 다시 실수와 고통을 수반하는데, 이 실수와 고통이 절박하다고 느껴질 때, 마음의 위축 곧 두려움이 야기된다. 나아가서, 해로운 것이든 공허한 것이든, 마음이 그 욕망의 대상을 획득하면, 실수로 인해 그것의 진정한 성격을 인식하지 못하거나 그 인식이 병적 욕구에 의해 억압당해서 어리석은 기쁨으로 득의 양양하게 된다. 이러한 악의 원천들은 과다함보다는 부족함에 비롯되는 것으로, 합리적 본성에 따라다니는 온갖 형태의 불행이 이 원천들로부터 유출되는 것이다.

25. 타락한 인간과 천사에 대한 하나님의 심판. 육체의 죽음은 인간의 독특한 형벌이다.

그러나 그러한 본성은 그 모든 악에도 불구하고, 행복에 대한 갈망을 버리지 못한다. 내가 언급해 온 악들은, 인간이든 천사들이든, 자기들의 사악함으로 인해 정당하게 하나님께 정죄당한 모든 존재들에게 공통적으로 존재한다. 그러나 육체의 죽음만큼은 인간의 독특한 형벌이다. 하나님께서는 일찍이 사망의 형벌로써 인간의 범죄를 경고하시면서(창 2:17), 인간을 그 자신의 의지의 자유에 맡겨 두셨다. 비록 죽음의 고통으로써 인간의 순종을 명령하셨지만, 하나님은 인간이 자신의 의를 보존하기만 하면 더 나은 곳으로 나아가게 할 목적으로 생명이 보호받는 에덴의 행복 속에 인간을 두셨다.

26. 아담의 죄를 통하여 그의 후손 전체가 부패되었고, 그가 초래한 죽음의 형벌 아래 태어났다.

아담은 그의 범죄 이후 낙원에서 추방되었으며, 그의 후손인 온 인류 역시 그 안에서 함께 부패하여 죽음의 형벌을 받게 되었다. 다시 말해서, 아담과 그를 범죄하게 한 하와의 모든 후손들은 불순종의 대가로 동일한 형벌을 받는 육신적 정욕의 자손으로서 원죄로 오염되었으며, 이 원죄로 말미암아 여러 가지 실수와 고통을 통해 최후의 영원한 형벌에 빠지게 되었는데, 그들은 이 형벌을 타락한 천사들과 그들을 부패시킨 자들 및 그들의 운명에 참여하는 자들과 함께 받게 된다. 이것은 "한 사람으로 말미암아 죄가 세상에 들어오고 죄로 말미암아 사망이 왔나니 이와같이 모든 사람이 죄를 지었으므로 사망이 모든 사람에게 이르렀느니라"(롬 5:12)는 말씀과 같다. 물론 이 말씀에서 "세상"은 온 인류를 의미한다.

27. 아담의 죄가 몰아넣은 인류의 불행의 상태와 하나님의 자비를 통해 실현된 회복.

이와같이 정죄 아래 있는 온 인류는 불행에 빠져 이리저리 악의 노리개감이 되다가 타락한 천사들과 한패가 되어 결국 그 사악한 반역의 대가인 형벌을 치른다. 악한 자들이 맹목적이고 방종한 정욕으로 무엇을 하든지, 그리고 그들의 자신들의 의지에 반하여 어떠한 형벌을 당하든지, 이 모든 것은 분명히 하나님의 진노에 속하는 것이다.

그러나 창조주 하나님은 선하셔서, 여전히 사악한 천사들에게 생명 - 이것이 없으면 그들의 존재는 곧 끝나고 말 것이다 - 을 공급해 주시고, 정죄받고 부패한 조상의 피를 이어받은 인류의 경우에도 그들의 자식들에게 생명과 형체, 손과 발을 부여해 주시며, 다양한 인생 과정 속에서 지상의 어디에서나 그들의 필요로 하는 양분을 공급해 주신다. 왜냐하면, 하나님은 어떤 악이든 그 존속을 그치게 하기보다는 그 악으로부터 선을 이끌어 내는 것이 더 낫다고 판단하셨기 때문이다. 만일 하나님께서 인간들의 경우에도 타락한 천사들의 경우처럼 행복을 회복시켜 주시지 않기로 결정하셨다면, 자신의 자유를 남용하여 하나님께 반역하고 창조주의 명령을 짓밟음으로써 매몰차게 하나님의 빛을 등지고 자신을 창조하신 분의 형상을 훼손한 그들은, 자신의 자유 의지를 악용하여 창조주 하나님의 율법이 지니는 건전한 구속력을 뿌리쳐 버린 자들로서, 완전히 그리고 영원토록 하나님께 버림받아 영원한 형벌을 받았어야 옳지 않겠는가? 만일 하나님께서 공의로우시기만 하고 자비롭지 않으셨다면, 그리고 그의 과분한 자비가 그 대상의 무가치함에 비추어 더욱 밝게 빛나도록 계획하지 않으셨다면, 하나님은 분명코 그렇게 하셨을 것이다.

28. 반역한 천사들이 쫓겨날 때 남은 천사들은 하나님과 함께 영원한 행복을 계속 향유하였다.

교만하고 불경건한 일부의 천사들이 하나님께 반역하고 하늘의 처소에서 흑암의 깊은 곳으로 쫓겨났을 때, 남은 천사들은 영원하고 변함없는 순결과 행복을 유지하면서 하나님과 함께 거하였다. 이것은 모든 천사들이 타락한 한 천사에게서 나온 것이 아니기 때문이다. 인간의 경우와는 달리, 그들은 단 한번의 원죄로 인해 유전되는 죄책에 연루됨으로써 한 천사가 야기한 형벌을 받지는 않는다. 오히려, 후에 마귀가 된 그 천사가 동료들과 함께 한껏 교만해졌다가 추방당할 때, 남은 천사들은 변함없이 자기들의 주께 충성하고 복종하였으며, 전에는 누리지 못하였던 그들의 영원한 안전을 위한 확실한 지식과 타락의 가능성으로부터의 자유를 얻게 되었다.

29. 회복된 인간의 무리가 하나님의 약속대로 반역한 천사들이 잃어버린 자리를 이어받게 될 것이다.

천사들 전체가 타락하여 반역에 가담했던 것은 아니다. 그러므로 우리 주의 창조주이자 통치자이신 하나님이 바라시는 것은, 타락한 천사들은 영원한 멸망에 처하고, 그들이 반역할 때에도 변함없이 충성한 다른 천사들은 영원한 행복에 대한 분명하고도 확실한 지식을 가지고 기뻐하는 것이었다. 한편, 역시 지성적 피조물인 인류는 모두 예외없이 원죄와 자범죄 아래 형벌을 받고 멸망하게 되었으나, 일부는 복귀되어서 마귀의 반역과 타락이 천사들의 집단에 남겨 놓은 공백을 채우게 될 것이다. 성도들에게 주신 약속은, 부활 때에 그들이 천사들과 동등하리라는 것이다 (눅 20:36). 위에 있는 예루살렘은, 우리 모두의 어머니이자 하나님의 도성으로서, 결코 그 시민들을 빼앗기지 않을 것이며, 오히려 더 많은 사람들을 다스릴 것이다. 우리는 성도들의 수도 모르고 타락한 천사들의 수도 모른다. 그러나 땅에서 아이를 낳지 못하는 여자라고 불리던 거룩한 어머니의 자녀들이 타락한 천사들의 지위를 계승하여 그 평화로운 처소에서 영원히 거주하게 되리라는 사실은 우리가 알고 있다. 위대하신 창조주 하나님은 없는 것을 있는 것같이 부르시고(롬 4:17) 만물의 크기와 수와 무게를 지시하시는 분으로서(지혜서 6:20), 하늘나라 시민의 수가 얼마나 되는지는 현재로서는 그분만 아신다.

30. 인간은 선행으로나 자신의 의지의 자유로운 결정에 의해서가 아니라 믿음을 통한 하나님의 은혜에 의해 구원받는다.

그러나 하나님께 용서와 아울러 그의 영원한 나라에서의 분깃을 약속 받은 그들은 자신들의 선행이라는 공로를 통해서 구원받는 것인가? 결코 그렇지 않다. 멸망에서 구원받기 이전에, 타락한 인간이 도대체 어떤 선행을 할 수 있단 말인가? 그들이 자신의 자유로운 의지 결정으로 무언가를 할 수 있다는 것인가? 다시 말하거니와, 결코 그렇지 않다. 바로 자신의 자유 의지를 악용함으로써, 인간은 그 자유 의지와 자신을 모두 파멸시켰기 때문이다. 자살하는 사람은 적어도 자살하려는 순간은 살아 있어야 한다. 그러나 그가 자살하고 나면, 그는 더 이상 살아 있지 않고 자신을 소생시킬 수도 없다. 이와 마찬가지로 인간이 자신의 자유 의지로 범죄하여 죄가 그를 지배하게 된 후로는, 그의 의지의 자유는 상실되고 만 것이다. "누구든지 진 자는 이긴 자의 종이 됨이니라"(벧후 2:19). 이것이 사도 베드로의 판단이다. 죄의 노예가 된 자는 죄 짓기를 기뻐하는 것 말고는 아무런 자유가 없다. 자기 주인의 뜻을 기쁨으로 행하는 자는 자유로이 노예 상태에 있다. 그러므로 죄의 종인 자는 죄에 대하여 자유롭다. 그러나 그가 죄로부터 해방되어 의의 종이 되기까지는 의를 행할 자유가 그에게 없다. 이 의를 행할 자유야말로 진정한 자유인데, 그것은 그가 의로운 행위를 기뻐하기 때문이다. 이 자유는 동시에 거룩한 속박이라고 할 수 있다. 왜냐하면 그가 하나님의 뜻에 순종하기 때문이다.

그러나 "아들이 너희를 자유케 하면 너희가 참으로 자유하리라"(요 8:36)고 말씀하신 그분이 구속하시지 않는다면, 죄에 팔려 노예가 된 인간에게 의를 행할 자유는 도대체 어디에서 온단 말인가? 이 구속이 인간에게 일어나기 전, 그가 아직도 의를 행할 자유를 갖고 있지 않을 때, 그는 자신의 자유 의지와 자신의 선행에 대해서 말할 수 없다. 그는 오직 어리석은 자랑과 교만으로 우쭐할 뿐이다. "너희가 그 은혜를 인하여 믿음으로 말미암아 구원을 얻었다"(엡 2:8)고 말하면서 바울 사도가 금하고 있는 것이 바로 이 어리석은 자랑이다.

31. 믿음 자체가 하나님의 선물이며, 믿는 자들에게는 반드시 선행이 따를 것이다.

믿음 역시 하나님의 선물임을 깨닫지 못하고 부당하게도 그것을 자기의 공로로 돌리는 일이 없도록 하기 위해, 자신도 "주의 자비하심을 받아서 충성된 자가 되었다"(고전 7:25)고 말하는 사도 바울은 다른 데서 덧붙이기를 "너희가 그 은혜를 인하여 믿음으로 말미암아 구원을 얻었나니 이것이 너희에게서 난 것이 아니요 하나님의 선물이라 행위에서 난 것이 아니니 이는 누구든지 자랑치 못하게 함이니라"(엡 2:8-9)고 하였다. 그는 또한 신자들에게 선행이 부족하게 되리라는 생각을 방지하기 위해, "우리는 그의 만드신 바라 그리스도 예수 안에서 선한 일을 위하여 지으심을 받은 자니 이 일은 하나님께서 전에 예비하사 우리로 그 가운데서 행하게 하려 하심이니라"(엡2:10)고 첨언하였다. "하나님이여 내 속에 정한 마음을 창조하소서"(시 51:10)라는 말씀과 같이 하나님께서 당신의 은혜의 활동으로써 우리를 그리스도 예수 안에서 새로운 피조물이 되도록, 인간-하나님은 이미 우리를 이렇게 창조하셨다-으로서가 아니라 선한 인간으로서 새롭게 창조하신다면, 우리는 진정으로 자유롭게 될 것이다. 인간 심장(heart)의 물리적 구조에 관한 한, 하나님은 이미 인간의 심장을 창조하셨지만, 그 시편 기자는 그의 심장 속에서 아직도 머뭇거리고 있는 생명의 갱신을 위해 기도하였던 것이다.

32. 의지의 자유 역시 하나님의 선물인데, 하나님께서 우리 안에 역사하여 소원을 두고 행하게 하시기 때문이다.

나아가서, 누구든지 선을 행할 자유를 자신이 노력하여 얻은 보상으로 생각하여 선행의 공로가 결국 자기에게 있기나 한 것처럼 자기의 선행이 아닌 자유 의지에 대해 자랑하고 싶다면, 그는 은혜의 선포자 바울이 하는 말에 귀를 기울여야 한다. 바울은 "너희 안에서 행하시는 이는 하나님이시니 자기의 기쁘신 뜻을 위하여 너희로 소원을 두고 행하게 하신다"(빌 2:13)고 말하였으며, 또 다른 곳에서는 "그런즉 원하는 자로 말미암음도 아니요 달음박질하는 자로 말미암음도 아니요 오직 긍휼히 여기시는 하나님으로 말미암음이니라"(롬 9:16)고 역설하였던 것이다. 만일 사람이 자기 이성을 사용할 나이가 되어 자신이 원하지 않는다면 믿을 수도 소망할 수도 사랑할 수도 없거나, 자진하여 뛰지 않을 경우 하나님께서 위에서 부르신 부름의 상을 얻을 수 없다면, 기록된 바 "마음의 경영은 사람에게 있어도 말의 응답은 여호와께로서 나느니라"(잠 16:1)는 말씀 외에, "원하는 자로 말미암음도 아니요 달음박질하는 자로 말미암음도 아니요 오직 긍휼히 여기시는 하나님으로 말미암음이니라"는 말씀이 무슨 의미가 있겠는가?

다음으로, 인간의 의지와 하나님의 자비가 둘다 중요하여 "원하는 자로 말미암음도 아니요 달음박질하는 자로 말미암음도 아니요 오직 긍휼히 여기시는 하나님으로 말미암음이니라"는 그 말씀을, 하나님의 자비 없이 인간의 의지만으로는 부족하다는 뜻으로 우리가 이해한다면, 인간의 의지 없이 하나님의 자비만으로는 부족하다는 결론이 나올 것이다. 만일 인간의 의지만으로는 충분하지 않기 때문에 "원하는 자로 말미암음이 아니요 긍휼히 여기시는 하나님으로 말미암는다"고 말할 수 있다면, 반대로 하나님의 자비만으로는 부족하다는 의미에서 "긍휼히 여기시는 하나님으로 말미암음이 아니요 원하는 자로 말미암는다"라고 말하지 못할 이유가 어디 있겠는가?

분명히 강조하건대, 어떤 기독교인도 "긍휼히 여기시는 하나님으로 말미암음이 아니요 원하는 자로 말미암는다"라고 감히 말할 수 없을 것이다. 왜냐하면 그렇게 말하는 것은 사도의 의도와 명백하게 모순될 것이기 때문이다. 그렇다면, "원하는 자로 말미암음도 아니요 달음박질하는 자로 말미암음도 아니요 오직 긍휼히 여기시는 하나님으로 말미암는다"는 말씀에 대한 참된 해석은, 인간의 의지를 의롭게 하고 도움을 받을 수 있도록 준비시키며, 준비된 후에는 도와 주시는 하나님께 모든 일이 달려 있다는 것이다. 인간 의지의 의로움은 항상 그런 것은 아닐지라도 많은 경우 하나님의 은사에 선행하지만, 그것 자체가 그보다 앞선 것들 가운데 포함되어야 한다. 성경에는 "나의 하나님이 그 인자하심으로 나를 영접하시리이다"(시 59:10)는 말씀과 아울러 "나의 평생에 선하심과 인자하심이 나를 따르리라"(시 23:6)는 말씀도 나타난다.

인간으로 하여금 원하게 하시는 일이 인간의 원하지 않는 상태에 선행하여 작용함은 물론이거니와, 그의 의지를 유효하게 하시는 일이 원하는 상태에 뒤따르기도 하는 것이다. 우리의 원수들이 거룩한 삶을 영위하기를 원하지 않는 것이 분명하지만, 하나님께서 그들 속에 원함을 일으키시지 않는다면, 우리가 굳이 그들을 위해 기도하도록(마 5:44) 가르침을 받을 이유가 어디에 있겠는가? 또한 우리 안에 소원을 창조하시는 하나님께서 그 소원을 만족시키지 않으신다면, 우리가 얻기를 위해 간구하도록 교훈을 받을 까닭이 어디에 있겠는가? 그러므로 우리는 하나님의 긍휼이 우리를 따르도록 우리 자신을 위해 기도함으로써 그 긍휼이 우리를 통제했던 것처럼, 우리의 원수들 역시 통제하도록 그들을 위해 기도한다.

33. 인간은 본질상 진노의 자식으로서 중보자가 필요했다. 하나님께서 진노하신다고 말하는 의미는 무엇인가?

인류는 공의로운 정죄 아래 있었으며, 모든 사람은 진노의 자녀였다. 이 진노에 대해서는 "우리의 모든 날이 주의 분노 중에 지나가며 우리의 평생이 일식간에 다하였나이다"(시 90:9)고 기록되어 있다. 또한 이 진노에 대해 욥은 "여인에게서 난 사람은 사는 날이 적고 괴로움이 가득하다"(욥 14:1)고 하였으며, 예수님은 "아들을 믿는 자는 영생이 있고 아들을 순종치 아니하는 자는 영생을 보지 못하고 도리어 하나님의 진노가 그 위에 머물러 있느니라"(요 3:36)고 말씀하신다. 여기에서 주님은 그 진노가 장차 임할 것이라고 말씀하시지 않고 "현재 그 위에 머물러 있다"고 말씀하신다. 누구나 하나님의 진노와 함께 태어나기 때문이다. 그래서 사도 바울도 "우리도 다른 이들과 같이 본질상 진노의 자녀였다"(엡 2:3)고 말하는 것이다.

인간들이 그들의 원죄로 인해 하나님의 진노 아래 있었고, 이 원죄는 그것에 추가된 자범죄의 수나 양에 비해 훨씬 무겁고 치명적이었던 만큼, 중보자 곧 율법과 예언서에서 언급되는 모든 제사들의 원형이 되는 한 희생제사를 드림으로써 하나님의 진노를 제거할 화해자가 필요하였다. 그러므로 바울은 말하기를 "우리가 원수되었을 때에 그 아들의 죽으심으로 말미암아 하나님으로 더불어 화목되었은즉 화목된 자로서는 더욱 그의 살으심을 인하여 구원을 얻을 것이니라"(롬 5:10)고 하였다.

그런데 여기에서 하나님이 진노하신다고 할 때, 우리는 화난 사람의 마음속에서 일어나는 바와 같은 혼란된 감정을 그에게 돌리는 것이 아니다. 우리는 다만 유비에 의해 인간의 정서로부터 전이한 "분노"라는 단어를 사용하여 죄에 대한 하나님의 불쾌한 감정을 표현하는 것일 뿐이다. 그러나 하나님과 원수되었던 우리는 중보자를 통해 그와 화해하고 성령을 받아 그의 자녀가 되었다. 이것은 우리 주 예수 그리스도를 통한 하나님의 은혜이다("무릇 하나님의 영으로 인도함을 받는 그들은 곧 하나님의 아들이라"-롬 8:14).

34. 동정녀 마리아를 통한 중보자 그리스도의 탄생이라는 이루 말할 수 없는 신비.

지금 이 중보자의 가치를 일일이 다 열거하는 일은 너무나 많은 지면을 필요로 하거니와, 그것은 실로 인간의 힘으로는 불가능한 일이기도 하다. 도대체 누가 "말씀이 육신이 되어 우리 가운데 거하셨다"(요

1:14)는 말씀을 조리 있는 말로 설명하여, 우리로 하여금 성령과 동정녀 마리아에게서 나신 바 전능하신 하나님 아버지의 독생자를 믿도록 할 수 있단 말인가? 말씀이 육신이 되었다는 것은, 신성이 육체로 변하였다는 뜻이 아니라 신성이 우리의 육체를 취하였다는 의미이다. 여기에서 "육체"라는 단어는 전체를 대표하는 부분으로서 "인간"으로 이해되어야 마땅하다. 이것은 "율법의 행위로 그의 앞에 의롭다 하심을 얻을 육체가 없다"(롬 3:20)고 말할 때도 마찬가지다. 말씀이 인성을 입었을 때, 그것이 죄의 기미가 전혀 없는 본성이었다는 것말고는 그 인성에서 어떤 부분도 결핍되어 있지 않았다는 사실을 우리는 믿어야 한다. 말씀이 취한 인성은, 죄 가운데 태어나 중생할 때 그 죄책이 씻겨지는 바, 육신의 정욕을 통하여 양성 사이에서 잉태되는 인성이 아니다. 그것은 동정녀의 정욕이 아닌 그녀의 믿음이 수태의 조건이 되어 낳은 본성이었다. 만일 그녀의 순결이 그리스도를 낳는 과정에서라도 손상된다면, 그는 동정녀에게서 태어나지 않았을 것이다. 그리고 그가 동정녀 마리아에게서 태어났다는 것 역시 거짓이 될 것이다. 그러나 이것은 그리스도의 어머니를 본받아서 매일같이 그리스도의 몸의 지체들을 낳으면서도 동정녀로 계속 남아 있는 전체 교회가 확신하고 선언하는 바이다. 원한다면, 내가 존경심과 애정을 가지고 그 이름을 언급하는 탁월한 형제 볼루시아누스(Volusianus)에게 보낸 바 거룩한 마리아의 순결에 대한 내 서신을 읽어 보라.

35. 예수 그리스도는 하나님의 독생자이시며 동시에 인간이다.

그러므로 하나님의 아들 그리스도 예수는 하나님인 동시에 인간이다. 그는 모든 세상보다 먼저 존재하신 하나님이자 우리가 사는 세상에 거하신 인간이다. 그가 하나님인 것은 하나님의 말씀("이 말씀은 곧 하나님이시니라" - 요 1:1)인 때문이요, 그가 인간인 것은 그의 한 인격 안에서 말씀이 몸 및 이성적인 영혼과 결합되었기 때문이다. 그러므로 그가 하나님인 한, 그와 아버지는 하나이다. 또한 그가 인간인 한, 아버지는 그보다 위대하시다. 그가 은혜가 아닌 본성에 의해 하나님의 독생자일 때, 그는 인간의 아들(the Son of man)이 되셔서 은혜로 충만함을 받았다. 또한 그는 스스로 자신의 주체성(identity) 안에 양성(신성과 인성 – 역자주)을 결합하시며, 그 양성은 한 분 그리스도를 구성한다. 그는 "하나님의 본체시나 하나님과 동등됨을 취할 것으로 여기지 아니하셨다"(빌 2:6).

그는 아무런 명성도 얻지 않고, 하나님의 형상을 상실하거나 감소하지 않으면서도, 스스로 종의 형상을 취하셨다. 따라서 그는 왜소해지면서도 동시에 동등하셨으며, 이미 말한 바와 같이 양성이 한 인격 안에 존재하였다. 그는 말씀으로서는 신이었고, 인간으로서는 인성을 가지셨다. 다시 말해서 그는 말씀으로서는 아버지와 동등하고, 인간으로서는 아버지만 못하다. 우리 주 예수 그리스도는 하나님의 독생자(one Son of God)이자 인간의 아들(Son of man)이요, 인간의 한 아들(one Son of man)이자 하나님의 아들(Son of God)로서, 하나님의 두 아들들(two Sons of God)이 아닌 하나님의 독생자(one Son of God)이며, 하나님이자 인간으로서, 시작이 없는 하나님이요 동시에 시작을 가진 인간이다.

36. 하나님의 은혜는 인간 그리스도 예수를 존귀하신 하나님의 아들이 되게 하신 데서 명백하고 뚜렷하게 나타난다.

여기에서 하나님의 은혜가 가장 강력하고 선명하게 드러났다. 인간 그리스도의 인성이 어떠한 공로를 얻었기에 이와같이 전대 미문의 방법으로 하나님의 독생자의 통일된 인격 속에 흡수될 수 있단 말인가? 어떤 선한 의지와 선한 욕망과 의도 및 선한 행위가 선행되었기에 이 사람으로 하여금 하나님과 한 인격이 될 만한 가치가 있게 했단 말인가? 그는 이것을 위해 미리 작정된 인간으로서 이와같이 선례가 없는 보상을 획득하여 하나님이 될 만한 가치가 있다고 생각되었는가? 분명코 그렇지 않다. 그는 인간이 되기 시작한 그 순간부터 하나님의 아들이요 그의 독생자였으며, 육신이 되신 말씀으로서 하나님이셨다. 그리하여 개개 인간의 한 인격 안에 몸과 이성적 영혼이 통일되어 있듯이, 그리스도의 한 인격 안에도 말씀(the Word)과 인간이 통일되어 있다.

여기에서 냉철하고 진지하게 문제를 바로보는 사람들은 값없이 베푸시는 하나님의 은혜가 지니는 능력이 선명하게 드러남을 볼 것이며, 인간 그리스도 예수를 죄의 가능성으로부터 벗어나게 한 동일한 은혜에 의해 자신들이 죄로부터 의롭게 됨을 이해할 것이다. 다만 어째서 이 전례 없는 영광 – 선행하는 공로가 전혀 없기 때문에 전적으로 은혜에 속한 영광 – 이 인간성(human nature)에 부여되었는가? 천사가 그리스도의 어머니에게 출산을 고지할 때 그녀에게 문안하기를 "은혜를 받은 자여"(눅 1:28)라고 하였으며, 잠시 후에도 "네가 하나님께 은혜를 얻었느니라"(눅 1:30)고 말하였다.

여기에서 그녀는 그 자신의 주님 그리고 모든 사람의 주님의 어머니가 되기로 작정되었기 때문에, 은혜가 충만하고 하나님께 은혜를 받았다고 일컬음을 받았다. 그러나 그리스도 자신에 대해서는 사도 요한이 "말씀이 육신이 되어 우리 가운데 거하셨다"고 말한 후 "우리가 그의 영광을 보니 아버지의 독생자의 영광이요 은혜와 진리가 충만하더라"(요 1:14)고 덧붙였다. "말씀이 육신이 되었다"고 말함은 "은혜의 충만함"을 가리키고, "아버지의 독생자의 영광"은 "진리의 충만함"과 통한다. 은혜에 의해서가 아니라 본성에 의해서 아버지의 독생자였던 진리 자신이 은혜에 의해 우리의 인성을 자신에게 취하시고 그것을 그분 자신의 인격과 연합하여 자신이 또한 인간의 아들(the Son of man)이 되셨다.

37. 이같은 은혜는 육체를 따른 그리스도의 탄생이 성령으로 말미암았다는 사실에서 더욱 분명하게 나타난다.

하나님의 독생자인 우리 주님 예수 그리스도는 성령으로 말미암아 동정녀 마리아에게서 태어나셨다. 우리가 알거니와, 성령은 하나님의 선물로서, 이 선물 자신이 주시는 분과 동일하시다. 그리고 성령 역시 성부나 성자보다 열등하지 않은 하나님이시다. 그러므로 그리스도께서 성령으로 말미암아 그의 인성을 입고 태어나신 사실 역시 명백한 은혜의 현시이다. 동정녀가 천사에게, 자기는 아직 남자를 알지 못하는데 어떻게 그와 같은 일이 있을 수 있겠느냐고 물었을 때, 그 천사는 대답하기를, "성령이 네게 임하시고 지극히 높은 이의 능력이 너를 덮으시리니 이러므로 나실 바 거룩한 자는 하나님의 아들이라 일컬으리라"(눅 1:35)고 하였다. 또한 그녀가 임신했음을 알고 간음했으리라고 의심한 요셉이 그녀를 버리고자 했을 때, 천사가 그에게 말하기를 "네 아내 마리아 데려오기를 무서워 말라 저에게 잉태된 자는 성령으로 된 것이라"(마 1:20)고 하였다. 이 말은, 그녀가 다른 사람에 의해 임신되었다고 네가 생각하고 있지만, 사실은 성령으로 된 일이라는 것이다.

38. 예수 그리스도는 육체에 따라 말한다면, 성령이 그의 아버지라는 의미에서 성령으로 나신 것이 아니다.

그러나 우리가 이것 때문에, 성령은 인간 예수의 아버지로서 성부 하나님께서 말씀(the Word)을 낳으신 것처럼, 성령 하나님께서 그 사람을 낳으셨고, 이 두 본성이 한 분 그리스도를 형성한다든지, 말씀으로서의 그는 성부 하나님의 아들이지만, 성령이 그의 아버지로서 동정녀 마리아에게서 그를 낳았기 때문에, 인간으로서의 그는 성령 하나님의 아들이라고 말할 수 있겠는가? 감히 그런 말을 할 수 있는 사람은 아무도 없다. 신자라면 아무도 인내심을 갖고 들을 수 없을 만큼 이 가정 자체가 터무니없을진대, 얼마나 많은 다른 터무니없는 것들이 그로부터 파생되는가 하는 것을 굳이 논증하여 보일 필요는 없을 것이다. 그러므로 우리의 고백처럼 "하나님이요 또 인간으로서는 성령과 동정녀 마리아에게서 나셔서 신성과 인성의 두 본성을 지니신 우리 주 예수 그리스도는 전능하신 하나님 아버지의 독생자이며, 성령은 성부로부터 발출한다"(고대 라틴 교회에서 사용된 한 사도신경의 형식에서 인용한 것임).

그런데 성령이 그리스도를 낳지 않았다면, 우리는 어떤 의미에서 그리스도가 성령으로 말미암아 태어나셨다고 말하는가? 그것은 우리 주 예수 그리스도께서 비록 하나님으로서는 "만물이 그로 말미암아 지은 바 되었으나"(요 1:3) "육신으로는 다윗의 혈통에서 나셨다"(롬 1:3)는 사도의 말과 같이 인간으로서는 그 자신이 지은 바 되었으므로, 그분이 그분을 만드셨다는 것인가? 그러나 동정녀가 잉태하여 출산한 피조자가 비록 성자의 인격에만 연합되었지만 전 삼위일체(the whole Trinity)에 의해 지음받았다면(삼위일체의 활동은 분리될 수 없기 때문에), 왜 성령만이 그 피조자를 만들었다고 말해야 한단 말인가? 그렇다면 그것은 삼위 중 하나가 어떤 활동의 창시자로서 언급될 때 전 삼위일체가 활동하시는 것으로 이해해야 한다는 것인가? 이것은 사실이며, 실례를 들어 입증할 수도 있다. 그러나 우리는 이 문제를 해결하느라고 더 이상 머물 필요가 없다. 왜냐하면, 문제는 성자께서 결코 성령의 아들이 아니면서 "성령으로 말미암아 나셨다"고 말하는 의미가 무엇인가 하는 데에 있기 때문이다.

하나님께서 이 세상을 만드셨지만, 그것이 하나님의 아들이라고 말한다든지 하나님으로 말미암아 태어났다고 말하는 것은 옳지 않다. 오히려 우리는 이 세상이 하나님에 의해 창조되었다거나 지음받았다는 등의 표현을 사용한다. 그렇다면 여기서 우리가 그리스도는 성령과 동정녀 마리아에게서 태어났다고 고백할 때, 어떻게 그가 성령과 마리아에게서 태어났으면서도 성령의 아들은 안되고 동정녀 마리아의 아들은 되는가를 설명하기는 어렵다. 그러나 의심할 여지없이 명백한 것은, 성령께서 그의 아버지가 되어 그가 태어난 것은 아니라는 사실이다. 그가 성령으로 태어났다는 것은, 그가 동정녀 마리아를 어머니로 하여 태어났다는 것과는 다른 의미이다.

39. 어떤 존재에게서 태어났다고 해서 반드시 그 존재의 아들로 불려야 하는 것은 아니다.

그러므로 어떤 존재에게서 태어났다고 해서 바로 그의 아들로 불려야 한다고 생각할 필요는 없다. 어떤 사람에게서 아들이 태어난다고 하는 사실은 그에게서 머리카락이나 기생충이 나오는 것과는 다른 의미이다. 머리카락이나 기생충을 아들이라고 할 수는 없는 것이다. 이것은 주제의 중요성에 비추어 너무 보잘것없는 실례에 지나지 않지만, 분명한 것은 물과 성령으로 태어난 자들을 하나님 아버지의 아들이나, 어머니인 교회의 아들이라고 부를 수는 있을지언정 물의 아들이라고 부를 수는 없다는 사실이다. 마찬가지로, 성령으로 태어나신 분은 성부의 아들일지언정 성령의 아들은 아니다. 어떤 존재에게서 태어났다고 해서 반드시 그 존재의 아들로 불려야 할 필요는 없다는 사실을 보여 주기 위해서는 내가 앞에서 머리카락과 기생충에 대해 이야기한 것으로 충분할 것이다. 그것은, 누가 어떤 사람의 아들이라고 불린다고 해서 반드시 그에게서 태어났다고 할 수 없는 것과도 같다. 입양한 아들도 있기 때문이다. 또한 어떤 사람들은 지옥의 아들들이라고 불리는데, 이것은 지옥에게서 태어났다는 것이 아니라 지옥을 위해 예비된 자들이라는 뜻이다. 하나님 나라의 아들들 역시 그 나라를 위해 예비된 자들을 의미한다.

40. 성령을 통한 그리스도의 탄생은 하나님의 은혜를 우리에게 명시해 준다.

어떤 존재가 다른 존재에게서 태어나면서도 그의 아들이라 불리지 않고 누구의 아들이라고 불린다 해서 반드시 그에게서 태어났다고는 할 수 없는 것처럼, 분명한 것은 다음과 같다. 곧, 그리스도께서 성령으로 말미암아 태어났지만, 그의 아들은 아니며, 동정녀 마리아에게 태어나서 그녀의 아들이라고 불리는 것은 하나님의 은혜를 명시해 준다는 사실이다. 바로 이 은혜에 의해서, 한 인간이 아무런 선행하는 공로도 없이 인간으로서 존재하기 시작한 그 순간부터 한 인격 안에서 하나님의 말씀과 연합하고, 사람의 아들(Son of man)인 바로 그 인격이 동시에 하나님의 아들(Son of God)이었고, 하나님의 아들인 바로 그 인격이 동시에 사람의 아들이었던 것이다. 또한, 신성 속에 그의 인성을 취함에 있어서도, 죄가 들어올 여지를 전혀 남겨 두지 않을 만큼 은혜가 그 인간에게 부여되었던 것이다. 그러므로 이 은혜는 성령으로써 표명될 수 있다. 그는 그 자신의 본성상 하나님이시면서도 동시에 하나님의 선물로 불리기도 하기 때문이다. 그러나 이 모든 것을 충분히 설명하려면 논의가 너무 길어질 것이다.

41. 그리스도 자신은 죄와 상관이 없으신 분인데, 그로 우리를 위해 죄를 삼은 것은 우리로 하여금 하나님과 화목케 하기 위한 것이다.

은혜에 의해서가 아니라 본성에 의해 하나님 아버지의 독생하신 아들이신 그리스도는 어떤 육신의 정욕과도 무관하게 잉태되어 원죄가 전혀 없었으며, 하나님의 은혜에 의해 말할 수 없이 놀라운 방법으로 한 인격 안에 말씀(the Word)과 연합하여 자기 자신의 죄가 전혀 없었다. 그럼에도 불구하고 그가 죄로 가득 찬 육신의 형상을 입어 죄로 불리게 된 것은 죄를 씻어내는 속죄제물이 되고자 함이었다. 구약에서 속죄제물이 죄로 불리었으며(호 4:8), 그 모든 희생 제사들의 원형과 실체였던 그분 자신이 실제로 죄가 되었던 것이다. 그래서 사도 바울도 "우리가 그리스도를 대신하여 간구하노니 너희는 하나님과 화목하라"고 말한 후 "하나님이 죄를 알지도 못하신 자로 우리를 대신하여 죄를 삼으신 것은 우리로 하여금 저의 안에서 하나님의 의가 되게 하려 하심이니라"(고후 5:20-21)고 덧붙인다.

여기에서 그는 어떤 부정확한 사본들의 경우에서와 같이 마치 우리를 위해 그리스도 자신이 죄를 범하거나 한 것처럼 "죄를 알지도 못하신 자" 곧 그리스도로, 우리가 화목하게 되어야 할 하나님께서 "우리를 위해 죄를 삼으셨다"고 말하고 있는데, 이는 하나님께서 우리가 당신과 화목케 되도록 하기 위해서 그리스도를 우리 죄를 위한 속죄 제물로 삼으셨다는 뜻이다. 그리스도로 죄를 삼으심은 우리를 의로 삼는 것과 비슷하다(우리의 의는 우리 자신의 의가 아니라 하나님의 의이며 우리 자신 안에 있는 것이 아니라 하나님 안에 있는 의이다).

반대로 그리스도로 죄를 삼으셨을 때, 그 죄는 그 자신의 죄가 아니라 우리들의 죄이며, 그 자신 안에 있는 것이 아니라 우리 안에 있는 죄이다.

그가 죄 있는 육신의 모습을 하고 죄가 되심으로써 보여 준 바는 다음과 같다. 비록 죄가 그 안에 있지는 않았지만, 그가 죄의 형상인 육신을 입고 죽음으로써 어떤 의미에서 죄에 대하여 죽으셨으며, 비록 그 자신은 결코 죄의 옛생활을 살지는 않으셨지만, 부활하심을 인하여 우리가 이전에 죄악과 죽음의 생활을 하다가 새 생명을 얻게 된 사건의 예표가 되셨다는 것이다.

42. 세례의 성례전은 우리가 죄에 대해서는 그리스도와 함께 죽고 새로운 생명에 대해서는 그분과 함께 부활하는 것을 가리킨다.

우리들 사이에 엄숙하게 거행되는 바 위대한 성례전인 세례의 의미가 바로 이것이다. 곧, 이 은혜에 이른 사람은 누구나 죄에 대하여 죽고 성령 안에서 새 생활을 시작한다는 것이다. 여기에서 그가 죄에 대해 죽는 것은 그리스도께서 죄의 형상인 육신을 입고 죽으심으로써 죄에 대해 죽으셨다고 하는 것과 마찬가지이며, 그가 새 생활을 시작하는 것은 그리스도께서 무덤에서 살아나신 것과 같다.

43. 세례와 그것이 예표하는 은혜는 유아나 성인이나 할것없이 모두에게 열려 있다.

갓난아이로부터 늙어 허리가 굽은 노인에 이르기까지, 세례에서 배제되는 사람이 전혀 없는 것처럼, 세례받을 때 죄에 대해 죽지 않는 사람도 전혀 없다. 그러나 유아들은 단지 원죄에 대해서만 죽는다. 좀더 나이가 든 사람들은 그들의 악한 삶을 통하여 원죄에 부가된 모든 죄들에 대해서도 죽는다.

44. 죄에 대해 이야기할 때 복수 대신 단수를 쓰는 수도 있고, 단수

대신 복수를 쓰기도 한다.

그러나 좀더 나이가 든 사람들의 경우에도, 그들이 하나의 죄에 대해서가 아니라 생각과 말과 행위에서 범해 온 수많은 자범죄들에 대해서 죽는 것이 분명함에도 불구하고, 죄(sin)에 대해서 죽는다고 흔히 표현된다. 실제로는 많은 군인들이 관련되어 있지만, 시인 버질이 "그들은 무장한 군인(the armed soldier)으로 그 배를 채웠다"(Virgil, AEn. ii. 20)고 이야기할 때처럼, 복수 대신 단수로 표현하는 일이 종종 있는 것이다. 그래서 우리 성경에도 "여호와께 기도하여 이 뱀(the serpent)을 우리에게서 떠나게 하소서"(민 21:7 히브리어 원문으로 단수임 - 역자주)라고 기록되어 있음을 본다. 백성들은 사실상 많은 뱀들 때문에 고통당하고 있었지만, 뱀들이라고 표현되어 있지 않다. 이런 일은 성경의 다른 곳들에서도 발견할 수 있다.

반대로, 죄의 면제를 위해서라고 말하는 대신 죄들의 면제를 위해 유아들이 세례를 받는다고 말할 때처럼, 원죄가 복수로 표현될 때가 있는데, 이것은 단수 대신 복수를 사용하는 수사적 표현이다. 예를 들어, 복음서에서 헤롯의 죽음에 대하여 언급하기를 "그가 죽었다"고 하지 않고, "아기의 목숨을 찾던 자들이 죽었다"(마 2:20)고 한다. 또한 출애굽기에서는, 백성들이 다만 하나의 송아지 형상을 만들었음에도 불구하고, 모세가 말하기를 "이 백성이 자기들을 위하여 금 신들(gods of gold)을 만들었다"(출 32:31; 히브리어 원문으로 복수임 - 역자주)고 하였으며, 백성들도 말하기를 "이스라엘아 이는 너희를 애굽 땅에서 인도하여 낸 너희 신들(gods)이로다"(출 32:4)고 하였다. 우리는 여기에서도 단수 대신 복수를 사용하는 표현법의 실례를 발견하게 되는 것이다.

45. 아담의 첫 범죄에는 많은 종류의 죄가 포함되어 있다.

그러나 "한 사람으로 말미암아 세상에 들어와 모든 사람에게 이르게 되었고"(참조. 롬 5:12), 또한 그 때문에 유아들까지 세례를 받는 그 한 죄 안에서도 얼마간의 현저한 죄들을 관찰할 수가 있다. 비록 그 죄들을 훨씬 세분화할 수도 있지만 말이다. 먼저는 교만의 죄를 찾을 수 있는데, 이는 인간이 하나님의 지배 아래 있기보다 자기 자신의 지배 아래 있고자 하였기 때문이다. 둘째로 신성 모독의 죄를 발견할 수 있는 것은, 인간이 하나님을 믿지 않았기 때문이다. 셋째로, 인간이 제 스스로 사망을 불러 왔다는 데에서 살인의 죄를 찾을 수 있고, 뱀의 감언에 유혹됨으로써 인간 영혼의 순결성이 부패한 것은 영적 간음이라 할 수 있다. 또한 인간이 금지된 과실을 자기 자신을 위해 사용한 것은 도적질이요, 자신에게 충분한 분량 이상의 것을 요구한 것은 탐욕이었다. 그 하나의 명백한 죄를 신중하게 분석해 보면, 그밖에도 다른 죄들을 발견할 수 있을 것이다.

46. 자녀들은 아담과 하와 부부의 죄책뿐 아니라 자신들의 친부모의 죄책과도 필시 연루된다.

유아들은 인류 최초의 부부인 아담과 하와의 죄책뿐 아니라 그들 자신의 친부모의 죄책에도 연루된다고 하는데, 이는 매우 타당한 듯하다. 왜냐하면 "나 여호와 너의 하나님은 질투하는 하나님인즉 나를 미워하는 자의 죄를 갚되 아비로부터 아들에게로 삼 사대까지 이르게" 하신다는(출 20:5; 신 5:9) 하나님의 심판이 그들이 중생에 의해 새 언약 관계에 들어가기 전에 그들에게 반드시 적용되기 때문이다. 자녀들이 부모의 불법을 담당하지 않을 것이며, "아비가 신 포도를 먹었으므로 아들의 이가 시다"고 하는 속담을 이스라엘 가운데서 다시는 쓰지 못하게 되리라고 한 에스겔의 말(겔 18:2)에서 예언된 것도 바로 이 새 언약이었다. 각 사람은 자기가 그 가운데서 태어난 바 죄로부터 자유로워지기 위해 거듭나야 할 필요성이 여기에 있다.

세례 후의 경우에서와 같이, 차후에 범하는 죄들은 참회에 의해 치유될 수 있다. 첫번째 출생이 그토록 죄로 가득 차서 적자로서 합법적으로 태어난 사람조차도 "내가 죄악들(iniquities) 중에 출생하였음이여 모친이 죄들(sins) 중에 나를 잉태하였나이다"(시 51:5; 개역 한글판에서는 단수로 번역되었음)고 말할 수밖에 없기 때문에 새로운 탄생(the new birth)이 약속되었을 것이다. 다윗은 죄악(iniquity)이나 죄(sin)라고 하지 않고 죄악들(iniquities)과 죄들(sins)로 표현하였다. 모든 사람들에게 이르러 인간성이 불가피하게 사망에 복종하게 될 정도로 컸던 그 한 죄 안에서, 내가 위에서 보인 대로, 많은 죄들을 식별해 낼 수 있었기 때문이고, 또한 친부모가 범한 다른 죄들이 있기 때문이다. 이 친부모의 죄들은, 비록 본성의 변화를 초래하는 데 같은 효력을 갖는 것은 아니지만, 구원하시는 하나님의 은혜와 긍휼이 개입되지 않는다면 자녀들을 죄책 아래 있게 하기에 충분하다.

47. 다른 조상들의 죄들이 자손에게 전가되는지 어떤지는 판단하기 어렵다.

그러나 아담과 친부모 사이에 있는 다른 조상들의 죄들에 대해서는 의문이 제기된다. 태어나는 자마다 그 모든 축적된 악행들과 불어난 원죄책(original guilt)에 연루되어, 후에 태어난 자일수록 그 상태가 악화되는가? 아니면, 중생의 은혜를 얻지 못한 자들이 인류의 시초부터 모든 조상들이 범해 온 모든 죄들을 원죄책으로서 담당하고 그에 해당하는 형벌을 치르도록 강요당할 경우 그 짐이 너무 무거워 압살당하게 될 것이므로, 하나님께서 그의 자비 가운데 조상들의 죄에 대한 당신의 진노가 더 이상 확장되지 않도록 아비들의 죄를 자손들 삼 사대까지 갚겠다고 하시는 것인가? 아니면, 성경을 좀더 열심히 탐구하고 좀더 신중하게 해석함으로써 이 커다란 문제에 대한 다른 해결책을 발견할 수 있을 것인가? 이에 대해 나는 감히 성급하게 장담할 수 없다.

48. 첫 범죄의 죄책은 너무 커서 오직 중보자이신 예수 그리스도의 보혈로써만 씻을 수 있다.

그토록 완전한 행복이 지배하던 곳에 들어온 한 죄는 너무나도 사악한 성격을 띠고 있어서, 한 사람 안에서 온 인류가 근본적이고도 철저하게 정죄되었으며, 하나님과 인간들 사이의 한 중보자이신 인간 그리스도 예수를 통하지 않고는 결코 용서받을 수도 없고 씻음받을 수도 없다. 예수 그리스도만이 중생의 필요 없이 태어날 능력이 있었다.

49. 그리스도께서는 중생하기 위해서가 아니라 우리에게 겸손의 본을 보이기 위해서 요한의 세례를 받으셨는데, 이것은 그가 죄에 대한 형벌로서가 아니라 세상의 죄를 담당하기 위해 죽음을 감수하신 것과 같다.

그리스도께서도 친히 받으신 바 있는(마 3:13-15) 요한의 세례를 받은 사람들은 중생한 것이 아니라, 주님의 선구자인 요한의 사역을 통해 주님을 맞을 준비를 한 것이다. 요한은 "너희는 주의 길을 예비하라"(마 3:3)고 외쳤는데, 바로 이 주님 안에서만 사람들은 중생할 수 있었던 것이다. 주님의 세례는 요한의 세례와 달리 물과 성령으로 준다(마 3:11). 그래서 누구든지 그리스도를 믿는 자는 성령에 의해 중생하는데, 바로 이 성령으로 그리스도께서 태어나셔서 그는 중생할 필요가 없으셨다. 그리스도께서 세례를 받으신 후 들린 아버지의 음성 곧 "오늘날 내가 너를 낳았도다"는 말씀(시 2:7; 히 1:5; 5:5. 이 말씀은 주께서 세례받으실 때 선언된 것으로 어거스틴이 인용한 것은 실수이다)은, 그가 세례를 받으신 그 날을 가리키는 것이 아니라, 불변의 영원에 속한 한 날을 지칭하는 것으로서, 인간 예수께서 인격상 독생자와 하나임을 보이시고자 함이었다. 한 날(a day)이 어제의 마감으로 시작되지도 않고 내일의 시작으로 종결되지도 않는다면, 그것은 영원한 오늘(an eternal to-day)이다.

그러므로 그리스도께서 요한에게 물로 세례 줄 것을 요구하셨는데, 이것은 그의 어떤 죄악을 씻음받기 위해서가 아니라 그의 겸손의 깊이를 드러내고자 함이었다. 죽음이 그에게서 벌할 아무 것도 찾지 못한 것처럼, 세례는 그에게서 씻어 없앨 것을 전혀 발견하지 못했다. 그러므로 마귀가 궤멸되고 정복당한 것은 단순한 힘의 폭력적 행사에 의해서가 아니라 가장 엄정한 정의에 의해 된 것이다. 그리스도에게 죽을 만한 죄가 전혀 없었음에도 불구하고 마귀가 그를 죽게 한 것은 아주 불법적인 일이었던 만큼, 범죄함으로 자기의 노예가 되었던 사람들을 마귀가 그리스도로 말미암아 잃어버린 것은 매우 합법적인 일이었다. 그리스도는 세례와 죽음 두 가지 모두 감수하셨는데, 이것은 가련한 필연성이 아니라 우리를 위한 그분의 넉넉한 긍휼로 말미암은 것이었으며, 한 사람으로 말미암아 죄가 세상 곧 온 인류에게 들어온 것처럼, 한 사람이 세상의 죄를 지고 가기 위한 방편이었다.

50. 그리스도는 원죄 한 가지만이 아니라 그에 따라 생겨난 다른 죄들도 모두 없애셨다.

첫 사람은 세상에 한 가지 죄를 들여왔지만, 이 사람(그리스도)은 그 한 죄뿐만 아니라 그에 부가된 다른 모든 죄까지 담당하셨다는 것이 다른 점이다. 그러므로 바울은 "또 이 선물은 범죄한 한 사람으로 말미암은 것과 같지 아니하니 심판은 한 사람을 인하여 정죄에 이르렀으나 은사는 많은 범죄를 인하여 의롭다 하심에 이름이니라"(롬 5:16)고 말한다. 우리가 본성상 명백히 지니고 있는 그 한 가지 죄만으로도 우리는 정죄 아래 있게 되지만, 은사는 많은 범죄로부터 인간을 의롭게 한다. 사람은 자기의 모든 동료들과 마찬가지로 본성적으로 가지고 태어나는 한 죄 외에도 순전히 자기 자신의 많은 죄들을 범한 것이 사실이다.

51. 아담에게서 태어난 모든 인간은 정죄 아래 있는데, 오직 그리스도 안에서 새로 태어나는 자만이 정죄로부터 자유롭게 된다.

바울 사도는 조금 후에 "그런즉 한 범죄로 많은 사람이 정죄에 이른 것같이 의의 한 행동으로 말미암아 많은 사람이 의롭다 하심을 받아 생명에 이르렀느니라"(롬 5:18)고 말한다. 여기서 그는, 아담의 후손으로 태어난 사람으로서 정죄에 이르지 않는 사람은 아무도 없으며, 그리스도 안에서 새로 태어나지 않고서 정죄를 면할 사람도 아무도 없음을 명백하게 보여 주고 있다.

52. 그리스도의 죽음과 부활을 비유하는 세례를 받으면, 유아나 성인이나 할것없이 모두가 새로운 생명 안에서 행하도록 죄에 대해서 죽는다.

바울은 한 사람으로 말미암은 정죄와 한 사람으로 말미암은 은사에 대해 충분히 말하고 난 후, 계속해서 그리스도의 십자가에서 이루어진 거룩한 세례의 위대한 신비에 대해 이야기하고, 다음과 같은 사실을 우리에게 명백히 설명하고자 한다. 곧, 그리스도 안에서의 세례는 그리스도의 죽음과 마찬가지이며, 그리스도께서 십자가 상에서 죽으심은 바로 죄의 용서를 상징하는 것으로서, 그의 죽으심이 실제적인 것처럼 우리 죄의 용서 역시 실제적이고, 또한 그의 부활이 실제적인 것처럼 우리의 칭의 역시 실제적이라는 것이다.

"그런즉 우리가 무슨 말 하리요 은혜를 더하게 하려고 죄에 거하겠느뇨"라고 그는 반문한다(롬 6:1). 바로 앞에서 그가 "그러나 죄가 더한 곳에 은혜가 더욱 넘쳤나니"(롬 5:20)라고 말했기 때문이다. 그는 은혜가 계속 넘치게 하려고 죄에 거하는 것이 옳겠느냐고 스스로 질문을 제기하고는 이내 "죄에 대하여 죽은 우리가 어찌 그 가운데 더 살리요"라고 덧붙인다. 그는 우리가 죄에 대하여 죽었음을 보이기 위해 "무릇 그리스도 예수와 합하여 세례를 받은 우리는 그의 죽으심과 합하여 세례받은 줄을 알지 못하느뇨"라고 묻는다. 여기에서, 우리가 그리스도의 죽으심과 합하여 세례받은 사실이 우리가 죄에 대하여 죽었음을 입증한다면, 그리스도와 합하여 세례를 받은 유아들도 그의 죽으심과 합하여 세례를 받았으므로 죄에 대하여 죽었다는 결론이 나오게 된다. "무릇 그리스도 예수와 합하여 세례를 받은 우리는 그의 죽으심과 합하여 세례를 받았다"는 말씀에는 예외가 발견되지 않기 때문이다. 그래서 이 말씀은 우리가 죄에 대해 죽었다는 사실을 입증하는 데 쓰여진다.

그렇다면 유아들이 중생할 때 죽는 것은 그들이 출생과 함께 타고나는 그 죄말고 무슨 죄에 대해서이겠는가? 이에 대해서는 다음 말씀이 적용된다. "그러므로 우리가 그의 죽으심과 합하여 세례를 받음으로 그와 함께 장사되었나니 이는 아버지의 영광으로 말미암아 그리스도를 죽은 자 가운데서 살리심과 같이 우리로 또한 새 생명 가운데서 행하게 하려 함이니라 만일 우리가 그의 죽으심을 본받아 연합한 자가 되었으면 또한 그의 부활을 본받아 연합한 자가 되리라. 우리가 알거니와 우리 옛사람이 예수와 함께 십자가에 못 박힌 것은 죄의 몸이 멸하여 다시는 우리가 죄에게 종노릇하지 아니하려 함이니 이는 죽은 자가 죄에서 벗어나 의롭다 하심을 얻었음이니라 만일 우리가 그리스도와 함께 죽었으면 또한 그와 함께 살 줄을 믿노니 이는 그리스도께서 죽은 자 가운데서 사셨으매 다시 죽지 아니하시고 사망이 다시 그를 주장하지 못할 줄을 앎이로라 그의 죽으심은 죄에 대하여 단번에 죽으심이요 그의 살으심은 하나님께 대하여 살으심이니 이와같이 너희도 너희 자신을 죄에 대하여는 죽은 자요 그리스도 예수 안에서 하나님을 대하여는 산 자로 여길지어다."

사도 바울은 은혜가 넘치도록 한다는 명목으로 우리가 계속 죄에 거해서는 안된다는 것을 증명하는 것으로 시작하여 "죄에 대하여 죽은 우리가 어찌 그 가운데 더 살리요"라며 반문하였다. 그리고 우리가 죄에 대하여 죽었음을 보이기 위해서, 그는 "무릇 그리스도 예수와 합하여 세례를 받은 우리는 그의 죽으심과 합하여 세례받은 줄을 알지 못하느뇨"라고 덧붙였다. 그리고 나서 그는 이 문장 전체의 결론을 처음 시작할 때처럼 맺고 있는 것이다. 그는 그리스도 자신이 죄에 대하여 죽으셨다는 의미로 그리스도의 죽음을 도입하였다. 그리스도께서 육신(the flesh)에 대해서가 아니라면, 무슨 죄에 대해서 죽으셨단 말인가? 그의 육신 안에는 죄가 없고 죄의 형상(the likeness of sin)만이 있지 않았는가? 그리고 그것이 죄의 이름으로 불리지 않았던가? 그리스도의 죽으심과 합하여 세례받은 자들 - 여기에는 성인들뿐 아니라 유아들도 포함된다 - 을 향하여 바울은 다음과 같이 말한다. "이와같이 너희도 너희 자신을 죄에 대하여는 죽은 자요 그리스도 예수 안에서 하나님을 대하여는 산 자로 여길지어다"(롬 6:11).

53. 그리스도의 십자가와 장사되심, 부활, 승천, 하나님의 보좌 우편에 앉으심은 그리스도인의 생활의 표상이다.

그리스도의 십자가와 장사되심, 사흘 만의 부활과 승천 및 하나님 아버지의 보좌 우편에 앉으심의 제반 사건들은 신비적 의미뿐만 아니라 실제상으로도 그리스도인이 생활을 영위함에 있어서 본받도록 하기 위해 배열되었다. 그리스도의 십자가와 관련해서는 "그리스도 예수의 사람들은 육체와 함께 그 정과 욕심을 십자가에 못 박았느니라"(갈 5:24)고 말하며, 그의 장사되심에 대하여는 "우리가 그의 죽으심과 합하여 세례를 받음으로 그와 함께 장사되었다"(롬 6:14)고 한다. 그리고 그의 부활을 언급할 때에는 "이는 아버지의 영광으로 말미암아 그리스도를 죽은 자 가운데서 살리심과 같이 우리도 또한 새 생명 가운데서 행하게 하려 함이라"(롬 6:4)고 하는가 하면, 그의 승천과 하나님 아버지의 보좌 우편에 앉으심에 관련해서는 "그러므로 너희가 그리스도와 함께 다시 살리심을 받았으면 위엣 것을 찾으라 거기는 그리스도께서 하나님 우편에 앉아 계시느니라 위엣 것을 생각하고 땅엣 것을 생각지 말라 이는 너희가 죽었고 너희 생명이 그리스도와 함께 하나님 안에 감취었음이니라"(골 3:1-3)고 한다.

54. 그리스도의 재림은 과거에 속한 것이 아니라 세상 끝에 일어날 것이다.

그러나 장차 그리스도께서 산 자들과 죽은 자들을 심판하러 하늘로부터 오실 때의 그의 행동에 대해 우리가 믿는 바는 우리가 지금 여기에서 영위하는 생명과는 전혀 무관하다. 왜냐하면 그것은 그리스도께서 땅에서 행하신 것의 어떤 부분도 형성하지 않고, 오히려 세상 끝에 그가 행하실 것의 일부이기 때문이다. 앞에서 인용한 구절 바로 뒤에서 바울이 언급하고 있는 것은 바로 이 점에 대해서이다. "우리 생명이신 그리스도께서 나타나실 그때에 너희도 그와 함께 영광 중에 나타나리라"(골 3:4).

55. "산 자와 죽은 자를 심판하시리라"는 표현은 두 가지 의미로 각각 이해하는 게 좋다.

"산 자와 죽은 자를 심판하시리라"는 표현은 다음과 같이 두 가지로 해석할 수 있다. 첫째 방법은, '산 자'를 예수께서 재림하실 때 죽지 않고 육신을 지니고 살아 남아 있는 자들로 이해하고, '죽은 자'는 몸을 떠난 자들로 해석하는 것이다. 그리고 둘째 방법은, '산 자'를 의인들로 보고, '죽은 자'를 불의한 자들로 이해하는 것이다. 이 둘째 해석이 가능한 것은 의인들 역시 다른 사람들과 마찬가지로 심판받을 것이기 때문이다. 하나님의 심판이라는 용어는 때로는 "악한 일을 행한 자는 심판의 부활로 나오리라"(요 5:29)는 구절에서처럼 나쁜 의미로 쓰이지만, "하나님이여 주의 이름으로 나를 구원하시고 주의 힘으로 나를 심판하소서"(시54:1)처럼 좋은 의미로 사용될 때도 있다. 의인들이 악인들로부터 구원받고 악인들에게 멸망당하지 않도록 그들을 악인들로부터 구별하여 하나님의 우편에 앉히는 것이 바로 하나님의 심판이라는 것을 생각하면, 이것은 쉽사리 이해된다. 또한 바로 이 때문에 시편 기자도 "하나님이여 나를 심판하소서"라고 부르짖고, 그 말을 설명이나 하듯 "경건치 아니한 나라에 향하여 내 송사를 변호하시며"(시 43:1)라고 덧붙이고 있는 것이다.

56. 성령과 교회. 교회는 하나님의 성전이다.

지금까지 우리의 신앙고백에 적절할 만큼 짧게 우리 주이신 하나님의 독생자 예수 그리스도에 대해 이야기하였으므로, 이제 우리는 계속해서 성령에 대해 믿는 바를 말함으로써 하나님을 구성하는 삼위일체를 완결 짓도록 하자. 그러고 나서 우리는 거룩한 교회(the Holy Church)를 언급할 것이다. 그럼으로써 우리는 자유로운 예루살렘(갈 4:26)을 구성하는 지적(知的)인 피조물이 어순에 있어서 창조주이신 지고의 삼위일체 하나님께 종속해야 함을 이해하게 될 것이다. 물론 인간 예수 그리스도에 대해 말하는 모든 것은 독생자의 인격의 통일성과 관련되어 있다.

신조의 참된 순서가 요구한 것은, 교회가 그 안에 거하시는 분의 집이요, 그것을 소유하시는 하나님의 전이자, 그것을 건설하신 분의 도성으로서 삼위일체 하나님께 종속되는 것이었다. 그런데 여기에서 우리가 올바로 생각해야 할 것은 전체 교회(the whole Church)를 염두에 두어야 한다는 점이다. 해 뜨는 데부터 해 지는 데까지 하나님의 이름을 찬양하고 새 노래로 포로됨으로부터의 구원을 찬송하면서 지상의 나그네로서 순례하는 무리만이 아니라, 창조 이후 변함없이 하늘에서 하나님 앞에 남아 있으면서 타락으로 인한 불행을 전혀 체험하지 않은 무리도 포함되어야 하는 것이다. 이들은 끊임없이 행복을 누리는 거룩한 천사들로 구성되어 있으며, 아직도 나그네로서 순례하는 무리에게 도움을 제공해 준다. 이 두 무리들은 한 분 하나님을 경배하도록 지음받아서, 지금은 사랑의 유대 안에서 하나가 되어 있으며, 장차는 영원의 교제 안에서 하나가 될 것이다. 그러므로 전체 교회이든 그에 속한 어떤 부분이든, 교회는 하나님의 전 – 창조되지 않으신 하나님에 의해 창조된 성도들로 지어진 성전 – 에 속한 자에게 하나님 대신 경배를 받거나 하나님처럼 되고자 하는 욕망이 없다.

그런데 만일 성령께서 피조물이라면, 그는 창조주가 아니고 지적인 피조세계의 한 부분에 불과할 것이며, 단순히 최고의 피조물로서 신조에서는 교회 앞에 언급되지 않을 것이다. 그 자신이 교회 곧 하늘에 존재하는 무리에 속하는 것이 되기 때문이다. 또한 그 경우에 그 자신이 성전의 일부가 되므로 그는 성전을 소유하지 않는다는 결론이 나온다. 그러나 그는 성전을 가지고 계시다. 이에 대해 바울은 "너희 몸은 너희가 하나님께로부터 받은 바 너희 가운데 계신 성령의 전인 줄을 알지 못하느냐"(고전 6:19)고 말한다. 그리고 그는 그 몸에 대해서 "너희 몸이 그리스도의 지체인 줄을 알지 못하느냐"(고전 6:15)고 말하고 있다. 그렇다면 그가 성전을 가지고 계심을 볼 때, 어떻게 하나님이 아니실 수 있겠으며, 그리스도의 지체가 그의 성전인데, 어떻게 그가 그리스도보다 열등할 수 있겠는가? 그가 성전 하나를 소유하고 하나님께서 또 하나의 성전을 소유하시는 것도 아니다.

사도 바울은 "너희가 하나님의 성전인 것과 하나님의 성령이 너희 안에 거하시는 것을 알지 못하느뇨"(고전 3:16)라고 분명하게 말하고 있는 것이다. 그렇다면 하나님께서 그의 전에 거하시는데, 성령만이 아니라 성부와 성자께서도 거하신다. 성자는 그 자신의 몸에 대하여 말씀하시기를 "너희가 이 성전을 헐라 내가 사흘 동안에 일으키리라"(요 2:19)고 하셨는데, 그 몸으로 말미암아 그는 (친히 만물의 으뜸이 되려고〈골 1:18〉) 지상 교회의 머리가 되셨다. 하나님 곧 지극히 높으신 삼위일체 하나님의 성전은 하늘과 땅을 모두 포함하는 거룩한 교회(the Holy Church)이다.

57. 하늘에 있는 교회의 상황.

하늘에 있는 교회에 대해 우리가 말할 수 있는 것은 다만 다음과 같다. 그 안에는 악한 자가 전혀 발견되지 않고, 사도 베드로가 기록한 대로 "하나님이 범죄한 천사들을 용서치 아니하시고 지옥에 던져 어두운 구덩이에 두어 심판 때까지 지키게 하신"(벧후 2:4) 때 이래 타락한 자도 없고 앞으로 타락할 자도 없다는 것이다.

58. 천사단의 조직에 대한 확실한 지식이 우리에게는 없다.

하늘에 있는 가장 행복한 무리의 조직은 어떻게 되어 있는가? 곧, 히브리서에 "어느 때에 천사 중 누구에게……너는 내 우편에 앉았으라 하셨느뇨"(히 1:13)고 기록되어 있는 바와 같이(이런 형식의 표현은 예외없이 모든 천사들을 포함하여 지칭하고자 함이 분명하다) 천사

(angels)라는 일반적인 칭호는 모든 천사들을 가리키는 반면에, 천사장(arch-angels)으로 불리는 천사들도 있음을 설명해 주는 서열상의 차이는 무엇인가? 천사장들은 천군(hosts)으로 불리는 자들과 같은가? 따라서 "그의 모든 천사여 찬양하며 그의 모든 천군이여 찬양할지어다"(시 148:2)는 표현은 "그의 모든 천사여 찬양하며 그의 모든 천사장들이여 찬양할지어다"와 같은 것인가? "혹은 보좌들(thrones)이나 주관들(dominions)이나 정사들(principalities)이나 권세들(powers)이나 만물이 다 그로 말미암고 그를 위하여 창조되었다"(골 1:16)는 구절에서 바울 사도가 예외없이 모든 하늘의 무리를 열거하고 있는 듯한 그 네 가지 호칭이 지니는 상이한 의미는 무엇인가? 답변의 진실성을 입증할 수만 있다면, 능력 있는 자들은 이러한 질문들에 대한 답을 제시해 보라. 나로서는 무지를 고백하지 않을 수 없다. 많은 사람들은 태양과 달과 별들이 감각이나 지성이 없는 단순한 발광체들이라고 생각하는데, 그것들이 방금 말한 하늘의 무리에 속하는지 여부에 대해서도 나는 확실하게 말할 수 없다.

59. 천사의 몸은, 매우 어려우면서도 별로 유익이 없는 논의의 주제를 제기한다.

천사들은 도대체 어떤 종류의 몸을 가지고 사람들에게 나타났기에 볼 수 있을 뿐 아니라 만질 수도 있었는가? 그들은 물질적인 신체를 통해서가 아니라 영적 힘으로 육안 아닌 영안에 환상을 보이기도 하고, 예언서에 "내 안에서 말하는 천사가 내게 말하였다"(슥 1:9, 그는 "내게[to me] 말하는 천사"라 하지 않고 "내 안에서[in me] 말하는 천사"라고 한다. 흠정역(A.V.)에서는 "나와[with me] 말하는 천사"라고 번역됨)고 기록된 것처럼, 자기 스스로는 그대로 머물러 있으면서, 외부로부터 귓속으로 무언가를 말하는 대신 인간 영혼 내부로부터 말하기도 한다. 천사들은 또한 "주의 사자가 현몽하여 가로되"(마 1:20)라고 복음서에 기록된 것처럼, 사람이 잠잘 때에 나타나 꿈을 통해 대화하기도 한다.

이런 일들은 어떻게 가능한 것인가? 이런 대화 방법들은 천사들이 만질 수 있는 신체를 가지고 있지 않음을 의미하는 듯하여, 족장들이 어떻게 그들의 발을 씻겼는가(창 18:4; 19:2)와 야곱이 어떻게 그토록 물리적으로 천사와 씨름하였는가(창 32:24-25)라는 문제를 매우 풀기 어렵게 만들고 있다. 이러한 질문들을 제시하고, 할 수 있는 대로 그 답변들을 추정해 보는 것은, 만일 그 논의가 적절한 범위 안에서 이루어지고, 또한 우리가 모르는 것을 알고 있다고 착각하는 오류만 피한다면, 지성을 위해 유용한 훈련이 될 것이다. 그러나 우리가 그것들에 대해 완전히 무지하다고 해도 책망받을 것이 없다면, 이러한 주제들에 대해 정확하게 확증하거나 거부한다든지 규정할 필요가 어디 있겠는가?

60. 사단이 자신을 빛의 천사로 가장할 때, 그 궤계를 간파할 수 있는 능력이 더욱 필요하다.

오히려 우리에게 더욱 필요한 것은 사단이 자신을 빛의 천사로 가장할 때(고후 11:14), 그것을 분별해 내고 판단할 수 있는 모든 능력을 사용하는 일로서, 이것은 그가 궤계를 사용하여 우리를 해로운 길로 미혹시키지 못하게 하려는 것이다. 그가 신체적인 감각만을 속이고 인간으로 하여금 신앙적인 삶을 영위하게 하는 건전하고 참된 판단으로부터 정신을 벗어나게 하지 않는 동안은 신앙상의 위험이 없다. 또한 그가 선한 체 가장하면서 선한 천사들에게 적합한 것만을 말하거나 행한다면, 우리가 그를 선하다고 믿는다 해도, 그 잘못은 그리스도인의 신앙에 해롭거나 위험할 정도의 것은 못된다. 그러나 그의 본성에 맞지 않는 이런 수단들을 넘어서 그가 그 자신의 길로 우리를 계속 유인한다면, 그의 활동을 간파해 내고 그를 따르기를 거부할 수 있기 위해 큰 주의가 요청된다. 그런데 하나님께서 억제하거나 지켜 주시지 않는다면, 사람들이 어떻게 사단의 치명적인 궤계들을 피할 수 있단 말인가? 이런 점에서 문제의 지극히 어려움이 오히려 유익한 것은, 그로 인해 인간들이 자신이나 다른 사람을 신뢰하지 않고 하나님께만 신뢰를 두게 되기 때문이다. 경건한 사람이라면 그 누구도 이것이 우리에게 가장 유익함을 의심치 않을 것이 분명하다.

61. 지상에 있는 교회는 중보자의 보혈에 의해 죄에서 구속을 받았다.

거룩한 천사들과 천군들로 구성된 교회의 진정한 본성은 세상 끝날에 우리가 그 교회와 연합하여 영원한 행복을 공유하게 될 때 알게 될 것이다. 그러나 이것과는 별도로 지상에서 나그네로서 순례하는 다른 부분의 교회가 우리에게 더 잘 알려져 있다. 우리가 그것에 속하여 있고, 또한 그 교회가 우리와 같은 인간들로 구성되어 있기 때문이다. 이 지상 교회는 죄 없으신 중보자의 피로 모든 죄에서 구속받았다. 그리고 "만일 하나님이 우리를 위하시면 누가 우리를 대적하리요 자기 아들을 아끼지 아니하시고 우리 모든 사람을 위하여 내어 주신 이가 어찌 그 아들과 함께 모든 것을 우리에게 은사로 주지 아니하시겠느뇨"(롬 8:31)라고 노래한다. 그리스도께서 죽으신 것은 천사들을 위함이 아니었다. 그러나 인간의 구속을 위해 그분이 죽으심으로써 이루신 일은 어떤 의미에서는 천사들을 위한 것이었다고도 할 수 있다. 왜냐하면 죄로 인해 인간들과 거룩한 천사들 사이에 놓인 적대감이 제거되고 그들 사이에 우정이 회복되었으며, 대반역이 천군 세계에 남긴 틈새가 인간의 구속으로 메워졌기 때문이다.

62. 그리스도의 희생제사에 의해 만물이 회복되고, 땅과 하늘 사이에 평화가 이루어진다.

하나님의 진리를 영원히 묵상함으로써 행복을 경험하는 거룩한 천사들은 하나님의 가르침을 받아서 얼마나 많은 수의 인류가 자기들의 자리를 보충하고 그 시민권의 완전한 수를 채우게 될 것인가를 알고 있다. 그러므로 바울 사도는 "하늘에 있는 것이나 땅에 있는 것이 다 그리스도 안에서 통일되게 하려 하심이라"(엡 1:10)고 말하고 있는 것이다. 천사들의 타락으로 상실된 것이 인간들 사이에서부터 회복될 때 하늘에 있는 것들이 통일된다. 그리고 영생을 얻기로 작정된 자들이 그들의 옛부패에서 구속받을 때, 땅에 있는 것들이 통일된다. 이런 식으로 하여 중보자가 제물로 바쳐진 그 단번의 희생제사 곧 율법 아래 희생된 많은 제물들의 원형이 되는 희생제사를 통하여 하늘에 있는 것들이 땅에 있는 것들과 화평을 이루고, 땅에 있는 것들이 하늘에 있는 것들과 화평을 이루게 된다. 이에 대해 사도 바울은 다음과 같이 말하고 있다. "아버지께서는 모든 충만으로 예수 안에 거하게 하시고 그의 십자가의 피로 화평을 이루사 만물 곧 땅에 있는 것들이나 하늘에 있는 것들을 그로 말미암아 자기와 화목케 되기를 기뻐하심이라"(골 1:19-20).

63. 하늘을 지배하는 하나님의 평화는 모든 이해를 뛰어넘는다.

이 평화는 성경에서 말하고 있는 바와 같이 "모든 지각에 뛰어나며"(빌 4:7) 우리가 그것을 완전히 소유하게 될 때까지는 알 수 없는 평화이다. 하늘에 있는 것들이 화목케 된다는 것은 그것들이 우리와 화평을 이루게 된다는 것말고 무슨 뜻이겠는가? 하늘에서는 그곳에 존재하는 모든 지적인 피조물들 상호간에나 아니면 그들과 그들의 창조주 사이에나 한번도 파괴되지 않은 평화가 존재하기 때문이다. 앞에서 말한 대로 이 평화는 모든 이해를 뛰어넘는다. 그러나 물론 이 말은 우리의 이해를 뛰어넘는다는 뜻이지 항상 자기들의 아버지되는 하나님의 얼굴을 뵙는 그들의 이해를 뛰어넘는다는 뜻은 아니다. 우리의 인간적인 이해가 아무리 뛰어나다 해도, 지금 우리는 부분적으로만 알고 거울로 보는 것같이 희미하게 볼 뿐이다(고전 13:12).

그러나 우리가 하나님의 천사들과 같아질 터인데(눅 20:36), 그때는 우리도 그들처럼 얼굴과 얼굴을 대하여 볼 것이다. 또한 우리는 그들이 우리를 향하여 가지는 것과 같이 큰 평화를 그들을 향하여 갖게 될 것이다. 왜냐하면 우리가 그들에게 사랑받는 것처럼 우리도 그들을 사랑할 것이기 때문이다. 나아가서 그들의 평화가 우리에게 알려질 것이다. 우리 자신의 평화가 그들의 것만큼 커서, 그들의 평화가 우리의 이해를 더 이상 뛰어넘지 못하는 것이다. 그러나 하나님께서 우리를 향하고 품고 계신 하나님의 평화는 우리들의 이해뿐만 아니라 그들의 이해도 뛰어넘을 것이다. 이것이 마땅히 그러함은, 행복을 누리는 이성적 피조물은 누구나 그 행복을 하나님으로부터 얻지만, 하나님은 당신의 행복을 그 피조물로부터 얻지 않기 때문이다. 이런 점에서 볼 때, "모든 지각[이해]에 뛰어난 하나님의 평강[평화]"이라는 구절에서 '모든'이라는 표현의 의미를, 거룩한 천사들의 이해까지 포함하여 어떠한 예외도 인정하지 않는 것으로 해석하는 것이 더 나을 것이다. 다만 여기에서 굳이 예외를 말한다면 하나님 자신의 평강을 들 수 있겠는데, 이것은 그의 평강은 그 자신의 지각을 뛰어넘지 않기 때문이다.

64. 죄의 용서는 성도들의 지상 생활 전체에 미치는데, 이 성도들의 지상 생활은 법률상의 죄(crime)는 면하나 도덕적인 죄는 면하지 못한다.

우리들의 죄가 용서받았다면, 천사들은 지금도 우리와 화목하다. 그래서 사도신경의 순서를 보면, 거룩한 공회 다음에 죄의 용서가 언급되고 있다. 지상의 교회가 서 있는 것도 바로 이 때문이다. 다시 말해서, 이로 말미암아 이전에 잃어 버렸다가 찾은 것이 다시금 잃어 버릴 처지에서 구원받는다는 것이다. 우리가 새로 태어남으로써 출생시에 우리에게 부과되는 것으로부터 자유로워지도록 하기 위해 원죄에 대한 해독제로서 주어지는 세례의 은혜(그러나 이 은혜는 생각과 말과 행위에 있어서 범해 온 모든 자범죄도 제거해 준다)는 인간 회복의 출발점이요, 또한 그 안에서 원래의 것이든 아니면 스스로 얻은 것이든 우리의 모든 죄책이 씻음받는 위대한 사랑의 행위이다.

그러나 이 은혜는 차치하고, 우리는 이성을 사용할 수 있게 된 시간부터 남은 생애에 있어서 아무리 우리의 의로움이 진보를 보인다 할지라도 죄사함받는 기회를 끊임없이 공급받는다. 하나님의 자녀들은 이 사망의 몸 안에서 사는 한 사망과의 갈등 속에 있다. 그들에 대하여 "무릇 하나님의 영으로 인도함으로 받는 그들은 곧 하나님의 아들이라"(롬 8:14)고 말하고 있는 것이 사실이지만, 부패한 몸의 짐을 지고(지혜서 9:15) 그들 자신의 영으로 인도함을 받기도 하는 것이며, 하나님의 아들로서 하나님을 향하여 나아가면서도 동시에 인간의 아들로서 인간적인 성정의 영향을 받아 옛날의 죄로 뒷걸음치는 약점을 가지고 있는 것이다. 그러나 우리는 차이를 인정해야 한다. 법률상의 범죄(crime)는 다 죄(sin)이지만, 죄라고 해서 반드시 법률상의 범죄는 아니기 때문이다. 그래서 우리는 다음과 같이 말할 수 있다. 곧, 거룩한 사람들이라도 죽을 육체를 입고 사는 동안에는, 비록 그들의 삶에서 법률상의 범죄는 발견되지 않을 수 있어도, 사도 요한이 말하는 바와 같이, "만일 우리가 죄(sin) 없다 하면 스스로 속이고 또 진리가 우리 속에 있지 아니할 것이요"(요일 1:8).

65. 하나님께서는 죄를 용서하시되 참회를 조건으로 용서하시는데, 이 참회의 기간은 교회법에 의해 결정되어 왔다.

그러나 법률상의 범죄들마저 - 아무리 큰 범죄라 할지라도 - 거룩한 교회에서 용서받을 수 있다. 참으로 회개하는 사람이라면, 결코 자기 죄의 분량 때문에 하나님의 자비를 단념할 필요가 없다. 죄인을 그리스도의 몸으로부터 단절시킬 성격의 범죄를 행한 경우라도, 참회 행위에 있어서 우리가 고려할 것은 시간의 양보다는 근심의 양이다. 왜냐하면 상하고 통회하는 마음을 하나님께서 멸시하시지 않기 때문이다(시 51:17). 그러나 한 사람의 마음의 근심은 흔히 다른 사람의 마음에 감추어져 있어서 "주여 나의 탄식이 주의 앞에 감추이지 아니하나이다"(시 38:9)고 함 같이 하나님께는 드러날지라도 말로나 다른 신호로도 다른 사람들에게 알려지지 않는다. 그래서 교회를 감독하는 사람들은 교회가 만족할 수 있도록 참회의 기간을 정해 왔다. 교회 안에서 죄가 용서받고 교회 밖에서는 죄가 용서받지 못하기 때문에 이것은 옳은 일이다. 교회만이 성령의 보증을 받았는데, 이 성령의 보증이 없이는 사함받은 자를 영생으로 이끄는 죄사함도 없다.

66. 죄의 용서는 주로 장차 있을 심판과 관계 있다.

죄의 용서는 주로 미래의 심판과 관계 있다. 이 세상의 삶에 관한 한 "여자의 뱃속에서 태어나는 날부터 만물의 어머니에게 돌아가는 날까지 아담의 자손들이 지는 멍에는 무겁다"(집회서 40:1)는 말이 유효하기 때문이다. 그래서 우리는 세례받고 중생한 이후의 유아들조차 여러 가지 악으로 고통을 겪고 있는 것을 보며, 구원의 성례전에서 선포되는 모든 것들이 현재적인 복을 소유하는 일보다는 미래의 선에 대한 희망과 관련된 것임을 이해하게 되는 것이다. 이 세상에서는 많은 죄들이 간과되어 아무런 형벌도 받지 않는 듯이 보이는데, 이에 대한 형벌은 미래를 위해 보류되어 있다(그리스도께서 산 자와 죽은 자의 심판자로 오실 날을 특별히 심판의 날로 부르는 것은 쓸데없는 일이 아니다). 그러나 이 세상에서 형벌을 받는 죄들도 많은데, 이러한 죄들은 용서받아서 미래의 삶에서는 형벌을 받지 않을 것이다. 이와같이 이 세상에서 죄인들에게 임하는 어떤 일시적인 형벌들에 관하여 바울 사도는 다음과 같이 말한다. "우리가 우리를 살폈으면(judge), 판단을 받지 아니하려니와 우리가 판단을 받는 것은 주께 징계를 받는 것이니 이는 우리로 세상과 함께 죄 정함을 받지 않게 하려 하심이라"(고전 11:31-32).

67. 행함이 없는 믿음은 죽은 것이며, 사람을 구원할 수 없다.

어떤 사람들이 믿는 바에 의하면, 교회에서 그리스도의 세례를 받고 어떤 분파나 이단 때문에 교회로부터 단절된 일도 없으며, 그리스도의 이름을 버리지 않는 사람들이라면, 비록 가장 큰 죄 가운데 있으면서 참회함으로써 그 죄를 씻어 없애거나 자선을 통해 그것을 구속하지도(redeem) 않고 오히려 마지막 죽는 날까지 계속해서 그 죄 가운데 살더라도, 불로써 구원받을 것이라 한다. 다시 말해서, 그들의 죄와 악행의 크기에 비례하여 어느 기간 동안 계속되는 불로 벌을 받기는 하겠지만, 영원히 타는 불로 벌받지는 않으리라는 것이다. 그러나 이것을 믿으면서도 카톨릭(Catholics)이라고 하는 자들은, 내가 보기에 인지상정인 일종의 자비 감정에 의해 탈선한 듯하다. 왜냐하면 성경을 볼 때 아주 다른 대답을 찾아볼 수 있기 때문이다.

나는 이 주제에 대해 『신앙과 행위에 대하여』(*Of Faith and Works*)라는 제목으로 책을 쓴 일이 있는데, 거기에서 나는 하나님께서 도와 주시는 가운데 최선을 다하여, 우리를 구원하는 믿음은, 바울이 다음과 같이 말하면서 충분히 묘사하고 있는 그 믿음이라는 사실을 성경으로부터 명시하였다. "그리스도 예수 안에서는 할례나 무할례가 효력이 없되 사랑으로써 역사하는 믿음뿐이니라"(갈 5:6). 그러나 믿음이 선이 아닌 악을 행한다면, 야고보 사도가 말하는 바와 같이 "행함이 없는 믿음은 그 자체가 죽은 것이다"[약 2:17 (R.V.를 보라)]. 야고보는 또한 "내 형제들아 만일 사람이 믿음이 있노라 하고 행함이 없으면 무슨 이익이 있으리요 그 믿음이 능히 자기를 구원하겠느냐"(약 2:14)고 말한다.

나아가서, 악인이 단지 그의 믿음 때문에 불로써 구원받는다면, 그리고 복받은 사도 바울이 "그러나 자기는 구원을 얻되 불 가운데서 얻은 것 같으리라"(고전 3:15)고 말할 때 의미한 것이 바로 이것이라면, 행함 없는 믿음이 인간을 구할 수 있고, 그의 동료 사도인 야고보가 한 말은 거짓이어야 할 것이다. 또한 바울 자신이 다른 곳에서 다음과 같이 한 말 역시 거짓이어야 한다. "미혹을 받지 말라 음란하는 자나 우상숭배하는 자나 간음하는 자나 탐색하는 자나 남색하는 자나 도적질이나 탐람하는 자나 술 취하는 자나 후욕하는 자나 토색하는 자들은 하나님의 나라를 유업으로 받지 못하리라"(고전 6:9-10). 만일 이러한 악한 행실을 계속하는 자들이 단지 그리스도에 대한 믿음 때문에 구원받는다고 하면, 그들이 하나님의 나라를 유업으로 받지 못하리라는 말씀이 어떻게 사실일 수 있겠는가?

68. 구원은 받으나 불로써 얻은 것 같다는 사람들에 대한 구절(고전 3:11-15)의 진정한 의미

이와같이 아주 명백한 사도들의 선언에 오류가 있을 수 없기 때문에, 그리스도의 터 위에 금이나 은이나 보석이 아닌 나무나 풀이나 짚으로 건축하는 사람들[이 사람들은 구원을 얻기는 하지만 그들을 구원하는 기초적 공로인 불로써 얻음과 같아서 이렇게 말한다(고전 3:11-15. 15절의 "불"은 죽음과 부활의 중간 상태에 있는 연옥의 불이 아니라 13절에서 말하는 것처럼 심판날의 불이다-P.S.)]에 대한 불분명한 말씀은 앞에서 인용한 명백한 진술들과 모순되지 않게 해석해야 한다. 여기에서 나무와 풀과 짚은, 그 자체로서는 아무리 합법적이라 해도 마음의 고통 없이는 잃을 수 없는 세상적인 일들에 대한 집착을 의미한다고 할 수 있다. 이러한 고통이 불탄다 해도 그리스도께서 마음의 중심적인 위치를 차지하셔서 신자의 마음은 아프지만, 그 어떤 것보다 그리스도를 택하고 그리스도를 잃기보다는 애착을 갖고 있는 것들을 잃는 편을 더 원한다면, 그는 불로써 구원받는 것이 된다. 그러나 만일 시험받을 때에 그가 그리스도를 붙들기보다 일시적이고 세상적인 것들을 붙잡는다면, 그는 그리스도를 그의 터로 모시고 있지 않은 것이다. 이는 그가 세상적인 것들을 첫째로 두고 있고, 그리고 집을 지을 때 터보다 앞서는 것은 없기 때문이다.

여기에서 바울이 말하는 불은 터 위에 금이나 은이나 보석으로 집을 짓는 사람 둘다 통과해야 할 불임에 틀림없다. 왜냐하면 그가 곧이어 다음과 같이 덧붙이고 있기 때문이다. "그 불이 각 사람의 공력이 어떠한 것을 시험할 것임이니라 만일 누구든지 그 위에 세운 공력이 그대로 있으면 상을 받고 누구든지 공력이 불타면 해를 받으리니 그러나 자기는 구원을 얻되 불 가운데서 얻은 것 같으리라"(고전 3:13-15). 그렇다면 그 불은 그들 중 어느 한 편만이 아닌 양자 모두의 공력을 시험할 것이다. 또한 역경의 시험 역시 일종의 불이라고 할 수 있는데, 이에 대해서는 다른 곳에서 다음과 같이 분명하게 언급하고 있다. "풀무는 토기장이의 토기들을 시험하며 역경의 풀무는 인간을 시험한다"(참조. 집회서 27:5; 2:5). 인생 행로에서 이 불은 사도가 말하고 있는 바로 그 방식으로 작용한다.

어떤 신자들은 "주의 일을 염려하여 어찌하여야 주를 기쁘시게 할꼬 하되"(고전 7:32), 다른 신자들은 "세상 일을 염려하여 어찌하여야 아내를 기쁘게 할꼬" 한다(고전 7:33). 불이 이 두 종류의 신자들에게 임할 때, 그리스도의 터 위에 금이나 은이나 보석으로 세우는 첫번째 신자들의 경우에는 그들의 공력이 불타지 않는다. 왜냐하면 그들은 상실의 고통을 안겨 줄 수 있는 것들에 애착심을 갖지 않았기 때문이다. 그러나 같은 그리스도의 터 위에 나무나 풀이나 짚으로 세운 두번째 신자들의 공로는 불타고 만다. 정욕으로 누리는 것들은 고통 없이는 상실할 수 없기 때문이다. 그러나 우리가 추측컨대, 비록 이 사람들이 이런 것들을 버릴 때 마음의 고통을 경험하기는 하지만, 그리스도를 잃는 것보다는 차라리 그 세상적인 것들을 잃어 버리는 편을 택하고, 이것들을 잃는 두려움 때문에 그리스도를 버리지는 않는다는 사실을 고려한다면, 이들 역시 구원은 얻는다고 할 수 있다. 그런데 이들의 구원이 불 가운데서 얻은 것과 같은 것은, 그들이 사랑했다가 상실한 것에 대한 마음의 고통이 그들을 불태우기 때문이다. 그러나 그 고통이 그들을 완전히 삼키지는 못한다. 그들이 확고한 터에 의해 보호받기 때문이다.

69. 믿는 자들 중에 내생에서 연옥의 불을 통과할 사람도 있을지 모른다는 가정은 불가능한 것은 아니다.

이와같은 유의 일은 이생 이후에도 일어날지 모른다. 어떤 신자들이 일종의 연옥의 불을 통과하되 그들이 덧없는 재물을 사랑한 정도에 따라 그 불에서 구원받는 시간이 다른가 하는 것은 자세히 연구하여 확인하든지 아니면 미해결의 상태로 남겨 둘 문제이다. 그러나 이것은, 합당한 회개 후 죄사함을 받지 않는다면, "하나님의 나라를 유업으로 받지 못하리라"(고전 6:10)는 말씀이 언급하고 있는 사람들의 경우에 해당할 리가 없다. 여기에서 내가 "합당한"이라고 말하는 것은 그들이 자선(구제)

의 열매가 없어서는 안된다는 뜻이다. 성경은 이 덕에 많은 비중을 두고 있다. 우리 주께서도 미리 말씀하시기를, 당신께서 우편에 앉은 자들에게 오직 자선의 덕이 풍성한 공로만을 돌릴 것이며, 좌편에 앉은 자들에게는 자선이 부족한 결함만을 지적할 것이라고 하셨다. 그때 주께서 오른편의 사람들에게는 "내 아버지께 복받을 자들이여 나아와 창세로부터 너희를 위하여 예비된 나라를 상속하라"고 하실 것이나, 왼편의 사람들에게는 "저주를 받은 자들아 나를 떠나 영영한 불에 들어가라"고 말씀하실 것이다(마 25:31-46).

70. 삶이 변화되지 않는 한 자선은 죄를 속하지 않을 것이다.

그러나 우리가 여기에서 주의해야 할 것은 하나님의 나라를 유업으로 받지 못할 자들이 매일 범하는 큰 죄들이 자선에 의해 날마다 대속될 수 있을 것이라고 착각해서는 안된다는 점이다. 삶이 보다 나은 삶으로 바뀌지 않으면 안된다. 그리고 자선은 미래에 범할 죄들로 인한 형벌을 면하기 위해서가 아니라 과거의 죄들에 대하여 하나님과 화해하기 위해 이용되어야 한다. 우리가 적당한 보상을 행하기를 소홀히 하지만 않는다면, 우리가 이미 범한 죄들을 하나님께서 당신의 자비하심 가운데 씻어 주실 것이지만, 그렇다고 해서 그가 우리에게 죄에 대한 허가증을 준 것은 아니기 때문이다(집회서 15:20).

71. 믿는 자가 매일 드리는 기도는 매일 그의 생활을 더럽히는 사소한 죄에 대한 보상이 된다.

믿는 자가 매일 드리는 기도는 이 세상의 삶속에서 필연적으로 발생하게 마련인 순간적이고 사소한 매일의 죄들을 보상해 준다. 그는 "하늘에 계신 우리 아버지여"(마 6:9)라고 부를 수 있으며, 바로 그러한 아버지에게 자기가 물과 성령으로 거듭났다는 사실을 알기 때문이다(요

3:5). 이 기도는 분명히 매일의 삶속에서 범하는 아주 작은 죄들을 없애 준다. 또한 그것은 한때 믿는 자의 삶을 매우 사악하게 하였으나, 이제는 그가 회개함으로써 더 나은 삶으로 변화받아서 포기하게 된 죄들도 담당하는데, 여기에는 그가 진심으로 "우리 빚을 탕감하여 주옵소서"라고 말하는 것같이(탕감받아야 할 빚이 없는 경우는 없다), 또한 진심으로 "우리가 우리에게 빚진 자들을 탕감하여 주는 것같이"(마 6:12)라고 말한다는 조건이 붙는다. 이것은 그가 행하겠다고 말하는 것을 행하는 조건이다. 왜냐하면 용서를 구하는 사람을 용서하는 것은 사실 자선을 베푸는 것이기 때문이다.

72. 우리 죄에 대한 용서를 획득하는 데 도움이 되는 많은 종류의 자선이 있다.

이런 해석 원리에 입각하면, "오직 그 안에 있는 것으로 구제하라 그리하면 모든 것이 너희에게 깨끗하리라"(눅 11:41)는 우리 주의 말씀은 인간이 긍휼 가운데 행하는 모든 유익한 행위에 적용된다. 그러므로 배고픈 자에게 음식을 주는 사람, 목마른 자에게 마실 것을 주는 사람, 헐벗은 자에게 옷을 주는 사람, 나그네를 친절하게 대접하는 사람, 쫓기는 자에게 피난처를 제공하는 사람, 병자와 감옥에 갇힌 자를 방문하는 사람, 포로된 자의 몸값을 치르고 자유롭게 해주는 사람, 연약한 자를 돕는 사람, 눈먼 자를 인도해 주는 사람, 근심에 사로잡힌 자를 위로해 주는 사람, 병자를 치료해 주는 사람, 방황하는 자를 바로잡아 주는 사람, 곤란한 자에게 충고해 주는 사람, 궁핍한 자의 필요를 채워 주는 사람 – 이런 사람만이 아니라 죄인을 용서하는 사람 역시 자선을 베푸는 것이 된다.

또한 자기 아래 있는 사람을 호되게 꾸짖어 바로잡거나 어떤 징계로 제재하는 사람과 자기를 상처 입힌 죄를 마음속으로부터 용서하거나 하나님께서 그 죄를 용서해 주시기를 위해 기도하는 사람도 자선을 베푸는 자이다. 여기에서 생각할 것은, 죄를 용서하거나 사죄를 위해 기도해 주는 것뿐만 아니라 죄인을 책망하고 질정하는 것 역시 자선에 속한다는 점이다. 왜냐하며 이 안에도 자비가 나타나기 때문이다. 비록 사람들이 이런 자선을 받아들이려고 하지 않는다 해도, 그들의 쾌락이 아닌 그들의 유익을 고려한다면, 많은 선이 그들에게 부여된다. 그들 자신들이 자신들의 적인 경우가 허다하고, 반면에 그들의 진정한 친구들은 바로 그들이 자기들의 적으로 잘못 알고 무지하게도 선을 악으로 갚는 사람들이다[기독교인은 실로 악에 대해서도 악으로 갚아서는 안된다(롬 12:17; 마 5:44)]. 이와같이 여러 종류의 자선이 존재하는데, 우리는 그러한 자선을 베풂으로써 우리 죄의 용서를 얻기 위해 협력한다.

73. 모든 자선 중에서 최대의 자선은 우리에게 죄진 자를 용서하고 우리의 원수를 사랑하는 것이다.

그러나 그러한 자선들 중 어느 것도 우리에게 지은 죄를 마음속으로부터 용서하는 것보다 크지는 않다. 우리에게 어떤 악도 행하지 않은 사람에게 잘 되기를 바라거나 선을 행하는 것은 비교적 작은 일이기 때문이다. 원수를 사랑하고 언제나 그가 잘되기를 바라는 것 그리고 우리가 잘못되기를 바라고, 할 수만 있으면 우리에게 해를 가하는 사람에게 기회 있는 대로 선을 행하는 것은 훨씬 고상한 일로서 가장 높은 선의 결과이다. 이것은 "너희 원수를 사랑하며 너희를 해치는 자에게 선을 베풀고 너희를 핍박하는 자를 위하여 기도하라"(마 5:44)는 하나님의 계명에 복종하는 것이다.

그러나 이것은 하나님의 완전한 아들들만이 지닐 수 있는 마음씨다. 또한 비록 믿는 자라면 누구나 그러한 마음씨를 얻으려고 노력해야 하고, 하나님께 기도하고 스스로도 진지한 내적 투쟁을 함으로써 자기 영혼을 그러한 수준으로 끌어 올리려고 노력해야 마땅하지만, 그처럼 높은 수준의 선은 "우리가 우리에게 죄 지은 자들을 사하여 준 것같이 우리 죄를 사하여 주옵시고"라고 간구하는 수많은 사람들이 거의 얻을 수 없는 것도 사실이다.

그러므로 만일 어떤 사람이 비록 자기의 원수를 사랑하는 수준에까지는 이르지 못했지만, 자기에게 죄 지은 사람이 용서를 구할 때 진심으로 그를 용서해 준다면, 그 의미는 충분히 실현되었다고 할 수 있다. 왜냐하면 그가 "우리가 우리에게 죄 지은 자들을 사하여 준 것같이"라고 기도할 때, 그는 분명히 스스로가 용서받기를 간절히 원하고 있기 때문이다. 그는 자기에게 죄 지은 자들이 용서를 구할 때 그들을 용서해 준 것같이, 자기가 용서를 구할 때 용서해 달라고 기도하는 것이다.

74. 마음으로부터 다른 사람들을 용서하지 않는 사람들의 죄는 하나님께서 사하시지 않는다.

용서를 구할 마음이 생겨 자기가 죄를 범했던 사람에게 용서를 구하는 자를 우리는 원수처럼 여겨서는 안된다. 원수로 여길 경우에는 이전에 그가 강한 적개심을 품었을 때 그랬던 것처럼 지금도 역시 그를 사랑하기 어려운 것이다. 그러나 자기 죄를 회개하고 용서를 비는 사람을 진심으로 용서하지 않는 자는, 자기 자신의 죄가 하나님께 용서받으리라고 생각해서는 안된다. 진리이신 분은 거짓말하실 수 없기 때문이다. 복음서를 읽거나 들은 사람이라면 분명히, "내가 곧 진리요"(요 14:6)라고 말씀하신 바로 그분께서 앞에서와 같은 형식의 기도를 우리에게 가르쳐 주셨으며, 또한 그 특별한 간구를 우리 마음에 깊이 새겨 주시고자 "너희가 사람의 과실을 용서하면 너희 천부께서도 너희 과실을 용서하시려니와 너희가 사람의 과실을 용서하지 아니하면 너희 아버지께서도 너희 과실을 용서하지 아니하시리라"(마 6:14-15)고 말씀하신 사실을 기억할 것이다. 이 천둥과 같은 경고에도 깨어나지 못하는 사람은 자는 것이 아니라 죽은 자이다. 그러나 주님의 음성은 너무나도 능력이 있어서 죽은 자들마저 깨울 수 있다.

75. 사악한 자와 불신자는 거듭나지 않으면, 자선을 베푼다 해도 깨끗하게 되지 않는다.

엄청난 죄악 속에 살면서도 자신의 삶과 생활 방식을 개선하려고 하지는 않고 여전히 악을 행하는 가운데 자선을 자주 베풀면서 "오직 그 안에 있는 것으로 구제하라 그리하면 모든 것이 너희에게 깨끗하리라"(눅 11:41)고 하신 주의 말씀으로부터 스스로 위로를 삼고자 한다면, 그것은 분명히 헛된 일이다. 그런 자들은 이 말씀이 어디까지 미치는지를 깨닫지 못하고 있는 것이다. 그들이 이 말씀을 깨닫고자 한다면 주의 말씀을 들어야 한다. 복음서에는 다음과 같이 기록되어 있기 때문이다. "예수께서 말씀하실 때에 한 바리새인이 자기와 함께 점심 잡수시기를 청하므로 들어가 앉으셨더니 잡수시기 전에 손 씻지 아니하심을 이 바리새인이 보고 이상히 여기는지라 주께서 이르시되 너희 바리새인은 지금 잔과 대접의 겉은 깨끗이 하나 너희 속인즉 탐욕과 악독이 가득하도다 어리석은 자들아 밖을 만드신 이가 속도 만들지 아니하셨느냐? 오직 그 안에 있는 것으로 구제하라 그리하면 모든 것이 너희에게 깨끗하리라"(눅 11:37-41).

우리는 이 말씀을 어떻게 이해해야 하는가? 그리스도에 대한 신앙이 없는 바리새인들이지만 그들이 생각하는 식으로 자선을 베풀기만 한다면, 그리스도를 믿은 적도 없고 물과 성령으로 거듭난 적이 없다 해도 그들에게 모든 것이 깨끗한 것인가? 그러나 "믿음으로 저희 마음을 깨끗이 하사"(행 15:9)라는 표현에 의하면, 그리스도 신앙으로 깨끗하게 되지 못한 사람들은 사실상 누구나 부정하다. 이에 대해 바울 사도는 "더럽고 믿지 않는 자들에게는 아무 것도 깨끗한 것이 없고 오직 저희 마음과 양심이 더럽다"(딛 1:15)고 말하고 있다. 그렇다면 아무리 자선을 베푼다 해도 믿지도 않는 바리새인들에게 어떻게 모든 것이 깨끗할 수 있겠는가? 또한 그리스도를 믿으려고 하지도 않고, 그분의 은혜로 거듭나기를 바라지도 않는 그들이 어떻게 신자일 수 있겠는가? 그러나 그들이 들은 바 "오직 그 안에 있는 것으로 구제하라 그리하면 모든 것이 너희에게 깨끗하리라"는 주의 말씀만은 사실이다.

76. 자선을 올바로 베풀려면 자신으로부터 시작해서 자기의 영혼

을 불쌍히 여겨야 한다.

마땅히 해야 할 자선을 베풀고자 하는 사람은 자신으로부터 시작해야 할 것이고, 자신에게 먼저 베풀어야 한다. 자선은 긍휼의 행위이며, "너 자신의 영혼을 긍휼히 여기는 것은 하나님을 기쁘시게 한다"(집회서 30:24)는 말씀이 있기 때문이다. 하나님께서 우리가 타고난 것에 대해 불만족스러워하시는 것은 당연한 일인 바, 이 하나님을 기쁘시게 할 목적으로 우리가 거듭났다. 우리가 우리 자신에게 첫번째 자선을 베풀 때, 우리는 긍휼히 여기시는 하나님의 자비하심으로 말미암아 우리 자신이 가련한 존재임을 발견하고, 우리를 가련하게 만들고 또한 사도 바울이 "심판은 한 사람을 인하여 정죄에 이르렀다"(롬 5:16)고 말하는 바로 그 하나님의 심판의 공정성을 고백한다.

또한 우리는 은혜의 설교자 바울이 "우리가 아직 죄인되었을 때에 그리스도께서 우리를 위하여 죽으심으로 하나님께서 우리에게 대한 자기의 사랑을 확증하셨다"(롬 5:8)고 말하는 그 하나님의 위대한 사랑을 찬양하고, 그럼으로써 우리 자신의 비참한 신세를 진정으로 심판하고 하나님이 베푸신 바로 그 사랑으로 하나님을 사랑하면서 거룩하고 덕망 있는 삶을 영위하게 된다. 그러나 바리새인들은 가장 하찮은 것이라 할 수 있는 그들의 모든 실과의 십일조로 자선을 베풀면서도 공의와 하나님께 대한 사랑은 간과하여, 자기 집에서 자선을 시작하지도 않았고, 긍휼을 자신들에게 먼저 베풀지도 않았다. 그러나 "네 이웃을 네 몸과 같이 사랑하라"(눅 10:27)는 말씀은 이러한 사랑의 순서에 관해서 하신 것이다. 그렇다면 그들이 스스로 겉은 깨끗이 하면서도 속은 탐욕과 악독이 가득하기 때문에 주께서 그들을 책망하실 때, 그는 누구나 맨 먼저 자신에게 베풀어야 할 자선을 행사함으로써 속을 깨끗하게 하도록 그들에게 충고하신 것이다. 그는 "오직 그 안에 있는 것으로 구제하라 그리하면 모든 것이 너희에게 깨끗하리라"(눅 11:42)고 말씀하신다.

주께서는 자신이 충고한 것이 무엇인지 그리고 그들이 애써 행하려고 하지 않은 것이 무엇인지를 보여 주고, 또한 그가 그들의 자선을 간과하거나 망각하지 않았음을 나타내고자 계속하여 말씀하셨다. 그는 "내가 진실로 너희에게 충고하노니 모든 것을 너희에게 깨끗하게 할 자선을 베풀라"고 말씀하시려는 듯이 "화 있을진저 너희 바리새인이여!"(눅 11:42)라고 말씀하셨다. 또한 그는 "내가 너희의 이런 자선을 알고 있는데, 너희는 지금 내가 그런 것에 대해 너희에게 충고하고 있다고 생각할 필요가 없다"고 말씀하시려는 듯이 "너희가 박하와 운향과 모든 채소의 십일조를 드린다"고 언급하신다. 그리고 계속하여 그는 "너희가 공의와 하나님께 대한 사랑은 버리고 있다"고 지적하심으로써, 저희를 모든 내면의 더러움으로부터 깨끗하게 만들어 주고, 저희가 지금 씻고 있는 몸조차 저희에게 깨끗하게 해줄 자선이 바로 그것임을 은연중에 설명하고 계신다.

바로 이것이 "모든 것"의 의미로서, 다른 곳에 "너는 먼저 안을 깨끗이 하라 그리 하면 겉도 깨끗하리라"(마 23:26)고 기록된 바, 안의 것들과 밖의 것들을 둘다 포함하고 있는 것이다. 그러나 그들이 땅의 소산으로부터 베푸는 자선을 그가 멸시하는 것으로 오해할까봐 그는 계속하여, 공의와 하나님께 대한 사랑에 관해서는 "이것도 너희가 행하고"라 하시고, 십일조를 드리는 일에 대해서는 "저것도 버리지 말아야 할지니라"고 말씀하신다.

77. 우리가 자신에게 자선을 베풀고자 한다면 불법을 피해야 한다. 불법을 사랑하는 자는 자기 영혼을 미워하기 때문이다.

돈으로든지 아니면 물품으로든지 자선을 베풂으로써 벌을 받지 않고 계속해서 흉악한 범죄와 가증한 악을 행할 특권을 얻을 수 있다고 생각하는 자들이 있다면, 아무리 그 자선이 후하다 해도 그런 식으로 자신을 속여서는 안된다. 왜냐하면 그들은 이런 죄들을 범할 뿐 아니라 그것들을 너무도 사랑한 나머지, 만일 무사하기만 하다면 영원토록 그 죄들을 범하고자 할 것이기 때문이다. 불법을 사랑하는 자는 곧 자신의 영혼을 미워하는 자이다(시 11:5, "여호와는 의인을 감찰하시고 악인과 강포함을 좋아하는 자를 (그의) 마음〈영혼〉에 미워하시도다").

그리고 자신의 영혼을 미워하는 자는 그에 대해 자비롭지 않고 잔인하다. 세상적으로 영혼을 사랑하면 신앙적으로는 그것을 미워하는 것이 된다. 그러나 만일 사람이 자기에게 모든 것을 깨끗하게 해줄 자선을 자신의 영혼에게 베풀기를 갈망한다면, 그는 세상적으로는 그것을 미워하고 신앙적으로는 사랑하고자 할 것이다. 자선을 베푸는 데 부족함이 없는 자(하나님 — 역자 주)로부터 받지 않고 자선을 베푸는 사람은 없다. 자기가 주는 것을 그것이 결핍되어 있지 않은 자로부터 받지 않는다면, 아무도 자선을 베풀지 않는다. 그러므로 "나의 하나님이 그 인자하심으로 나를 영접하시며"(시 59:10)라고 말하는 것이다.

78. 사소한 죄는 무엇이고 극악한 죄는 무엇인가 하는 것은 하나님의 판단에 달려 있다.

어떤 죄가 사소한 것이고 어떤 죄가 극악한 것인가 하는 것은 인간의 판단으로 결정될 문제가 아니라 하나님의 판단으로 결정될 문제이다. 사도들은 분명히 어떤 죄들의 경우에는 관대함을 보여 주었다. 예를 들어, 바울 사도는 결혼한 자들에게 "서로 분방하지 말라 다만 기도할 틈을 얻기 위하여 합의상 얼마 동안은 하되 다시 합하라 이는 너희를 시험하지 못하게 하려 함이라"(고전 7:5)고 하였다. 여기에서 결혼 생활의 커다란 복인 자녀를 낳을 목적이 아니라 육체의 쾌락을 위해서 배우자와 성관계를 갖는 것이 죄가 아니라고 생각될지 모른다. 자제하지 못하는 연약한 인간이 그런 관계를 가짐으로써 간음이나 음행과 같은 말하기도 부끄럽고 정욕에 의해 사탄의 유혹으로 빠질 수 있는 치명적인 죄를 피할 수 있다고 생각할 수도 있는 것이다.

그런데 내가 말하건대, 바울이 "그러나 내가 이 말을 함은 권도요 명령은 아니라"(고전 7:6)고 덧붙이지만 않았더라도, 그것이 죄로 여겨지지 않았다고 할 수 있다. 그러나 단지 사도적 권위에 의해서만 그런 관계를 갖는 일이 허용된다면, 그것이 죄라는 사실을 누가 부인할 수 있겠는가? 이와 같은 종류의 예는, 바울 사도가 "너희 중에 누가 다른 이로 더불어 일이 있는데 구태여 불의한 자들 앞에서 송사하고 성도 앞에서 하지 아니하느냐?"(고전 6:1)고 책망하는 데에서도 찾아볼 수 있다. 그는 잠시 후 계속해서 "그런즉 너희가 세상 사건이 있을 때에 교회에서 경히 여김을 받는 자들을 세우느냐 내가 너희를 부끄럽게 하려 하여 이 말을 하노니 너희 가운데 그 형제간 일을 판단할 만한 지혜 있는 자가 이같이 하나도 없느냐 형제가 형제로 더불어 송사할 뿐더러 믿지 아니하는 자들 앞에서 하느냐"(고전 6:4-6)고 말한다.

이 경우에 바울이 "너희가 피차 송사함으로 너희 가운데 이미 완연한 허물이 있나니"(고전 6:7)라고 즉시 덧붙이지만 않았더라도, 서로 다투는 것은 죄가 아니고 사건을 교회 밖의 세상 법정에 맡기는 것만이 죄라고 생각될지 모른다. 그러나 자기가 옳은데 불의를 당하므로 단지 재판관들의 판결로써 불의를 벗어나기를 원할 뿐이라고 말하면서 자신을 변명하는 자가 있을 것을 예상하고 바울은 곧 이어 "차라리 불의를 당하는 것이 낫지 아니하며 차라리 속는 것이 낫지 아니하냐"고 반문하고 있다. 이와같이 우리 주께서도 일찍이 "너를 송사하여 속옷을 가지고자 하는 자에게 겉옷까지도 가지게 하라"(마 5:40)고 하셨으며, 또한 "네 것을 가져가는 자에게 다시 달라지 말라"(눅 6:30)고 하셨다. 주께서도 제자들이 세상적인 문제를 가지고 다른 사람들을 기소하는 것을 금하셨던 것이다.

사도 바울은 바로 이 원리를 적용하면서 그와같이 행하는 것이 "완연한 허물"이라고 선언한다. 그러나 그가 형제들 사이의 그러한 송사들을 교회 안에서 다른 형제들의 판결에 맡기도록 허용하고 교회 밖에서 재판받는 것만을 엄히 금한다고 할 때, 명백해지는 것은 여기에서 다시금 관대함이 연약한 자들의 약점들에까지 베풀어지고 있다는 사실이다. 그렇다면 바로 이런 유의 죄들과 그밖에 [야고보 사도가 "우리가 다 실수가 많다"(약 3:2)고 고백하고 있는 바와 같이] 말과 생각으로 범하는 좀더 사소한 죄들을 고려해서, 우리는 매일같이 주님께 "우리 죄를 사하여 주옵소서"라고 기도하고 진실함과 순수함으로 "우리가 우리에게 죄 지은 자들을 사하여 준 것같이"라고 덧붙일 필요가 있는 것이다.

79. 아주 하잘것없이 보이는 죄들이 때로는 사실 아주 심각하다.

사실상 매우 심각한 죄라는 것을 성경이 밝혀 주지 않았더라면, 아주 사소한 것으로 여겨질 죄들이 있다. 예를 들어, 진리 자체이신 주께서 말씀하시지 않았다면, 자기 형제에게 "바보"라고 욕하는 자는 지옥 불에 들어갈 위험이 있다는 사실을 누가 상상이나 하겠는가? 그러나 여기에서 주님은 즉시 다음과 같이 말함으로써 감정이 상한 형제와 화해하는 방법을 제시하였다. "그러므로 예물을 제단에 드리다가 거기서 네 형제에게 원망 들을 만한 일이 있는 줄 생각나거든 예물을 제단 앞에 두고 먼저 가서 형제와 화목하고 그 후에 와서 예물을 드리라"(마 5:22-23).

또한, 인간의 헛된 교훈에 의해 어떤 날과 달과 절기와 해가 상서롭거나 불길하다고 생각되는 바 특정의 때에 어떤 일을 시작하기를 열망하든가 아니면 기피하는 사람들의 경우처럼, 날과 달과 절기와 해를 지키는 것이 큰 죄라고 누가 생각하겠는가? 사도가 표현한 두려움으로부터 우리가 악의 크기를 측정하는 수단을 발견하지 않았다면 말이다. 바울은 그러한 사람들에게 "내가 너희를 위하여 수고한 것이 헛될까 두려워하노라"(갈 4:11)고 말하고 있는 것이다.

80. 아무리 엄청나고 혐오할 죄라도 몸에 배게 되면 사소한 것처럼 여겨진다.

또한 죄란 일단 인간이 익숙해지고 나면, 그것이 아무리 크고 혐오할 것이라 해도 사소한 것으로 보이거나 아예 죄로 생각되지도 않는 법이다. 이 정도에 이르면, 그러한 죄가 더 이상 은폐되지도 않고 오히려 자랑거리로서 널리 선전되기까지 한다. 이것은 "악인은 그 마음의 소욕을 자랑하며 탐리하는 자는 여호와를 배반하여 멸시하나이다"(시 10:3)고 기록된 것과 같다. 이런 종류의 죄악은 성경에서 부르짖음(cry)이라고 불린다. 우리는 이사야서의 악한 포도원 비유에서 그 예를 찾아볼 수 있다. "그들에게 공평을 바라셨더니 도리어 포학이요 그들에게 의로움을 바라셨더니 도리어 부르짖음이었도다"(시 5:7).

이 표현은 창세기에서도 발견된다. "소돔과 고모라의 부르짖음이 크다"(창 18:20). 소돔과 고모라에서는 범죄가 처벌되지도 않고, 오히려 법의 보호를 받기나 하는 것처럼 공개적으로 행해졌던 것이다. 또한 우리 자신들의 시대에도 비록 소돔과 고모라의 죄들과 같지는 않다 해도, 많은 형태의 죄가 공개적으로 그리고 습관적으로 행해지고 있다. 그래서 우리는 그러한 죄들을 범하는 평신도를 출교시키지 못할 뿐 아니라 성직자조차 좌천시키지 못하고 있다.

몇년 전 내가 갈라디아서를 강해하면서 "내가 너희를 위하여 수고한 것이 헛될까 두려워하노라"는 바울 사도의 말씀을 주석할 때, 나는 다음과 같이 큰 소리로 외치지 않을 수 없었다. "화로다 인간들의 죄여! 우리는 죄에 젖지 않았을 때에만 죄를 회피할 수 있다. 그러나 일단 우리가 죄에 익숙해지고 나면, 비록 하나님의 아들의 피가 죄를 씻기 위해 흘려졌고, 또한 하나님의 나라가 그 큰 죄에 대해 완전히 차단되어 있다 해도, 죄와의 끊임없는 접촉은 죄를 모두 관용하게 하고, 다시 습관적인 관용은 많은 죄를 범하게 하고 만다. 오 주여, 우리에게 막을 능력이 없는 그 모든 죄를 우리가 범하지 않도록 하소서." 그러나 내가 터무니없는 슬픔으로 인하여 성급하게 말한 것은 아닌지 살펴볼 것이다.

81. 두 가지 죄의 원인이 있는데, 무지와 연약함이다. 이 둘을 극복하기 위해서는 하나님의 도우심이 필요하다.

내가 지금 말하려고 하는 것은 전에 다른 책에서 내가 자주 말했던 것이다. 죄에 이르게 하는 두 가지 원인이 있다. 우리는 우리의 의무를 아직 모르고 있든지 아니면 우리가 알면서도 의무를 수행하지 않는 것이다. 전자가 무지의 죄라고 한다면, 후자는 연약함의 죄라고 할 수 있다. 이러한 것들에 대한 우리의 의무는 투쟁이다. 그러나 우리가 하나님의 도우심을 입지 않는다면, 분명히 우리는 싸움에서 패배하여 우리의 의무를 깨달을 수 없을 뿐 아니라, 그것을 분명하게 깨닫는다 해도 우리 안에서 의에 대한 사랑을 지상적인 것들에 대한 사랑보다 강하게 할 수도 없을 것이다. 지상적인 것들에 대한 강한 열망이나 그것들을 잃는 데 대한 두려움 때문에 우리는 뻔히 눈을 뜬 채 이미 알고 있는 죄 가운데 빠지고 만다.

이 후자의 경우 우리는 무지로 말미암아 잘못할 때에 그토록 한결같이 때문에 죄인이요, 또한 마땅히 해야 한다고 알면서도 안한 채 그냥 놔두고, 해서는 안될 것을 알면서도 하기 때문에 범법자이다. 그러므로 우리는 죄를 범했을 때 "우리가 우리에게 죄 지은 자들을 사하여 준 것같이 우리 죄를 사하여 주옵소서"라고 기도함으로써 용서를 구할 뿐만 아니라 범죄로부터 보호받기 위해서 "우리를 시험에 들지 말게 하옵소서"라고 기도하여 주의 인도하심을 구해야 한다. 우리는 시편 기자가 "여호와는 나의 빛이요 나의 구원이시다"(27:1)고 노래한 그 하나님께 기도해야 한다. 여기에서 주께서 나의 빛이 되시는 것은 그가 나의 무지를 없애 주시기 때문이요, 또한 나의 구원이 되시는 것은 그가 나의 연약함을 담당해 주시기 때문이다.

82. 하나님의 자비가 참된 회개에 필요하다.

교회법상 참회를 거쳐야 할 충분한 이유가 있을 때에도 연약함으로 말미암아 그 참회까지도 회피하는 일이 자주 있다. 수치란 참회하는 가운데 자신을 겸허하게 해줄 의로움(righteousness)보다 사람들의 좋은 평판이 더 큰 즐거움을 줄 때 그 즐거움을 잃는 데 대한 두려움이기 때문이다. 그러므로 사람이 회개할 때뿐만 아니라 그로 하여금 회개할 마음이 일어나게 하는 데에도 하나님의 자비가 필요하다. 사도 바울이 어떤 사람들에 대해 "혹시 하나님이 저희에게 회개함을 주시면"(딤후 2:25)이라고 한 말을 이밖에 어떻게 설명하랴? 베드로가 심히 통곡하기 전에 "주께서 돌이켜 베드로를 보셨다"(눅 22:61)는 복음서 기자의 기록을 우리는 알고 있다.

83. 하나님의 자비를 경멸하는 사람은 성령을 거스르는 죄를 짓는

다.

교회(the Church)에서 죄들이 용서받는다는 것을 믿지 않고 하나님의 자비의 이 위대한 선물을 멸시하여 죽기까지 그의 강퍅한 마음을 고집하는 사람은 성령을 거스르는 용서받지 못할 죄를 짓는 바, 그리스도께서는 성령 안에서 죄들을 용서하신다(마 12:32). 이 어려운 문제는 내가 한 책에서 집중적으로 취급하여 할 수 있는 한 명쾌하게 논의한 바 있다.

84. 몸의 부활에서 많은 문제가 제기된다.

몸의 부활 곧 얼마 동안 소생하였다가 결국 다시 죽었던 사람들의 경우와 달리 그리스도 자신의 몸이 다시 일어난 것과 같은 영생의 부활에 대해서는 짧게 논의할 수 없거니와 통상 이 문제에 부수적으로 제기되는 모든 문제에 대해서도 만족할 만한 답변을 제시할 수 없다. 그러나 모든 인간의 몸 - 이미 태어난 자들이든 태어날 자들이든 또는 죽은 자들이든 죽게 될 자들이든 - 이 다시 살아날 것에 대해서는 그리스도인은 조금도 의심해서는 안된다.

85. 낙태한 태아들의 경우.

먼저, 낙태한 태아들의 경우에 대한 문제가 제기된다. 이 경우 생명이 어머니의 태에서 태어난 건 사실이지만, 거듭날 수 있도록 태어난 것은 아니다. 만일 이러한 태아가 다시 살아난다고 판단한다면, 완전한 형태를 갖추고 태어난 자들에 대해 내릴 수 있는 어떤 결론에 대해서도 이의를 제기할 수 없다. 발아하지 못한 씨들이 그렇듯이 형태를 갖추지 못한 태아도 사라져 없어진다고 차라리 생각하고 싶지 않은 사람이 어디 있겠는가? 그러나 누가 다음과 같은 사실을 주장은 못한다 할지라도 감히 부인할 것인가? 곧 부활 때에 형태상의 모든 결함이 보충되어서, 시간의 흐름과 함께 이루어졌을 완성에 부족함이 없겠고, 시간이 흐르면서 발생한 흠들도 존재하지 않게 될 것이다. 그래서 자연은 세월이 더해 주었을 적합하고 그와 조화되는 어떤 것도 결핍하지 않을 것이며, 또한 세월 때문에 생긴 어떤 부정적인 것으로 인해 퇴락하지도 않을 것이다. 그때에 손상되었던 것은 회복되고 아직 완성되지 못한 것은 완성될 것이다.

86. 이들이 살았다 하더라도 물론 죽게 되었음에 틀림없고, 따라서 죽은 자의 부활에 동참하게 될 것이다.

따라서 학식 있는 사람들에 의해 다음과 같은 질문이 제기되고 논의될 수 있을 것이다. 비록 이 문제를 인간의 능력으로 풀 수 있는지 어떤지 알 수 없지만 말이다. 태아가 어느 순간부터 생존하기 시작하는가 그리고 생명이 살아 있는 존재의 움직임을 통해 자신을 나타내기 이전에 하나의 잠재적인 형태로서 존재하는 것인가. 태아가 죽은 채로 남아 있으면 태모가 죽을 염려가 있을까봐 태에서 수족을 잘려서 나온 태아가 생존한 적이 없었다는 것을 부인하는 것은 너무 오만한 말이다. 아무튼 인간이 생존하기 시작하는 바로 그 시간부터 그는 죽는 것이 가능하다. 그리고 만일 그가 죽는다면, 어디에서 죽음이 그를 덮치든지, 그가 죽은 자의 부활에 참여할 수 있다는 사실이 어떤 원리 위에서 부인될 수 있는지 나는 알 수 없다.

89. 기형아의 경우.

아무리 빨리 죽어 버린다고 해도 일단 태어나서 생존하는 기형아들의 경우, 그들이 부활하지 않는다거나 아니면 완전한 몸이 아닌 불구로서 부활할 것이라고 주장하는 것은 타당성이 없다. 아주 신뢰할 만한 형제들이 목격했고, 탁월한 기억력의 소유자인 장로 제롬(Jerome)이 문서로 남긴 이야기(제롬의 *Epistle to Vitalis* : "우리 시대에 릿다에서 두 개의 머리와 네 개의 손 그리고 하나의 배와 두 개의 발을 가진 인간이 태어났다고 해서 필연적으로 모든 사람이 그와같이 태어난다고 할 수 있는가?")에 의하면, 동방에서 최근에 두 배의 기관을 가진 인간이 태어났는데, 부활 때에 쌍둥이가 태어난 경우처럼 두 명의 독립된 인간이 아닌 한 명의 괴상한 인간으로 다시 존재할 것이라고 생각해서는 절대 안 된다. 쓸데없이 더 많다든지 없거나 있다고 해도 기형적으로 태어난 아이들을 기형아라고 부르는데, 이들은 부활 때에 정상적인 형태의 인간으로 회복될 것이며, 각각의 영혼은 그 자신의 몸을 소유할 것이다. 그래서 비록 붙어서 태어났다 하더라도, 그때는 어느 육체이든 기형적으로 붙어 있는 일이 없을 것이며, 각각의 인간은 하나의 완전한 신체를 구성하는 지체들을 구비하게 될 것이다.

88. 몸의 구성 요소는 결코 사라지지 않는다.

또한 인간의 죽을 수밖에 없는 육체를 구성하는 지상적인 요소도 결코 사라지지 않는다. 그것은 먼지와 재로 부서지거나 증기와 발산물로 분해될 수도 있고, 다른 몸의 재료로 변형되거나 단순한 입자로 분산될 수도 있으며, 아니면 인간이나 짐승의 음식이 되어 그들의 육체로 바뀔 수 있다. 그러나 어느 한 순간에 그것은 맨 먼저 그것에 생기를 주고 인간이 되어 생존하고 성장하게 해준 그 인간 영혼에 돌아가게 되는 것이다.

89. 그러나 이 구성 요소가 부활의 몸에서는 다르게 배열될 것이다.

영혼이 떠나면 시체가 되고 마는 이 지상적 요소는 부활 때 회복될 것이다. 그러나 그것이 분해되어서(비록 이 모든 것이 본래의 몸으로 돌아가게 될 것이지만) 여러 가지 형상으로 다른 사물을 구성하는 부분들이 원래의 위치를 찾아 필연적으로 그 몸의 동일한 부분으로 환원되는 것은 아니다. 우리가 자주 깎고 자르는 머리카락들이 다 돌아온다고 생각해 보라. 그리고 우리가 그토록 자주 깎는 손톱과 발톱이 완전히 회복된다고 가정해 보라. 우리는 아주 흉하고 보기 싫은 모습을 상상하지 않을 수 없을 것이다. 그리고 몸의 부활도 거의 믿을 수 없게 될 것이다. 그러나 만일 어떤 금속으로 만들어진 조상(彫像)이 불에 녹든지 부서져서 가루가 되든지, 아니면 형태 없는 덩어리로 환원되어서 조각가가 본래와 동일한 양의 그 금속으로 조상을 복원하려 한다면, 그 복원된 조상이 본래의 조상의 모든 재료를 포함하는 한, 재료의 각 부분이 조상의 어느 부분으로 회복되든지 완성된 작품으로서는 하등의 차이도 없을 것이다.

이와 마찬가지로, 탁월한 능력을 지니신 조물주 하나님께서 우리 몸을 본래 구성하였던 그 모든 요소를 사용하셔서 놀라운 속도로 그 몸을 회복하실 것이다. 여기에서도, 위대하신 조물주께서 어느 하나 어울리지 않거나 엉뚱한 자리에 있지 않도록 세심하게 배려하시는 한, 머리털이 다시 머리털이 되고 손톱과 발톱이 다시 손톱과 발톱으로 환원되든지, 아니면 일단 없어졌던 그런 부분들이 육체로 변하여 몸의 다른 부분을 차지하든지, 우리 몸의 완전한 회복에는 아무런 상관이 없을 것이다.

90. 부활한 자들의 몸들 사이에 차이와 변화가 있다 하더라도, 불쾌하거나 어울리지 않는 것은 전혀 없을 것이다.

이 세상에서 신장이 달랐다고 하여 부활한 사람들의 신장이 꼭 달라야 한다는 법은 없다. 또한 이 세상에서 호리호리했던 사람이 다시 호리호리한 사람으로 부활하고 뚱뚱했던 사람은 다시 뚱뚱한 사람으로 부활하는지도 확실하지 않다. 그러나 각 사람이 자신의 외형상 특징을 보존하고 이전의 자신과 닮은 점을 보유하면서 그밖의 신체적 장점에 관해서는 모두가 평등하게 되는 것이 창조주의 계획 가운데 포함되어 있다면, 각 사람을 구성하고 있는 요소는 적당하게 조정되어서 그 어떤 부분도 상실되지 않으면서도 모든 결함은 당신의 뜻대로 무로부터 창조하실 수 있는 하나님에 의해 보충받을 수 있을 것이다.

또한 하나의 완전한 조화(harmony)를 이루는 여러 음성들이 존재하듯이 부활한 몸들 사이에 잘 어울리는 차이가 존재한다면, 각 사람의 몸을 이루는 요소는 천사들의 무리에 어울리고 그들의 감수성에 거스르는 어떤 것도 갖지 않은 인간을 형성하도록 다루어질 것이다. 여기에서, 부적당한 것은 하나도 존재하지 않을 것임이 분명하고, 존재하는 것은 무엇이든지 은혜스럽고 어울릴 것이다. 어떤 것이 어울리지 않는다면, 그것은 존재하지도 않을 것이기 때문이다.

91. 성도들의 몸은 부활 때에 영적인 몸이 될 것이다.

성도들의 몸은 썩음이나 비만, 신체 장애와 같은 어떤 결함이나 흠도 없이 부활할 것이다. 그들이 몸을 움직이기 용이함은 그들의 행복함만큼이나 완전할 것이다. 그래서 비록 영이 아니라 분명히 몸임에도 불구하고 그들의 몸은 신령한(spiritual) 몸이라고 불릴 것이다. 인간의 신체가 영혼(anima)이 아닌 몸이지만 살아 있다(animate)고 불리는 것처럼, 영이 아닌 몸임에도 불구하고 부활의 몸은 신령한 몸이라고 일컬어지는 것이다(고전 15:44).

그러므로 영혼을 괴롭히는 부패와 육체(flesh)로 하여금 영을 거슬러서 욕망을 일으키게 충동하는 사악함에 관한 한(갈 5:17; 지혜서 9:15), 그것은 육체(flesh)가 아니라 몸(body)일 것이다. 왜냐하면 하늘에 속했다(celestial)고 하는 몸들이 존재하기 때문이다. 그래서 "혈과 육은 하나님 나라를 유업으로 받을 수 없다"고 말하며, 다시 이것을 "썩은 것은 썩지 아니한 것을 유업으로 받지 못한다"고 부연 설명하고 있는 것이다(고전 15:50). 여기에서 사도 바울은 앞에서 "혈과 육"이라고 부른 것을 후에 가서는 "썩은 것"이라고 부르며, "하나님의 나라"라고 불렀던 것을 뒤에는 "썩지 아니한 것"이라 부르고 있다. 그러나 실체에 관한 한, 부활의 몸은 육체일 것이다. 왜냐하면 비록 부활한 후일지라도 그리스도의 몸이 육체(살)로 불렸기 때문이다(눅 24:39).
 그런데 여기에서 사도 바울은 "육의 몸(natural body)으로 심고 신령한 몸(spiritual body)으로 다시 살아난다"(고전 15:44)고 한다. 왜냐하면 그때에는 육체와 영혼 사이에 조화가 완전히 이루어져서 어떤 자양분의 공급도 필요없이 영혼이 그에 굴복한 육체를 존속시키므로 우리 본성의 어떤 부분도 다른 부분과 마찰을 일으키지 않을 것이기 때문이다. 그때에 우리는 외부의 적들로부터 자유로워질 뿐 아니라 내부의 적들도 갖지 않게 될 것이다.

92. 구원받지 못한 자들의 부활.

하나님과 인간 사이의 유일한 중보자로 말미암아 구속받지 못하고 첫 번째 인간의 죄로 야기된 그 엄청난 멸망 속에 남아 있는 자들 역시 각자 자신의 몸을 지니고 부활할 것이다. 그러나 그들은 다만 마귀와 그의 천사들과 함께 형벌을 받기 위해 부활할 뿐이다. 그들이 이 세상에서 지니고 있던 신체상의 결함이나 질병을 그대로 가지고 부활할 것인가를 묻는 것은 쓸데없는 수고이다. 그들이 영원히 저주받는 사실이 확실한 데도 불구하고 그들의 건강이나 아름다움과 같은 불확실한 문제들에 대해 공론(空論)을 벌이느라고 정력을 소모할 필요가 없는 것이다.
 또한, 그들의 몸이 고통을 느낄 수 있다면, 그것이 썩지 않는다는 것은 무슨 의미에서인가? 그것이 죽음의 가능성을 벗어난다면, 어떤 의미에서 썩는단 말인가? 등등의 질문들도 불필요하다. 이는 삶의 행복이 있는 곳에서만 진정한 생명이 존재하기 때문이요, 건강이 어떤 고통에 의해서 깨어지지 않는 경우에만 진정으로 썩지 않음이 가능하기 때문이다. 그러나 불행한 자들에게 죽음이 허용되지 않는다면, 죽음 자체는 죽지 않는다고 말할 수 있을 것이다. 또한 고통이 끊임없이 영혼을 괴롭히고 결코 중단되지 않는다면, 썩음 자체도 종결되지 않는 것이다. 이것을 성경에서는 "둘째 사망"이라고 부른다(계 2:11).

93. 첫째 사망과 둘째 사망은 모두 죄의 결과이다. 형벌은 죄책에 비례한다.

아무도 범죄하지 않았다면, 영혼이 몸을 떠나지 않을 수 없을 때 발생하는 첫째 사망이나 영혼이 고통당하는 몸을 떠나는 일이 허용되지 않는 둘째 사망 어느 것도 인간에게 부과되지 않을 것이다. 그리고 태어날 때 지니고 온 원죄에 어떤 자범죄도 더하지 않은 사람들에게는 당연히 가장 약한 형벌이 내려질 것이다. 자범죄를 더한 나머지 사람들의 경우, 그들이 이 세상에서 범한 불법의 경중에 따라 내세에서 그들 각자가 받을 형벌도 달라질 것이다.

94. 성도들은 오는 세상에서 은혜로 말미암아 자기가 받은 은전을 더 완전하게 알게 될 것이다.

하나님께 버림받은 천사들과 인간들이 영원한 형벌의 고통을 받게 될 때, 성도들은 자기들이 은혜로 말미암아 받은 은전(恩典)을 더욱 완전하게 깨닫게 될 것이다. 그때 그들은 실제 사실들을 숙고하면서 "내가 인자와 공의를 찬송하겠나이다"(시 101:1)라는 시편의 표현이 의미하는 바를 보다 선명하게 이해하게 될 것이다. 왜냐하면 누구든 구속받는 것은 오직 아무 공로없이도 베푸시는 긍휼 때문이요, 정죄받는 것은 다만 당연한 심판에 의한 것이기 때문이다.

95. 그때 하나님의 심판도 설명될 것이다.

지금 이해할 수 없는 많은 것들이 그때에 가서는 분명히 밝혀질 것이다. 예를 들어, 모든 점에서 똑같이 여겨지는 두 명의 유아 중에서 한 명은 하나님의 자비에 의해 선택받고, 다른 아이는 하나님의 공의에 의해 버림받을 경우(이 점에서 선택받은 자는 하나님의 자비 없이 공의만 적용될 때 자신에게 마땅한 것이 무엇인가를 인식할 수도 있다.) 왜 하필이면 둘 중에서 이 아이가 아닌 저 아이가 선택받아야 했는가라는 것은 우리로서 풀 수 없는 문제이다. 또한 어찌하여 기적이 일어나는 것을 보고 회개했을 사람들 앞에서는 기적이 행해지지 않고, 회개하지 않을 사람들 앞에서 기적이 베풀어졌는가라는 질문도 그러하다. 우리 주님께서 아주 분명하게 다음과 같이 말씀하셨기 때문이다. "화가 있을진저 고라신아! 화가 있을진저 벳새다야! 너희에게서 행한 모든 권능을 두로와 시돈에서 행하였더면 저희가 벌써 베옷을 입고 재에 앉아 회개하였으리라"(마 11:21).

하나님께서 원하시기만 했다면, 그들이 구원받을 수 있었을 것이다. 그러나 그들이 구원받는 것을 하나님이 원하시지 않았다고 해서 부정이 있는 것은 물론 아니다. 그때가 되면, 비록 아직 어떤 지식에 속한 문제가 아니긴 하지만, 현재의 경건한 사람들에게서 믿음이라고 할 수 있는 지혜의 가장 명료한 빛 속에서 하나님의 뜻이 얼마나 확실하고 불변적이며 효과적인가 하는 것이 이해될 것이다. 또한 하나님께서 수행하실 수 없는 것은 아무 것도 원하지 않으시겠지만, 원하시지 않는 것 중에도 얼마나 많은 것을 행하실 수 있는가 하는 것도 밝혀질 것이고, "오직 우리 하나님은 하늘에 계셔서 원하시는 모든 것을 행하셨나이다"라고 노래한 시편 기자의 진술(시 115:3)이 얼마나 진실한 것인가도 드러날 것이다.

그러나 만일 하나님께서 수행하시지 않은 것을 원하셨다면, 분명 이것은 진실이 아닐 것이다. 그리고 전능자께서 원하시는 것을 하지 못하게 방해한 것이 인간의 뜻이었다면, 더욱 좋지 않을 것이다. 그러므로 전능자께서 일이 일어나도록 허용하시든지 아니면 당신이 직접 행하시든지, 당신의 의지로 말미암지 않고는 아무 것도 일어나지 않는다.

96. 전능하신 하나님이 악을 허용하시는 것까지도 잘 하시는 것이다.

하나님께서 악한 것을 허용하시는 일조차도 잘 하시는 것이라는 사실을 우리는 의심할 수 없다. 하나님은 오직 당신의 심판의 공의에서만 그것을 허용하시기 때문이다. 분명히 올바른 것은 모두 선하다. 그러므로 악이 악인 한에서는 선이 아니지만, 선과 마찬가지로 악이 존재한다는 사실만큼은 선이다. 악이 존재하는 것이 선이 아니라고 한다면, 그것의 존재가 전능하신 하나님에 의해 허용되지 않을 것이다. 의심할 바 없이 하나님은 당신이 원하시는 것을 일으키시는 것만큼이나 손쉽게 원하시지 않는 것을 허용하지 않을 수 있기 때문이다. 만일 우리가 이것을 믿지 않는다면, 사도신경의 바로 첫번째 문장이 위태롭게 된다. 곧, 우리는 전능하신 하나님 아버지를 믿는다고 고백하고 있는 것이다. 그러나 만일 하나님께서 기뻐하시는 것을 할 수 없거나 당신의 전능하신 의지의 권능이 어떤 피조물의 의지에 의해 방해받는다면, 그분은 진정한 의미에서 전능자라고 불리지 않는다.

97. "하나님께서는 모든 사람들이 구원에 이르기를 원하신다"는 사도의 말씀이 있으나, 실제로 모든 사람이 구원을 얻는 것은 아니라면, 이 말씀은 무슨 의미인가?

바울이 하나님에 대하여 "모든 사람이 구원에 이르기를 원하신다"고 한 말씀(딤전 2:4)이 무슨 뜻인가를 우리는 살펴보지 않으면 안된다. 왜냐하면 사실상 모든 사람은 고사하고 대다수의 사람조차도 구원받지 못하므로, 인간의 의지가 개입하여 하나님의 의지를 방해함으로써 하나님께서 뜻하시는 바가 행해지지 않고 있는 듯이 보일 것이기 때문이다. 왜 모든 사람들이 구원받지 못하는가라는 질문에 대한 일반적인 대답은 "인간들 자신들이 원하지 않고 있기 때문이다"라는 것이다. 그러나 이것은 유아들에게는 적용될 수 없는 대답이다. 원하거나 원하지 않는 것이 그들의 능력 안에 있지 않기 때문이다. 물론 세례받을 때 유아들의 동작을 그들의 의지에 돌릴 수 있다면, 그들이 할 수 있는 모든 저항을 다할 경우 그들 역시 구원받기를 원하지 않는다고 말할 수 있을 것이다.

그러나 복음서에 보면, 우리 주께서 사악한 도시를 책망하시면서 다음과 같이 분명하게 말씀하신다. "암탉이 그 새끼를 날개 아래 모음 같이 내가 네 자녀를 모으려 한 일이 몇번이냐 그러나 너희가 원치 아니하였도다"(마 23:37). 마치 하나님의 뜻이 인간의 뜻에 꺾인 것 같기도 하고, 가장 연약한 인간이 의지의 결핍으로 인하여 좌절할 때 하나님의 의지 역시 이루어질 수 없었던 것같이 생각될 것이다. 만일 하나님께서 예루살렘의 자녀들을 모으려 하셨는데 그 뜻을 이루지 못하셨다면, 하늘과 땅에서 원하시는 모든 것을 행하신 그 전능하심은 어디 있는가? 예루살렘은 그 자녀들이 함께 모이는 것을 원하지 않았는가? 그러나 예루살렘이 그것을 원하지 않았다 하더라도, 하나님은 당신께서 원하시는 예루살렘의 자녀들을 모으셨다. 그에게는 어떤 것들을 원하시지 않으면서 행하신다든지, 원하시면서 행치 않으시는 일이 없기 때문이다. "그는 하늘과 땅에서 원하시는 모든 것을 행하셨다."

98. 영원한 생명으로의 예정은 전적으로 하나님의 값없는 은혜에 속한다.

누가 어리석고 불경스럽게도 하나님께서 인간들의 악한 의지를 바꾸어 선한 것으로 교정할 수 없다고 말할 것인가? 그러나 하나님께서 그런 일을 하신다면 그것은 순전히 당신의 자비에 속한 일이요, 하지 않으신다면 그것은 당신의 공의에 속한 일이다. "하나님께서 하고자 하시는 자를 긍휼히 여기시고 하고자 하시는 자를 강퍅케 하신다"(롬 9:18). 사도 바울은 이 말을 할 때에 리브가의 태에 있던 쌍둥이를 예로 들면서 하나님의 은혜를 설명하였다. "그 자식들이 아직 나지도 아니하고 무슨 선이나 악을 행하지 아니한 때에 택하심을 따라 되는 하나님의 뜻이 행위로 말미암지 않고 오직 부르시는 이에게로 말미암아 서게 하려 하사 리브가에게 이르시되 큰 자가 어린 자를 섬기리라 하셨나니"(롬 9:11-12). 그리고 그는 이 문제와 관련하여 "내가 야곱은 사랑하고 에서는 미워하였다"(롬 9:13)는 예언의 말씀을 인용하였던 것이다.

그러나 그는 자기의 말이 하나님의 깊은 은혜를 통찰할 수 없는 사람들에게 어떤 영향을 미칠 것인가를 감지하고 곧 이어 "그런즉 우리가 무슨 말하리요 하나님께 불의가 있느뇨 그럴 수 없느니라"(롬 9:14)고 덧붙였다. 사실 어떤 공로나 과실도 없고 선행이나 악행이 있기 전에 하나님께서 한 사람을 사랑하고 다른 사람을 미워한다는 것은 불공평하게 생각될 것이다. 그런데 만일 하나님께서 장래에 한 사람은 선을 행하고 다른 한 사람은 악을 행할 것을 미리 아셨기 때문이라고 우리가 생각하기를 원했다면, 사도 바울은 결코 "행위로 말미암지 않고"라고 말하지 않고 "미래의 행위로 말미암아"라고 표현했을 것이다. 그리고 이 경우에 문제는 쉽게 해결되었을 것이다. 오히려 해결해야 할 문제도 존재하지 않게 되었을 것이다.

그러나 바울은 하나님에게 불의가 있음을 부정하는 의미에서 "그럴 수 없느니라"고 답변하고, 이어서 하나님의 그러한 행위에 불의가 전혀 없다는 것을 입증하면서 다음과 같이 말하였다. "모세에게 이르시되 내가 긍휼히 여길 자를 긍휼히 여기고 불쌍히 여길 자를 불쌍히 여기리라 하셨다"(롬 9:15; 출 33:19). 바보가 아니라면 도대체 누가, 당연히 형벌받아야 할 자에게 공의로운 형벌을 내리시는 일이나 무가치한 자에게 긍휼을 베푸시는 일에 하나님이 불의하다고 생각할 것인가?

바울은 그의 결론을 다음과 같이 내렸다. "그런즉 원하는 자로 말미암음도 아니요 달음박질하는 자로 말미암음도 아니요 오직 긍휼히 여기시는 하나님으로 말미암음이니라"(롬 9:16). 야곱과 에서는 모두 진노의 자녀로서 태어났다. 이것은 그들 자신의 어떤 행위로 인한 것이 아니라 그들이 아담을 통해 유전된 원죄의 족쇄에 속박되어 있었기 때문이다. 그러나 "내가 긍휼히 여길 자를 긍휼히 여기리라"고 말씀하신 하나님께서 과분한 은혜로써 야곱을 사랑하셨고, 에서는 합당한 심판으로써 미워하셨다. 이 심판이 두 사람 모두에게 마땅한 것인 까닭에, 야곱은 에서의 경우를 통해서 동일한 형벌이 자신에게 내려지지 않은 사실이 자신의 어떤 공로에 대한 영광의 여지를 전혀 남겨 두지 아니하고, 오히려 오직 하나님의 풍성한 은혜에 영광을 돌릴 뿐이라는 사실을 배웠다. 이것은 "원하는 자로 말미암음도 아니요 달음박질하는 자로 말미암음도 아니요 오직 궁휼히 여기시는 하나님으로 말미암기" 때문이다. 성경 전체와 각 부분들은 그것을 주의깊게 보는 사람이면 누구에게나 매우 심오한 유비(analogy)로써, 자랑하는 자는 주 안에서 자랑해야 한다(고전 1:31)는 유익한 경고를 전해 주고 있다.

99. 하나님의 자비가 값없이 베풀어지는 것처럼 그분의 심판은 공의롭고, 따라서 반박할 수 없다.

바울은 "그런즉 원하는 자로 말미암음도 아니요 달음박질하는 자로 말미암음도 아니요 오직 긍휼히 여기시는 하나님으로 말미암음이니라"고 말하면서 하나님의 자비를 찬양한 후, 이제는 그분의 공의를 찬양하기 위하여(긍휼을 얻지 못한 사람은 불의 대신 공의를 발견하므로 하나님에게는 불의가 전혀 없다) 즉시 다음과 같이 덧붙였다. "성경이 바로에게 이르시되 내가 이를 위하여 너를 세웠으니 곧 너로 말미암아 내 능력을 보이고 내 이름이 온 땅에 전파되게 하려 함이로라 하셨다"(롬 9:17; 출 9:16). 그리고 그는 하나님의 자비와 공의 모두에 적용될 결론을 내렸다. "그런즉 하나님께서 하고자 하시는 자를 긍휼히 여기시고 하고자 하시는 자를 강팍케 하시느니라"(롬 9:18). 그는 그의 크신 선으로 "긍휼히 여기시고" 어떤 불의도 없이 "강팍케 하신다."

그러므로 용서받은 자는 자기 자신의 어떤 공로도 자랑할 수 없고, 정죄받은 자는 자신의 죄과 이외에 그 어떤 것으로도 불평할 수 없다. 모든 사람은 공통적인 기원으로 말미암아 다 함께 멸망에 처하였었던 바 구원받을 자들을 유기될 자들로부터 분리하는 것은 오직 은혜이기 때문이다. 여기에서 누군가가 이 말을 듣고, 마치 하나님께서 하고자 하시는 자를 강팍케 하시므로 인간이 그의 악함으로 인하여 비난받아서는 안되는 것처럼, "그러면 하나님이 어찌하여 허물하시느뇨 누가 그 뜻을 대적하느뇨?"(롬 9:19)라고 반문할지 모른다. 그때 우리는 바울 사도가 답변한 대로 "이 사람아 네가 뉘기에 감히 하나님을 힐문하느뇨 지음을 받은 물건이 지은 자에게 어찌 나를 이같이 만들었느냐 말하겠느뇨 토기장이가 진흙 한 덩이로 하나는 귀히 쓸 그릇을, 하나는 천히 쓸 그릇을 만드는 권이 없느냐"(롬 9:20-21)고 말할 수 있을 것이다.

어떤 어리석은 사람들은 여기에서 사도 바울이 답변할 말이 없어서 질문자의 가정을 꾸짖는다고 생각한다. 그러나 "이 사람아 네가 뉘기에"라는 말씀에는 큰 비중이 담겨 있다. 그 한마디 말은 인간에게 그의 능력의 한계를 드러내는 동시에 사실상 중요한 근거를 제시하고 있는 것이다. 인간이 이러한 문제들을 이해하지 못한다고 한다면, 그가 누구이기에 하나님에게 말대꾸하겠는가? 그러나 그가 이해한다면, 그럴 만한 여유를 전혀 발견하지 못할 것이다.

여기에서 우리는 다음과 같이 이해할 수 있다. 곧, 온 인류는 그 반역한 조상 안에서 아주 공정하게 하나님의 심판으로 정죄받았기 때문에 인류 중 단 한 명도 구속받지 못했다 해도 아무도 정당하게 하나님의 공의를 문제시할 수 없다. 또한 구속받은 자들의 구속은, 구속받지 못하고 마땅한 정죄 안에 남아 있는 수많은 사람들로 말미암아, 만일 하나님의 과분한 긍휼이 없다면 온 인류가 받아 마땅한 것이 무엇이며 구속받은 자들이라도 하나님이 마땅한 심판을 집행하신다면 어디로 갈 것인가를 보여 주고, 그럼으로써 자기 공로를 자랑하고자 하는 모든 자들의 입을 막고 자랑하는 자는 오직 주 안에서 자랑하도록 한다(롬 3:19; 고전 1:31).

100. 하나님의 뜻에 상반되는 일이 많이 일어날지라도 그분의 뜻은 결코 좌절되지 않는다.

이러한 것들은 당신의 모든 기쁨을 따라 추진되는 여호와의 위대한 활동이다(시 111:2 〈70인역〉; 그러나 흠정역에서는 "여호와의 행사가 크시니 이를 즐거워하는 자들이 다 연구하는도다"로 번역됨). 하나님은 그 일들을 아주 지혜롭게 추진해 나가심으로써, 천사들이나 인간들을 막론하고 지성을 가진 모든 피조물들이 하나님의 뜻 아닌 자신들의 뜻을 행함으로써 범죄하였을 때 창조주의 뜻을 거슬러 행하는 그 피조물들의 의지 자체를 당신의 의지를 실현하는 수단으로 이용하셨다. 지고선(至

高善)이신 하나님께서 그럼으로써 악한 것까지도 선한 용도로 바꾸셔서, 당신의 공의에 의해 형벌을 내리기로 예정하신 자들을 정죄에 이르게 하시고, 당신의 자비에 의해 은혜를 베푸시기로 예정하신 자들은 구원에 이르게 하셨다.

범죄한 피조물들은 자신들의 의식이 관련된 한에서는 하나님께서 원하시지 않는 것을 행하였으나, 하나님의 전능하심에 비추어 볼 때에는 결코 자기들의 목적을 달성하지 못하였다. 왜냐하면 그들이 하나님의 의지에 반하여 행동하였다는 그 사실 자체만으로도 그들에 관한 하나님의 의지가 수행된 것이기 때문이다. 그러므로 "여호와의 행사가 크셔서 당신의 모든 기쁨을 따라 이루어졌다"고 할 수 있다. 말로 표현할 수 없는 오묘함과 기이함으로 당신의 뜻을 거슬러 행해지는 것까지도 당신의 그 뜻을 좌절시키지 못한다. 왜냐하면 하나님께서 허락하시지 않으면(물론 하나님의 허락은 마지못해 하는 것이 아니라 기꺼이 하시는 것이다), 그것이 행해지지 않을 것이기 때문이다. 또한 선한 존재(a Good Being)인 당신께서 전능하심에 의해 악을 선으로 바꾸기 위해서만 악을 허용하시지는 않을 것이다.

101. 하나님의 뜻은 항상 선하지만, 때로 인간의 악한 뜻을 통해 성취된다.

하나님의 뜻이 선하고 훨씬 완전하고도 분명하게 선하지만(그분의 뜻은 결코 악할 수 없다), 때때로 선한 뜻을 가진 사람이 하나님께서 원치 않는 것을 원할 수 있다. 예를 들어, 어떤 사람이 죽는 것이 하나님의 선한 뜻일 때, 그의 선한 아들은 아버지가 살기를 간절히 바랄 수 있는 것이다. 또한 악한 뜻을 지닌 사람이 하나님께서 선한 뜻으로 원하시는 것을 바랄 수도 있다. 어떤 사람이 죽는 것이 하나님의 뜻일 때, 그의 악한 아들 역시 그의 죽음을 원하는 경우가 그 한 실례이다. 앞의 아들은 하나님께서 원하시지 않는 것을 원하고, 뒤의 아들은 하나님께서 원하시는 것을 원하는 것이 사실이다. 그러나 비록 뜻은 하나님과 다를지라도 자식으로서의 사랑이란 면에서 보면, 앞의 아들의 경우가 하나님의 선한 의지와 좀더 조화된다. 뒤의 아들의 경우는 비록 그 원함은 하나님과 같아도 자식으로서의 사랑은 결핍되어 있는 것이다.

그러므로 어떤 사람의 뜻이 인정할 만한 것인가 아니면 부정해야 할 것인가를 판단하는 데에는, 먼저 사람이 무엇을 원하는 것이 타당하며, 하나님께서는 무엇을 원하실 것인가를 고찰하고, 다음으로 그 각각의 경우에 진정한 의지의 동기가 무엇인가를 살펴보는 것이 필수적이다. 왜냐하면 하나님은 악인들의 악한 욕망을 통하여 당신의 어떤 목적들을 성취하시기 때문이다. 예를 들어, 그리스도께서 죽임을 당하신 일은, 하나님 아버지의 선한 목적을 이루는 것이었으면서도, 유대인들의 악한 계획으로 말미암은 것이었다. 이 십자가 사건은 사실상 너무나도 선한 것이었기 때문에, 사도 베드로가 그 일을 싫어하는 자기의 뜻을 표명하였을 때 죽임을 당하게 된 그분에 의해 사단이란 소리까지 들었던 것이다(마 16:21-23). 또한, 아가보가 예언했던 악한 일들이 바울에게 일어날 것을 염려하여 어떤 경건한 신자들이 예루살렘에 올라가려는 바울을 만류하였을 때, 그들의 의도가 얼마나 선하게 보였던가(행 21:10-12)!

그러나 바울이 그리스도에 대한 신앙을 전하기 위해 이러한 악한 일들을 당하고, 그럼으로써 그리스도의 증인이 되는 것이 하나님의 의도였다. 그리고 당신의 이 선한 의도를 성취하시는 데 하나님은 그리스도인들의 선한 충고가 아니라 유대인들의 악한 계교를 사용하셨다. 그럼으로써 하나님의 의도를 반대하던 자들은 그 의도를 성취하는 일에 도구가 되기를 원하던 자들보다 사실상 더 당신의 종으로 이용되었던 것이다.

102. 전능하신 하나님의 뜻은 결코 좌절되지 않으며, 결코 악하지 않다.

설악간에 천사들이 인간들의 의도가 하나님의 뜻과의 일치 여부에 관계없이, 그들의 의도가 아무리 강하다 해도 전능하신 하나님의 뜻은 결코 좌절되지 않는다. 또한 그 하나님의 뜻은 결코 악할 수도 없다.

그 뜻이 악을 부과할 때조차 그것은 옳고, 또 옳은 것은 분명히 악이 아니기 때문이다. 자비에 의해 하고자 하시는 자를 긍휼히 여기시든 아니면 심판에 의해 하고자 하시는 자를 강퍅케 하시든, 전능하신 하나님은 그 하시는 일에 있어서 결코 불의하지도 않고, 당신 자신의 자유 의지에서 나온 것이 아니면 어떤 것도 행하지 않으시며, 당신께서 성취하지 않으시는 어떤 것도 원하지 않으신다.

103. "모든 사람이 구원에 이르기를 원하신다"(딤전 2:4)는 표현의 해석.

성경에서 "하나님은 모든 사람이 구원에 이르기를 원하신다"(딤전 2:4)는 구절을 읽을 때, 우리는 모든 사람들이 구원받은 것은 아니라는 사실을 잘 알고 있다고 해서 하나님의 전능하심을 제한적으로 생각해서는 안된다. 오히려 우리는 그 구절을 하나님께서 원하시지 않으면 어떤 사람도 구원받지 못한다는 의미로 이해해야 한다. 다시 말하면, 하나님께서 그의 구원을 원하시지 않는 사람은 아무도 없다는 말이 아니라 어떤 사람도 하나님의 뜻을 떠나서는 구원받지 못한다는 말이다. 그러므로 우리는 하나님께서 우리의 구원을 원하시도록 기도해야 한다. 하나님께서 원하시면 반드시 이루어지기 때문이다. 사도 바울이 이 표현을 사용하면서 말하는 것은 바로 이러한 기도였다. "참 빛 곧 세상에 와서 각 사람에게 비취는 빛이 있었다"(요 1:9)는 복음서의 표현도 우리는 같은 원리에 입각하여 해석해야 한다. 곧, 비췸을 받지 않은 사람은 아무도 없다는 뜻이 아니라 그분에 의하지 않고는 아무도 비췸을 받지 못한다는 뜻이다.

또한 "하나님은 모든 사람이 구원에 이르기를 원하신다"는 말은, 하나님께서 그의 구원을 원하시지 않는 사람은 아무도 없다는 뜻이 아니라 (왜냐하면 이 경우, 주께서도 말씀하셨듯이, 만일 주께서 기적들을 행하셨다면 회개하였을 어떤 사람들 앞에서 그 기적들을 행하기를 원하지 않으셨다는 사실을 어떻게 설명할 수 있겠는가?) 모든 다양한 계층과 환경 속에 있는 인류를 구원하기를 원하신다는 뜻으로 이해해야 한다. 여기에서 "모든 사람"이라는 표현에는 왕들과 백성들, 귀족들과 평민들, 높은 자들과 낮은 자들, 배운 자들과 못 배운 자들, 건강한 자들과 허약한 자들, 현명한 자들과 어리석은 자들, 부자들과 가난한 자들 및 중간 환경에 있는 자들, 남자와 여자, 유아와 소년 및 청년, 중년층과 노인, 상이한 방언과 생활 양식과 기술 및 직업 그리고 의지와 양심의 차이 등 무수한 다양성을 지닌 모든 인류가 포함된다. 하나님은 어느 민족에게서나 이 모든 계급 중에서 사람들이 구원받기를 원하시며, 또한 실제로 구원하신다.

전능하신 그분은 원하시는 것은 어떤 것이나 헛되이 원하실 수 없기 때문이다. 사도 바울은 모든 사람들을 위해 기도할 것을 요구하면서 특별히 "왕들과 높은 지위에 있는 모든 사람들을 위하여" 기도하라고 덧붙였다. 이들은 세상에서의 지위에서 오는 교만과 허식을 인하여 기독교 신앙의 겸손을 기피할 것으로 생각되기 때문이다. 바울은 그들을 위해 마땅히 기도해야 한다는 의미에서 "이것이 우리 구주 하나님 앞에 선하고 받으실 만한 것이다"고 말하면서, 낙심할 근거를 제거해 버리려는 듯이 즉시 "하나님은 모든 사람이 구원을 받으며 진리를 아는 데 이르기를 원하신다"(딤전 2:1-4)고 덧붙였다. 하나님은 당신의 위대한 겸손으로 말미암아 높은 자들의 구원을 비천한 자들의 기도에 맡기는 것이 선하다고 판단하신 것이다.

분명히 우리는 이에 대한 많은 실례를 갖고 있다. 복음서를 보면 우리 주님 역시 바리새인들에게 말씀하실 때 동일한 화법을 사용하신다. "너희가 박하와 운향과 모든 채소의 십일조를 드린다"(눅 11:42). 여기에서 바리새인들은 다른 사람들의 십일조를 드린 것도 아니요, 모든 다른 나라 사람들의 채소를 드린 것도 아니다. 그러므로 우리는 "모든 채소"라는 표현을 모든 종류의 채소로 이해해야 한다. 마찬가지로 우리는 앞의 구절에서도 "모든 사람"을 모든 종류의 사람으로 해석해야 하는 것이다. 또한, 전능하신 하나님이 일어나지 않은 어떤 것이 일어나기를 원하셨다는 식으로 해석할 수도 있다. 왜냐하면 애매한 것은 다 제쳐두고, 시편 기자가 그를 찬양하고 있는 것처럼 "우리 하나님은 하늘과 땅에서 기뻐하시는 모든 것을 행하셨다"(시 115:3; 흠정역에는 "우리 하나님은 하늘에 계셔서 기뻐하시는 것을 무엇이나 행하셨나이다"라고 번역됨)면, 분명히 하나님은 당신께서 하시지 않는 것은 어떤 것도 원하시지 않았기 때문이다.

104. 하나님은 첫 사람의 죄를 미리 아시고, 그에 따라 당신 자신의 목적을 세우셨다.

만일 첫번째 인간이 창조된 대로의 순결한 상태를 유지하고자 하는 확고한 의지를 가질 것이라고 하나님이 예견하셨다면, 하나님은 그를 창조 당시의 구원의 상태로 보존하시고, 그가 자녀들을 낳은 후에는 적절한 시기에 죽음과는 관계없이 그를 더 좋은 장소 곧 그가 죄로부터 자유로울 뿐 아니라 죄의 욕구로부터도 자유로울 수 있는 곳으로 옮기시고자 했을 것이다. 그러나 하나님은 인간이 그의 자유의지를 악용하여 범죄할 것을 미리 아셨다. 따라서 하나님은 당신 자신의 계획을 조정하셨는데, 이는 인간이 범죄한 상태일지라도 그에 선을 행하셔서 전능하신 하나님의 선한 뜻이 인간의 악한 뜻에 의해 무산되지 않고 오히려 성취되게 하고자 하심이었다.

105. 인간은 선이나 악을 택할 수 있도록 창조되었다. 그러나 내세에서는 악의 선택이 불가능할 것이다.

인간이 처음에 옳은 것을 원하는 능력과 틀린 것을 원하는 것을 모두 갖고 창조된 것은 마땅하였다. 만일 그가 전자를 선택하였다면 보상이 있었을 것이며, 후자를 선택하였다면 형벌이 있었을 것이다. 그러나 내세에서는 악을 원하는 능력이 인간에게 없을 것이다. 하지만 이것이 그의 의지의 자유에 하등의 제한이 되지는 않을 것이다. 오히려 그의 의지는 그가 죄의 노예가 되는 일이 전적으로 불가능할 때 훨씬 더 자유로울 것이다. 우리가 불행을 회피할 뿐 아니라 다른 도리가 전혀 없다고 생각할 정도로 행복을 갈망할 경우, 우리는 그 의지를 비난한다든지, 그것은 절대로 의지가 아니거나 자유 의지라고 불릴 수 없다고 말할까 생각해서는 결코 안된다. 인간의 영혼이 불행을 원한다는 것이 지금도 불가능함을 알고 있는 만큼, 장래에 죄를 원하는 일은 아주 불가능할 것이다. 그러나 하나님의 조정은 좌절될 수 없었다. 하나님은 죄를 삼갈 수도 있는 이성적인 존재가 얼마나 선한가 하는 것과 죄를 전혀 지을 수 없는 이성적 존재는 얼마나 더욱 선하가 하는 것을 보여 주고자 하셨다. 그것은 마치 인간이 사망을 피하는 일이 불가능했을 때, 그것이 비록 불멸성이긴 하나 열등한 종류의 불멸성이었음에 비하여, 인간이 죽는 것이 불가능하게 될 좀더 완전한 불멸성이 미래를 위해 예비되어 있는 것과 같다.

106. 하나님의 은혜는 타락 이후와 마찬가지로 타락 이전에도 인간의 구원을 위해 필요했다.

인간은 앞의 불멸성을 자유 의지의 남용으로 상실하였으나, 은혜를 통해 뒤의 불멸성을 얻게 될 것이다. 그런데 만일 그가 범죄하지 않았다면, 이 완전한 불멸성을 공로로 얻었을 것이다. 그러나 이 경우에도, 은혜 없이는 공로가 전혀 불가능했을 것이다. 왜냐하면 인간이 자유 의지를 행사하는 것만으로 충분히 죄가 들어올 수 있었지만, 하나님께서 당신의 변치 않는 선하심의 일부를 나누어 주심으로써 자유 의지를 도와 주시지 않았다면, 인간의 자유 의지로 의로움을 충분히 유지시킬 수 없었을 것이기 때문이다. 인간이 원하기만 하면 언제든지 죽는 것은 그의 능력 안에 있다(왜냐하면, 다른 수단은 그만두고라도, 누구나 단순히 음식을 끊음으로써 생의 종말을 고할 수 있기 때문이다).

그러나 음식이나 다른 생존 수단이 없을 경우에는 단순히 의지만 가지고서는 생명을 유지할 수가 없다. 마찬가지로, 에덴 동산에서의 인간은 그의 의지로써 단지 의를 버리기만 하면 스스로를 파멸시킬 수 있었으나, 창조주의 능력으로 도움받지 못했을 경우, 그의 의지로써만 의의 삶을 유지하는 일은 불가능했을 것이다. 그러나 타락 이후에는 하나님의 자비의 행사가 더 많이 필요하였다. 의지 자체가 죄와 사망에 의해 구속되어서 그 속박으로부터 자유롭게 되지 않으면 안되었기 때문이다. 의지의 자유는 조금도 그 자체에 달려 있지 않고, 오직 예수 그리스도에 대한 믿음으로 허락되는 하나님의 은혜에 달려 있다. 그러므로 성경에 기록된 것과 마찬가지로("인간의 마음의 경영은……여호와께로서 나느니라"〈잠언 16:1〉), 우리를 하나님의 영원한 은사에로 인도하는 하나님의 다른 은사들을 우리가 받아들이는 바로 그 의지는 그것 자체가 여호와로 말미암아 준비되는 것이다.

107. 영생은 선행에 대한 보상임에도 불구하고 그 자체가 하나님의 은사이다.

그러므로 사도 바울은 선행에 대한 보상임이 분명한 영생 자체까지 하나님의 은사라고 부른다. 그의 말에 의하면, "죄의 삯은 사망이요 하나님의 은사는 그리스도 예수 우리 주 안에 있는 영생이다"(롬 6:23). 삯(stipendium)은 군복무에 대한 보수로서 지급되었다. 따라서 그것은 은사(gift)가 아니다. 바울이 "죄의 삯(wages)은 사망"이라고 말하는 것은, 사망이 공연히 부과된 것이 아니라 죄에 대한 당연한 대가로서 부과된 것임을 보여 주고자 함이다. 또한 은사는 그것이 전적으로 부당하다면, 결코 은사가 될 수 없다(비교. 롬 11:6). 그러므로 우리는, 인간의 선한 공적들이 그 자체가 하나님의 은사로서 그로 말미암아 영생의 대가를 얻을 경우 그것은 단순히 은혜를 위해 주시는 은혜임을 알아야 한다.

인간은 의롭게 창조되었다. 그러나 하나님의 도우심이 없으면, 그는 그의 의로움에 머물 수도 없거니와 단순히 자신의 의지만 가지고는 그 의로움을 떠날 뿐이다. 인간이 어떤 과정을 선택했든지간에, 그에 의해서나 아니면 그에 관하여 하나님의 의지는 성취되었을 것이다. 그가 하나님의 뜻이 아닌 자신의 뜻을 행하기로 선택하였을 때, 하나님의 뜻이 그에 관하여 성취되었다. 왜냐하면 하나님은 인류를 구성하는 멸망의 덩어리로부터 하나는 영광의 그릇으로 만들고, 다른 하나는 수치의 그릇으로 만드시기 때문이다. 여기에서 영광의 그릇은 하나님의 긍휼로써, 그리고 수치의 그릇은 그의 심판으로써 만들어지는데(롬 9:21), 이는 아무도 인간을 자랑하지 못하도록 하는 것이고, 따라서 자기 자신을 자랑하지 못하게 하고자 함이다.

108. 우리를 하나님과 화해시키기 위해 어떤 중보자가 필요했다. 그리고 이 중보자가 하나님이 아니셨다면, 우리의 구속자가 될 수 없었을 것이다.

하나님과 인간 사이의 유일한 중보자이신 인간 예수 그리스도께서 또한 하나님이 아니셨다면, 우리는 구속받을 수 없었을 것이다. 아담이 창조되었을 때, 그는 의로운 인간이었기 때문에 중보자가 필요없었다. 그러나 죄로 말미암아 하나님과 인류 사이에 커다란 심연이 가로놓이자, 유일하게 죄 없이 인류로부터 태어나서 살아계시다가 죽으신 한 분 중보자가 우리를 하나님께 화해시키고 우리의 몸을 위해서도 영생에 이르는 부활을 얻는 일이 필요하였다.

이것은 첫째로, 하나님의 겸손으로 말미암아 인간의 교만이 드러나서 치유되게 하고자 함이요, 둘째로 하나님께서 인간을 되찾기 위해 성육신 하셨을 때, 인간이 하나님으로부터 얼마나 떨어져 있었는가를 그에게 보여 주고자 함이며, 셋째로 불순종하는 인간에게 신인(神人)의 순종하는 삶을 통해 하나의 모범을 제시하고자 함이다. 또한 넷째로 독생자께서 선행하는 공로라고는 전혀 없는 종의 형상을 친히 입으심으로써 은혜의 샘이 터지게 하고, 다섯째로 구속주의 부활을 통해서 구속받은 자들에게 약속된 몸의 부활에 대한 보증을 제공하며, 여섯째로 마귀가 속이고 자기의 자랑으로 삼은 것과 동일한 본성으로써 그를 정복하고 인간은 영광을 받지 못하게 함으로써 교만이 다시금 솟아오르지 않게 하고자 함이다. 결국, 중보자의 인격의 초월적 신비로부터 흘러나오는 모든 유익을 겨냥한 것인데, 생각이 깊은 사람들이라면 이것을 인식하고 묘사할 수 있거나 아니면 묘사까지는 할 수 없더라도 인식은 할 수 있다.

109. 죽음과 부활 사이의 중간 시기에 있는 영혼의 상태.

인간의 죽음과 마지막 부활 사이의 기간 중에 인간의 영혼은 은신처에 거하면서, 지상에서 영위한 삶으로 얻은 공로에 따라 안식을 누리든지 아니면 고통을 겪는다.

110. 살아 있는 친지들의 성례전과 자선이 죽은 자들의 영혼에 미치는 유익.

또한 부인할 수 없는 것은 죽은 자의 영혼이 살아 있는 친지들의 경건으로 말미암아 유익을 얻는다는 사실이다. 이들은 죽은 자의 유익을 위해 중보자(the Mediator)의 제사를 드리거나 교회에서 자선을 베풀 수 있는 것이다. 그러나 이러한 봉사들은 오직 그것들이 도움을 줄 수 있을 만한 공로를 살아 있을 때에 쌓은 자들에게만 유익하다. 죽은 후 살아 있는 친지들의 봉사를 요구하지 않을 만큼 선하지도 않고 쓸데없을 정도로 악하지도 않은 삶이 있는가 하면, 친지들의 봉사가 필요없는 선한 삶도 있고, 죽은 후 그런 봉사가 전혀 도움이 되지 못하는 악한 삶도 있기 때문이다. 바로 이 세상에서 쌓은 모든 공로나 죄과가 내세에서 인간이 겪는 고통을 완화하거나 악화시킬 수 있다. 사람이 일단 죽고 나면, 이 세상에서 그가 소홀히 했던 공로를 하나님께 얻을 희망을 갖지 못한다.

따라서 교회가 죽은 자들을 위해 집행하는 봉사는 분명히 다음과 같은 사도의 말씀과 결코 반대되지 않는다. "이는 우리가 다 반드시 그리스도의 심판대 앞에 드러나 각각 선악간에 그 몸으로 행한 것을 따라 받으려 함이라"(고후 5:10; 비교. 롬 14:10). 왜냐하면 어떤 사람에게 그러한 봉사가 유익하도록 해주는 공로는 그가 몸 안에서 살고 있는 동안에 얻은 것이기 때문이다. 물론 그 봉사가 누구에게나 유익한 것은 아니다. 인간이 몸 안에서 살 때 영위하는 삶이 각각 다르기 때문이다. 그렇다면 제단에서의 성례전이나 자선의 봉사가 모든 세례받고 죽은 자들을 위해 드려질 때, 매우 선했던 사람들에게는 감사제가 될 것이고, 아주 악하지는 않았던 사람들에게는 화목제(propitiatory)가 될 것이며, 아주 악했던 사람들의 경우에는 비록 당사자들에게는 도움이 되지 않겠지만 살아 있는 자들에게 일종의 위안이 될 것이다. 이같은 제사들이 유익하다면, 그 유익은 죄를 완전히 사면하거나 최소한 정죄를 좀더 관대하게 해주는 데 있다.

111. 부활 이후에 별개의 두 나라 즉 영원한 행복의 나라와 영원한 불행의 나라가 있을 것이다.

부활 이후 최후의 우주적 심판이 완료되면, 각각 별개의 영역을 가진 두 나라가 존재하게 될 것이다. 하나는 그리스도의 나라로서 선한 자들로 구성되고, 다른 하나는 마귀의 나라로서 악한 자들로 이루어지는데, 두 나라 모두 천사들과 인간들이 그 백성일 것이다. 그리스도의 나라에는 죄를 지을 의지가 전혀 없는 반면, 마귀의 나라에는 죄를 지을 능력이 전혀 없을 것이며, 죽음을 선택할 능력은 두 나라 모두 없을 것이다. 그러나 전자는 영생을 누리면서 진정으로 행복하게 살 것이요, 후자는 죽을 능력도 없이 영원한 사망 가운데서 비참한 생존을 부지해 나갈 것이다. 생명과 죽음 모두 끝이 없을 것이기 때문이다. 그러나 그리스도의 나라에서도 행복의 정도가 달라서 어떤 사람은 다른 사람보다 훨씬 더 행복할 것이고, 마귀의 나라에서도 불행의 차이가 있어서 어떤 이는 다른 이보다 고통을 참아내기가 좀더 수월할 것이다.

112. 영원한 미래의 형벌을 부인하는 자들의 견해를 뒷받침해 주는 성경 구절은 전혀 없다.

어떤 사람들, 실로 꽤 많은 사람들은 무익하게도, 구원받지 못한 자들이 겪을 영원한 형벌과 끊임없는 고통에 대해 불평하고 자기들은 그러한 일이 있을 것을 믿지 않는다고 말한다. 그들이 성경을 직접적으로 부인하는 것은 아니다. 그러나 그들은 자신들의 감정에 이끌려서 심하게 보이는 것은 무엇이나 약화시키고, 자기들이 생각할 때 문자적인 사실로 받아들여지기보다는 다만 경각심을 불러일으키기 위해 진술된 듯이 보이는 구절들을 좀더 부드럽게 고친다. 그들은 "하나님이 은혜 베푸심을 잊으셨는가 노하심으로 그 긍휼을 막으셨는가"(시 77:9)라고 말하기 때문이다. 그런데 그들은 이 구절을 시편에서 인용하는 것이다. 그러나 의심할 바 없이 우리는 이 구절을 다른 곳에서 "긍휼의 그릇"(롬 9:23)이라고 부른 사람들에 대해 말한 것으로 이해해야 한다. 그들조차도 그들 자신의 어떤 공로 때문이 아니라 순전히 하나님의 긍휼로 말미암아 불행을 면하는 것이기 때문이다.

우리가 말하고 있는 사람들은 주장하기를, 이 구절이 온 인류에 해당한다고 말할지도 모른다. 그러나 예수께서 "저희는 영벌에 들어가리라"고 말씀하신 사람들의 형벌에 끝이 있을 것이라고 그들이 생각할 근거는 전혀 없다. 왜냐하면 그런 운명은 "그러나 의인들은 영생에 들어가리라"(마 25:46)고 말씀하신 사람들의 행복과 동일한 시간에 같은 방식으로 귀결될 것이기 때문이다. 혹시 그들이 원한다면, 정죄받은 자들의 고통이 어떤 간격을 두고 어느 정도 완화된다고 생각해도 좋다. 왜냐하면 이 경우에도 하나님의 진노 곧 그들에 대한 정죄(하나님의 진노라고 불리는 것은 그분의 마음 안에 일어나는 어떤 혼란된 감정이 아니라 바로 이것이다)는 그들 위에 머물러 있기 때문이다(요 3:36).

하나님의 진노는 여전히 남아 있지만, 그의 긍휼을 막지는 않는다. 하나님의 긍휼은 그들의 영원한 형벌을 종식시킴으로써가 아니라 그들의 고통을 경감시키거나 그 가운데서 어떤 휴식을 허락하는 데에서 드러난다. 그러므로 시편 기자는 "그의 분노를 끝내시고"라든지 "그의 분노가 지나갔을 때"라고 말하지 않고 "그의 분노 중에"라고 말하는 것이다(시 78편). 그런데 이 하나님의 분노가 잠자코 있거나 아주 경미한 정도로 존재한다고 할지라도, 하나님의 나라에서 버림받아 그의 생명으로부터 소외되고 하나님께서 당신을 경외하고 신뢰하는 사람들을 위해 마련하신 위대한 선에 참여하지 못한다는 사실 자체만으로도 지극히 큰 형벌이 될 것이며, 그것이 인간이 상상할 수 있는 이상의 영원한 기간 동안 지속된 다고 생각하면, 우리가 알고 있는 그 어떤 고통도 그와 비교되지 못할 것이다.

113. 악한 자들의 죽음은 성도들의 생명과 동일한 의미에서 영원할 것이다.

악한 자들의 이 영원한 죽음 곧 하나님의 생명으로부터의 소외는 영원히 지속될 것이다. 이것은 또한, 인간들이 자신들의 인간적 감정에 자극받아서 형벌의 차이라든지 재난의 경감이나 중단에 관하여 어떤 추측을 하든지간에, 악한 자들 모두에게 똑같이 임할 것이다. 이것은 성도들의 영생이 영원히 지속되고, 어울리는 광채를 입고 빛나는 사람들 사이에 어떤 등급과 명예의 차이가 있을지라도, 성도들 모두에게 똑같이 임하게 되는 것과 마찬가지다.

114. 믿음에 대해 다루었으므로 이제는 소망으로 넘어가서 이야기하자. 소망에 속한 모든 것은 주기도문에 포함되어 있다.

사도신경에 간략하게 담겨 있는 신앙 고백은 육신적으로 이해할 때에는 젖먹이들을 위한 젖에 불과하지만, 영적으로 파악하고 연구하면 강한 사람들을 위한 고기와 같다. 신자들의 선한 소망은 바로 이 신앙고백으로부터 흘러 나오는데, 이것에는 다시 거룩한 사랑이 수반된다. 그러나 믿음의 참된 목표인 이것들 가운데, 소망에 속한 것은 주기도문에 담겨 있는 것들이다. "사람을 신뢰하는 자는 저주를 받을 것"이라는 고백이 성경의 증거이며(렘 17:5), 이 저주는 자기 자신을 신뢰하는 사람에게도 해당하기 때문이다. 그러므로 어떤 일을 잘 행하기를 바라는 것이나 우리의 선행의 보상으로서 무엇을 얻기를 바라는 것이나, 우리는 여호와 하나님 외에 다른 누구에게 구해서도 안된다.

115. 마태복음에 나오는 주기도문의 일곱 가지 간구.

마태복음에 나오는 주기도문은 일곱 가지 간구를 포함하고 있는 듯하다. 이 중 세 가지는 영원한 복을 구하고 있고, 나머지 네 가지 간구는 일시적인 복에 대한 것이다. 그러나 이 뒤의 네 가지는 영원한 복을 얻기 위해 필요한 선행 요건이 된다. 우리가 "주님의 이름이 거룩히 여김을 받으시오며 나라이 임하옵시며 뜻이 하늘에서 이루어진 것같이 땅에서도 (이 구절을 어떤 사람들은 "영혼에서와 같이 몸에서도"라고 해석했는데, 부당한 것은 아니다) 이루어지이다"고 기도할 때, 우리는 영원히 누릴 복을 구하는 것이다. 그러나 그 복은 사실상 이 세상에서 이미 시작되었고, 우리가 은혜 안에서 성장함에 따라 우리 안에서 성장하며, 내세에서 기대할 수 있는 바 그 완전한 상태에서는 영원한 소유가 될 것이다.

한편 우리가 "오늘날 우리에게 일용할 양식을 주옵시고 우리가 우리에게 죄 지은 자를 사하여 준 것같이 우리 죄를 사하여 주옵시고 우리를 시험에 들게 하지 마옵시고 다만 악에서 구하옵소서"(마 6:11-13)라고 기도할 때, 분명히 우리는 이 세상에서의 필요와 관련된 복을 구하고 있는 것이다. 우리가 영원히 살 것으로 소망하는 그 영원한 세상에서는 하나님의 이름이 거룩히 여김을 받는다든지 당신의 나라가 임한다든지 우리의 영혼과 몸에 당신의 뜻이 이루어지는 복이 완전하게 되어 영원 무궁토록 지속될 것이다.

그러나 주기도문에서 일용할(daily) 양식이라고 표현되는 것은 – 우리가 그것을 영적으로나 육적으로나 아니면 그 두 가지로 해석하든지 – 영혼과 육신이 요구하는 분량의 자양분에 대한 끊임없는 필요가 여기에 상존하기 때문이다. 우리가 구하는 바 용서가 우리에게 필요한 것도 역시 여기에서이다. 바로 여기에서 우리가 범죄하기 때문이다. 우리를 유혹하여 죄를 짓게 하는 시험도 여기에 있다. 한마디로 말하자면, 우리가 구원을 갈망하는 악이 바로 여기에 존재하는 것이다. 그러나 내세에는 이런 것들이 하나도 없을 것이다.

116. 누가는 이 일곱 가지 간구의 내용을 더 간단하게 다섯 가지로 표현한다.

그러나 복음서 기자인 누가는 자기의 주기도문에 일곱 가지가 아닌 다섯 가지의 간구만을 포함시키고 있다. 물론 이것은 두 복음서 기자 사이에 어떤 모순이 있다는 말은 아니다. 다만 누가는 자신의 매우 간략한 표현법을 사용하여 마태의 일곱 가지 간구를 이해할 방법을 지시하고 있는 것이다. 하나님의 이름이 영혼에서 거룩히 여김을 받으며, 당신의 나라는 몸의 부활로써 도래할 것이다. 그러므로 누가는 세번째 간구가 다만 처음 두 간구의 반복임을 보여 주고자 세번째의 것을 생략하였다.

그리고 이어서 누가는 다른 세 가지 간구를 포함시켰다. 곧, 일용할 양식을 위한 것과 죄의 용서를 위한 것과 시험에 들지 않기 위한 것이다. 여기에서 누가는 마태가 마지막에 붙인 "다만 우리를 악에서 구하옵소서"라는 간구도 생략하였는데, 이것은 그 간구가 시험에 관한 앞의 간구에 포함되는 것임을 보여 주기 위해서였다. 마태 자신도 "그리고(and) 구하옵소서"라고 표현함으로써 그 두 가지 간구가 사실상 하나임을 보여 주고자 한 듯하다. 그러므로 누구나 자기가 시험에 들지 않고 있다는 바로 그 사실로써 악에서 구원받았음을 이해해야 하는 것이다.

117. 믿음과 소망보다 더 위대한 사랑이 성령에 의해 우리 마음속에 부어진다.

사랑은 다른 두 가지 은혜인 믿음과 소망보다 더 위대하다고 사도 바울은 선언하였다(고전 13:13). 사랑이 어떤 사람 안에 많이 있을수록 그 사람은 더 훌륭하다. 어느 한 사람이 선한가 물어 볼 때, 우리는 그가 믿고 있는 바나, 바라는 바를 따지지 않고, 그가 사랑하는 바를 따진다. 올바로 사랑하는 자는 의심할 바 없이 올바로 믿고 올바로 바라기 때문이다. 반면에 사랑하지 않는 사람이 있다면, 그의 믿음이 진실하다고 해도 헛되이 믿는 것이며, 그의 소망의 대상이 진정한 행복의 실제라 해도 헛되이 바라는 것이다. 우리는 기도로써 우리가 사랑의 복을 얻을 수 있다는 사실을 믿고 또한 바라야 한다. 사랑 없이 바라는 일이 불가능하지만, 어떤 사람이 자기 소망의 달성에 필요한 사랑을 갖지 못할 수도 있다.

예를 들어, 그가 영생에 대한 소망을 갖고 있지만(이것을 갈망하지 않는 자가 어디 있을 것인가?) 의를 사랑하지 않을지도 모르는데, 이것이 없이는 영생에 이를 자가 아무도 없는 것이다. 사도 바울이 말하는 바 "사랑으로써 역사하는 믿음"(갈 5:6)만이 그리스도에 대한 진실한 믿음이다. 이 믿음이 그 사랑 안에 아직도 품고 있지 않은 것이 있을 경우, 구하면 받을 것이요 찾으면 발견할 것이며 두드리면 열릴 것이다(마 7:7). 믿음은 율법이 요구하는 것을 기도를 통해 얻기 때문이다. 성령을 통해 사랑이 우리 마음속에 부어지는데(롬 5:5), 바로 이 하나님의 은사인 성령이 없이는 율법이 명령은 할 수 있어도 도움은 주지 못하고, 오히려 인간을 범죄자로 만든다. 더 이상 무지를 핑계삼아 자신을 변명할 수 없기 때문이다. 하나님의 사랑이 없는 곳에서는 육신의 정욕이 지배하기 마련이다.

118. 그리스도인의 삶의 네 단계와 이에 상응하는 교회사의 네 단계.

무지의 깊은 어두움 속에 빠져 있는 인간은 육체를 따라서 살면서도 이성이나 양심의 어떤 갈등으로도 방해받지 않는다. 이것이 인간의 처음 상태이다.

그러나 후에 율법을 통해 죄에 대한 지식이 들어오고, 또 하나님의 성령이 아직 자신의 도움을 중재하지 않게 되면, 인간은 율법을 따라 살려고 분투하면서도 좌절하여 의식적인 죄에 빠지고, 그럼으로써 죄에 정복당하여 죄의 노예가 된다("누구든지 진 자는 이긴 자의 종이 됨이니라"〈벧후 2:19〉). 여기에서 계명에 대한 지식으로 야기된 결과는 죄가 인간 안에서 온갖 형태의 욕망을 일으키고, 그는 고의적인 범죄로 죄책을 더하게 된다는 것이다. 이로써 "율법이 가입한 것은 범죄를 더하게 하려 함이라"(롬 5:20)는 말씀이 이루어지게 된다. 바로 이와 같은 단계가 인간의 두번째 상태이다.

그러나 하나님께서 그를 돌아보셔서 당신의 도우심에 대한 믿음을 그에게 불어넣어 주시고 성령께서 그 안에서 역사하시기 시작하면, 보다 강력한 사랑의 능력이 육체의 능력을 대항하여 싸우게 된다. 이때에도 여전히 인간 자신의 본성 안에는 그를 대항하는 능력이 존재하지만(그의 질병은 아직 완전히 치유되지 않았기 때문이다), 이제 그는 믿음으로 의인의 삶을 영위하며, 그가 악한 정욕에 굴복하지 않고 거룩한 사랑으로 그것을 정복하는 한, 의로움 속에서 살게 된다. 이것이 선한 소망을 지닌 인간의 세번째 상태이다.

변함없는 경건으로 이런 과정 속에서 진보를 이루어가는 사람은 마침내 평강에 이르게 될 것인데, 이 평강은 이 세상 생명이 지나간 후 영혼의 휴식 속에서 완전해질 것이며, 마침내 몸의 부활에서 완성될 것이다. 이와 같은 네 단계 중 첫번째 단계는 율법 이전의 것이요, 두번째 단계는 율법 아래에 있는 것이며, 세번째 단계는 은혜 아래에 있는 것이고, 마지막 네번째는 충만하고 완전한 평강의 단계이다.

하나님의 백성의 역사 역시 만물을 수와 양과 무게로써 배열하시는 그분의 기뻐하시는 뜻을 따라서(비교. 지혜서 11:20) 이와같이 배정되었다. 그래서 교회는 맨 먼저 율법 이전의 상태로 존재하였고, 다음에는 모세를 통해서 주신 율법 아래 있었으며, 그 후로는 중보자의 오심으로써 처음으로 분명해진 은혜 아래 있게 되었다. 여기에서, 이 은혜가 전에는 없었다는 말이 아니다. 다만 시간의 배정에 맞도록 그것이 가려지고 감추어졌던 것뿐이다. 옛시대의 의로운 사람들 가운데서도 그리스도에 대한 믿음을 떠나서 구원을 발견할 수 있었던 사람은 단 한 사람도 없기 때문이다. 그리스도께서 그들에게 알려지지 않았더라면 – 명백하고 모호함에는 다소 차이가 있지만 – 그분에 대한 예언들을 우리에게 전하는 일에 그들의 사역이 쓰임받을 수 없었을 것이다.

119. 중생의 은혜는 과거의 모든 죄와 모든 원죄의 죄책을 씻어 준다.

어떤 특정 인간이 이와 같은 네 단계 중 어느 단계에서 중생의 은혜를 발견하든지 그의 모든 과거의 죄가 그 시간, 그 자리에서 용서받고, 그가 태어나면서부터 연루된 죄책도 그의 신생으로써 제거된다. 진실로 "바람이 임의로 분다"(요 3:8)는 말씀과 같이 어떤 사람들은 두번째 단계인 율법 아래 노예의 상태를 전혀 알지 못하고 계명을 받자마자 하나님의 도움을 입는다.

120. 죽음은 중생의 은혜를 받은 자들을 해칠 수 없다.

한 인간이 계명을 받을 수 있기 전에 육체를 따라 사는 것이 필연적이다. 그러나 일단 그가 중생의 은혜를 받아들이고 나면, 그가 당장 이 세상을 떠난다 해도, 죽음이 그를 해치지 못한다. 이는 "이를 위하여 그리스도께서 죽었다가 다시 살으셨으니 곧 죽은 자와 산 자의 주가 되려 하심이니라"(롬 14:9)는 말씀과 같다. 그리스도께서 위하여 기꺼이 죽으신 바 그 사람을 죽음이 더 이상 지배하지 못할 것이다.

121. 사랑은 모든 계명의 완성이며, 하나님 자신이 사랑이시다.

하나님의 모든 계명은 사랑 안에 내포되어 있는데, 이에 대해 사도 바울은 다음과 같이 말한다. "계명(개역 한글판 성경에는 '경계'로 번역)의 목적은 청결한 마음과 선한 양심과 거짓이 없는 믿음으로부터 나오는 사랑이다"(딤전 1:5). 그러므로 모든 계명의 목적은 사랑을 그 목적으로 삼고 있다. 형벌에 대한 두려움이나 다른 육신적 동기에서 행하고, 성령께서 마음에 부어 주시는 사랑을 그 원리로 삼지 않은 행위는, 인간들에게 어떻게 보이든지간에, 올바로 행하여진 것이 아니다. 이 사랑은 하나님 사랑과 이웃 사랑을 포함하고 있는데, "이 두 계명이 온 율법과 선지자의 강령이다"(마 22:40; 비교. 롬 5:5). 우리는 여기에서 율법과 선지자 외에 복음서와 사도들을 덧붙일 수 있을 것이다.

계명의 목적은 사랑이며, 하나님은 사랑이시라는(딤전 1:5; 요일 4:16) 음성을 바로 그 두 가지로부터 우리가 들을 수 있기 때문이다. 그러므로 "간음하지 말라"(비교. 마 5:27과 롬 13:9)와 같은 하나님의 계명이나 "남자가 여자를 가까이 아니함이 좋다"(고전 7:1)와 같이 계명은 아니지만 특별한 권고인 훈계는 어느 것이나, 그 행위의 동기가 하나님 사랑과 하나님 안에서의 이웃 사랑일 때에만 올바로 실행된다고 할 수 있다. 이것은 현세와 내세 모두 적용된다. 지금 우리는 믿음으로 하나님을 사랑하나 그때는 그분을 대면함으로써 사랑할 것이다. 지금은 우리가 우리의 이웃조차도 믿음으로 사랑한다. 우리 자신이 죽을 운명을 지닌 존재로서 똑같이 죽을 운명을 지닌 인간들의 마음을 알 수 없기 때문이다.

그러나 내세에서는 주께서 어두움에 감추인 것들을 드러내시고 마음의 뜻을 나타내실 것이며, 그때에 각 사람에게 하나님께로부터 칭찬이 있을 것이다(고전 4:5). 누구나 주께서 친히 드러내실 덕목을 이웃에게서 발견하고 사랑하며 찬양할 것이기 때문이다. 또한, 사랑이 여기에서 더 이상 성장하지 못할 정도의 높이에 이르기까지 성장함에 따라 정욕은 감소한다. "사람이 친구를 위하여 자기 목숨을 버리면 이보다 더 큰 사랑이 없다"(요 15:13)고 하셨다. 그렇다면 억제하거나 굴복시킬 정욕이 더 이상 존재하지 않을 내세에 사랑이 얼마나 위대할 것인지 누가 말할 수 있겠는가? 죽음과의 투쟁이 전혀 없다면, 그것이 바로 건강의 완성일 것이기 때문이다.

122. 결 론

이제 마침내 이 책을 끝맺을 때가 되었다. 그대가 이것을 하나의 핸드북이라 부르고 그와같이 사용할 것인가는 그대 스스로 판단할 일이다. 그러나 나는 그리스도 안에서 그대가 가진 열심이 무시되어서는 안된다고 생각하기 때문에, 우리 구속주의 도움을 의지하는 그대의 모든 선을 믿고 바라며, 그대를 그분의 몸된 교회의 한 성원으로서 매우 사랑하는 가운데, 나의 최선을 다해 그대를 위해 믿음과 소망과 사랑에 관한 이 책을 집필하였다. 그 길이만큼 가치도 있기를 바란다.

신앙 핸드북의 분석과
역사적 평가

아돌프 폰 하르낙

　어거스틴의 사상적 변천을 여러 단계로 철저히 세분하거나, 신플라톤주의자·바울주의자·초기 마니교도·카톨릭 주교 등으로 다양하게 기술함으로써 교회 교사로서 어거스틴이 갖는 의의를 설명해 보려는 시도가 계속되었다. 그러나 그러한 분석은 오히려 그를 왜곡할 우려가 있다. 교의사(教義史)의 범위 내에서, 어거스틴이 심혈을 기울여 구상했던 바 외적인 통일성(external unity)을 따라 나아가는 것이 보다 안전하고 적절하다.
　그렇다면 사도신경에 대한 그의 원숙한 해설인「신앙핸드북」이 우리의 최선의 길잡이로 나타나며……모든 것이 이 책에서 융합되어, 서방 교회에 신선한 충격을 주었던 바 어거스틴에 의한 대중적이고 보편적인 교의적 교훈의 수정의(그리고 한편으로 확증의) 본질에 관해 가르쳐 준다. 우선 이 책을 잠깐 검토한 다음, 무엇이 새로운 것이며 그와 동시에 영구한 것인가를 면밀히 살펴보기로 하자.
　어거스틴은 인간의 지혜는 경건이다("hominis sapientia pietas est" 보다 정확하게는 "데오세베이아")라는 말로써 서두를 시작한다(2). 하나님께 어떻게 예배드려야 하는가라는 질문에 대해 믿음과 소망과 사랑으로 드려야 한다고 대답하고 있다. 따라서 이 세 덕목이 뜻하는 바 그 각각의 의미를 규정해야만 한다(3). 이 세 덕목 안에 종교의 모든 교훈이 함축되어 있다. 그러나 이 세 덕목은 이성이나 인식에 의해 확인되는 것이 아니며, 반드시 성경에서 추론되어야 하고 거룩한 저자들의 증거를 믿는다는 것이 절대적이어야 한다(4).

영혼이 이 믿음을 얻게 되고, 믿음이 사랑과 연합하면, 영혼은 저 이상(환상) - 거룩하고 완전한 영혼이 이것으로써 이루 말할 수 없는 아름다움을 인지한다 - 곧 최고의 복인 완전한 명상에 이르고자 애쓰게 된다. "믿음으로 시작해서, 봄으로써 완전하게 되고, 완전한 기초는 그리스도다." 그러나 그리스도는 오직 보편적 믿음의 기초이다. 비록 이단들도 그리스도의 이름을 내세우긴 하지만 말이다. 그리스도와 보편 교회와의 이런 배타적인 관계에 대한 증험은 본론에서 너무 벗어난다고 하겠다(5).

우리는 논쟁을 하려는 것이 아니라 논술하려는 것이다(6). 사도신경과 주기도문은 믿음(신조)과, 소망과 사랑(기도)을 그 내용으로 하고 있다. 그러나 믿음도 기도한다(7). 믿음은 또한 우리가 바라지 않고, 두려워하는 일에도 적용된다. 더 나아가 우리 자신의 일과 다른 사람의 일에도 적용된다. 소망처럼 믿음이 보이지 않는 미래의 복과 관련되는 한에는, 그 자체가 소망이다. 그러나 사랑이 없이는 믿음은 아무런 유익이 없다. 이는 귀신들도 믿기 때문이다. 따라서 모든 것은 사랑으로 역사하고 소망을 소유한 믿음 안에서 파악된다(8).

어거스틴은 이제 믿음의 내용을 진술하기 위해 사도신경을 거론한다. 9-32에서 그는 맨 처음 논증을 다룬다. 자연과 자연 과학은 믿음에 속한 것이 아니다. 게다가 학자들도 이런 문제를 알고 있는 것이 아니라 추측하는 것이다(opinantes quam scientes). 그리스도인은 창조주의 선하심이 만물의 제1 원인이라는 것을 믿는 것만으로 충분하다. 그래서 창조주 자신이거나 창조주에게서 유래되지 않은 자연이란 전혀 없다.

더 나아가서 이 창조주는 "지고로 동등하게 변함없이 선하신 삼위일체"이다. 그리고 피조물은 이와 똑같지는 않지만 선하다. 피조물의 총체는 더욱 선하다. 그리고 이것으로부터 경이적인 아름다움이 형성된다. 이 만물 안에 있는 악은 다만 선을 선명하게 할 뿐이다(9, 10).

어거스틴은 곧장 죄에 관한 교리로 넘어간다. 하나님께서 죄를 허용하시는 이유는, 하나님께서 전능하셔서 악을 사용하여 선을 만들어 낼 수 있는, 즉 선의 결함을 회복시킬 수 있는 분이기 때문이다. 악이란 그 자체가 결함을 나타낸다. 지고로 선한 것이 아닌 것에서는 악화된 경향이 있으나, 존재에 관련된 선은 그 존재가 소멸되지 않는 한 완전히 없어질 수가 없다. 그리고 선한 것이 없어지면, 부패도 더 이상 있을 수 없는데, 이는 선이 없이도 부패가 존재할 수는 없기 때문이다. 악은 선한 것에서만 존재할 수 있다. 이 교리가 길게 논술되었다(11-15). 이생의 오류가 질병을 피하기 위해서는, 선과 악의 원인을 반드시 알아야만 한다. 그러나 자연의 위대한 법칙-어거스틴은 9로 되돌아간다-을 반드시 알아야 할 필요는 없다. 우리는 우리에게 가장 밀접한 사실 곧 건강 상태조차도 모른다(16).

그런데 모든 오류가 악은 아니다. 우리는 기만(거짓)을 어떻게 생각하는가? 이런 문제들은 17-22에서 상세하게 논의했다. 무지한 것은 모든 경우에 다 오류인 것은 아니다. 단지 안다고 생각하는 것이 오류이다. 그리고 모든 오류가 다 해로운 것은 아니다. 심지어 선한 오류, 즉 유익한 오류도 있다. 그러나 참된 것을 거짓된 것으로, 불확실한 것을 확실한 것으로 여기는 것이 꼴사납고, 이 때문에 우리의 인생이 비참하게 되긴 했지만, 때때로 우리는 우리 생명을 구하는 오류를 범할 필요가 있다. 이와 같은 일은 "진리 자체가 우리 영혼의 생명인 곳"에서는 존재할 수 없는 것이다.

그러나 거짓말은 더 나쁘다. 심지어 거짓말쟁이조차도 자기가 속는 것은 싫어할 정도로 거짓말은 나쁘다. 그러나 거짓에는 여전히 어려운 문제가 있다. (위급한 상황에서 거짓말하는 문제-이것이 의인이 할 수 있는 일인지 어떤지간에-는 자세히 논의되었다.) 여기서 다시금 가장 중요한 논지는 다음과 같은 오류에 대해서 어떻게 판단할 것인가이다: "하나님께 대한 바른 예배에 필수적인 지식과 믿음에 문제가 되는 것에 관해 잘못에 빠지는 것보다는 종교와 관계가 없는 문제에 관해 거짓을 말하는 것이 훨씬 덜 악하다"(18). 정확히 말하면, 모든 오류는 악이다. 비록 종종 그 악이 미미한 경우도 분명히 있지만 말이다.

모든 오류가 죄악된 것이라고는 장담할 수 없을 것이다. 예컨대, 쌍둥이를 혼동한다든지, 단 것을 쓴 것이라고 말한다든지 하는 것 등등. 그러한 경우에 그 죄는 지극히 미미하고 하찮은 것에 지나지 않는다. 왜냐하면 그런 것은 하나님께 이르는 길, 즉 사랑으로 역사하는 믿음과는 아무런 관계가 없기 때문이다. 실로 오류란 죄라기보다는 이생의 비참함의 표징인 해악이다.

그러나 어쨌든 우리는 모든 오류를 피하기 위하여, 플라톤주의자들처럼, 아무 것도 진리가 아니라고 생각할 필요는 없다. 믿는 것은 우리의 의무이다. 게다가 철저한 불가지론적 관점은 불가능하다. 왜냐하면 모른다고 하는 사람들조차도 아무 것도 알 수 없다(불가지)는 것을 인식하는 점에서 그들이 존재한다는 것을 알 수 있기 때문이다(20).

도리어 우리는 거짓말을 반드시 피해야 한다. 왜냐하면 우리가 잘못 생각했을 때조차도, 우리는 우리가 생각한 것을 항상 말해야 하기 때문이다. 다른 사람에게 유익을 주는 거짓말이라 할지라도 죄다. 비록 전체 유익을 위해 거짓말을 한 그 사람이 번영을 이루는 데 상당히 공헌했다고 할지라도 말이다(22). 어거스틴은 16으로 되돌아간다: 우리는 선과 악의 원인들을 알아야 한다. 선의 유일한 제일 원인은 하나님의 선하심이다. 악의 원인은 선하면서도 변할 수 있는 존재가 불변의 하나님을 반역한 것에 있는데, 이 반역이 먼저 한 천사에게서, 그 다음은 사람에게서 발생하였다(23). 이 반역에서 영혼의 모든 결점(무지, 욕망 등등)이 생겨났다(24). 그러나 행복에 대한 갈망은 잃지 않았다.

이제 아담의 기본 자질, 타락, 원죄, 사형 선고, 심판받기로 되어 있는 천사들과 함께 받을 엄청난 피해들에 대한 설명으로 넘어가 보자. 그러나 하나님의 선하심이 전혀 회개할 가망이 없는 악한 천사들을 계속 존재하도록 하시고 사람들을 보존하시는 데에서 나타났다. 비록 타락한 천사와 인간을 영원한 형벌에 처하게 할 심판이 있을 것이지만, 하나님은 악을 쓰셔서 선을 이루기로 작정하셨다(25-27).

하늘의 예루살렘의 시민들 곧 "우리의 거룩한 어머니의 자식들"의 수가 완전히 다 차도록 하기 위하여, 일부 타락한 천사들로 말미암아 선한 천사들의 수에 생긴 공백을 인류에게서 보충하려는 것이 하나님의 자비로운 의도였다(28-29). 그러나 택함받은 사람이 이 분깃을 이어받는 것은 자신의 선행(자유 의지)으로 얻는 것이 아니다. 왜냐하면 그들은 자살한 사람처럼 죽은 상태이다. 그리고 사람이 자유롭게 행한 것은 범죄뿐이다. 따라서 사람은 자유롭게 되기 전에는 노예이다. 그들은 은혜와 믿음으로만 구속받을 수 있다. 심지어 믿음조차도 하나님의 은혜이다. 그리고 믿음에는 선행이 반드시 따르게 된다. 따라서 하나님이 사람을 새롭게 하실 때 - 행할 의지와 그 성취에 있어서 - 사람은 진정으로 자유롭게 된다. 즉, 하나님께서 그 의지(the will)를 선하게 하시고 계속 유지시킨다(30 - 32).

두번째 논증에 대한 설명을 33-55에서 하고 있다. 사람은 본질상 진노의 자녀이며, 원죄와 자범죄를 안고 있기 때문에, 독특한 제사를 드려서 하나님의 진노를 제거할 중보자(화해자)가 필요했다. 이 일이 성취되어 원수되었던 우리가 자녀가 되고, 예수 그리스도를 통하여 하나님의 은혜를 받게 되었다(33). 우리는 이 중보자가 육신이 된 '말씀인' 것을 안다. 말씀이 변하였다는 것이 아니라 그 모친의 성적인 정욕이 아닌 믿음으로 - 따라서 죄가 없이 - 잉태한 동정녀에게서 완전한 인성을 취하신 것이다. 그 모친은 출산 때(in partu)에 여전히 동정녀였다(34).

"한 인격 안에 신성과 인성을 가지시고, 하나님과 동등되나 인간으로서는 하나님보다 못한" 그리스도에 대해서는 간단하게 논의한다(35). 하나님에 의해 하나님과 함께 한 위를 차지할 만큼 가치 있었던 인간 그리스도는 선행(공로)에 의해서가 아니라 값없이(gratis) 주신 은혜의 가장 영광스런 본보기이다. 인간 그리스도에게 부어 주시고 그를 죄 없게 하셨던 그 동일한 은혜가 우리에게 임하여 죄로부터 의롭다 함을 받게 하였다. 이것은 또한 그리스도의 기적적인 출생에서도 나타났다. 그러나 이것과 관련하여 성령은 육신의 아버지와 같은 역할을 한 것이 아니다. 오히려 동정녀의 자손을 창조하신 것은 성삼위가 모두 하신 것이라고 말할 수 있다.

그러나 왜 성령만 언급되었느냐 하는 것은 설명이 용이하지 않다. 어쨌든 인간 예수는 성령의 아들이 아니었다. 성령이 언급된 것은 전혀 선행하는 공로가 없는 은혜, 곧 인간 예수에게서 자연스런 속성이 된 은혜를 가리키기 위해서일 것이다. 왜냐하면 성령은 하나님이면서도 하나님의 선물로도 불리기 때문이다(36-40). 그 다음으로 죄와 그리스도와의 관계에 대해 길게 논증한다(41-52). 그리스도는 원죄와 자범죄와는 전혀 무관하시다. 그러나 그 자신은 스스로 죄 있는 육신의 형상을 입으심으로써 죄로 불린다. 즉, 그는 속죄 제물이 되셔서, 십자가에 달리신 그 육신으로 우리 죄를 대신하셨는데, 육신을 입고 죽으심으로써 죄에 대하여 죽으시고, 부활하셔서 우리의 새 생명을 보증하기 위해서였다(41).

그것은 세례받을 때 우리에게 수여된다. 모든 사람은 세례를 받음으로써 죄에 대하여 죽는다 - 심지어 어린 자녀들조차도 원죄에 대해서 죽는다 - 그리고 이때에 죄란 집합적인 의미를 갖는다. 왜냐하면 아담의 죄 안에서도 많은 형태의 죄가 포함되어 있었기 때문이다.

그런데 자녀들은 아담의 죄뿐만 아니라 그들 부모의 죄들에 의해서 오염된 것이 명백하다. 그들의 출생이 오염되었는데, 이는 아담의 죄로 본성이 타락했기 때문이다. 더욱이 부모의 자범죄들로 말미암아 "비록 그들이 본성을 바꿀 수 없기는 하나, 자녀들에게 죄책이 전가되었다." 그러나 어거스틴은 부모가 아닌 조상들의 죄가 후손에게 영향을 미치는지에 대한 문제는 언급을 삼가고 있다. 죄는 모두, 중보자 곧 중생이 전혀 필요없을 정도로 은혜가 충만한 인간 예수 그리스도에 의해서 속죄된다. 그만이 자진해서 죽기까지 복종하심으로써 큰 겸손의 본을 보여 주기 위해 세례를 받았다. 그리고 또 죽기까지 복종하심으로써 사단으로 하여금 그 대가를 받도록 하기 위함이었다(42-49).

따라서 그리스도는 아담의 정반대되는 모범이었다. 그런데 아담은 한 죄를 세상에 들어오게 했던 반면에, 그리스도는 계속해서 행해진 모든 범죄를 제거하셨다. 모든 사람이 아담 안에서 정죄받았다. 아무도 그리스도 없이는 이 죄를 피하지 못한다. 세례가 "그리스도의 십자가 안에 있는 신비"로서 엄숙히 행해져야 할 것이다. 왜냐하면 바울에 의하면, 세례는 바로 "그리스도의 죽음의 비유"이기 때문이다. 그러나 그리스도의 십자가에 죽으심은 죄의 용서에 대한 비유일 뿐이다. 이는 그에게서 참된 죽음이 발생한 것처럼, 우리에게서 참된 죄의 용서가 일어났기 때문이다. 이것은 로마서 6장과 잘 조화를 이룬다. 우리는 세례를 받음으로 말미암아 죄에 대하여 죽었다(50-52).

이제 사도신경의 구절들을 조목조목 써 내려가며 "우편에 앉으심"까지 언급하는데, 특별히 다음과 같은 말을 덧붙이고 있다: "이런 문제들을 들추어 논의하는 것은 이런 문제로 말미암아 거듭난 그리스도인의 삶이 신비적인 의미뿐만 아니라 실제상으로도 본받도록 하기 위해서이다." 그것은 각 사도신경의 개조와 관련되어 있다. 그리하여 "우편의 앉으심"은 곧 "위엣 것을 사모하라"는 의미이다. 한편, 그리스도의 재림은 우리의 지상 생활과는 무관한 것이다. 그것은 전적으로 미래에 일어날 일이다. 산 자와 죽은 자에 대한 심판은 의인과 불의한 자로도 해석이 가능하다(53-55).

세번째 논증인 56-113은 심혈을 기울였다. 따라서 아주 자세하게 설명되었다. 56-63은 삼위일체를 이루시고 결코 피조물이 아니며 또한 거룩한 교회의 일부가 아닌 성령을 다루고 있다. 거룩한 교회는 삼위일체인 하나님의 전이요 도성이다. 여기서는 전체로서 생각되었다. 즉, 이 거룩한 교회에는 하늘에 있는 그리고 한번도 타락한 일이 없는 교회까지 포함하고 있다. 순례자들을 도우고 있는 천사들은 이미 사랑으로 이 순례자와 연합되었다(56). 하늘에 있는 교회는 악이 전혀 없고 불변하다. 어거스틴은 천사들 사이에 서열상 차이가 있는지, 별들이 그들에 속하는지, 천사들이 몸을 취한 형태가 어떤 것인지는 모른다고 시인하고 있다(57-59). 보다 중요한 것은 사단이 빛의 천사로 가장할 때 간파하는 것이다(60). 우리는 우리 자신이 하늘의 교회에 속하게 될 때에야 비로소 그 상태를 알게 될 것이다.

우리가 아는 바, 이 세상의 교회를 위하여 그리스도께서 죽으셨다. 천사들을 위하여 죽지 않으셨다. 그러나 그 사역의 결과는, 인간과 천사들 사이에 있는 적대감이 제거되고, 그들의 수가 다시 완전히 보충된다는 점에서는 천사들에게까지 미친다. 그리하여 한 사람의 희생으로 말미암아 땅 위의 무리가 하늘의 천군과 다시 결합하게 되고, 평화가 회복되고 천사가 아닌 사람의 모든 지식이 변화될 것이다. 그러나 천사들조차도 그리고 더없이 행복한 상태에 들어간 인간도 하나님께 있는 하나님의 평화를 결코 다 이해할 수는 없다(61-63).

어거스틴은 이제 "죄의 용서"에 관해 언급한다(64-83): 이것으로 말미암아 지상의 교회가 서게 된다. 우리의 죄가 용서받게 되면, "천사들이 바로 지금부터 우리와 화목하게 된다." "큰 은혜"와 함께, 심지어 가장 의로운 자에게도 필요한 계속적인 죄의 용서가 있다. 이는 가장 의로운 자라도 종종 넘어지고 범죄하기 때문이다. 분명히 성도의 삶은 허물에서 벗어났다. 그러나 죄에서 벗어난 것은 아니다(64). 그러나 큰 범죄라 하더라도 참 회개가 있으면 교회에서 용서를 받는다. 그리고 중요한 점은 참회하는 시간의 양이 아니라 참회하는 자의 근심의 양이다. 그러나 이런 감정은 다른 사람에게는 감추어져 있고, 조사할 수도 없다. 그래서 감독들은 "교회가 만족할 수 있도록" 참회의 기간을 제정하였다. 교회 밖에서는 전혀 용서받지 못한다. 왜냐하면 교회만이 성령의 보증을 받았기 때문이다(65).

구원의 성례전이 있음에도 불구하고 여전히 세상에 죄악이 남아 있다. 그것은 우리로 하여금 미래의 상태가 그 성례전의 목적인 것을 알도록 하려는 것이다. 처벌받는 죄악들이 있다. 이는 범죄들이 계속되고, 이생과 내생에서 처벌받기 때문이다(66). 우리는 믿음 자체가 장래 심판에서 보호받는다는 생각을 해서는 안된다. 사랑으로 역사하는 믿음(믿음과 행위)만이 그렇게 된다. "나무와 짚"은 죄가 아니라 그 자체로서는 합법적인 세상 것을 추구하는 욕망이다(67, 68).

정화하는 불이 신자의 사후에도 존재한다는 것은 신빙성이 있다(69) - 죄인들은 자선과 결합된 참회에 의해서 구원받을 수 있을 뿐이다. 자선에 관해 상세히 논의되고 있다(69-77). 최후의 심판에서 판결은 자선에 달려 있다(마 25:34 이하). 물론 우리는 그와 동시에 우리의 삶도 바뀌어야 할 것이다. "자선은 과거의 죄들에 대해 하나님과 화해하기 위한 것이지, 우리가 죄를 지어도 처벌받지 않도록 허가증을 얻기 위한 뇌물이 결코 아니다." 하나님은 "적정한 보상이 이루어지면", 죄를 씻어 주시지만, 그러나 죄를 허락하시는 것은 아니다(70).

매일 드리는 기도는 사소하고 가벼운 일상의 범죄들에 대한 보상이 된다(71). 우리가 다른 사람을 용서하는 것도 자선의 일종이다. 일반적으로 우리가 다른 사람에게 행하는 모든 선한 것 곧 충고, 위로, 징계 등등은 자선이다. 이런 것들에 의해 우리가 우리 자신의 죄들을 용서받을 수 있게 된다(72).

그러나 자선의 가장 높은 단계는 사죄와 원수를 사랑하는 것이다(73).

이러한 덕목들은 모든 사람이 실행해야 하는데, 그렇게 함으로써 자기 자신이 용서받을 수 있게 된다(74). 그러나 이 모든 자선도 우리 스스로를 고치지 않고는 우리에게 아무런 유익이 안 된다. 즉 우리가 우리 스스로에게 베푸는 자선이 가장 중요한 것이다. 자신에게 자비한 자에게만 다음과 같은 말씀이 참된 것이다: "구제(자선)하라 그리하면 모든 것이 너희에게 깨끗하리라." 우리는 하나님께서 우리에게 베푸신 그 사랑으로 우리 자신을 사랑하지 않으면 안된다. 단지 다른 사람을 향해서만 자선을 베푼 바리새인은 이것을 행하지 않았는데, 이는 그들이 자기 자신들의 영혼에 대해서 원수였기 때문이다(75-77).

그러나 죄의 경중은 하나님의 판단에 의해 결정된다. 사도들에 의해 허용된 많은 것들-예컨대, 결혼 생활에서 육체적 쾌락을 위한 성생활-은 죄인 것만은 사실이다. 우리가 아주 사소한 것으로 생각하는 많은 죄들(예. 욕설)이 무거운 죄이다. 그리고 우리가 습관에 의해 가벼운 것으로 치부해 버리는 많은 것들-예컨대 음란-은 치명적인 것이다. 비록 교회 징계 자체가 그런 것들을 엄중히 처리하지 못하긴 했지만 말이다(78-80). 모든 죄는 무지나 연약함에서 발생한다. 연약함이 보다 심각하다. 그러나 하나님의 은혜로만이 우리는 이 둘을 극복할 수 있다(81).

불행하게도 거짓된 연약함과 수치로 말미암아 공적인 참회가 빈번히 철회되었다. 그러므로 하나님의 은혜는 참회의 경우뿐만 아니라 사람들이 참회하기를 결심할 수 있도록 하는 것에도 필요하다. 그러나 교회가 죄를 용서한다는 것을 믿지 않거나 무시하는 자는 성령을 거스르는 죄를 범한다(82, 83).

몸의 부활이 84-113에서 다루어진다. 낙태아와 기형아의 부활에 관해서 먼저 언급하고(85-87), 그 다음에 옛재료에 대한 새로운 몸의 관계-모든 구성 부분이 이전 상태로 환원하는 것은 아니다-그리고 미래 상태에 있을 체형의 변화, 흠 없는 몸, 영적인 몸에 대해 논의한다(88-91). 구원받지 못할 자가 부활할 때에 어떤 몸을 구성하게 되는지는 괜한 물음이다. 부패된 몸이 죽지도 않고 썩지도 않는데 고통을 느낀다는 큰 역설적인 문제에 부닥치긴 하지만 말이다(92). 원죄만 있고 자범죄를 범한 일이 없는 사람은 보다 약한 형벌을 받을 것이다. 일반적으로 처벌은 경중이 있을 것이며, 범죄의 정도에 따라 다를 것이다(93).

어거스틴은 이제 예정을 상세히 논의한다(94-108) : "아무도 값없이 주시는 은혜가 아니고는 구원받을 수 없고, 아무도 마땅히 받아야 할 심판에 의하지 않고는 정죄받는 일이 없다." 이것이 그 주제이다. 두 자녀 중 하나는 자비에 의해 영생을 받고, 다른 하나는 공의에 의해 버림받는 이유가 밝히 드러날 것이다. 하나님이 구원하시지 않는 것은 불의한 것이 아니다. 비록 하나님께서 원하시면 모든 사람들이 구원을 받겠지만 말이다. 왜냐하면 하나님의 뜻 또는 허락이 없이는 아무 것도 일어나지 않기 때문이다(95). 악을 허용하실 때조차도 그의 행동은 선하시다. 그렇지 않으면 사도신경의 첫 단락은 더 이상 진실이 아닐 것이다(96).

그러나 만일 하나님의 뜻이 피조물의 어떤 선택에 의해 좌절되지 않는다면, 모든 사람들이 구원받지 못하는 사실은 하나님이 모든 사람이 구원을 받는 것을 원하는 것(딤전 2:4)과 어떻게 조화시켜야 할까? 사람들이 원하지 않는다고 보통 대답하는데, 이것은 분명히 잘못된 것이다. 왜냐하면 하나님께서 심지어 악한 의지조차도 선한 의지로 바꾸실 수 있는 것처럼, 사람이 하나님의 뜻을 막지는 못하기 때문이다.

따라서 하나님이 모든 사람이 구원받는 것을 원하신 것이 아니라, 하나님이 정당하게 죄인들에게 사형 선고를 내리신 것이다(롬 9장). 그렇게 하심은 구원을 받은 자가 주 안에서 자랑하게 하려는 것이다. 하나님은 자유로이 은혜로 택하신다. 아담의 타락 이후 하나님이 아무도 구속하지 않을지라도 아무도 그분을 비난할 수는 없을 것이다. 아무도 자기 자신의 공로를 자랑할 수 없고 주 안에서 자랑하도록 하기 위해 하나님께서 그 긍휼로 소수만 구원한다고 할지라도 아무런 비난을 받지 않을 것이다. 하나님의 뜻은 구원받은 자는 물론이거니와 구원받지 못한 자에게서도 나타났다("하나님의 뜻을 거역한 그들의 바로 그 행위에서 그들에 대한 하나님의 뜻이 나타났다").

주의 일은 실로 엄청나서 그의 뜻을 거슬러 일어나는 그 어떤 것도 그 뜻을 벗어나서 일어나는 법은 전혀 없다. 선한 아들은 아버지가 살아 있기를 바라나 하나님 - 하나님의 뜻은 선하다 - 은 그 아버지가 죽도록 결정하셨다. 반대로, 악한 아들은 자기 아버지가 죽기를 바랐는데, 하나님도 그렇게 뜻하셨다. 선한 아들은 하나님이 원하지 않는 것을 원했다. 악한 아들은 하나님이 원하시는 것을 원했다. 그러나 선한 아들이 더 하나님의 뜻에 가깝다. 왜냐하면 사람의 경우는 그 뜻이 최종의 의도인 반면에, 하나님은 심지어 인간의 악한 뜻을 통해서도 그 선한 뜻을 이루시기 때문이다. 하나님은 늘 공의롭고 전능하시다(97-102). 따라서 디모데전서 2장 4절은, 하나님께서 모든 계층의 사람들이 구원받기를 원하신다는 뜻이거나 아니면 하나님께서 구원하시기로 작정하신 자는 모두 구원받을 것이라는 뜻일 뿐이다. 어쨌든 하나님께서 모든 사람을 구원하시길 원하시나 그 뜻대로 되지 않았다고 생각할 필요는 없다(103).

만일 하나님께서, 아담이 하나님의 명령을 지킴으로써 죄를 피할 수 있는 그 의지를 영원히 간직할 것이라고 미리 아셨다면, 하나님은 아담의 구원의 본래 상태에서 보존하셨을 것이다. 그러나 하나님은 그 반대의 현상이 나타날 것을 아셨다. 따라서 하나님은 악을 행한 아담을 통하여 선한 결과를 내시기로 그 뜻을 정하셨다. 왜냐하면 사람은 원래 선과 악을 행할 수 있도록 창조되었음에 틀림없기 때문이다. 이후에 사람은 변화되어 더 이상 악을 행할 수 없을 것이다. "자유로운 선택에 전혀 제한받지 않고서 그렇게 될 것이다." 이는 우리가 자유 의지를 전혀 행사할 수 없는 지금에도 자유 의지가 존재하고 있는 것과 마찬가지로, 자유 의지는 우리가 악을 행할 의사가 있을 수 없는 그때에도 여전히 존재한다.

다만 일의 순서를 주목할 필요가 있는데, 이전에는 "하지 않을 수 있었으나(posse non)" 이후에는 "할 수가 없다(non posse)." 그러나 은혜는 항상 필요한데, 심지어 사람이 죄를 짓지 않았던 경우에도 틀림없이 필요했다. 왜냐하면 사람은 은혜의 도움에 의해 "할 수 없는 것(non posse)"을 얻을 수 있을 뿐이다. (사람은 자의로 굶어 죽을 수 있겠지만, 단순히 식욕이 사람을 살릴 수 없다. 사람은 음식이 필요하다.) 그러나 죄가 들어왔기 때문에 은혜가 더욱 크다. 이는 의지가 은혜와 함께 협동할 수 있도록 의지 자체가 자유롭게 되어야만 했기 때문이다(104-106).

영생은 선행의 보상임에도 불구하고 또한 하나님의 선물이다. 이는 우리의 공로가 곧 하나님의 선물이기 때문이다. 하나님은 어떤 그릇은 귀하게, 또 다른 그릇은 천하게 쓰시는데, 이는 누구든지 자랑치 못하게 하려

함이다. 우리를 구원하신 중보자가 하나님이어야 할 필요가 있었는데, 이는 사람의 교만이 하나님의 겸손으로 책망을 받고, 사람이 하나님으로부터 얼마나 멀리 일탈하였는지를 깨닫도록 하기 위함이었다(107, 108).

이제 긴 설명을 끝내고 어거스틴은 93으로 되돌아가서 109에서 중간 상태에 관해서와 교회 안에서 미사와 생존하고 있는 사람들의 자선을 통하여 죽은 영혼들이 얻게 되는 완화에 관해서 다루고 있다. 왜냐하면 많은 영혼들이 이런 공급이 필요없을 만큼 충분히 선하지도 않고 또 이런 공급으로 혜택을 받지 못할 만큼 악하지도 않기 때문이다. "그러므로 여기서(지상에서) 모든 공로를 취득하는데, 이 공로로 내세에서 어떤 사람이 경감되거나 부담될 수 있다."

죽은 자를 위하여 교회가 행하는 것은 로마서 14장 10절과 고린도후서 5장 10절과 모순되지 않는다. 완전히 선한 사람에게는 그것이 감사이며, 아주 악하지 않은 사람에게는 보상이며, 철저히 악한 사람에게는 아무런 소용이 없다. 그러나 살아 있는 자들에게는 위로를 준다. 뿐만 아니라, 그것은 완전한(plena) 사면을 받게 하고, 지옥의 고통을 덜어 주게 된다(110). 심판 후에는, 사람들 사이에 여러 층은 있겠지만, 두 상태만 존재한다. 우리는 지옥의 고통이 영원하다는 것을 믿지 않으면 안된다. 비록 때때로 하나님께서 버린 자들의 형벌을 경감시켜 주시거나, 어떤 완화를 허락하실 것으로 생각할 수는 있겠지만 말이다. "사망은, 모든 성도의 집합적 영생이 계속될 것과 마찬가지로, 끝없이 계속될 것이다."(111-113).

이 프로그램을 따르면, 어거스틴은 이제 소망과 사랑(기도)을 상세히 다룰 차례가 되었다. 그러나 그는 그러지를 않는데, 이는 그에 관한 것을 이미 많이 다루었기 때문이다. 따라서 그는, 소망이 주기도문에서 우리가 기도하는 것에 적용되는 것만 확인하는 것으로 그친다. 즉, 세 간구는 영생의 은혜에 관한 언급이고, 네 간구는 일상(현세)의 은혜에 관한 언급인 것과, 마태와 누가가 주기도문을 기록한 것이 실은 다른 것이 아니라는 것을 언급하는 것 등으로 그친다.

사랑에 관해서는, 어거스틴은 그것이 모든 것보다 위대하다는 것을 지적한다. 믿음도 소망도 아니고, 사랑이 사람이 가진 선의 정도를 결정한다. 믿음과 소망은 사랑없이도 존재할 수 있으나 아무런 소용이 없다. 믿음은 사랑으로 역사한다. 즉, 사랑이 우리 마음속으로 들어오게 하는 성령이 극히 중요하다. 왜냐하면 사랑이 부족한 곳에는 육신의 정욕이 군림한다(117).

네 가지 인간 상태가 있다: 가장 암울한 무지 가운데 있는 인생, 율법 아래 있는 인생(율법으로 지식이 생기고 죄를 의식하게 된다), 은혜 또는 선한 소망 아래 있는 인생, 평안 아래 있는 인생(세상 너머에 존재한다). 그와 같은 것이 하나님의 백성의 역사였다. 그러나 하나님은 첫째와 둘째 단계에서조차도 은혜를 베푸셨는데(118), 게다가 사람은 회개하고 모든 죄를 용서받아(119) 죽음이 더 이상 그를 해칠 수 없는(120) 지금의 단계에서조차도 첫째와 둘째 단계에 때때로 빠져든다.

모든 하나님의 명령은 사랑이 목표이며, 처벌받을 것을 두려워해서 혹은 사랑이 아닌 어떤 다른 동기에서 행한 선은 마땅히 해야 할 바의 선이 아니다. 하나님이 내리신 모든 명령과 권고는 하나님을 사랑하고 네 이웃을 사랑하라는 계명에 다 포함되어 있으며, 그 모든 것은, 현재에는 믿음에서, 미래에는 직접적인 지식에서, 사랑으로부터 우러날 때 비로소 바르게 실행된다. 눈으로 보게 될 때에는 서로를 어떻게 사랑하는 것이 좋은지를 알게 될 것이다. 비록 지금이라도 사랑이 증대되면, 욕망은 감소되어 마침내 자기 생명을 남에게 내어 줄 정도의 사랑에 도달하게 된다. 그러나 가장 위대한 사랑은, 더 이상 극복되어야 할 욕망이 존재하지 않는 미래에 있을 것이다.

아무도 종교의 이런 체제의 대중적 보편성을 오해하지 않을 것이다. 그것은 옛 사도신경에 근거하고 있다. 삼위일체와 두 본성의 교리가 충실하게 공언되었다. 보편 교회의 중요성은 강력히 변호되었다. 그리고 믿음의 적절한 대상인 하늘의 교회와의 관계는 그 당시 일반적인 견해대로 불명확한 채로 남아 있다.

세례는 "신생의 큰 신비"로서 최전면에 자리잡고 있으며, 그것은 마귀가 자기의 대가를 얻었던 그리스도의 죽음으로부터 기원되었다. 믿음은 단지 예비적인 조건으로 간주되었을 뿐이다. 영생은 오직 은혜와 자유의 산물인 공로에 부여될 뿐이다. 그것들은 자선으로 나타나는 사랑의 역사로 이루어져 있다. 자선(구제)은 아낌없이 베풀어졌다. 그리고 자선은 참회를 나타낸다. 만일 적당한 보상이 치러졌다면, 교회 안에서 세례후의 모든 죄에 대해서는 용서가 된다. 죄들은 큰 죄에서부터 일상에서 일어나는 사소한 죄까지 여러 단계로 나뉜다. 이런 이유로 악인과 선인이 등급으로 나뉜다.

그런데 가장 거룩하고 완전한 사람일지라도 사소한 죄 외에는 범하지 않는다는 의미에서 죄가 없을 뿐이다. 성도는 완전한 금욕주의자다. 금욕주의는 사랑의 극치이다. 그러나 모든 사람이 금욕을 실천할 필요는 없다. 우리는 명령과 권고를 구분해야 한다. 미래의 상태에서 행복과 지옥의 형벌도 층이 나뉠 것이다. 죽은 자들의 영혼들이, 임종시에 참회로 보상하지 않은 사소한 죄들만 남아 있었다면, 산 자들의 미사들과 자선과 기도에 의해 은혜를 입을 것이다. 그들은 정해진 형벌에 따라 그들을 깨끗하게 하는 연옥에 있다.

만일 여기 일반적인 카톨릭 교회의 요소들이 이미 강화되었다면, 그리고 그들의 미래의 정성을 위한 길이 마련되었다면, 그것은 중간 상태, 버림받은 자의 형벌의 일시적인 완화, 현존 세계의 교회에 거룩한 천사들이 제공하는 도움, 악한 천사들의 타락으로 말미암아 생긴 하늘의 교회의 결원을 완전히 보충함(구속받은 사람들로), 출생 때(in partu)에도 유지된 마리아의 동정성, 아담의 죄보다 더 큰 그리스도의 은혜의 교리들에 관해서도 똑같이 마찬가지다. 이것은 또한 거짓 종교에 빠져 있는 무지한 자는 아주 그럴듯한 거짓말보다 더 나쁘다는 견해와 다른 작품에서 어거스틴에 의해 전개된 많은 다른 교리들에 적용된다. 끝으로 "이상"(vision)과 "성취(fruition)"를 계속 유지하는 구원의 개념은 모든 것의 기초이며, 모든 것에 고루 미친다. 그러나 가장 영적인 사실 곧 성화의 과정은 신비하게 작용하는 힘에 의한 것이다.

그러나 한편으로 종교의 이런 체제는 새로운 것이다. 니케아 종교회의에서 사도들이 작성한 것으로 결정하였던 사도신경은, 이제까지 그것과 별로 관계가 없고 그와 동시에 원본을 수정했던 새로운 자료들로 보충되었다. 세 논증 전부 죄와 용서와 사랑으로 완전해짐에 관한 문제가 주요 주제이다(10-15; 25-33; 41-52; 64-83). 모든 것은 영적인 과정으로 나타나는데, 이에 간략하게 논의된 옛교리적 내용이 부수적으로 나타난다. 따라서 또한 세번째 논증이 맨 앞으로 나온다. 책 절반이 그 안에 포함된 몇몇 단어에 치중하였다. 개요에서도 다음과 같이 새로움이 나타난다: 종교는 내적인 생활의 문제에 지나지 않으므로 믿음·소망·사랑이 극히 중요하다(3-8).

첫 논증에서는 우주론이 전혀 언급되지 않았다. 실로 형이하학적 가르침은 명백히 교의학의 일부가 아니라고 규정했다(9, 16 이하). 그러므로 어떤 로고스(*Logos*) 교리든 또한 무언가 빠져 있다. 전통적으로 교리로서 가르친 삼위일체는 엄밀한 통일성으로 이해되었다. 삼위일체는 창조주이다. 그것은 사실은 한 위(one person)이다. 어거스틴이 다른 저서들에서 우리에게 가르쳐 준 바 "위들(persons)"은 한 하나님 안에 있는 내적 위상들(요소들)이다. 그들은 아무런 우주론적인 중요성이 없다. 따라서 삼위 모두가 마리아의 태에서 인간 그리스도를 만들었다. "영(spiritus)"은 또한 "하나님의 선물(donum dei)"로도 언급되기 때문에 성령이 거명되었을 뿐이다.

종교에서 모든 것은 모든 선의 유일한 원천인 하나님과 관련되며, 또 죄와 관련된다. 죄는 오류와는 구별된다. 이 결과, 지성주의 흔적이 오류는 아주 사소한 죄라고 하는 주장에 남아 있긴 하지만, 고대 지성주의와 틈이 생겼다. 죄가 제안되는 곳에서는 값없는, 예정된 은혜가 또한 거론된다. 은혜는 아담에게 물려받은 죄와 대조된다. 은혜는 우선 예속된 의지에 자유를 제공한다. 첫번째 논증의 설명은 앞선 은혜와 결과로서 일어나는 은혜를 언급함으로써 종결 짓는다. 만일 어거스틴이 독자적으로 성경을 번역할 능력이 있었다면, 이 논증의 어법이 무척 달라졌을 것이다.

두번째 논증도 마찬가지다. 사도신경의 실제 내용은 간단히 다루었을 뿐이다 - 재림은 천년 왕국에 관한 고찰이 없이 언급된다. 한편, 다음의 관점들이 전면에 부각된다. 한편으로는 우리는 말씀이 스스로 인간의 영혼과 결합한 바 그 인간(homo)으로서 그리스도의 인격의 통일성과, 이 사람으로 하여금 아무런 공로도 없지만(이것은 우리의 회개의 경우와 비슷하다) 신성과 인격적 통일성을 이루게 하는 예정된 은혜와, 마귀로부터의 구속, 대속, 세례(사죄)와 그리스도의 죽음과의 밀접한 관계를 보게 된다. 다른 한편으로는 겸손의 극치로서, 또 그리스도인의 삶의 모본으로서 그리스도의 출현과 역사에 관한 관점을 발견하게 된다. 구속자로서의 그리스도의 의의가 어거스틴에게는 그의 죽음에서와 마찬가지로 빛나는 이 겸손과 그리스도인의 삶에 대한 그의 모본에서도 강하게 나타났다(참조. 성 버나드와 성 프란시스). 어거스틴은 이 두 관점 사이에서 오갔다. 성육신은 완전히 무시되었거나, 아니면 희랍인들에게 전혀 낯선 견해였다. 따라서 두번째 논증은 완전히 바뀌었다.

세번째 논증에서 주요하고 고상한 논점은 자유와 확신에 관한 것인데, 이것으로써 어거스틴은 교회 안에서 사죄는 무진장하다고 가르친다. 우리가 고대 교회와 어거스틴과 루터의 세례받은 그리스도인들의 죄에 대한 태도를 생각하게 될 때, 사람이 점점 더 방종으로 기울어지고, 은혜(종교적인 요소)를 더욱 강조함으로써 도덕성-그리스도인의 생활-에 대해 복음의 엄격한 요구를 회피하는 결과만 낳았다고 성급하게 비난할지 모른다. 우리가 이런 가르침을 따라갔던 많은 사람들을 보노라면, 이 말이 또한 옳다.

그러나 그들 자신의 경우에는 그들의 새로운 사상이, 죄에 대한 보다 심오한 자각과 바울이 가르쳤던 하나님의 은혜의 중요성에 대한 몰두에 의해 생겨났다. 어거스틴은 고대 교회와 루터의 중간에 위치하고 있다. 구원의 개인적인 확신에 관한 문제는 아직 그에게 분명히 이해되지 않았다. 그러나 다음과 같은 문제 곧 "나는 어떻게 하면 내 죄들을 없애고 하나님의 능력으로 충만할 수 있을까?"가 그에게 최초로 일어났다.

일반적 카톨릭 교회의 견해를 따라서, 어거스틴은 선행(자선·기도·금욕주의)을 고찰했다. 그런데 그는 그것들이 은혜의 선물인 것과 의지가 은혜에 종속된다는 것을 깨달았다. 더 나아가 그는 그리스도인들에게 모든 외적인 행함을 경고했다. 어거스틴은 모든 의식적인 신비주의를 제거한 것처럼, 그는 아무 것도 순전한 자선에 의하여 획득될 수 없다는 것과, 그러나 그 결과가 내적인 변화 곧 순결한 마음과 새로운 영에 좌우된다는 것도 철저히 깨달았다. 그와 동시에 그는 세례 후에도 참회자에게 용서의 길이 늘 개방되어 있다는 것과, 교회 안에서 죄의 사면을 믿지 않는 자는 성령을 거스르는 죄를 범한 것이라고 확신했다. 그것은 복음서에 대한 완전히 새로운 해석이다.

사도신경의 종결 부분의 세번째 논증, 세번째 논제에서 사죄를 보다 상세히 설명하였다. 그러나 적당한 주제-예정 교리와 또한 교리로서 실질적으로 새롭고 오리겐의 회복(Apokatastasis)론(論)에 대신하는 한 견해-를 간략히 논의한 뒤에 주된 주제인 중간 상태와 그 중간 상태에서 영혼이 깨끗하게 되는 것에 관한 가설이 논의되는데, 살아 있는 자들의 기도와 예물이 중간 상태에 있는 자들에게 도움이 될 수 있다고 한다.

경건: 믿음과, 두려움 대신에 사랑과 소망. 종교론: 우리가 교리라고 부를 수 있는 것보다 더 고도의 무엇, 사랑의 능력으로 사는 새로운 **생활**. 성경의 교훈: 본체-복음, 믿음, 사랑, 소망-하나님. 삼위일체: 한 분 살아계신 하나님. 기독론: 한 중보자, 그 영혼이 전혀 받을 만한 가치가 없는데도 신성이 그 영혼 속으로 들어가 연합된 인간 예수. 구속: 원수의 유익을 위해 죽으심과 위대한 겸손. 성례전: 신조들과 결탁한 말씀. 구원(felicity): 선인의 필연적인 복. 선: 하나님이 주시는 복. 역사: 하나님은 당신의 선한 뜻을 따라 모든 일을 행하신다. 이것과 희랍인의 교리와 비교하라!……

철학을 하늘에서 끌어 내린 자를 소크라테스라고 말한다면, 무한과 유한, 로고스인 하나님과 피조물, 멸망과 불멸에 관한 사색으로부터 교리를 분리시키고, 그것을 도덕적 선, 자유, 죄, 행복에 관한 문제와 연결시킴으로써 하늘로부터 교리를 끌어낸 사람은 어거스틴이라 할 수 있다. 선은 그에게는 복을 생각하게 만드는 지점이 되었다. 도덕적 선(덕목)과 구원을 얻음은 상응한 지위를 차지하는 것뿐 아니라 또 동시에 발생하는 것이었다.

우리가 만일 비유적으로 말해도 괜찮다면, 우리는 어거스틴이 일반적 카톨릭 신학의 두 축 곧 구속의 새롭게 하는 능력과 덕목을 얻기 위한 자유로운 노력을 한 축으로 만들었다. 타원에서 그는 한 원을 만들었다-하나님, 그의 은혜는 의지를 구출하고 의지에 선한 것을 행할 능력을 부여하였다. 기독교의 역사 안에서 하나님의 의의는 이 사실에서 파악된다. ♣

신국론 요약
신앙핸드북

초판 발행 1990년 9월 1일
중쇄 발행 2008년 10월 15일

발행처 **크리스챤다이제스트**
발행인 박명곤
주소 경기도 고양시 일산동구 정발산동 1193-2
전화 070-7538-9864, 031-911-9864
팩스 031-911-9824
등록 제 98-75호
판권 © 크리스챤다이제스트 1990
총판 (주) 기독교출판유통
전화 031-906-9191~4
팩스 080-456-2580

·값은 표지에 씌어 있습니다.

● 본사 도서목록은 생명의 말씀사 인터넷서점 (lifebook.co.kr)에서 출판사명을 "크리스챤다이제스트" 로 검색하시면 됩니다.